國家社會科學基金項目(批準號:02BYY027)

今文《尚書》詞彙研究

錢宗武　著

河南大學出版社
中國·鄭州

圖書在版編目(CIP)數據

今文《尚書》詞匯研究/錢宗武著. —鄭州:河南大學出版社,2012. 5
ISBN 978-7-5649-0774-7

Ⅰ. ①今…　Ⅱ. ①錢…　Ⅲ. ①《尚書》-詞匯-研究　Ⅳ. ①K221.04②H131

中國版本圖書館 CIP 數據核字(2012)第 102733 號

責任編輯　王興業
責任校對　韓順友
裝幀設計　馬　龍

出　版　河南大學出版社
地址:鄭州市鄭東新區商務外環中華大厦 2401 號　　郵編:450046
電話:0371-86059715(營銷部)
網址:www. hupress. com　　E-mail:bangong@ hupress. com
經　銷　河南省新華書店
排　版　河南新華印刷集團有限公司
印　刷　開封智聖印務有限公司
版　次　2012 年 8 月第 1 版　　**印　次**　2012 年 8 月第 1 次印刷
開　本　787mm×1092mm　1/16　　**印　張**　24.25
字　數　462 千字　　**定　價**　48.00 元

作者像

作者簡介

錢宗武，教授，揚州大學古代文學專業博士生導師，重點學科漢語言文字學學科帶頭人。國際《尚書》學會會長，《古漢語研究》、《語言科學》等學術期刊編委、特約審稿。曾先後赴歐美、日韓、港澳臺等十多個國家和地區講學和進行學術交流，多次主持國内外重要學術會議和學術討論。學術經歷和學術成就最早見于九十年代初原國家教委社科司主編的《中國100所高等院校青年教授概覽》，後陸續見載于《世界名人録》等著述。出版著作16部，發表學術論文百餘篇。主持或參加國家級科研項目5項，省、部級科研項目10項，參與或主持的研究成果曾獲“中國國家圖書獎”、“五個一工程優秀圖書獎”。

目　録

敘

許威漢

《尚書》意為上代以來的書，“尚”即“上”，是我國上古歷史文件的彙編，也可視為政書。傳本有些篇是後人追述補充進去的，如《堯典》、《皋陶謨》、《禹貢》等，金德建對此有過獨到考述。歷史上注《堯典》文繁而不中要，當不可取。

《尚書》西漢初年存二十八篇，系用當時通行文字（隸書）書寫，即稱今文《尚書》。另傳漢武帝時在孔子住屋壁中發現了古文《尚書》，後已失傳。東晉梅賾偽造古文《尚書》。後來《十三經》中的通行本即今文《尚書》與梅賾偽本合編。其實當時便有人開始懷疑梅賾偽書，至清代漸成定論。這樣看來，《尚書》便有今文《尚書》、古文《尚書》及“偽尚書”三種了。失傳的古文《尚書》文字體態有人說是大篆，有人說是蝌蚪文，對蝌蚪文當時人有奇異感，其實只與書寫工具和色料有關（用竹杆點漆書寫，竹硬漆膩，寫不成行，以致頭粗尾細，形似蝌蚪）。後來對內容理解各有所偏，發展為古文經學與今文經學兩大對立的學派，與本文無涉不贅。

《尚書》的研述，上世紀八十年代晤楊伯峻，謂古今中外有五千種（論、著）之多，筆者未能統計，但其數量之大，可以想像。現在學界治《尚書》一般參閱唐代孔穎達《尚書正義》、清代孫星衍《尚書今古文注疏》及近人曾運乾《尚書正讀》等。今人周秉鈞《尚書易解》、《白話尚書》可讀性強。周氏專論《〈西伯戡黎〉舊注質疑》指出歷代注釋家語詞的誤解，如“祖伊反曰”的“反”誤釋為“返”（應是“反對”）；“乃罪多”的“罪”誤釋為“罪惡”（應為“過錯、失誤”）；“參在上”的“參”誤解為“參列”（繁體作“參”，又作“絫”，懶懈之意）；“無戮于爾邦”的“戮”誤解為“刑戮”（應同“勠力”的“勠”，意近“努力”）。這一正誤，使祖伊的進步思想得到人們的重視，獲得最早“力命”之爭的史料。拙著《訓詁學導論》（北京大學出版社2009年第11次印刷）反復轉引周氏之解以正歷來注釋家之誤，甚得讀者認同。由此說明《尚書》語詞的訓釋十分重要，《尚書》詞彙研究迫在眉睫。

錢宗武教授師從周秉鈞前輩，錢氏盡傳其學，繼發其精義，造詣彌深。三十多年來，錢氏《尚書》探究論著疊出，今又成今文《尚書》詞彙研究大作，嘉惠學林，良有此也。

今文《尚書》詞彙研究甚具特色，茲敘其要者：

一、佔有資料，精心爬梳

本書以廣羅前賢時儁《尚書》研究資料為首務，精心爬梳考辨，進而形成正確概念、判斷與推理，奠定大稿的始基。不盡可能充分佔有資料，不善於廣泛利用學術成果，目光短淺，識見隘陋，陳陳相因，"出新"則無從談起，雖沒世窮年，難有碩果。"任何學術不是從零出發的，繼承與創新是辯證的統一"，誠如斯言。"博是專的先決條件，史是論的基本保證"。作者正是實踐了這一治學道路的。

二、燭幽顯隱，務求其實

《尚書》彙編虞、夏、商、周"典、謨、訓、誥、誓、命"的文獻資料，時代久遠，文字奥澀，唐代的韓愈已覺"周《誥》殷《盤》，詰屈聱牙"，其實洛誥、盤庚篇如同今天的告示，是用來公佈給當時人看的，如實書寫一方的土語，即當地的白話。《爾雅》詮釋了當時的土語，"讀《尚書》應用《爾雅》"（《漢書·藝文志》）。而《爾雅》自身有其局限性，較缺乏一般與個別的辨異。它系秦漢之際學者纂集傳注而成（宋代歐陽修有此說，今人羅常培認同），在宋代列為十三經的第十二經。之前經人改動、編次、歸類，內容有錯亂之處，查核不便，《尚書》詞彙研究先得排除這道障礙，錢氏力求如實做到，燭幽顯隱。又，不少資深學者認定今文經書在行文中多用本字，古文經書則多用假借字（按：指通假字），以《詩經》韓氏傳（今文）"何彼茙矣"毛傳作"何彼襛矣"為例證明今文經本字"茙"，古文經用借字"襛"。錢氏全面考核今文《尚書》，斷言其通假字數量甚多，幾乎篇篇都有通假字。古文《尚書》今已失傳，無從比較考證用字實況，只能從今文《尚書》自身的使用逐一描寫，務求其實。語言學家認為"描寫不是理論，理論必需描寫"，在正確思想指導下的描寫，為理論的建構提供依據。僅用《詩經》韓氏傳的今文本字之例來證今文經多用本字，即以《詩經》而概他經，似還有待進一步審定。由此也可以看到，錢氏今文《尚書》通假字的透析乃關今文經全域性的新探究，其所發現，可望經過多方檢驗而得到證明。

三、探源析流，以點帶面

今文《尚書》詞彙研究成功展示漢語上古以來就是發達語言的歷史畫卷。這可以從幾個側重面看出來：

（一）單音節詞向複音節詞發展的動向和趨勢

錢氏統計今文《尚書》單音詞總量1550個，而複音形容詞便有54個（此外自然還有名詞動詞的複音詞），另處錢氏發文謂"今文《尚書》的複合詞占複音詞總量百分之八十"，可見複合詞在《尚書》時代就處於初始階段，之後逐漸蔚為大觀。上世紀50年代康拉德《論漢語》批評了"西歐漢學家非常頑固地堅持漢語單音節性"說，申論了"拒絕漢語詞彙的單音節觀點是今天蘇聯漢學家對漢語的看法"，錢氏從源頭上闡發展示，印證了漢語發展的事實、漢語詞彙複音化的規律，同時也支持了康拉德的見解。漢語詞彙複音化是漢語孤立語這一特點所決定了的，錢氏有效地展示了這一特點。

（二）言語者認知思維引發詞義引申

語言是思維的外在形式，思維與語言有著密切聯繫。人類探索語言與思維的關係已經有二千五百多年的歷史，自從巴甫洛夫第二信號系統學說問世以後，人們對語言與思維的關係的認識相應地有所推進。錢氏對詞義作了充分考察，指出詞義引申的內動力，轉喻性、隱喻性等認知思維引發詞義引申，有著重要的學科價值。

至於人類對客觀事物的認識是一個逐步接近真理的漫長過程，不同時代不同社會的人認知深度會不一致，這在詞義引申方面當會有所反映，但是只要言語者共同認可而約定俗成，就無可厚非了。錢氏陳述引申的緣由，明詞義引申的客觀性與主觀認知內發性的統一及其對發展性的展望，益以新知言近旨遠。

錢氏還指出："今文《尚書》中詞義引申方式情況比較單一，絕大多數都是鏈條式引申，較少輻射式引申，兩種方式結合的複雜情況更是罕見。"這類單向引申和多向引申與社會發展的客觀因素和人群認知思維的主觀因素相聯繫，隨著社會的發展認知思維的發達，詞義引申的繁化不言而喻。詞義引申的延展性提供了回眸歷史遠瞻未來語言發展的時空有序性，語言職能的高效發揮前途無限。錢氏散點觀察和焦點生發，源流並析，以點帶面，啟迪多方。

（三）同源詞的啟示與詞彙體系的認知

學術界同源詞的研究處在創始階段，詞彙體系的確認還是個有待取得共識的全域性的課題。二者看起來情況似不複雜，談起來卻不是三言兩語所能解說清楚的。

對今文《尚書》同源詞的研究很有積極意義。錢氏統計該書109組同源詞的同時，指出"漢語是一種有理據的語言"，批評了"有些外國學者認為漢語是最缺乏理據的語言"的謬論，義正詞嚴。漢語詞彙的理據不僅表現在同源詞上，複合詞組合理據尤為明顯，這在《漢語理據詞典》已作充分反映，與本文無涉，不去談它。僅就同源詞而言，它的理據關係表現在詞的音義關係上，其理至明。王力通過對同源字（詞）的研究得到這樣的認識："從前，我們認為，在語言三要素中，語音、語法都有很強的系統性，唯有詞彙是一盤散沙。現在通過同源字的研究，我們知道，許多詞都是互相聯繫的。"（《同源字論》）詞的互相聯繫，就有理可循。有理可循是詞的音義關係的回授性經過約定俗成的結果，這種結果的聚合就形成詞彙的體系性的組成因素之一。

詞的同源類聚是詞彙體系的重要側面，而不是詞彙體系形成的全部，但離開同源詞說不上體系。在詞彙體系問題的認識上，學界少著眼於同源詞的探源析流。即便是資深的語言學界前輩，認識也是相當模糊的。他說"'詞彙'不過是把'物質'和'能量'供給語言這一有序結構的東西而已，本身說不上'體系'"。無獨有偶，美國喬姆斯基的學說出現以後，不少人認為語言的內部結構層次是：語義←語法→語音。理由是語言符號由聲音和意義兩部分組成，各個單位通過語法組織起來。相應地，語言學的三個組成部分便是語義學、句法學、音系學；詞彙學被看成語義學的一支，為詞彙語義學。由此推斷，便也無所謂詞彙的獨立體系了，確實只不過是"物質"的有"能量"的東西用以供給語言這一有序結構而已。王力的《同源字典》出，為詞彙體系的立論提供了堅實的論據，今文《尚書》同源詞的分析梳理，也正為詞彙體系性提供了佐證。

（四）成語音律節奏的效用

今文《尚書》詞彙研究對《尚書》成語也作了統計，並作自身構造的分析，其間指出成語音律節奏近似四言詩，平仄相間，節奏鮮明。一般談成語的，不大涉及其音律節奏內容，本書所談，尤顯新意。

前人對語音的運用，很早表現在雙聲疊韻的構詞上，因為它們具有聽覺上的美感，聽起來和諧悅耳，這也就是說，雙聲疊韻由於音節中某個構成要素

（聲音或韻母）有規律地重複出現，因而聽起來具有音樂美感。這常常反映在成語上，如“匹夫匹婦”（pǐfū-pǐfù）聲韻隔了一定時段之後重複出現，造成音素的迴旋，因而具有音樂美感；又如“兼弱攻昧”（jiān ruò gōng mèi）“兼”古亦屬“見”系聲母，與“攻”聲母隔了一定時段之後重複出現，也造成音素的迴旋，因而具有音樂美感；再如“彰善癉惡”（zhāng shàn dàn è）的“彰善”疊韻，“癉”韻同前者，都分別隔了一定時段之後重複出現，形成音響的迴旋美。錢著特地例析“平仄相對、平仄相替”言簡意賅。平仄之稱述起於中古延於後世，《尚書》時代未出是名，卻具平仄之實，用後來的稱述鑒賞當時成語平仄相對相替的使用，亦有良效，因語詞的平仄是古今漢語貫通的。

四、重視學科方法論的駕馭

今文《尚書》詞彙研究有“詞義研究的傳統方法述論”專章，分列“因聲求義”、“據形索義”、“正形尋義”、“依形繹義”、“語法定義”，這些基本上是傳統訓詁學方法的施用。王力認為“訓詁學要向詞彙學方面發展”（《訓詁通訊》4 期），借用訓詁學研究的方法研究詞義（訓詁的核心是詞義），當是可行的。除此，錢氏在哲學方法論（它與世界觀是一致的）指導下，應用長期以來人們慣用的思維過程中的方法論（如歸納、演繹、分析、綜合、具體、抽象、類比等等），還運用了思維工具方法論（如系統論、控制論、資訊理論和數學方法論等）。語言研究重在歸納和演繹，歸納是最基本的思維方法，如“音近義通”是從語言實際中由個別到一般歸納出來的一條規則，人們又用演繹法把這條規則運用於訓釋實踐，但經過檢驗，“音近義通”畢竟只反映了局部語言事實，還不能成為一條普遍規則，因而錢氏只能認為“音近義通”有其可能性，並無必然性，“因聲求義”、“據形索義”、“正形尋義”、“依文繹義”等同樣具有局限性，於是本書運用思維工具方法論濟思維方法之窮。比如，把語言作為一個系統（有系統就有控制）來研究。全社會所用的語言是全息系統，它演化了多層次的子系統，《尚書》的信源就屬全息系統的子系統，《尚書》信源的分析研究中還運用了數學方法論，從具體統計中，力求結論的正確性（運用不當，結論可能是謬誤的）。本書重視科學方法論的駕馭十分可貴。方法論“是一個根本性的問題，不管搜集了多少材料，如果方法不對頭，那些材料都毫無意義……雖多亦奚以為！”季羨林《印度語言研究》名著中說的這番話，語重心長。

五、譜寫了古漢語詞彙學和漢語詞彙發展史的新篇章

漢語詞彙學正在產生和發展中。

羅常培在給周祖謨《方言校箋通檢》一書寫的序言中說過“在語言學的三大部門裡，從中國古代語言學發展歷史看，詞彙學創始的最早，可是後來沒能發揚光大”（現代漢語詞彙學竟遲在二十世紀中期才產生）這樣的話，今文《尚書》詞彙研究正是古漢語詞彙學發揚光大的加速劑。《尚書》語詞歷來著眼於訓詁學的說解，本書則從詞彙學角度進行探究，體現“斷代分區的概念”，“在意義方面作抽象、體系的研究”（邢公畹），相當具體地探究了單音名詞動詞的詞義特點及詞義引申的內動力；進而敘述形容詞的語義分析、結構特徵及其發展演變；同源詞的音義關係及形成機制；成語的結構類型、音律節奏和演變規律；詞義研究的傳統方法諸多方面，集中到一點，譜寫了古漢語詞彙學和詞彙發展史的新篇章，既為漢語詞彙學宏構添磚加瓦，也有利於漢語詞彙學宏構奠基，有重大歷史意義和現實價值。

總的來說，錢宗武教授長於歷史文獻和訓詁詞彙之學，立足於古漢語詞彙學前沿，馳騁於《尚書》學領域，馭以科學發展觀和方法論，全域透析，旁搜遠紹，嚴密考察，開掘創新，由博返約，成《今文尚書詞彙研究》力作；其突破性的發現發明填補了以今文《尚書》詞彙為核心的古漢語詞彙和漢語詞彙發展史研究的許多空白，開闢了漢語詞彙學研究的領地，開創了漢語詞彙學研究又一新局面，貢獻非凡。王國維嘗言“於《書》所不能解者殆十之五”，時代猛進，學術發展，錢氏繼起發微，極難能可貴。當然，章太炎的老師俞樾切身體會到“著書之家，千慮必有一失”（《春在堂隨筆》），斯言諒矣。任何學術都有補苴發展餘地，包括古今諸大家治學在內，都無例外。這是學術發展的必然，無庸細述。無論著者讀者，重在要有發展眼光。

錢宗武教授時方壯年，博覽文獻，貫通古今，業有專攻，勤於指導博士生，專於今文《尚書》研究，精於科學探索構思，多有真知灼見，建樹卓越豐碩，深為欣愉豔羨，謹為之敘，順達賀忱！

許威漢　2010 年 5 月 1 日
於上海師範大學寓所

論今文《尚書》詞彙特點及傳統詞彙研究方法

（代前言）

在漢語史研究的各個領域，漢語詞彙史的研究相對滯後。何九盈、蔣紹愚二位先生在《古漢語詞彙講話》的“前言”中曾指出：“漢語詞彙發展的整個歷史和斷代詞彙歷史的研究，專書詞彙的研究以及詞彙和語音、語法之間關係的研究等，基本上都沒有開展起來。”①專書詞彙研究是斷代詞彙史研究的基礎，斷代詞彙史研究又是整個漢語史研究的前提。文字超越了時空的限制，專書語言文字材料真實地反映了特定時代的語言風貌。選擇各個時代具有典型語料價值的專書作為語料樣本進行詳細的詞彙描寫，進而演繹規律和特點，就可以構擬各個時代的詞彙史；有了各個時代的斷代詞彙史，整個漢語詞彙史也就呼之欲出了。呂叔湘、王力、周祖謨、陸宗達、殷孟倫等前輩語言學家都曾強調深入研究漢語詞彙發展的歷史，需要首先進行專書詞彙和斷代詞彙的研究。近年來，人們已經認識到專書詞彙研究的重要性和迫切性，語言學界越來越多的學者開始越來越關注專書詞彙研究。

今文《尚書》是我國最早的歷史文獻彙編，記載了唐、虞、夏、商、周許多重要歷史人物的重要言論，記敘了華夏文明初始階段一些重要的歷史傳說和重大的歷史事件，也保存了部分涉及區域劃分、經濟地理、財賦貢稅、刑法制度等方面的專題文獻，是口語化的書面語，比較系統全面地反映了商周時期的語言面貌。今文《尚書》是研究古代漢語詞彙史無可替代的彌足珍貴的語料。

我曾經寫過幾本關於《尚書》語言研究的小冊子，在有些小冊子裡也曾經討論過今文《尚書》詞彙研究的一些問題，討論過的問題又沒有什麼新的內容修正或者補充就不再討論了。本書主要討論六個方面的問題：單音名詞動詞的詞義特點，詞義引申的內動力及其途徑；單音形容詞的同義類聚和反義類聚，複音形容詞的結構特徵及其發展演變；同源詞的音義關係及形成機制；成

① 何九盈、蔣紹愚：《古漢語詞彙講話・前言》，頁 1。北京出版社，1980 年版。

語的結構類型、音律節奏和演變規律；通假的特徵、原則方法和通假的成因；《尚書》詞義研究的傳統方法。迄今為止，尚未發現有學者對今文《尚書》中這些問題進行詳細而系統的研究。

我們的研究思路是總結前人的研究成果，運用新的理論、材料和方法，通過窮盡性的語料統計，詳盡的語例分析，描寫狀態，展示脈絡，揭示特點，演繹規律，並對一些有爭議的相關文獻語言詞彙研究的共性問題進行探索，力求為上古漢語詞彙史的研究提供理論參考和可靠材料。

今文《尚書》的名詞動詞以單音詞為主，同於上古漢語名詞動詞以單音詞為主的詞形特點，同時，今文《尚書》的單音名詞動詞又以多義詞為主，這一點與上古漢語的甲文和金文有明顯的區別。當然，今文《尚書》的多義名詞動詞與後代文獻的多義名詞動詞也有區別。這種區別主要表現在今文《尚書》單音多義名詞動詞的詞義系統中保存了大量本義義項，這也形成了今文《尚書》單音詞的詞義特點。

詞的本義通常是指造字之初由字形所反映出來的並且可以由古代文獻驗證的意義。任何詞的任何意義，都是在一定的語境中體現出來的。語言交際行為是雙邊的，就表達和傳遞信息的一邊來說，語境對詞義具有限定作用；就理解或接受的一邊來說，語境對詞義具有顯示作用。語境對詞義的這兩種作用，使得詞義可以分為靜態義（一般指本義或基本義）和動態義（即語境義）。

《說文》是漢語史上今存最早的字典，嚴格地講，《說文》的說義應為字詞的本義。但是實際上，《說文》說義也有一些引申義，甚或假借義。今文《尚書》是歷史文獻語言最早的語料之一，《說文》經常徵引今文《尚書》以說解字義，傳本今文《尚書》查有所出的就有 144 例，而今文《尚書》單音詞的總量約 1550 個左右，因此，今文《尚書》有本義義項的單音詞比例較高。分析《說文》說義和今文《尚書》引文的詞義聯繫，主要有三種類型。（1）《說文》用本義，今文《尚書》書證也用本義。（2）《說文》用引申義，今文《尚書》書證卻用本義。（3）《說文》用本義，《書》證用引伸義，而今文《尚書》仍用本義。今文《尚書》單音詞的詞義特點從一個側面反映了今文《尚書》語言的過渡性，即一詞一義正發展為一詞多義，有些實詞正逐漸虛化，本義義項大量存在於一些日益豐富的詞義發展系統中。

上古詞彙多為單音具象詞彙，譬如甲骨文和金文中的基本詞彙大部分是表示具體名物的詞彙。而今文《尚書》的單音詞表示具體名物的詞彙少，抽象性詞彙增多。語言中抽象詞彙越豐富，語言的表達能力越強。考察今文《尚書》單音多義詞本義、基本義與引申義各個義項之間的聯繫，發現隱喻和轉喻認知機制在詞語語義範疇形成過程中發揮了重要作用，語法上的詞類轉換也是詞義演變機制的一個組成部分，與隱喻和轉喻的認知機制互為補充。

語言交際要達到完整準確、簡潔明瞭的目的，就要不斷地尋找信息最大化和經濟最大化這兩個互相制約原則的平衡點。有學者認為交際者應該選擇運用具有突顯、重要的部分代替整體或整體的其他部分，或者運用具有完形感知的整體代替部分，即運用轉喻進行交際。根據同一認知域內整體與部分的配置，轉喻可以分為兩大類：（1）整體與部分的轉喻，（2）整體的部分與部分之間的轉喻。語義是主觀與客觀的結合，因此研究語義要借助於認知過程才能得以解釋。

傳統的語言學將隱喻視作語言形式上的修辭，當代語言學則認為隱喻更是一種認知現象，是人類一種基本思維認知方式。在語言中，詞義的發展從主觀條件上講，是由人們的思維完成的。思維不僅影響和決定語言的形成和發展，甚至決定詞義形成和發展的類型。隱喻性認知思維引發的詞義引申主要有：（1）空間域與時間域的映射引發的詞義引申；（2）本體域與喻體域的映射引發的詞義引申；（3）生理域與心理域的映射引發的詞義引申等。

蔣紹愚先生認為詞在實際語言中不可能孤立地出現，而必須按照一定的語法規則組合起來成為句子，所以，詞彙和語法之間就會發生相互影響。從詞類轉換角度考察今文《尚書》中的詞義引申，大致可以分為兩類：一類是名詞義、動詞義、形容詞義互相轉換引發的詞義引申；一類是名詞義、動詞義、形容詞義與副詞義之間的轉化引發的詞義引申，以及動詞義與介詞義、名詞義與連詞義、代詞義與助詞義、代詞義與副詞義、副詞義與介詞義之間的轉化引發的詞義引申。詞義演變與詞彙功能的改變密切相關，諸如句法位置、組合功能等的改變，最終使其弱化或失去原有的詞彙意義，在句中只具有某種限定性意義或語法意義。

考察今文《尚書》單音詞詞義引申的諸多類型，可以知道一詞多義的現象是人類認知能力的反映，轉喻和隱喻認知機制在詞彙意義發展過程中起著至關重要的作用，而語法上詞類的轉換對詞義引申的解釋可以與隱喻性和轉喻性思維對詞義引申的解釋互為補充，從而使人們對詞義引申的解釋更加透徹。從本義、基本義與引申義所表示的內容來觀察，由具體到抽象、由個別到一般，是本義、基本義發展為引申義的基本規律。從形式上來看，詞義引申的類型大致可分為三種：即輻射型引申、鏈條型引申和綜合式引申。

今文《尚書》中詞義引申方式情況比較單一，絕大多數都是鏈條式引申，較少輻射式引申，兩種方式結合的複雜情況更是罕見。輻射式引申中各引申義位處於同一語義層級，鏈條式引申中各引申義位處於不同的語義層級，鏈條式引申是比輻射式引申更為複雜的一種詞義演變方式，可見隨着人類思維的日益深化，到今文《尚書》時代，詞義引申已經處於比較發達的狀態。語義相關的單音多義詞在實現詞義引申時，包含相向引申、替補引申、同步引申和同歸引申四個方面。而今文《尚書》語義相關的單音多義詞只存在同步引申、相向引申兩種詞義演變現象，說明替補引申和同歸引申是更為複雜的詞義演變現象。

形容詞是詞彙系統中的重要實詞，是語言成熟的重要標誌。雖然從發生學的角度考察漢語形容詞，較之名詞和動詞產生和發展要遲緩一點，但語言學界缺乏對古代漢語形容詞的理論研究也是不爭的事實，至今甚至對於古代漢語形容詞的劃分標準仍是言人人殊。我們認為上古漢語形容詞應具備以下五個特點：（1）形容詞是表示人或事物性質和情態的詞；（2）性質和情態具有客觀性，也存在著程度上的差異性，因而形容詞可以受否定副詞和程度副詞修飾；（3）形容詞經常用作定語，也可以作謂語和狀語；（4）形容詞不能帶賓語。如果帶賓語則失去形容詞的特性而活用為動詞，表示使動用法或者意動用法；（5）形容詞不能用作主語、賓語、狀中結構或定中結構的中心詞，如果作主語、賓語、狀中結構或定中結構的中心詞時活用為名詞。

今文《尚書》雖然是源頭性文獻典籍，但是形容詞卻比較豐富。從詞形上分析，有單音形容詞和複音形容詞兩種類型，以單音形容詞為主。今文《尚書》中的單音形容詞可以分成四個類型，即性質形容詞、情狀形容詞、時態形容詞和顏色形容詞。

今文《尚書》單音形容詞多數是多義詞，多義詞之間有許多相同的義位，從而構成數量豐富的同義類聚現象，主要有六種類型：本義義位相同的同義類聚；引申義義位相同的同義類聚；本義義位與引申義義位相同的同義類聚；假借義義位與本義義位相同的同義類聚；假借義義位與引申義義位相同的同義類聚；方言義位相同或方言義義位與通言義義位相同的同義類聚。

今文《尚書》有豐富的同義形容詞，同義形容詞之間的關係可以從語義、語法、修辭等方面進行辨析。分析語義差別，多數同義形容詞決定義位類別的中心義素是基本相同的，細微的區別在於附加義素、隱含義素和限定義素的不同；分析語法差別，主要考察形容詞能否單獨充當句法成分及其搭配功能和詞性變化；分析語用差別，可知詞語的附屬色彩對於豐富語言的表達色彩，顯示語言的時代特徵具有重要意義。

今文《尚書》也有豐富的反義形容詞，而且形容詞的反義類聚超過了動詞和名詞的反義類聚。今文《尚書》中反義形容詞的聚合方式主要有三種類型：本義與本義構成的反義類聚，引申義與引申義構成的反義類聚和本義與引申義構成的反義類聚。反義形容詞在今文《尚書》裏的運用主要有連用和對用兩種形式，而對用又分單句對用和複句對用兩種形式。

今文《尚書》的複音形容詞和形容性短語有時不易區別，可以從語義、語音、句法組合功能、詞類轉換、語用詞頻等方面進行考察，主要有三條標準。（1）兩個單音節形容詞原來各自代表一個獨立的意義，連言後融合成一個新的完整的意義；（2）兩個單音節形容詞連言後產生了借代意義；（3）兩個同形單音節形容詞，連言後產生新的詞彙意義或者在原意的基礎上增加了新的附加意義。

今文《尚書》複音形容詞的構詞主要採取語音學方法和語法學方法。前者構成聯綿形容詞和疊音形容詞，後者主要構成複合形容詞。今文《尚書》的聯綿形容詞僅有2個，分屬非雙聲疊韻聯綿形容詞和雙聲聯綿形容詞，具有"字無定形，一詞多形，音隨字轉"的特點。今文《尚書》疊音形容詞結構內部的語義關係及其形義關係具有語義的對應性、語義演變的同向性和複音節表義詞形的變異性三個特點。

漢語詞彙在西周、東周時期產生了相當數量的複音詞。今文《尚書》中有54個複音形容詞。不僅數量比較多，而且已有了多種組合形式，主要是並列式、動賓式以及少量偏正式。今文《尚書》複合形容詞絕大多數是單義詞，由於《尚書》時代的複音詞正處於複音化的初始階段，兩個詞素之間的次序往往與後世文獻相反。如：今文《尚書》用"小大"，後世多用"大小"，一般認為"大小"是順序形式，"小大"是逆序形式。

形容詞就其成因來說，主要來源於名詞和動詞。

形容詞經歷了一個發展演變的過程，甲骨文只有十多個形容詞，商周時期形容詞數量大量增加。以顏色形容詞為例：甲骨文中能夠確定的顏色詞只有"幽"、"黃"、"黑"、"白"、"赤"，金文中顏色詞有8個，在甲骨文已有顏色詞的基礎上增加了"玄"、"纁"、"朱"。今文《尚書》中則有四大類13個表示顏色概念的形容詞，說明形容詞詞族不斷擴大。較之甲骨文和金文，今文《尚書》顏色詞中沒有"幽"，另外增加了一個正色形容詞"青"；增加了"赤"的同義詞"丹"、"彤"和"騂"；增加了"黑"的同義詞"盧"，"黑"中又分出了青黑色的"綦"。顏色形容詞的替代過程也說明語言系統是一個不斷演變着的龐大系統。

形容詞詞義演變主要是形容詞的實義虛化，它是整個漢語實詞虛化的重要組成部分。今文《尚書》中形容詞虛化過程主要有四種情況：（1）詞義引申引發虛化，包括形容詞本義直接引申虛化為副詞和形容詞，其引申義再引申虛化為副詞兩個方面；（2）形容詞的平行虛化，它包括義位相同平行虛化和義素相同平行虛化兩個方面；（3）通假引起的虛化，又分同音替代的通用引起的虛化和同音替代的假借引起的虛化兩種；（4）句法位置的改變引起虛化。

形容詞可以虛化為情態副詞、時間副詞，但並不代表情態副詞、時間副詞都是由形容詞虛化而來的。例如，在今文《尚書》中，程度副詞凡 20 見，由形容詞虛化而來的有 10 見，但是由名詞和動詞虛化而來的也有 10 見。其中源自名詞的 2 見，源自動詞的 8 見。由於漢語形容詞內部各個成員之間並不是均質的，其虛化的時間和機制也並不相同，致使有些形容詞已虛化演變為典型的副詞，有些形容詞則正處於虛化演變的動態過程中。實詞虛化可以對形容詞中大量存在的一詞多義、兼類和類別不明的現象進行某種解釋，因為這些語言現象都是詞彙歷時演變在共時層面上的反映。

今文《尚書》形容詞的發生發展過程，可以說明形容詞在漢語詞彙系統中處於比較重要的位置。形容詞從漢語別的實詞獲取生命的基質和能量，同時，也通過自身的組織功能淘汰舊質，限制某些具有虛化趨勢的詞進一步虛化。形容詞的整個系統如同奔騰的江河不斷得到生命的能量，又不斷進行自潔，始終保持簡練有序生生不息的鮮活的生命生存狀態。

詞源學是探討詞的來源及其發展演變的一門學科，它涉及對詞的音義關係和詞的構成理據等問題的研究。漢語史學界的不少大家都曾對漢語同源詞進行過研究。學術界大多從音和義這兩個角度對同源詞進行界定，“音近義通”是識別同源詞的共識標準，然而，漢語詞彙的發展極其複雜，“音近義通”並不能精確地概括同源詞的內涵和外延。例如有些詞雖然音近義通，但不是同源詞；有些同源詞讀音並不十分相近。對於怎樣理解“義通”，這個“義”是不是就是“詞彙意義”，學術界仍需對同源詞展開更為深入的研究。

從語音關係的角度看，同源詞是由同一語源孳乳分化出來的語詞，語音相近或相同是一個不可缺少的重要特徵。今文《尚書》有 109 組同源詞，考察其語音關係可以概括為三種類型。（1）重疊型。這類同源詞語音完全相同，具體表現為雙聲疊韻的關係。例如“永、詠”皆為匣紐陽韻字，雙聲疊韻，二字同音。（2）相交型。這類同源詞具體的語音聯繫有兩種表現形式。一是疊韻聲紐相通，即同源詞韻部相同聲紐不同但有通轉關係。例如“顯、見”疊韻聲紐相通。顯，曉紐元韻；見（現），匣紐元韻，曉匣旁紐。一是雙聲韻部相通，即同源詞雙聲韻部不同但有通轉關係。例如“大、誕”雙聲韻部相通。大，定紐月韻；誕，定紐元韻。元韻是陰聲韻，月韻是入聲韻，二韻主要母音相同，月、元對轉相通。（3）離合型。這類同源詞聲紐和韻部之間均有通轉關係，通過語音的通轉發生聯繫。例如“殄、盡”二字，殄，定紐文韻；盡，從紐真韻；定從鄰紐，文真旁轉。從漢語史的語言發展事實來看，大多數同源詞中的孳生詞詞義分化以後，語音很快發生相應的變化，以適應語音形式區分源詞和孳生詞的需要。

同源詞同出一源的基礎是語義上存在相同、相通或相反相對的關係。今文《尚書》中的同源詞語義相同或同中有異。同中有異的關係主要表現在詞彙意義和語法意義兩個方面：（1）詞彙意義和語法意義均有異。（2）詞彙意義有異，語法意義基本無別。

上古漢語中產生音義有聯繫的同源詞是基於人們認知新的未知的抽象事物的心理，使所指範疇化、系統化，表現在漢語孳生新詞上，其意義本於一源。詞源意義相同是同源詞構詞的內在理據。今文《尚書》同源詞有“重疊”、“相交”、“離合”三種語音關係，語音相同或相近是同源詞構詞的外在理據。今文《尚書》重疊型同源詞即語音相同的有 40 組，占 36.7%，這反映了上古詞彙發展演變之初，語用者採用相同的語音，以便交際時產生便利快捷的反應。今文《尚書》中相交型、離合型同源詞占很大比重，它們聲母的通轉關係主要有兩種情況：旁紐和鄰紐。其韻母的變化也有兩種：對轉和旁轉。今文《尚書》同源詞語音結構聲韻之間的密切聯繫，無形中為話語的經濟表達創造了條件。

英國語義學家利奇（Geoffrey Leech）曾把“意義”劃分為七類：理性意義、內涵意義、社會意義、情感意義、反映意義、搭配意義和主題意義①。其中除了理性意義和主題意義外的其他五種意義稱為“聯想意義”。聯想意義是隱含在詞內部的意義，同源詞的產生與聯想這一認知心理活動有著密不可分的聯繫。聯想的形成遵循兩條原則：相似律和聯繫律。因相似聯想而產生的同源詞不是從本質上、從理性上去認識事物，而是對某些細微的表像特徵較為敏感，將其抽象類別化為構造新詞的理據。在這樣的一種認知模式下，新詞和舊詞之間就具有了某種表像或意象的相似性。聯繫律是人們會自覺地以詞源意義為核心，將一組具有各種關聯的同源詞聚集到一起。今文《尚書》中促使聯繫聯想產生的關係主要有工具關係、物件關係、因果關係、具體和抽象關係、泛指和特指關係等幾種。

相似聯想反映的是人們思維的一維性特徵，即思維活動按照一個方向延續，把許多具有相似性關係的同源詞串聯起來；而聯繫聯想的思維活動是多維的，即以詞源意義為軸心，向多個方向發散輻射，聯結起若干意義相關的同源

① （英）傑佛瑞·N·利奇著，李瑞華、王彤福、楊自儉、穆國豪譯：《語義學》，頁 13–33。上海外語教育出版社，1987 年版。

詞。通過人為的積極聯想思維活動，以詞源意義作為構詞理據，開始孳乳分化，並遵循著話語的最優經濟節省原則，建立起了一個易於掌握、易於理解的同源詞認知系統。

今文《尚書》中已存在大量的同源詞，這從一個側面反映了漢語是一種很有理據的語言。有些外國學者認為漢語是最缺乏理據性的語言，這是不符合漢語語言實際的。徐通鏘先生《語言論》認為漢語的語言編碼是理據性的編碼，這是符合漢語語言實際的。所謂理據性編碼是指人們依據事物與語言符號之間的自然關係來進行編碼。這種內在自然關係是文化自然，並不等於是邏輯的、實在的普遍關係。語言編碼中的文化自然關係是一種基於文化心理想像、類推（analogy）、隱喻（metaphor）、辯證聯想上的關係。漢語是比較典型的以理據性原則對文化現實進行語言編碼的語言。研究漢語的理據性可以使我們認識漢語深厚的文化底蘊，指導我們從更高的層次上理解和運用語言。漢語中較為發達的同源詞系統是研究漢語理據性的一個重要的部分。

成語是漢民族語言獨特的語言形式。語言交際中運用成語有助於說明道理，增強語言的內部張力。來自古代謠諺的成語已無可稽考，而源自經傳中的成語最早可以追溯到今文《尚書》。然而，對成語應該如何準確定義，成語有沒有獨特的形態特徵等問題，由於研究理念和方法的不同，學術界尚未達成一致的結論。

考證上世紀八十年代收詞較全的三部成語詞典（《漢語成語詞典》、《漢語成語考釋詞典》和《漢語成語大詞典》）中的詞條，發現現代漢語成語源自今古文《尚書》的約有 172 個。其中，源自今文《尚書》的約有 70 個。若以《尚書》中的原始形式為分析物件，其成語結構類型大致可以分為兩類：（1）原型結構，即《尚書》中的原始語言形式沒有任何改動。（2）非原型結構，它又可以分兩種：一種是分取式，即主要從《尚書》不同的篇章或從同篇章的幾個句子中摘用相關詞語組合而成；一種是變體式，即對原始語言形式的增刪概括而成。成語的原型結構和非原型結構在《尚書》中的分佈情況：原型結構成語，今文《尚書》33 見，古文《尚書》55 見。分取式非原型結構成語，今文《尚書》和古文《尚書》的比為 1∶1。變體式非原型結構成語，今文《尚書》和古文《尚書》的比約為 1∶1.5。在歷史發展的過程中，越是古老的文獻，成語的原型結構越少而非原型結構越多，今文《尚書》的原型結構與非原型結構之比是 33∶37，正反映了這一規律。

《尚書》四字格成語的語法結構大都是雙層面的，如果根據第一層面詞語間的語法關係確定整個成語的語法構造，大致可以分成主謂、偏正、述賓和聯合四種語法結構。聯合結構在定型結構中所佔的比例較大，所表示語義關係大部分是對稱的，根據其前後兩部分語義關係的不同，可以分為並列關係、對比關係、因果關係和目的關係四種。

《尚書》四字格成語近似四言詩，平仄相間，節奏鮮明。通過認真統計和仔細分析今文《尚書》中的四字格成語，我們可以發現如下事實：（1）上古漢語比現代漢語更為講究成語的平仄。（2）成語的平仄規律並非完全等同於四言古詩的平仄規律。（3）《尚書》的四字格成語也比較講究對仗，特別是那些語法結構是聯合結構的成語。從語法結構上分析，可以分成主謂對，如：地平天成；偏正對，如：巧言令色；述賓對，如：偃武修文。從語義上分析，有同義對，如：發號施令；有近義對，如：兼弱攻昧；有對義對，如：匹夫匹婦；有反義對，如：彰善癉德。

《尚書》的內容涉及政治、軍事、天文、地理、官制、禮儀、刑法等諸多領域。根據《尚書》成語的語境意義，我們大致可以把《尚書》成語分為個人品行修養類、經邦治國類、刑罰類、戰爭類、禮樂類、經驗哲理類、自然現象類等七類。根據語義構成方式，又可以將《尚書》成語分成組合義成語和隱含義成語兩大類。前者具有視而可識，見語明義的語用效果，如遏密八音、不可向邇；後者整體意義具有形象化特徵，可由各部分組成的表層意義推導出隱含義，如巧言令色、皇天后土。總體上，《尚書》的組合義成語多於隱含義成語，這是《尚書》成語語義表達的特點，也與《尚書》的文體特點相一致。

在動態語言中，《尚書》非原型結構成語的原始形式比照定型結構在不斷的發展變化，其演變方法約有增加、刪減、改換、緊縮、移位、分取、組合、概括引申等八種。《尚書》中的成語最終全部演變為四字格是由漢語特點和成語特點雙重選擇的結果。漢語成語的特點是言簡意賅，言簡當有限度，簡到四言，已不能再簡。成語多來源於古代，古漢語單音節詞多，組合靈活，能夠形成多種多樣的語法結構和語義類型，這又正好適應了漢語成語語用特點對語言形式的選擇。

目前，對"什麼是成語"這個基本概念問題，尚未達成共識，多數學者認同三點見解：（1）成語具有形式的定型性。（2）成語具有意義的約定性。（3）四個音節組成的"四字格"是漢語成語的主要語言形式。成語以四字格形態為主，有諸多原因。首先，雙音節化是現代漢語詞彙的主要發展趨勢，雙音同雙音組合，構成了漢語成語最主要的節奏形式。我們對《尚書》成語進行窮盡性的語法分析後發現，聯合式是《尚書》成語的主要語法結構。這與漢語的語音特點相一致。同時，四字格形式工整，利於對仗。其次，我國最早的詩歌總集《詩經》多數採用四言的形式。這種四言的形式被認為是最正統、最莊重典雅的語言樣式。成語選用四字格的形式，也是對這一傳統文化的繼承。

在對非四字格固定語的看法上，上世紀70年代的成語研究中，多有把“定型短句”也看作成語的。事實上，“定型短句”屬於言語單位，作用上相當於獨立的句子。“定型短語”屬於語言詞彙單位，功能上仍相當於一個詞。成語是一種特殊詞彙單位，因而，能夠進入成語的只能是屬於語言詞彙單位的“固定短語”。對於成語與慣用語的區分，可以用語言形式是否是四字格作為區分的標準。成語本來就是一個約定俗成的認知概念，把三字格的語言形式說成成語，不符合大部分人的認知心理和語用習慣。我們認為成語的“四字格”形態標準是區別成語與非成語的主要標準。

“成語”的名稱是一個歷史概念，早期成語是上位概念，包括了現在所謂的慣用語、成語、諺語、俗語、歇後語、格言。今天的“成語”是早期成語的下位概念，是從早期成語中逐漸分化出來的一個部分，卻借用了早期“成語”的名稱。今天的“成語”是個與慣用語、諺語、俗語、歇後語、格言相並列的概念，在形式和內容上都應該有其獨特的特徵。因此，成語是由四個字組成的具有書面語色彩的定型性、慣用性固定短語。

通假是古代文獻語言中常見的語言現象。歷代訓詁學家都注重破讀通假，然而對詞之通假的界定、原則和方式、以及通假的發生演變機制等仍缺乏準確而系統的闡釋。以致不少教科書和工具書論及通假，或概念不清，語焉不詳；或見仁見智，歧說紛紜，學者莫衷一是。

古代文獻語言中的通假現象大約以唐宋為界。唐宋以前通假現象很普遍。今文《尚書》通假詞數量多，幾乎篇篇都有通假詞。分析今文《尚書》被借詞與通假詞、本義與通假義之間的各種聯繫，其通假具有顯著的特徵，主要表現在六個方面：（1）一個被借詞，有幾個通假詞；（2）一個通假詞可以作幾個詞的通假詞；（3）被借詞和通假詞雙向通假；（4）只用通假詞通假義，不用被借詞本義；（5）既用被借詞詞義，又用通假詞通假義；（6）同一詞，既有本義，又有通假義。同時，今文《尚書》中的通假詞與被借詞、通假義與本義呈現出多樣性的聯繫，這是通假現象的早期形態特徵。唐宋以降，受古文運動的影響，用詞通假是有意仿古，且通假詞主要是秦漢文獻中的常見通假詞，通假詞與本義，通假義與本義的聯繫亦日趨單一。

一般都認為通假具有單向性。但是，今文《尚書》則有相當數量的被借詞通假詞雙向通假的例子。通假詞與被借詞除了一對一，一對幾的形式外，還有幾對一等對應形式。一般認為通假詞與被借詞共存於一部文獻一個語言系統中，《尚書》則有不用被借詞詞義，只用通假詞通假義的語言現象。

文獻語言中的虛詞意義抽象，多為假借詞，形義相應的很少。今文《尚書》的虛詞，亦多見通假現象，尋求其被借詞，有兩個標準：一是形義相應的標準。如“惟、維”何為通“唯”？“唯”從口，作發語詞，蓋“諾也”之引申義。維、惟卻分別從“糸”從“心”，故當以“唯”為被借詞；一是詞頻標準。文獻語言中表示動作行為憑藉的介詞多用“以”，故《堯典》“允厘百工”之“允”作介詞表憑藉，通“以”。且今古文《尚書》“以”有232見，是個高頻詞，多用作介詞；而“允”僅33見，多用作副詞。

文言通假“以聲為主”，原則是被借詞和通假詞兩者聲音相同或相近。今文《尚書》被借詞和通假詞的聲音聯繫主要有兩種情況：（1）聲音相同，可稱之為“音同通假”，又分為聲音符號相同的音同通假和聲音符號不同的音同通假；（2）聲音稍變，可稱為“變音通假”，又分為雙聲關係的音變通假和疊韻關係的音變通假，以及少數聲近韻近的音變通假。通假詞與被借詞除聲音的聯繫以外，詞形的聯繫主要是那些聲音符號相同的音同通假和音變通假。今文《尚書》中通假詞和被借詞的形體結構的差異有三種情況：增加意符、減少意符和變換意符。由於通假以聲為主，容易使書面語產生歧義，故通假難以適應語言交際的要求，以致現代漢語中就沒有通假了。

歷代訓詁學家對今文《尚書》的通假認識是不一致的，常將今文《尚書》中的多義詞、區別詞、同源詞、異形詞誤作通假，同時，今文《尚書》本身存在大量的通假是一個原因，也是前賢歧解誤用通假的一個原因。

關於文獻語言產生通假的成因，以“訛誤說”和“兼職說”影響最大。但是古代學者治學嚴謹，“訛誤說”似乎不合史實；“詞少兼職說”也不合語言社會性原則。我們認為文言通假成因於上古用詞不規範。漢語中存在大量的同義近義詞和音同音近詞，時異地異人異自然就會出現詞的異體。同時，古代在尚未發明造紙術和印刷術以前，傳道授業，完全依賴口耳相傳，方音俗語導致耳誤筆誤亦在情理之中。通假成因的“用詞不規範說”可以說明為什麼文言實詞之間有通假現象，唐宋以後漸趨消亡，以致現代漢語實詞之間沒有音同音近的通假。文言通假的發生發展以致衰減消亡與漢語詞語使用的不規範、漸趨規範以致必須規範幾乎是同步的。通假演變機制本身詮釋了通假成因的“用詞不規範說”，《尚書》的虛詞通假則提供了最有力的佐證。

我國古代的詞彙研究主要表現為對文獻語言的訓詁方面，體現於歷代的專書訓詁和隨文釋義的傳箋注疏中。古代學者對《尚書》的詞義分析也始於對《尚書》的詮釋。自漢至今，《尚書》訓詁的方法與理論已形成系統，主要包括五個方面的內容：因聲求義、據形索義、正形尋義、依文繹義、語法定義。一般認為這就是傳統《尚書》詞義研究的方法和理論。

“因聲求義”法很早就為訓詁家們所重視，其理論依據為聲音相同或相近，其義往往可以相通。從先秦起，人們就用聲音相同或相近的字解釋被釋字。如《論語・顏淵》：“政者，正也。”漢代劉熙《釋名》、揚雄《方言》、東漢許慎《說文解字》都已經開始用聲訓法求義。宋代王聖美的“右文說”已開始探討漢字的音義關係。宋元之際的戴侗也主張“因聲以求義”。明末方以智及清初黃承吉提出“以古音通古義之原”的主張。清代許多重要學者也論述過“因聲求義”的訓詁方法。如戴震、王氏父子，強調漢字音義關係的複雜性，明確指出必須尋著字音識假借，並運用“因聲求義”的訓詁方法，解決文獻典籍中許多訓詁疑難問題。

“因聲求義“的訓詁方法在清人研究《尚書》過程中的運用極為廣泛，主要表現在解經旨、明連語、破假借三個方面。解經旨主要是運用詞的聲音關係索求詞的正形確解，正確地詮釋經義；明連語主要是指利用古音學的成果，成功地解決了聯綿詞的問題；破假借是指以聲求義，破其假借之詞而讀以本詞。清儒根據形音義三者的區別和聯繫，運用“因聲求義”的訓詁方法，在辨析正形詞、通假詞、聯綿詞等方面都做出了超越前人的成績，正確地詮釋《尚書》的經文意旨，取得巨大的成績。

“據形索義”是訓詁學最早產生的一種訓詁方法，也是漢語特有的一種索義方式。《尚書》作為最早的傳世文獻之一，語言以單音詞為主，字詞同形，分析字形的構形義可以探求詞的本義及其引申義，確定詞在一定上下文中的語境義。

《尚書》歷來號稱難讀，一個重要原因就是《尚書》文辭古奧，字體繁難，文字歧異現象十分突出。清人綜合運用形體分析、歷史比較的考釋方法，運用“據形索義”法探求《尚書》詞彙意義，取得了重大突破，解決了許多困擾前輩學者的問題，主要表現為：（1）根據古文字材料分析詞形特徵；（2）根據文字歷時共時的演變規律演繹詞義。

清人使用“據形索義”也存在一些局限性。從語言觀角度看，清人還不能夠自為的從語言學角度開展詞彙研究。所以，在繼承傳統研究方法的同時，還應從語言學的角度進行研究，突破漢字形體的表層，發掘漢語詞義的深層意義。

“正形尋義”的理論依據是中國古代的學術傳播和文化傳播是在漫長的時間和遼闊的空間中進行的，傳播媒質多種多樣，文本詮釋受到各種政治意識形態和學術流派的影響，兼之文本經過無數次的傳抄、傳寫、傳刻，形成了訛脫闕衍等多方面的異變現象，像《尚書》這樣的經典文獻尤為明顯。要正確訓解《尚書》，必須從校勘詞形開始。勘正文本脫衍訛舛，主要表現在訂正形近致誤字、訂正音近致誤字、訂正詞義誤解字、訂正避諱字、訂正字體變易致誤字、訂正改字致誤字、訂正增衍詞語、考訂異字同詞等八種情況八個方面。清代校勘學家詳細搜集兩漢今古文《尚書》的異文別說，辨析考證字形變異的原因，取得很多超邁前人的學術研究成果，為科學的詞形學研究和詞義學研究做出了卓越的貢獻。

“依文繹義”就是根據詞語所處的語言環境，推求詞語的準確解釋。研究清人《尚書》的訓詁實踐，“依文繹義”主要採取三種方法：互文見義、文情味義、文例類證。互文見義，一般是指採用兩個結構相同的句子，兩句文意互相補充。互文見義用得最多的情況是在不同的句子中相同的句法結構相同的語法位置上用不同的詞來表示相同的詞義，其目的是行文避免重複。然而一組同義詞連用必然會有冷僻詞出現，如何認識冷僻詞的詞形詞義，我們運用“互文見義”的方法就可以通過常見的同義詞認知不常見的生僻同義詞，由已知推求未知。文情味義，即根據具體的語言環境來分析詞義。任何一個多義詞可以有多個義項，但是在具體的文句中，詞義卻是單一的。要準確地訓釋這個單一的詞義，就非透徹地理解上下文意不可。文例類證是類比同一類型文例中的詞語，可以確切地推求微殊的詞義或特殊語境中被省略的詞和詞義。傳統詞義研究雖沒有使用語境研究的術語，但古代學者在解詞釋義、分析句子結構、說明修辭手段、闡發章句意旨的同時，對文獻的上下文語境和情景語境已經進行過充分的揭示。

“語法定義”主要的著力點不是實詞的詞彙意義，而是通過分析語詞在語言形式中的組合方式、結構關係、表述功能來尋繹詞語的語法意義。語法意義可以分為結構意義、功能意義和表述意義三類。

中國古代沒有嚴格意義的系統語法理論，但是，早自秦漢時期，古代學者就已經注意到詞彙的表述功能和組合功能。在隨文釋義和專釋語義的訓詁學專著中，古代學者已大量使用表示虛詞的“辭”、形容詞的“貌”“之貌”之類的專門術語。元代盧以緯的《助語辭》、清代劉淇的《助字辨略》、袁仁林的《虛字說》和王引之的《經傳釋詞》都是研究文獻語言虛詞的專著，雖然他們使用的術語不一樣，但他們已經提出“助語”“助字”這樣具有功能意義和“虛字”“詞”這樣具有稱述意義的術語，應該說他們也已經認識到文獻語言中存在虛實兩大詞類。古代學者還提出虛詞具有“足句”、“足音節”的功能。對於句首語氣助詞，東漢的鄭玄就已有“發聲也”的釋語，宋代的朱熹、蔡沈則有“發語詞（辭）”的命名，而王引之已經有了“語助”的功能類型概念，可見古代學者早已逐步形成了虛詞內部分類的思想。

在清代文獻語言的訓詁實踐中，清代學者一般都能認識到文獻語言中虛實相對的語言事實，正確演繹文獻語言中虛詞的語法意義。清代揚州學派的朱彬研究《尚書》，就發現《尚書》中許多“大”字不是表示“大小”之“大”的實詞，而是語義更為抽象的“可有可無”的“辭”。“大，辭也”的詮釋已經使“大”的語法意義類型化了。高郵王引之研究《尚書》的附音詞“有＋中心詞素”結構，就認為“有”沒有詞彙意義，只有語法意義，僅僅起“足音節”的作用。今文《尚書》中“有＋中心詞素”式附音詞凡61見，主要有四種結構形式：“有＋專有名詞”式，如“有殷”；“有＋普通名詞”式，如“有典”；“有＋動詞”式，如“有及”；“有＋形容詞”式，如“有恭”。“有”只是一個音節，刪除“有”並不影響詞義，對於句意的理解亦無妨礙。在文獻語言中附音式複音詞與疊音式複音詞詞彙意義和語法功能實際上類似。《詩經》有主語相同而在相同的謂語位置上，或用疊音式複音詞或用附音式複音詞的。《詩經・邶風・北風》有“雨雪其霏”句，《詩經・小雅・采薇》有“雨雪霏霏”句，“其霏”和“霏霏”相同。疊音式複音詞重疊兩個音節等於一個詞素，附音式複音詞在詞根前後附著一個音節也只有一個詞素，具有相同詞素義的疊音式複音詞和附音式複音詞可以互換。所以，附音詞“有＋中心詞素”結構中的“有”只有結構意義和功能意義，而沒有詞彙意義。王引之的觀點是正確的。虛實相對的理論引導清儒正確認識虛詞的語法意義，糾正了前人解經許多失解和誤解地方。

“語法定義”主要有三種方法。

（1）分析語詞之間的組合關係，尋繹結構意義。這種方法主要是根據語詞的生存環境，分析詞語之間的結構關係，演繹詞語抽象的結構意義。例如，《周書・多方》的“告爾四國多方惟爾殷侯尹民”句，四國多方，指管、蔡、商、奄四國。殷侯，眾位官員。尹民，治民的官員。“惟”位於“四國多方”與“爾殷侯尹民”之間，構成一個並列短語結構做句子的賓語，“惟”作連詞，起連接作用。

（2）確定語法特徵，尋繹語詞的功能意義。這種方法主要是分析詞語充當某種結構成分的功能以及與某類詞語組合的功能。例如，《商書・盤庚中》“高后丕乃崇降罪疾”句，《說文・山部》：“崇，山大而高也。”《說文解字注》：“崇之引申為凡高之稱。”①孫星衍《尚書今古文注疏》：“崇者，《釋詁》云‘重也。’”“我高后在天之靈將重降罪疾於我。”②此處，“崇”沒有一般的

① （清）段玉裁：《說文解字注》，頁440。上海古籍出版社，1981年版。

② （清）孫星衍：《尚書今古文注疏》，頁235。中華書局，1986年版。

詞彙意義，只有語法功能意義，作程度副詞，修飾動詞“降”，說明“降”的程度。孫星衍在注疏中已認識到“崇”的詞性變化。

（3）體味稱述情態，尋繹語詞的表述意義。這種方法主要是揭示語法形式與所指事物現象以及語言使用者的關係。例如。《周書·大誥》“寧王唯卜用，克綏受茲命”句，一般認為“惟”是“語中助詞”，斷句為：“寧王惟卜，用克綏受茲命。”《尚書易解》則以“用”上屬，斷“寧王惟卜用”為賓語前置句。《周書·大誥》還有“今天相其民，矧亦惟卜用”句可證。“惟＋名詞賓語＋動詞”是《尚書》賓語前置的主要句式，今文《尚書》共8例，甲骨刻辭中就是常見句式。“寧王惟卜用”斷句是正確的。“惟”在“惟＋名詞賓語＋動詞”句式中雖然沒有詞彙意義，但是“惟”的語法意義卻是言語者實現其表述意圖的重要手段。

在今文《尚書》的訓詁實踐中，清代和近現代的學者們已經能夠嫺熟地運用“語法定義”的詞義研究方法解難釋疑，取得超邁前人的豐碩成果。理論和方法的創新，促進清代和近現代的學者們對今文《尚書》的研究不斷取得新的突破，獲得新的進展。

綜上所述，通過對今文《尚書》中的單音名詞動詞、形容詞、同源詞、成語、通假以及傳統詞義研究方法的探討，我們不僅試圖揭示今文《尚書》以及上古漢語一些重要的詞彙現象，而且試圖演繹歸納今文《尚書》以及上古漢語一些重要的詞彙特點，系統總結傳統詞義研究的理論和方法，力求為漢語詞彙史的研究提供不可替代的商周語料和理論參考。

一　單音名詞動詞的詞義特點及詞義引申的內動力

上古漢語詞彙以單音詞為主，今文《尚書》詞彙構成的主體部分也是單音詞；上古漢語的名詞動詞以單音詞為主，今文《尚書》的名詞動詞也是以單音詞為主；同時，今文《尚書》單音名詞動詞的主體部分又是多義詞，這一點與上古漢語的甲文和金文有明顯的區別。當然，今文《尚書》的多義名詞動詞與後代文獻的多義名詞動詞也有區別。這種區別主要表現在今文《尚書》單音多義名詞動詞的詞義系統中保存了大量本義義項，這也形成了今文《尚書》單音詞的詞義特點。另外，今文《尚書》單音多義名詞動詞的詞義具有可分析性，仔細分析今文《尚書》單音多義名詞動詞的詞義引申路徑，發現語言使用者的轉喻性和隱喻性思維是語義變化和發展的內在動力，當然，輔以語法上詞類轉換理論可以更加完整透徹地闡釋今文《尚書》名詞動詞的詞義演變機制。

(一)單音名詞動詞的詞義特點是保存了大量本義義項

漢字是表意體系的文字，形音義聯繫緊密。漢字造字之初多為獨體象形字，多為單音節名詞，然後才是單音節動詞。從理論上講上古漢語單音名詞動詞的本義應該就是詞的構形義，然而，有些單音名詞動詞的構形義在文獻中找不到書證。學術界的共識是漢語單音節詞的本義一般指“文獻記載的詞的最初的意義”①，即造字之初由字形所反映出來的並且可以由古代文獻驗證的意義。如果把詞義系統比成一棵樹的話，本義就是詞義系統的根本，引申義是詞義系統的枝幹。沒有本義無所謂引申義，引申義與本義相生相伴，是由本義派生出來的各種相關意義。

詞的意義是在運用詞語的一定語境中體現出來的。離開具體語境，詞義

① 陸儉明等編：《現代漢語》，頁217。商務印書館，1993年版。

便無從認知，沒有在任何語境下出現過的“詞義”根本不存在。所謂語境，是指語詞、語句在言語行為中出現的條件場合。交際行為是雙邊的，就表達思想、傳遞信息的一方來說，語境對詞義具有限定作用；就理解或接受的一方來說，語境對詞義具有顯示作用。

在語言交際中，語境對詞義具有限定作用和顯示作用，由此詞義又可以分為靜態義和動態義。靜態義就是人們平常所說的詞典義。動態義則是語詞在動態的語言環境中所產生的意義，也可以稱為語境義。

靜態詞義具有規約化的特點。靜態詞義準確地反映、儲存人類對客觀物件的認識，具有標誌功能。動態詞義不具備靜態詞義的規約性，但動態詞義具有靈活性的特點，富有生命的色彩和生命的活力。

由於具體語境不同，語言使用者所要表達的主題和心緒不同。即使同一主體在不同的交際語境中為著不同的語用目的，也可以賦予同一靜態詞義以不同的動態內涵。

動態詞義伴隨語境的產生而產生，伴隨語境的轉換而轉換，伴隨語境的消失而消失，不具備穩定性。但無論就個體而言，還是就整體系統而言，動態詞義都是豐富多彩的。動態詞義由靜態詞義引發出各樣的變異形式，一種靜態詞義就可以滋生出多種動態詞義，所以無論從整個動態系統觀察還是從個體的動態詞義的角度去分析，動態詞義都比靜態詞義要更為豐富複雜。

靜態詞義內容的某一個特徵、某一個側面，甚至某一個角度等都有可能成為靜態與動態的連接點，從而引發出不同的動態詞義。同時，以靜態詞義為基礎，運用轉喻和隱喻等多種方式和手段也可以產生不同情形的動態詞義。

《說文》是漢語史上今存最早的字典，嚴格來說，《說文》的字和詞多數並沒有什麼區別，字即為詞，字義即詞義。《說文》據形說義，從理論上說《說文》的說義應為字詞的本義。但是實際上，《說文》說義也有一些是摘引的先秦文獻中的引申義，甚或假借義，也就是動態義。今文《尚書》是歷史文獻語言最早的語料之一。許慎為了證明《說文》說義，經常徵引今文《尚書》，範圍涉及今文《尚書》的多數篇目，傳本今文《尚書》查有所出的就有144例。當然，這144例並非都是本義，同時，《說文》未引用的今文《尚書》的本義義項還有相當數量。今文《尚書》單音詞的總量約1550個左右，可見，今文《尚書》有本義義項的單音名詞動詞比例也比較高。具體分析《說文》說義和今文《尚書》引文的詞義聯繫，有助於說明今文《尚書》單音名詞動詞的詞義特點。《說文》說義和今文《尚書》引文的詞義聯繫主要有三種類型：有《說文》用本義，今文《尚書》書證也用本義例；也有《說文》用引申義，今文《尚書》書證卻用本義例；還有《說文》用本義，《書》證用引申義，而今文《尚書》仍用本義例。

1.《說文》用本義，今文《尚書》書證亦用本義

許慎《說文》所引用的《尚書》文本和今傳世的《尚書》文本是不同的，對照《說文》的《尚書》引文與今傳世本《尚書》，有些文字相同，有些文字有異。文字相異的主要是正字異體字和古字今字，一般是《說文》和《尚書》引文用正字和古字，今傳本《尚書》用異體字和今字；也有《說文》和《尚書》引文用本字，今傳本《尚書》用通假字的情況；還有一例《說文》和《尚書》引文用通假字，今傳本《尚書》用本字的情況。

1.1 《說文》、《尚書》書證和今傳本《尚書》皆用本字本義

試 《說文·言部》:“用也。《虞書》曰：明試以功。”

《說文》引《虞書》見今傳《尚書》之《堯典》。《說文》用本義，《尚書》引文亦用本義。

段玉裁認為“虞書”當為“唐書”，取今文家說。《說文》“稘”字下《說文解字注》云:“《書》有三科之條五家之教。三科者，古文家說。虞夏書、商書、周書是也。五家者，今文家說。唐書、虞書、夏書、商書、周書是也。”①今文《尚書》的《堯典》並非盡言唐堯時事。古文《尚書》析分今文《尚書》的《堯典》為《堯典》和《舜典》兩個篇目，“明試以功”一句屬《舜典》。古文《尚書》的《堯典》言唐堯事，《舜典》則言虞舜事。先秦典籍僅《左傳·文公十七年》引《堯典》稱《虞書》，余敘堯舜史事皆稱《夏書》。《墨子·明鬼下》曰:“尚書《夏書》，其次商、周之書。”《讀書雜志》曰:“尚書《夏書》文不成義，‘尚’與‘上’同，‘書’當為‘者’。言上者則《夏書》，其次則商、周之書也。”②知先秦《尚書》傳本僅有《夏書》、《商書》、《周書》，無《唐書》;《說文》引《堯典》稱《虞書》用今文《尚書》家說，但“明試以功”依今文《尚書》家說當應屬《唐書》。

---

① (清)段玉裁:《說文解字注》，頁328–329。上海古籍出版社，1981年版。本章下文引及，僅以夾注標明頁碼。各章僅首引出頁下注。

② (清)王念孫:《讀書雜志》，頁588。江蘇古籍出版社，1985年。

謨　《説文·言部》:“議謨也。从言,莫聲。《虞書》曰:咎繇謨。”

咎繇,唐以後的傳本《尚書》作“皋陶”,傳説是舜的大臣,掌管刑法獄訟。“咎陶謨”亦作“皋陶謨”,是今文《尚書》的篇目名,主要記録皋陶與禹論其慎身知人安民之謀。《史記·夏本紀》説:“帝舜朝,禹、伯夷、皋陶,相與語帝前,皋陶述其謀。”①謨,言形莫聲,本義為“謀劃、謀略”之義。故《皋陶謨》與《説文》同,皆用“謀”本義。

韶　《説文·音部》:“虞舜樂也。《書》曰:簫韶九成,鳳凰來儀。从音,召聲。”

《尚書》引文見《虞夏書·皋陶謨》。鄭玄注:“簫韶,舜所制樂。宋均注《樂説》:‘簫之言肅。舜時民樂其肅敬。’共紹堯道,故謂之‘簫韶’。”②段玉裁《説文解字注》曰:“‘韶’字蓋舜時始制。”(頁102)韶,從音,為舜時樂名,《説文》和《皋陶謨》皆用本義。

簜　《説文·竹部》:“大竹也。从竹,湯聲。《夏書》曰:瑶、琨、筱、簜。簜可為幹,筱可為矢。”

簜,竹名。《虞夏書·禹貢》記載:“簜”為上古揚州的貢品。鄭玄注:“大竹也。”③《爾雅·釋草》亦“大竹也。”《孔疏》引孫炎:“竹闊節者曰簜。”又引李巡:“竹節相去一丈曰簜。”(頁148)可知,孫炎、李巡亦以“簜”為“大竹”。

簵　《説文·竹部》:“箘簵也。从竹,路聲。《夏書》曰:惟箘、簵、楛。”

《説文》引《書》見今傳本《虞夏書》之《禹貢》篇。箘、簵、箘簵,皆為竹名。《説文解字注》:“‘箘簵’二字一竹名。”“古者絫呼曰箘簵。”“單呼曰箘。”(頁189)《廣雅·釋草》:“箭也。”④箘、簵、楛,《尚書今古文注疏》:“皆箭材也。”(頁167)《漢書·地理志》顔師古注:“箘簵,竹名。楛,木名也。皆可為矢。”⑤簵,《説文》與《尚書》書證釋義皆同。

鏤　《説文·金部》:“剛鐵,可以刻鏤。从金,婁聲。《夏書》曰:梁州貢鏤。”

---

① (漢)司馬遷:《史記》,頁77。中華書局,1959年版。

② (清)孫星衍:《尚書今古文注疏》,頁130。中華書局,1986年版。

③ (漢)孔安國傳,(唐)孔穎達疏:《尚書正義》,頁160。《十三經注疏》本,中華書局,1980年版。

④ (清)王念孫:《廣雅疏證》,頁1322。上海古籍出版社,1983年版。

⑤ (漢)班固,(唐)顔師古注:《漢書》,頁1530。中華書局,1962年版。

《書》證引自《禹貢》梁州“厥貢璆、鐵、銀、鏤、砮、磬”句。鏤，從金，婁聲，《說文》和《禹貢》皆為金屬名。鏤，是鐵的一種。《說文解字注》：“鏤，本剛鐵之名。剛鐵可以受鐫刻，故鐫刻亦曰鏤。”（頁702）

勖 《說文・力部》：“勉也。《周書》曰：‘勖哉，夫子！’从力，冒聲。”

勉、勖皆以“力”為義符。許慎引《周書》書證見《牧誓》篇。“勖”是“努力”的意思，《尚書》書證與《說文》二者釋義相同。

貔 《說文・豸部》：“豹屬，出貉國。从豸，㲋聲。《詩》曰：獻其貔皮。《周書》曰：如虎如貔。貔，猛獸。”

許慎引《書》見今傳本《周書》的《牧誓》篇。鄭玄曰：“貔，一名曰豹，虎類也。”（頁289）《詩經・大雅・韓奕》：“獻其貔皮，赤豹黃羆。”《毛傳》：“貔，猛獸也。”①《說文解字注》：“《說文》、《毛傳》、《尚書傳》則皆‘貔’之本義也。”（頁457）

憝 《說文・心部》：“怨也。从心，敦聲。《周書》曰：凡民罔不憝。”

《周書》指《尚書・周書》中的《康誥》篇。凡民罔不憝，《孔傳》：“人無不惡之者。”（頁204）《尚書易解》：“無人不怨恨之。”“憝，怨也。”②可知《說文》用本義，今文《尚書》書證亦用本義。今文《尚書》也有用“憝”之引申義例。“憝”之“怨恨”義可以引申為“被怨恨的人”，即“惡人”。《廣雅・釋詁》：“憝，惡也。”《廣雅疏證》：“凡人兇惡亦謂之憝。”（頁407）《周書・康誥》：“元惡大憝。”《尚書易解》：“大憝，為人所大恨者。”（頁174）

劼 《說文・力部》：“慎也。从力，吉聲。《周書》曰：汝劼毖殷獻臣。”

《說文解字注》：“慎者，謹也。《廣韻》曰：用力也。”（頁699）《周書》引文見之於《酒誥》。歷代《書》傳皆訓“劼”為“謹慎”，與《說文》同。

朏 《說文・月部》：“月未盛之明，从月、出。《周書》曰：丙午朏。”

朏，即新月開始生明。《說文》引《尚書》的書證見《周書・召誥》：“越若來三月，惟丙午朏。”《孔傳》：“朏，明也。月三日明生之名。”（頁211）徐灝《說文解字注箋》：“月朔（初一）初生明，至初三乃可見。故三日曰

---

① （漢）毛　亨傳，鄭　玄箋，（唐）孔穎達疏：《毛詩正義》，頁572。《十三經注疏》本，中華書局，1980年版。

② 周秉鈞：《尚書易解》，頁174。岳麓書社，1984年版。

朏。從月、出會意，出亦聲。”①《漢書·律曆志》：“後二歲，得周公七年‘復子明辟’之歲。是歲二月乙亥朔，庚寅望，後六日得乙未。故《召誥》曰：‘惟二月既望，粵六日乙未。’又其三月甲辰朔，三日丙午，《召誥》曰：‘惟三月丙午，朏。’”（頁1016）《尚書易解》：“丙午，三月三日。朏，明也。”（頁199）《說文》用本義，今文《尚書》書證亦用本義。

嚌 《說文·口部》：“嘗也。从口，齊聲。《周書》曰：太保受同，祭，嚌。”

《說文》：“嘗，口味之也。”《尚書》引文見《周書·顧命》：“太保受同，祭，嚌，宅，授宗人同，拜。”《禮記·雜記下》：“主人之酢也，嚌之。眾賓兄弟，則皆啐之。”鄭玄注：“嚌、啐，皆嘗也。嚌至齒，啐入口。”②《廣雅·釋詁》：“嚌，嘗也。”（頁103）《說文解字注》：“據《周書》則酒至齒亦云嚌也。”（頁55）知《顧命》之“嚌”與《說文》義同。

敿 《說文·攴部》：“系連也。从攴，喬聲。《周書》曰：敿乃幹。讀若矯。”

《周書》引文見《費誓》篇。鄭玄注：“敿，猶系也。”（頁511）顯然，鄭注“猶系”之“系”即《說文》之“系連”。

牿 《說文·牛部》：“牛馬牢也。从牛，告聲。《周書》曰：今惟牿牛馬。”

牿，即牛馬圈棚。這是言其本義。《說文》引《周書》見《費誓》篇，今傳本文作“今惟淫舍牿牛馬”句。《說文解字注》：“大小徐本皆無‘淫舍’二字，今刊本妄增之。此許偶遺二字，非必許所據《尚書》少二字也。惟大放牿牢之牛馬，故令無以擭穽傷牛馬，若牛馬在牢中，擭穽安得傷之。”（頁52）“今惟淫舍牿牛馬”句，《白話尚書》譯為“現在要大放圈中的牛馬”。③知《費誓》與《說文》“牿”義同。

餱 《說文·食部》：“乾食也。从食，侯聲。《周書》曰：峙乃餱粻。”

《詩經·小雅·無羊》：“何蓑何笠，或負其餱。”《說文解字注》：“凡乾者曰餱，故許曰‘乾食’。《無羊》：或負其餱。亦必乾者乃可負也。小徐曰：今人謂飯乾為餱。”（頁219）餱，即“乾糧”。“餱粻”，今作“糗糧”。《說

① （清）徐 灝：《說文解字注箋》，《續修四庫全書·經部·小學類》，第226冊，頁21。上海古籍出版社，2002年版。

② （漢）鄭 玄注，（唐）孔穎達疏：《禮記正義》，《十三經注疏》本，頁1561。中華書局，1980年版。

③ 周秉鈞：《白話尚書》，頁245。岳麓書社，1990年版。

文》引《書》"峙乃餱粻"，今傳本《尚書》的《周書·費誓》作"峙乃糗糧"。"峙乃糗糧"，《白話尚書》譯為"準備你們的乾糧"，（頁246）"糗糧"亦"乾糧"之義。糗，《說文》："熬米麥也。"《尚書今古文注疏》："以'糗'為'餱'者，《說文》云：'餥，餱也。陳、楚之間相謁食麥飯曰餥。'是'糗'為熬米、麥乾而食之，義得通也。"（頁514）

諞 《說文·言部》："便巧言也。从言，扁聲。《周書》曰：戔戔善諞言。"

諞，"言"形"扁"聲，釋"便巧言也"，當為本義。《說文》引《尚書》的書證為《周書》的《秦誓》篇"惟截截善諞言"句，《尚書今古文注疏》釋"諞"為"辯佞之言"（頁553），與《說文》釋義同。

《說文》、《尚書》書證和今傳本《尚書》皆用本字本義共有59個語例，佔全部語例的三分之一強，還有43個語例詳列於下。

《說文·玉部》的"珣"引《周書·顧命》。

《說文·辵部》的"迆"引《虞夏書·禹貢》。

《說文·廾部》的"異"引《虞夏書·堯典》。

《說文·攴部》的"畋"引《周書·多方》。

《說文·予部》的"幻"引《周書·無逸》。

《說文·血部》的"衋"引《周書·酒誥》。

《說文·木部》的"柚"引《虞夏書·禹貢》。

《說文·木部》的"杶"引《虞夏書·禹貢》。

《說文·貝部》的"賚"引《周書·文侯之命》。

《說文·人部》的"仡"引《周書·秦誓》。

《說文·比部》的"毖"引《周書·大誥》。

《說文·水部》的"灉"引《夏書·禹貢》。

《說文·水部》的"湎"引《周書·酒誥》。

《說文·糸部》的"紊"引《商書·盤庚上》。

《說文·𨸏部》的"隉"引《周書·秦誓》。

《說文·口部》的"咈"引《商書·微子》。

《說文·囗部》的"圛"引《周書·洪範》。

《說文·心部》的"懋"引《虞夏書·堯典》。

《說文·金部》的"鍰"引《周書·呂刑》。

《說文·玉部》的"玠"引《周書·顧命》。

《說文·玉部》的"琨"引《夏書·禹貢》。

《說文·水部》的"浩"引《虞書·堯典》。

《說文·攴部》的“敓”引《周書·呂刑》。
《說文·歺部》的“殬”引《周書·洪範》。
《說文·倉部》的“牄”引《虞書·皋陶謨》。
《說文·禾部》的“稘”引《虞夏書·堯典》。
《說文·頁部》的“籲”引《商書·盤庚》。
《說文·乂部》的“乂”引《虞夏書·堯典》。
《說文·女部》的“嬦”引《周書·梓材》。
《說文·攴部》的“斀”引《周書·呂刑》。
《說文·木部》的“栞”引《虞書·皋陶謨》。
《說文·示部》的“祡”引《虞夏書·堯典》。
《說文·玉部》的“璪”引《虞書·皋陶謨》。
《說文·糸部》的“繪”引《虞書·皋陶謨》。
《說文·玉部》的“玭”引《夏書·禹貢》。
《說文·言部》的“訧”引《周書·呂刑》。
《說文·艸部》的“蘄”引《虞夏書·禹貢》。
《說文·石部》的“砮”引《夏書·禹貢》。
《說文·丹部》的“雘”引《周書·梓材》。
《說文·幾部》的“凴”引《周書·顧命》。
《說文·木部》的“枯”引《夏書·禹貢》。
《說文·力部》的“勱”引《周書·立政》。
《說文·言部》的“諴”引《周書·召誥》。

1.2　《說文》、《尚書》書證多用正字和古字，今傳本《尚書》多用異體字和今字，三者皆用本義

傳世典籍在時空中流布情況相當複雜，比較《說文》、《尚書》書證和今傳本《尚書》文字歧異情況，一般說來《說文》、《尚書》書證多用正字和古字，今傳本《尚書》多用異體字和今字，也偶有今傳本《尚書》用正字和古字，而《說文》和《尚書》書證用異體字和今字的情況。下文各考述一例，余簡列於考述例證之後。凡 27 個語例。

堣　《說文·土部》：“堣夷，在冀州陽谷，立春日，日值之而去。从土，禺聲。《尚書》曰：宅堣夷。”

《說文》引《書》源自《虞夏書·堯典》：“分命羲仲，宅嵎夷，曰暘谷。寅賓出日，平秩東作。”傳本今文《尚書》“堣”作“嵎”，“陽”作“暘”。

堣夷、陽谷，皆為地名，歷代說《書》者或有大小名之分，為羲仲在東方測定日出的地方。《說文》說義源於《堯典》。《說文解字注》："日正當堣夷而出，乃許所聞《尚書》古義如此。"①

鈗 《說文・金部》："侍臣所執兵也。 从金，允聲。《周書》曰：一人冕，執鈗。"

兵，即"兵器"。 鈗，傳本今文《尚書》作"鋭"。《說文》之《書》證見《周書・顧命》："一人冕，執鋭，立于側階。"《孔傳》："鋭，矛屬也。"（頁240）《說文解字注》："竊謂《顧命》本作'鋭'，《說文》亦本有'鋭'，無'鈗'。"（頁710）

《說文・走部》的"退"引《商書・微子》，今傳本作"敗"。

《說文・刀部》的"剠"引《夏書・甘誓》，今傳本作"剿"。

《說文・林部》的"橆"引《周書・洪範》，今傳本作"廡"。

《說文・女部》："婺，至也。從女，執聲，《周書》曰：大命不婺。"《周書》當作《商書》，見《西伯戡黎》，今傳本"婺"作"摯"。

《說文・卜部》的"卟"引《周書・洪範》，今傳本作"稽"。

《說文・土部》的"垔"引《虞夏書・堯典》，今傳本作"陻"。

《說文・攴部》的"敦"引《周書・文侯之命》，今傳本作"捍"。

《說文・宀部》的"宲"引《周書・顧命》，今傳本作"寶"。

《說文・辟部》的"辥"引《周書・金縢》，今傳本作"辟"。

《說文・屾部》的"嵞"引《虞書・皋陶謨》，今傳本作"塗"。

《說文・心部》的"憩"引《商書・盤庚上》，今傳本作"聒"。

《說文・至部》的"臸"引《周書・多方》，今傳本作"懫"。

《說文・马部》的"甹"引《商書・盤庚上》，今傳本作"由"。

《說文・㐺部》的"臮"引《虞夏書・堯典》，今傳本作"暨"。張舜徽《說文解字約注》："經傳皆借暨、洎為之。"

《說文・火部》的"焯"引《周書・立政》，今傳本作"灼"。

《說文・心部》的"寋"引《虞書・皋陶謨》，今傳本作"塞"。

《說文・龠部》的"龤"引《虞夏書・堯典》，今傳本作"諧"。

《說文・言部》的"譒"引《周書・盤庚上》，今傳本作"播"。

《說文・言部》的"諅"引《周書・多方》，今傳本作"忌"。

《說文・毛部》的"毴"引《虞夏書・堯典》，今傳本作"氄"。

① （清）段玉裁：《說文解字注》，頁682。 上海古籍出版社，1981年版。

《說文·夰部》的"奡"引《虞書·皋陶謨》,今傳本作"傲"。
《說文·心部》的"忞"引《周書·立政》,今傳本作"暋"。
《說文·木部》的"櫱"引《商書·盤庚上》,今傳本作"蘖"。
《說文·宀部》的"宅"引《周書·顧命》,傳本作"吒"。
《說文·人部》的"假"引《虞夏書·堯典》,今傳本作"格"。

1.3 今傳本《尚書》用通假字,《說文》、《尚書》書證用本字本義

𠧟 《說文·卜部》:"易卦之上體也。《商書》曰:曰貞,曰𠧟。从卜,每聲。"

《說文》所引《書》證見今傳本《周書》的《洪範》篇。《說文解字注》:"疑'商'系'周'誤。蓋今文家以《微子》系《周書》,以《洪範》系《商書》,豈微子歸周故周之,箕子不臣故商之與?"(頁127)知《說文》引文之《商書》當為《周書》。𠧟,鄭玄注:"內卦曰貞,貞,正也。外卦曰𠧟,𠧟之言晦也。晦,猶終也。""外卦"即"卦之上體",(頁310)《說文》說義和《洪範》義同。《說文解字注》:"今《尚書》、《左傳》皆作'悔',疑'𠧟'是壁中古文。"(頁127)悔,從心,當為"𠧟"之通假字。

霸 《說文·月部》:"月始生,霸然也。承大月,二日;承小月,三日。从月,䨣聲。《周書》曰:哉生霸。"

霸,農曆每月月初始見之月亮。《周書》的《康誥》和《顧命》皆有"哉生霸"。傳本今文《尚書》"霸"又作"魄",當為"霸"之通假字。《說文解字注》:"《正義》云:前月大則月二日生魄,前月小則三日始生魄。馬(融)注《康誥》云:魄,朏也。謂月三日始生兆朏,名曰魄。《白虎通》曰:月三日成魄,八日成光。"(頁313)可見,《說文》用本義,今文《尚書》書證亦用本義。

1.4 今傳本《尚書》用本字本義,《說文》、《尚書》書證用通假字通假義

返 《說文·辵部》:"返,還也。从辵,从反,反亦聲。《商書》曰:祖甲返。"《書》證見《商書·西伯戡黎》,今傳本《尚書》"祖甲"作"祖伊","返"作"反"。

先師周秉鈞先生認為:"反,《說文》引作'返'。舊注釋為'還',謂還

於其家也。今按‘反’當訓為‘反對’，與《大誥》‘罔不反曰’之‘反’同意。下文‘乃罪’、‘乃功’之‘乃’，均對稱代詞，訓‘反’為‘返’，則語氣不符矣。”（頁116）上文“祖伊恐，奔告于王”，極寫祖伊憂國情切。祖伊見了紂王，亦敢列舉殷紂的過失，當面質問紂：“今我民罔不欲喪。曰：天何不降威，大命不摯，今王其如台？”但殷紂僅僅反問了“我生不有命在天”一句，即垂頭喪氣，悻悻而歸，說幾句責備紂王的話了事，既不合情理，也不符合祖伊的性格。下文“乃罪多”、“指乃功”、“戮于爾邦”等句，“乃”、“爾”均為對稱代詞，歷代注家也是如此解釋的。倘若這些話是“祖伊退而言曰”，為什麼要使用對稱代詞？“乃、爾”明明當面稱代紂王的，絕不應是祖伊回去責罵紂王的稱代。周先生的新解依於語境文情，即為學界公認，後出的各種《尚書》注本譯本多引為確論。

綜上所述，雖然有一部分語例《說文》、《尚書》書證與今傳本《尚書》文字有歧異，但僅僅除一例以外，其餘皆為《說文》用本義，今文《尚書》書證亦用本義。這一類語例超過《說文》引《書》總數的一半，充分反映了《尚書》作為我國古代最早文獻的詞義特點，即保留了大量的詞的本義義項。

字、詞在構形之初，必定是一字一義，一詞一義。語詞在時空中不斷被運用，詞義也在不斷地運動，詞義運動的結果構成一個個引申義。詞義在運動中由於運動的形式不同，後起的引申義也就是語境義往往有一部分與本義漸行漸遠，本義也漸漸淡出使用者的視線，成為詞典義被保存在詞典裡。因而，越是古老的典籍，本義越多，越是後起的書面語中引申義越多。《尚書》是傳世典籍中最古老的典籍之一，因而《尚書》也是本義存留最多的典籍之一。

2.《說文》用引申義，今文《尚書》書證卻用本義

漢字的起源很早，許慎寫作《說文解字》的時候又沒有見到甲骨文，有些字的構形義在《說文》的時代已經湮滅了，因而，許慎說義時也有不是字詞的構形義或本義而是引申義的情況，但是引用的《尚書》書證卻是字詞本義，當然這一種情況很少，在《說文》裡僅有3見。

殂　《說文・歺部》：“往死也。从歺，且聲。《虞書》曰：勳乃殂。”

傳本今文《尚書》的《堯典》“勳乃殂”作“帝乃殂落”。《孔傳》：“殂落，死也。”（頁129）《爾雅・釋詁下》：“崩、薨、無祿、卒、徂落、殪，死也。”《說文解字注》：“《爾雅》無妨‘殂’、‘落’二字各為一句也。師古注

《王莽傳》引《虞書》‘放勳乃殂’，則唐初《尚書》尚有無‘落’字者。”（頁162）“殂”、“殂落”義皆為“死”。“殂”從“歺”。徐鍇曰：“歺，殘骨形也。”①析之字形，“死”為“殂”之本義。“殂”今文《尚書》一見，僅見於《堯典》。《說文》訓“殂”為“往死”，受同源字“徂”的影響。徂，《爾雅·釋詁》、《說文》均訓為“往也”。《同源字典》：“古人諱‘死’言‘徂’，等於諱‘死’言‘逝’。‘殂’就是‘徂’，也就是‘往’。《說文》解作‘往死’，是強為之說。”②經傳未見“殂”作“往死”用例。

闢　《說文·門部》：“開也。从門，辟聲。《虞書》曰：闢四門。”

闢　金文作“”“”，戰國文字作“”“”。金文字形亟象雙手推開門扇之形，本義當為“開門”。闢，《說文》訓為“開”，意義抽象，是其引申義，即如段玉裁所說：“引申為開祏（拓）之稱。”（頁588）《說文》引今文《尚書》的《堯典》：“闢四門。”義為“打開明堂之四門”，“闢”用本義。

撻　《說文·手部》：“鄉飲酒，罰不敬，撻其背。从手，達聲。《周書》曰：撻以記之。”

析“撻”之形，從“手”，本義為“用手擊打”。《說文》引書證見《尚書·虞夏書》的《皋陶謨》：“撻以記之。”《尚書易解》：“撻，撲也。”（頁39）《周禮·閭胥》“撻”亦注為“撲也”。《皋陶謨》“撻”用本義。《說文》說義縮小了“撻”本義的詞義範圍，當為引申義。

《說文》說義以析形為主，《說文》說解的一般是字的構形義。許慎對“殂”、“闢”、“撻”的字形分析是正確的，但說義顯然不是構形義，而是引申義。《說文》訓“殂”為“往死”，受同源字“徂”的影響。徂，在上古文獻及《爾雅》、《說文》等字典辭書均訓為“往也”。“死”亦為“往”，往歸本真。“殂”、“徂”皆有“往”義，皆從“且”得聲，聲義同源。整個今文《尚書》“殂”僅《堯典》1見，這也是“殂”訓“死”本義的最早用例，上古文獻中“殂”皆訓為“死”。《說文》訓“殂”為“往死”，或用詞的避諱義。今人諱言“死”為“（他）去了”、“（他）回老家了”、“（他）歸西了”或“（他）歸天了”，避諱義也是引申義。闢，《說文》訓為“開”，是“闢”構形義的引申，詞義範圍擴大了。“撻”的《說文》說義是構形義的引申，則是詞義範圍縮小了。“殂”、“闢”、“撻”《說文》說義皆為引申義，而《說文》引用《尚書》的書證皆用本義。

① （南唐）徐　鍇：《說文解字繫傳》，頁77。中華書局，1987年版。

② 王　力：《同源字典》，頁168。商務印書館，1982年版。

3.《說文》用本義,《說文》引《書》用引申義,而今文《尚書》仍用本義

《尚書》作為華夏文化的源頭典籍之一，自先秦至兩漢，統治階級授《書》為教化，釋《書》為訓誡；各家各派解《書》為史鑒，援《書》以贊治；知識份子引《書》以立論，治《書》以修身；仁者見仁，智者見智，《尚書》的詮釋可謂人見人殊。許慎在說解《說文》本義引用書證時，由於對經文的理解不同，有時引用的書證是引申義，但是《尚書》經文裡仍有字詞本義的用例。

川 《說文・川部》:“貫穿通流水也。《虞書》曰：濬〈、巜距川。言深〈、巜之水會為川也。”

《釋名・釋水》:“川，穿也，穿地而流也。”①《漢書》的《地理志》(頁1242)、《刑法志》(頁920)“川”皆注為“水之通流者也”。川，甲金文皆象河道水流之形，本義泛指“河流”。《說文》引今文《尚書》的《皋陶謨》:“濬〈、巜距川。言深〈、巜之水會為川也。”段玉裁《說文解字注》曰:“此稱《尚書》釋之，以見《尚書》之‘川’與‘川’字有間矣。”“水有始出謂川者，如《爾雅》‘水注川曰谿’，許云‘泉出通川為谷’是也。有絕大乃謂川者，如《皋陶謨》‘〈、巜距川’,《考工記》‘澮達於川’是也。本小水之名，因以為大水之名。”(頁568)“大水之名”、“小水之名”實皆為“川”之引申義。今文《尚書》亦有用本義例。“濬畎澮距川”上句是“決九川，距四海”。孫星衍《尚書今古文注疏》:“九川者,《五帝本紀》云‘通九澤，決九河’,《夏本紀》及《溝洫志》云‘通九道，陂九澤’。既有九澤，又有九河，知此‘九川’謂九州之川也,‘通九道’，亦謂通九州水道。”(頁91)“九川”之“川”即為泛指“河流、水道”。

躋 《說文・足部》:“登也。从足，齊聲。《商書》曰：予顛躋。”

登,《方言》:“東齊海岱之間謂之躋。”②《爾雅・釋詁》、《小爾雅・廣言》皆訓“躋”為“陞也”。《詩經・小雅・斯干》:“君子攸躋。”《毛傳》:“躋，升也。”(頁437)躋，本義為“登、升”。《周書・顧命》:“由賓階

① (清)王先謙:《釋名疏證補》，頁63。上海古籍出版社，1984年版。

② (清)錢繹:《方言箋疏》，頁103。上海古籍出版社，1984年版。

隮。"《玉篇》:"隮，登也，升也。"① "隮" 當為 "躋"，《尚書今古文注疏》:"隮，俗字，當為 '躋'，《釋詁》云:'升也。'《詩》:'朝隮於西。'《傳》云:'隮，升。'"（頁499）《說文》引今文《商書·微子》"予顛隮"。馬融注:"躋，猶墜也。"（頁259）《字彙》:"墜也。"②此為反義引申，如 "亂" 之訓 "治"，"徂" 之訓 "存"。今文《尚書》"躋" 凡4見。除《微子》外，餘3見皆見於《顧命》。《顧命》兩言 "由賓階躋"，一言 "由阼階躋"。諸家皆訓 "躋" 為 "升"，皆用 "躋" 之本義。

逾　《說文·辵部》:"逃進也。从辵，俞聲。《周書》曰:無敢昏逾。"

"辵" 義為 "乍行乍止也"，從 "辵" 之字皆與 "行進" 有關。王筠曰:"越、逃一字。"③《說文解字注》曰:"越進，有所超越而進也。"（頁71）此當為本義。《說文》引《周書·顧命》:"（嗣受文、武大訓，）無敢昏逾。"《尚書易解》:"逾，逾越。"（頁275）此當為引申義。今文《尚書》亦有 "逾" 用本義例。《禹貢》有 "逾于洛"、"逾于沔"、"逾于河"，"逾" 義皆為 "超越而進也"。《尚書易解》:"逾，越也，舍舟陸行曰逾。"（頁60）今文《尚書》還有由空間上的移動引申為時間上已經過的義項。《周書·秦誓》:"日月逾邁。"《尚書易解》:"逾，過也。"（頁312）《白話尚書》:"日月逾邁，時間一天天過去。"（頁251）

敷　《說文·攴部》:"施也。从攴，尃聲。《周書》曰:用敷遺後人。"

段玉裁《說文解字注》曰:"此與寸部 '尃' 音義同。"（頁123）《說文·寸部》:"尃，布也。"敷，異體為 "敷"。《詩經·小雅·小旻》:"敷於下土。"《毛傳》:"敷，布也。"（頁448）《小廣雅·廣詁》:"敷，布也。"敷，形聲兼會意，本義為 "布、施"。《說文》引《周書·顧命》:"用敷遺後人休。"《尚書易解》:"敷，普也。""因普遺休美於後人。"（頁286）"普遍" 當為 "敷" 之引申義。今文《尚書》"敷" 26見，亦有用本義 "布、施" 例。《禹貢》的 "禹敷土"，鄭玄注:"敷，布也。"（頁136）

上文例析的單音名詞動詞，多數是冷僻詞，有些在秦漢文獻中已為新詞所代替。今文《尚書》中還有相當數量的單音名詞動詞，在後代文獻乃至現代漢語中都是常用詞，在今文《尚書》中也已成為多義詞，但仍使用本義義項。

---

①（南朝）顧野王:《宋本玉篇》，張氏澤存堂影印本，頁419。中國書店，1985年版。

②（明）梅膺祚、（清）吳任臣:《字彙·字彙補》，頁521。上海辭書出版社，1991年版。

③（清）王　筠:《說文句讀·卷四》，頁3。中國書店，1983年版。

諸如：

志 今文《尚書》凡7見，有3個義項。①本義：心意。《說文》："志，意也。从心，之聲。"許慎以為是形聲字，實形聲兼會意字。心之所之（往）即為心意。《虞夏書・堯典》："詩言志。"②標記，標識。《商書・盤庚上》："予告汝于難，若射之有志。"《尚書易解》："志，《廣雅》：識也，此謂所射之標識。"（頁96）③德。《虞夏書・皋陶謨》："徯志以昭受上帝，天其由命用休。"《尚書易解》："志，德也。見《呂覽・遇合篇》'凡舉人之本，太上以志'注。"（頁37）

宅 今文《尚書》凡36見，有5個義項。①本義：住所，居處。《說文》："宅，所托也。"《周書・召誥》："使召公先相宅。"②居住。《虞夏書・堯典》："宅嵎夷。"③居於。《虞夏書・堯典》："使宅百揆亮采。"④度量，考察。《周書・立政》："宅乃事。"⑤同'吒'，奠酒。《周書・顧命》："太保受同，祭，嚌，宅，授宗人同，拜。"《尚書易解》："宅，同'吒'，奠爵酒也。"（頁284）

造 今文《尚書》凡9見，有5個義項。①本義：到。《說文》："造，就也。"《商書・盤庚中》："其有眾咸造。"②遭遇。《周書・大誥》："弗造哲。"③遭受。《周書・文侯之命》："造天丕衍。"④造就，建立。《周書・康誥》："用造我區夏。"⑤通"告"。《周書・康誥》："乃別播敷造民。"

敘 今文《尚書》凡19見，有6個義項。①本義：次序。《說文》："敘，次弟（第）也。"《周書・洪範》："彝倫攸敘。"②制定，規定。《周書・洪範》："各以其敘。"③順從。《虞夏書・皋陶謨》："迪朕德，時乃功，惟敘。"④詮敘。升遷官員。《周書・洛誥》："篤敘乃正父罔不若予。"⑤殘餘。引申為殘餘力量。《周書・大誥》："殷小腆誕敢紀其敘。"⑥緒，這裡指"基業"。《周書・康誥》："惟時敘。"《爾雅・釋詁》："敘，緒。"《尚書易解》："惟承緒者，惟承文王之緒，《禮記・中庸》所謂'武王纘太王、王季、文王之緒，壹戎衣而有天下'也。"（頁169）

典 今文《尚書》凡25見，有6個義項。①本義：典籍。《說文》："典，五帝之書也。莊都說，典，大冊也。""典"之構形義為置放在幾案上的大冊，"典章"、"典籍"義。《周書・多士》："惟殷先人有冊有典。"《尚書易解》："典，《說文》：'大冊也。'典冊，典籍也。"（頁229）②法。《周書・多方》："爾乃自作不典。"③禮。《周書・洛誥》："其大惇典殷獻民。"④常。《周書・康誥》："典聽朕告。"⑤主持。《虞夏書・堯典》："有能典朕三禮。"《孔疏》"掌天神、人鬼、地祇之禮。"（頁131）《周書・呂刑》："典獄非訖于威。"《尚書易解》："典，主也。"（頁293）⑥通"腆"，善。《商書・高宗肜曰》:"典厥義。"

典，由"五帝之書"為常寶之書，引申虚化為"經常"，用作時間副詞。《周書・康誥》:"封，勿替敬，典聽朕告，汝乃以殷民世享。"《尚書今古文注疏》:"《釋詁》云:'典，常。'言往就國，勿替其敬，常聽我誥，則汝用是殷民世享其國矣。'典'字下屬為句,《酒誥》'典聽朕教'，又云'汝典聽朕教'，又云'汝典聽朕毖'，正與此同。"（頁372）

有　今文《尚書》凡261見，有4個義項。①有。金文和小篆字形皆從又（手）持肉。本義為"有無"之"有"。《虞夏書・堯典》:"有能俾乂。"②受到。《周書・費誓》:"汝則有常刑。"③或。《周書・洛誥》:"無有遘自疾。"④雖然。《周書・康誥》:"有厥罪。"

克　今文《尚書》凡95見，有5個義項。①本義：肩任，肩負。《說文》:"克，肩也。"徐鍇曰:"肩任也。負何（荷）之名也。與人肩髆之義通，能勝此物謂之克。"（頁143）《周書・吕刑》:"惟克天德。"②戰勝。《周書・金縢》:"既克商二年。"③肯。《周書・酒誥》:"不克畏死。"《尚書覈詁》:"克，猶肯也，'克''肯'古通用字。"[①]④能夠。《虞夏書・堯典》:"允恭克讓。"⑤通"核"，核實。《周書・吕刑》:"其罪惟鈞，其審克之。"

相　今文《尚書》凡23見，有5個義項。①本義：看、視、觀察。《說文》:"相，省視也。从目，从木。《易》曰:'地可觀者莫可觀於木。'"徐灝《說文解字注箋》:"工師用木，必相視其長短。曲直、陰陽、剛柔之所宜也。'相'之取義始於此會意也。"（頁382）《周書・召誥》:"惟太保先周公相宅。"《尚書易解》:"相，視也。"（頁198）"相"用構形義。②輔佐，幫助。《周書・大誥》:"周公相成王。"《孔傳》:"相謂攝政。"（頁197）③君王的侍從。《周書・顧命》:"相被冕服。"《孔疏》:"鄭玄云:'相者，正王服位之臣，謂太僕。'"（頁238）④大臣。《周書・酒誥》:"成王畏相惟禦事。"⑤互相、交互。《周書・顧命》:"群公既皆聽命，相揖，趨出。"當"相"從助工師用木引申爲"輔助"這一動作時，人們自然而然就會聯想到"輔助的人"，於是"相"由"輔助"也就自然而然引申為"攙扶盲人走路的人"，從"攙扶盲人走路的人"自然而然引申到"君王的侍從"以及"大臣"了。"互相、交互"則是實詞義的虛化義。

在今文《尚書》裡，"志"已發展為多義詞，但仍以用本義為主，全書"志"7見，3個義項，就有4見用本義。"造"9見，卻已形成本義、引申

① 楊筠如:《尚書覈詁》，頁191。陕西人民出版社，1959年版。

義、假借義完整的詞義系統。漢語詞義的發展多從具體到抽象，“宅”、“典”等多義詞反映了這一發展。“宅”、“典”本來都是名詞，詞義為實實在在的具體事物，後來或發展為動詞，或發展為抽象名詞再發展為動詞。而“相”等單音名詞動詞已開始實詞虛化的過程，其表現為既有多個實詞義項，又已產生一個或幾個虛詞的語法意義和語法功能。文言實詞虛化的結果是文言虛詞的產生，今文《尚書》已形成比較完整的虛詞系統。

當然，《說文》說義和今文《尚書》引文的詞義聯繫還有兩種。一種是《說文》用本義，《說文》引《書》用引申義。一種是《說文》用本義，《說文》引《書》用通假義。兩種聯繫凡 36 見，約佔全部語例的四分之一。

今文《尚書》單音名詞動詞的詞義特點從一個側面反映了今文《尚書》語言的過渡性，一詞一義正發展為一詞多義，具象詞義正發展為抽象詞義，實詞正逐漸虛化，本義義項大量存在於一些日益豐富的詞義發展系統中。

（二）單音多義名詞動詞詞義引申的內動力是言語者的轉喻隱喻思維和詞類轉換

今文《尚書》單音名詞動詞多為一詞多義，具象詞義正發展為抽象詞義，大多數多義名詞動詞詞義系統中保存了詞義引申的基點本義義項。詞義引申的概念相對於詞的本義的概念。詞的引申義項從根本上說來都是從本義義項發展出來的，然而，由於人們思維的複雜性，詞義引申的路徑不同，有的引申義已經看不出與本義的關聯，有的引申義似乎是從引申義再發展引申出來的。有的學者認為研究詞義引申除了確定詞的本義的概念，還需要確定詞的基本義的概念。對於某些意義結構系統而言，本義也許早就消失了，只有本義的發展變化形式存在；在這些意義關聯式結構系統中，本義並不一定具有“現實理解”的價值，換言之，本義可能實際上並不與其他意義共處在同一顯性的現實意義結構系統內，為了說明詞的顯性現實意義結構，一般用“基本義”這個概念來代替“本義”在結構中的中心位置。詞的本義是詞的構形義並由古代文獻驗證的意義。基本義則“包含兩方面的內容：一是這個意義應該是最常用的、最基本的；二是這個意義在意義生成的序列中時代應盡可能早，其他意義是由他派生出來的，以盡可能把整個（至少是大部分）意義結構串聯起來。”①

傳統的詞義引申研究主要集中於詞義的範圍變化研究，主要考察詞義的擴大、縮小和轉移，抑或從語用的角度研究，考察詞義感情色彩的褒貶和程度的輕重。後來有的學者從文化學角度切入，認為傳統哲學上的因與果、時與空、靜與動、施與受、反與正、虛與實都是對立統一的，反映在詞義上則是義項間的相對運動、互為因果、互相引申。有的學者則從心理學角度切入，運用人們認識事物的規律以及由一種事物聯想到另一種事物，以舊經驗詮釋新經驗的心理過程來考察詞義引申的軌跡，大多通過歸納和透視聯想，來揭示詞義引申的發展方向。有的學者從詞彙學角度切入，運用義素分析法，具體分析詞的意義是怎樣從一個義位轉變到另一個義位的。還有學者從發生學角度切入，著重考察古漢語內因生義、外因生義和修辭生義的詞義引申方式。也有學者從邏輯學角度切入，主要研究詞義內涵外延的變化轉移以及描寫和記錄詞義引申後的結果。可見詞義引申是錯綜複雜的，學者們研究的切入點不同，結論見仁見智。

認知語言學從人的認知能力出發來解釋語義的演變，說明詞義引申具有更強的解釋力。在傳統語義學中，奧格登（Odgen）和理查茲（Richards）於1923年提出著名的語義三角（semantic triangle）的基本原理（見圖1）。語義三角形表明語義是“符號”與所指物之間的中介，“符號”表示語義，語義指示所指物，因此符號是間接的指示所指物，所以用虛線連接。但是這個理論的缺陷之一是不能很好的解釋有時所指物相同，但是意義卻不同的詞義現象。

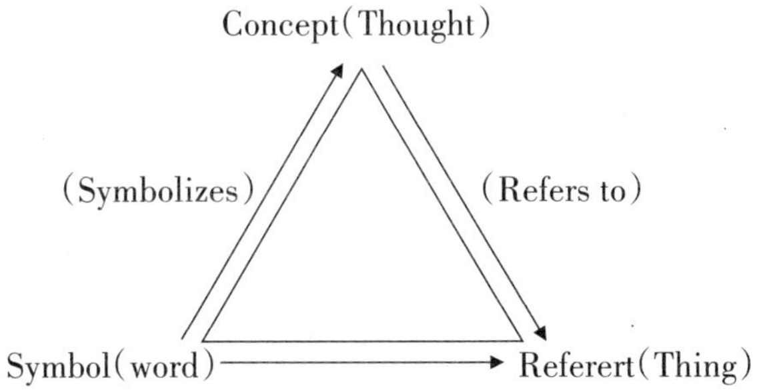

圖 1

① 董為光:《漢語詞義發展的基本類型》，頁 30。華中科技大學出版社，2004 年版。

認知語言學認為，語義是概念或意象的形成過程，具有思維性和認知性。認知語言學創始人之一的蘭蓋克（Ronald W.Langacker）在描寫語義特徵時，便主要運用認知域和意象。人類在認識客觀世界的時候，會根據事物的屬性、特徵等，將其分為許多個認知域。而意象則是人對事物的感知在大腦中形成的表徵。在對語義進行表徵推理的過程中，類比意象具有重要作用。人類可以將意象長期的保留在記憶中，然後對其進行轉換、變形等操作，以便於進行思考、推理和表達。蘭蓋克從五個不同方面來研究“意象”：詳略度、轄域、背景、視角和突顯。蘭蓋克發展了“語義三角”理論，用直角三角形闡釋其認知理論。他認為詞語的意義是由側面和基體（profile–base）組成。“一個詞語的基體就是它能在相關的認知域中涉及到的範圍，這是意義形成和理解的基礎。與其相對的是側面，指基體內被最大突顯（Maximally Prominent）的某一部分，成為基體內的焦點也是詞語所標示（Designate）部分的語義結構。”①以公式來看是：轄域（認知域）＝基體＋側面→詞語或構造的意義（述義結構）。蘭蓋克的理論對於今文《尚書》單音多義名詞動詞的詞義引申研究具有重要的理論借鑒作用。

今文《尚書》的名詞動詞以單音詞為主，單音名詞動詞又以單音多義詞為主，單音多義名詞動詞的詞義引申情況不僅反映了《尚書》時代詞義演變的一般軌跡，也較為典型地體現了《尚書》專書詞彙的演變特點。一般認為，上古詞彙多為單音具象詞彙，譬如甲骨文和金文中的基本詞彙大部分是表示具體名物的詞彙。然而今文《尚書》的單音詞表示具體名物的詞彙數量少，而抽象性的詞彙多。有的表示政治制度、宗法刑法、思想禮教，有的表示倫理綱常、品質道德、哲理物性，有的則表示喜怒哀樂的心理活動。語言中抽象詞彙越豐富，語言的表達能力越強。今文《尚書》中存在同步引申和相向引申的現象，一定程度上反映了詞義演變過程中不同詞詞義之間的相互影響和滲透。我們仔細考察今文《尚書》單音多義名詞動詞的本義（抑或基本義）與引申義各個義項之間的聯繫，我們發現隱喻和轉喻認知機制在詞語語義範疇形成過程中發揮了重要作用，語言使用者的轉喻性和隱喻性思維是語義變化和發展的主要內在動力，單音多義詞各個義項之間的關係多數可以分析為隱喻或轉喻關係。一詞多義現象是人類認知能力不斷發展的反映。當然，語法上詞類的轉換也是詞義演變機制的一個組成部分，它與隱喻和轉喻的認知機制互為補充，相得益彰。下面我們就分別從轉喻、隱喻、詞類轉換諸方面對今文《尚

---

① 王寅：《認知語法概論》，頁31。上海外語教育出版社，2006年版。

書》單音多義名詞動詞的詞義引申進行討論。

1. 轉喻性認知思維引發的詞義引申

人們的口語交際和書面交際往往需要運用轉喻性思維來完成。語言交際既受信息最大化原則制約，又受經濟最大化原則制約，信息最大化和經濟最大化又是兩個互相制約的原則。人們的語言交際要達到既完整準確又簡潔明瞭的目的，就需要不斷尋找信息最大化和經濟最大化這兩個互相制約原則的平衡點。蘭蓋克"意象"突顯理論可以幫助人們尋找這個平衡點。萊考夫和約翰遜（Lakoff&Johnson）認為由於語言交際受相互競爭的信息最大化和經濟最大化原則制約，交際者只能選擇用具有突顯、重要的部分代替整體或整體的其他部分，或用具有完形感知的整體代替部分，即運用轉喻進行交際。轉喻來源於人們的日常生活經驗，是概念性的、自發而無意識的認知過程。蘭蓋克（1999）還提出了認知突顯原則——人們傾向於談論和思考具有巨大認知突顯的事件，並認為轉喻能夠巧妙地協調，並兼顧信息最大化原則和認知突顯原則。同時，實現了認知突顯原則也就實現了經濟最大化原則。

轉喻不僅是一種普遍的語言現象，更是基本的思維方式，它是"兩個相關認知範疇（屬於同一個認知模型）之間的過渡"，其中"兩個相關的認知範疇"是指來源域與目標域。"轉喻的來源域要顯著"，"主要是一種指代手段"①。轉喻是"用突顯、易感知、易記憶、易辨認的部分代替整體或其他部分，或用具有完形感知的整體代替部分的認知過程"②。蘭登和考維克塞斯（Radden&Kovecses）指出根據同一認知域或理想化認知模型中轉體與目標的關係，即根據同一認知域內整體與部分的配置，轉喻可分為兩大類：整體與部分、或整體的部分之間互換而產生的轉喻。

1.1　整體與部分的轉喻引發的詞義引申

整體由若干個部分組成，這種整體與部分的關係可以是具象的也可以是抽

① 陸儉明、沈陽：《漢語和漢語研究十五講》，頁 426。北京大學出版社，2003 年版。

② 董成如：《轉喻的認知解釋》，《解放軍外國語學院學報》，2004 年，第 2 期。

象的，它可以是一個實體與其構成部分之間的關係，如物體與材料的關係；也可以是抽象的整體與部分的關係，如：事物與其性質、特徵、動作之間的關係等等。整體與部分之間的轉喻主要取决於“突顯度”，用顯著的東西來轉喻不顯著的東西是一般的規律。

1.1.1 人物與其屬性之間的轉喻引發的詞義引申

在今文《尚書》中，有時用人的某一種社會屬性來轉喻具有這一社會屬性的人的名稱。這可以用認知語言學“部分—整體”的認知框架來加以解釋。這種引申以人物的某一種社會屬性藉以代替該人物的名稱。這種名稱可以是特指，也可以是泛指。這種名稱是一種類名，是具有某種社會屬性的人共有的一種名稱。從詞義引申的角度來分析，這就是以人的屬性借代人物引申詞義。

辜 《說文》：“辠（罪）也。”《周書·呂刑》：“惟府辜功。”《尚書易解》：“辜，罪。”（頁300）引申為“罪人”。《周書·呂刑》：“殺戮無辜。”《尚書易解》：“辜，罪也。”（頁290）無辜，即“無辜者”。《尚書新箋與上古文明》：“‘殺’與‘戮’同義，以‘無辜者’為賓語。”①《孔傳》：“三苗之主頑凶，若民敢行，刑虐以殺戮無罪。”（頁247）

在今文《尚書》中，我們經常見到的是用人的品性來轉喻具有這一品性的人。這種引申產生的名稱也是類名，指稱具有同一類品性的同一類人。在具體語境中可以是特指，也可以是泛指。一般來講，整體比部分顯著，人物的外表比人物的品性顯著，但是具有同一品性的人外表卻是千差萬別的，或高或矮，或胖或瘦，或美豔或醜陋，這樣使得人的品性就凸現出來了，人的品性就可以轉喻具有這一品性外表各一的所有人。另外，在特殊情況下部分也可以比整體顯著，人物的品性也可以比人物的外表顯著。當整體的性質作為顯著的部分凸顯出來時，就會用整體的性質來轉喻整體本身。當人物的品性作為顯著的部分凸顯出來時，就會用人物的某一種品性來轉喻具有這一品性的人的名稱。例如：

哲 《說文》：“知也。”《說文解字注》：“《釋言》曰：‘哲，智也。’《方言》曰：‘哲，知也。’故‘智’、‘知’通用。”（頁57）《虞夏書·皋陶謨》：“知人則哲。”《尚書易解》：“哲，明也。”（頁29）“哲”為“明智”義。引申

---

① 錢宗武、杜純梓：《尚書新箋與上古文明》，頁298。北京大學出版社，2004年版。

為“明智的人”。《周書・大誥》:“爽邦由哲。”《尚書易解》:“王先謙曰:‘邦之爽明，必由哲人，即先知覺後之義。’”（頁164）

狂　《玉篇》:“癲癡也。”（頁433）“精神失常”義。《商書・微子》:“我其發出狂。”《孔傳》:“發疾生狂。”（頁177）引申為“傲慢”之義。《周書・洪範》:“曰咎征：曰狂，恒雨若。”《尚書易解》:“狂，倨慢也。”（頁144）進而引申為“狂妄的人”。《周書・多方》:“惟聖罔念作狂，惟狂克念作聖。”《孔疏》曰:“惟聖人無念於善，則為狂人惟狂。人能念於善則為聖人。”（頁229）

良　《說文》:“善也。”當“善”作為善良的人的性質凸顯出來時，“良”便引申為“善良的人”。《周書・呂刑》:“惟良折獄。”《尚書今古文注疏》:“良者，《詩傳》云:‘善也。’”（頁539）《尚書易解》:“惟善良之人折獄。”（頁298）

聖　《說文》:“通也。从耳，呈聲。”《說文解字注》:“《洪範》曰:‘睿，作聖。’凡一事精通，亦得謂之‘聖’。”（頁592）《周書・秦誓》:“人之彥聖。”《白話尚書》釋“聖”為“明哲”。（頁250）引申為“明哲的人”。《周書・多方》:“惟聖罔念作狂，惟狂克念作聖。”《孔疏》曰:“惟聖人無念於善，則為狂人惟狂。人能念於善則為聖人。”（頁229）

1.1.2　事物與其特徵之間的轉喻引發的詞義引申

這種引申一般是借事物的特徵代替該事物的名稱。它與以人或事物的性質轉喻引申詞義是同樣的道理，當事物的特徵作為顯著的部分凸顯出來，就會用特徵來指代事物本身。反之亦然。

日　《說文》:“實也。太陽之精不虧。从口、一，象形。”“日”、“實”入聲韻，《說文》音義兼釋。《虞夏書・堯典》:“寅賓出日。”“日”使用的是的構形義“太陽”。太陽的特徵為外形永遠是圓圓的，沒有圓缺的變化，能量永不虧損。《爾雅・釋天》:“日，實也。光明盛實也。”“日”引申為“白天”。《虞夏書・堯典》:“日永，星火，以正仲夏。”《尚書易解》:“此言以晝長與火星出現，調正仲夏之節。”（頁5）

月　《說文》:“闕也，大陰之精。”根據甲文金文的字形，像月亮缺滿月的上半個（陰曆每月初七初八）或缺下半個（陰曆每月二十二、二十三）之形。徐灝《說文解字注箋》:“月”之甲金文“像上下弦之形，日像環形，故月像其缺也。”（頁21）“月”、“闕”同屬入聲韻。《說文》音義兼釋。《虞夏書・堯典》:“曆象日月星辰。”“月”使用的是本義。《白話尚書》:“推算日月星辰運行的規律。”（頁2）“月”有圓缺的變化，月份亦有月大月小的變化。

“月”轉喻引申為時間名詞“月份”。《周書·召誥》:“惟二月既望。”《白話尚書》:“二月，成王七年的二月。”（頁152）

鄰 《說文》:“五家為鄰。”《說文解字注》:“引申為凡親密之稱。”（頁284）“親密”代“最親近的人”，《虞夏書·皋陶謨》:“臣哉鄰哉。”《尚書今古文注疏》:“鄭康成曰:‘臣哉，汝當為我鄰哉；鄰哉，汝當為我臣哉。’反覆言此，欲其志心入禹。”（頁96）

條 《說文》:“小枝也。”《詩經·周南·汝墳》:“遵彼汝墳，伐其條枚。”《毛傳》:“枝曰條，幹曰枚。”（頁282）枝條的特徵是長而有條理，故“條”分別引申為“長”和“條理”。《虞夏書·禹貢》:“厥木惟條。”《孔傳》:“條，長也。”《孔疏》:“言草茂而木長也。”（頁147）《商書·盤庚上》:“有條而不紊。”《孔傳》:“有條理而不亂。”（頁169）

占 《說文》:“視兆問也。”《周書·洪範》:“三人占，則從二人之言。”《白話尚書》:“三個人占卜，就聽從兩個人的說法。”（頁97）“卜”用本義占卜、占筮。揣度是占卜的重要特徵，故“占”由“占卜、占筮”引申為“揣度”。《周書·呂刑》:“明啟刑書胥占。”《尚書易解》:“占，隱度也。”（頁299）

祀 《爾雅·釋詁》:“祭也。”“祀”、“祭”同為齒音，《爾雅》音義兼釋。《周書·洛誥》:“祀于新邑。”《尚書易解》:“祭於洛邑。”（頁212）祭祀每年舉行一次，故“祀”引申為年。蔡沈《伊訓》“惟元祀”注:“夏曰歲，商曰祀，周曰年，一也。”①《周書·洪範》:“惟十有三祀。”《尚書易解》:“祀，年也。”（頁131）

同 《說文》:“合會也。”即“會同”、“匯合”義。《周書·無逸》:“怨有同，是叢于厥身。”《尚書易解》:“怨有同，怨猶‘會同’也。”（頁241）諸侯朝見天子當“會同”、“匯合”在一起，故“同”引申為眾諸侯朝見天子之禮。《周禮·春官·大宗伯》“春見曰朝，夏見曰宗，秋見曰覲，冬見曰遇，時見曰會，殷見曰同。”鄭玄曰:“殷猶眾也。”（頁759）“同”成為一個專有名詞。《周書·顧命》:“乃同。”《尚書今古文注疏》:“同謂同召群臣受顧命也。”（頁481）

1.1.3 事物與其功用之間的轉喻引發的詞義引申

事物的本體和事物的功用可以看作具象意義上的“容器—內容”的認知框

---

① （宋）蔡 沈著，錢宗武、錢忠弼整理:《書集傳》，頁83。鳳凰出版社，2010年版。

架，事物的功用可以看成是事物本體的內容，一般情況下，“容器”比“內容”突顯，當事物本身凸顯出來時，人們的思維自然就會用事物的本體轉指事物的功用；當然，不排除當事物的功用作為內容而凸顯出來的時候，人們的思維也就會用事物的功用代替事物本身。

1.1.3.1 事物本體引申為事物的功用

宗　《說文》：“尊祖廟也。”《說文解字注》：“宗、尊，雙聲。按：當云：‘尊也，祖廟也。’”（頁 342）宗廟是天子諸侯祭祀祖先的處所。《周禮·春官·肆師》：“用牲於社宗。”鄭玄注引杜子春云：“宗謂宗廟。”[①]引申為“宗人”“宗伯”，即“主持祭祀的官”。《周書·洛誥》：“記功，宗以功作元祀。”《尚書易解》：“宗，《魯語》注：‘宗人，主禮樂者也。’。”（頁 212）《國語·魯語上》：“夏父弗忌為宗。”韋昭注：“宗，宗伯，掌國祭祀之禮也。”[②]

礪　《玉篇》：“崦嵫礪石，可磨刃。”（頁 412）本義為“粗磨刀石”。《虞夏書·禹貢》：“礪、砥、砮、丹惟箘、簵、楛。”《尚書易解》：“《孔傳》曰：‘砥細於礪，皆磨石也。’”（頁 59）磨刀石是用來磨利器物的，故“礪”引申為“磨利”義。《周書·費誓》：“礪乃鋒刃。”《尚書易解》：“礪，磨也。”（頁 320）

麾　《玉篇》：“許為切。指麾也。”（頁 283）麾，原指“用以指揮軍隊的旗幟”。轉喻引申為“指揮”義。《周書·牧誓》：“右秉白旄以麾。”《尚書易解》：“麾，指麾也。”（頁 126）

幹　《周書·牧誓》：“比爾幹。”《尚書今古文注疏》：“幹者，《釋言》云：‘扞也。’《說文》作‘戰’，云：‘盾也。’‘盾，所以扞身蔽目。’”（頁 286）盾有保衛安全的功用，“幹”引申為動詞“安”，具有使動用法，“使……安”。《周書·多士》：“爾乃尚寧幹止。”《孔疏》：“乃庶幾安汝故事止居。”（頁 220）

戎　《說文》：“兵也。”《說文解字注》：“兵者，械也。”（頁 630）《甲骨文字詁林》（第三冊）引羅振玉《增訂殷虛書契考釋》：戎，“卜辭與古金文從戈，從十，十，古文‘甲’字。”[③]“戎”之構形義為“兵器”。《易·萃》：

---

① （漢）鄭　玄注、（唐）賈公彥疏：《周禮注疏》，頁 769。《十三經注疏》本，1980 年版。

② （春秋）左丘明：《國語》，頁 174。上海古籍出版社，1978 年版。

③ 于省吾主編：《甲骨文字詁林》，頁 2367。中華書局，1996 年版。

"君子以除戎器，戒不虞。"李鼎祚《周易集解》引虞翻曰："戎，兵也。"①引申為"征伐"。《周書·文侯之命》："侵戎我國家純。"《尚書易解》："戎，動詞，猶伐也。"（頁 303）

1.1.3.2 事物的功用引申為事物的本體

迪 《說文》："道也。"《說文解字注》："'道'兼'道路'、'引導'二訓。"（頁 71）"引導"、"教導"義見《周書·康誥》："矧今民罔迪，不適。"《尚書易解》："言今民不教導，則不向善。"（頁 177）用道理來教導別人，因此"迪"引申為"道理"。《周書·呂刑》："非時伯夷播刑之迪。"《尚書易解》："迪，道也。"（頁 293）

劉 《說文》："殺也。"《方言》、《廣雅》均同。《周書·君奭》："咸劉厥敵。"《尚書易解》："劉，殺也。"（頁 248）《古書疑義舉例五種》："殺人之器謂之劉。"②是為使用器物之詞用於器物之名，引申為"斧一類的兵器"。《周書·顧命》："執劉。"《尚書易解》："劉，鉞屬。 鉞，大斧。"（頁 280）

制 《說文》："裁也。"引申為"制禦"義。《周書·呂刑》："制以刑。"《尚書易解》："制，制服也。"（頁 290）制禦運用的是制度法令，故"制"引申為"制度法令"。《玉篇》："制，法度也。"（頁 319）《周書·呂刑》："越茲麗刑並制。"《尚書易解》："制，制度法令也。"（頁 290）

1.1.4 事物與其相關動作之間的轉喻引發的詞義引申

事物和動作的區別是一種具象的整體與比較抽象的部分的區別。 人們意識中有某一動作行為的意義需要表達而無現成的語詞時，便往往聯想到發生這種動作行為的相關事物，從而用這個表達相關事物的意義的詞來表達該動作行為。 與此類似，由動作行為也可以聯想到與此相關的事物。

1.1.4.1 借相關動作代替相關事物

一個動作概念總是包含相關的概念，想到一個動作時，常常會聯想到與動作相關的事物。

1.1.4.1.1 由動作轉喻引申為動作施事者

嗣 《說文》："諸侯嗣國也。"《虞夏書·堯典》："舜讓于德弗嗣。"《尚書易解》："嗣，承也。"（頁 14）此用本義"繼承"。 引申為"繼承的人"，即"後嗣"。《周書·顧命》："恐不獲言嗣。"《尚書易解》："嗣，後嗣。"（頁

---

① （唐）李鼎祚：《周易集解》，頁 751。《欽定四庫全書·經部一·易類》，第 7 冊，上海古籍出版社，1989 年版。

② （清）俞 樾等：《古書疑義舉例五種》，頁 166。 中華書局，1956 年版。

275）

寇 《說文》："暴也。"《玉篇》："寇，暴也。"（頁332）"暴"之本義為"晞也"，引申為"劫掠"義。《虞夏書・堯典》："寇賊奸宄。"《尚書易解》："強取為寇。"（頁22）引申為"搶劫的人"。《周書・康誥》："寇攘奸宄。"《尚書易解》："寇，賊也。"（頁174）

弼 《爾雅・釋詁》："輔也。""弼"、"輔"上古同屬重唇音，《爾雅》音義兼釋。《周書・洛誥》："汝受命篤弼。"《尚書易解》："弼，輔也。"（頁212）"輔"為"輔助"義。引申為"輔臣"義。《虞夏書・皋陶謨》："謨明弼諧。"《尚書易解》："弼，輔佐之臣。"（頁28）

御 《說文》："使馬也。"《論語・子罕》："吾何執？執御乎？執射乎？吾執御矣。"邢昺疏："御是六藝之卑者。"①引申為"駕車的人"。《虞夏書・甘誓》："御非其馬之正。"《尚書易解》："御，駕馬者。"（頁82）《詩經・小雅・車攻》："徒御不驚，大庖不盈。"《孔疏》："徒行輓輦者與車上御馬者豈不警戒乎？"（頁429）

輔 《說文》："人頰車也。"依許慎的說解，"輔"就是牙床上的面頰。"輔"的構形義實際指以車載物車兩旁邊輔佐之木。朱駿聲《說文通訓定聲》：輔，"車兩旁以防助者，可系可解之木。"②面頰之"輔"是其引申義。《說文》："《春秋傳》曰：'輔車相依。'"（頁726）再引申為"輔佐"義。《廣雅・釋詁》：輔，"助也。"（頁190）《商書・湯誓》："爾尚輔予一人。"《白話尚書》："你們要輔佐我這個人。"（頁59）引申為"輔臣"。《周書・洛誥》："亂為四輔。"《尚書易解》："四輔，輔佐大臣。"（頁217）

監 《說文》："臨下也。""臨，監臨也。""監"即"從上往下看"。《周書・酒誥》："古人有言：'人無于水監，當于民監。'"《孔傳》："視水見己形，視民行事見吉凶。"（頁207）《周書・梓材》："自古王若茲監。"《尚書今古文注疏》釋"監"為"監視"（頁387），即指"治理百姓"，進而引申為"治理百姓的人"，《周書・梓材》："王啟監。"《孔疏》："言王者開置監官。"（頁208）《周書・多方》："今爾奔走臣我監五祀。"《孔疏》："監謂成周之監，此指謂所遷頑民殷眾士。"（頁229）

"監"由"從上往下看"引申指"監視"這一動作時，人們自然而然就會

---

① （魏）何 晏注，（宋）邢昺疏：頁2489。《論語注疏》，《十三經注疏》本，中華書局，1980年版。

② （清）朱駿聲：《說文通訓定聲》，頁402。武漢市古籍書店影印，1983年版。

聯想到“治理百姓”，從“治理百姓”的動作轉喻也就自然而然引申為“治理百姓的人”。

1.1.4.1.2　由動作轉喻引申為動作相關物件

觀　今文《尚書》7 見。《說文》：“諦視也。”《說文解字注》：“凡以我諦視物曰‘觀’，使人得以諦視我亦曰‘觀’。”（頁 408）“諦視”就是“仔細看”，就是“觀察”。《虞夏書・堯典》：“觀厥刑于二女。”《白話尚書》：“從兩個女兒那裡觀察舜的德行。”（頁 4）《堯典》這句的“觀”用本義。《商書・盤庚上》：“予若觀火。”“觀”亦為“觀察”義。“觀”在今文《尚書》亦引申而指一種特殊的“觀賞”現象。《周書・無逸》：“則其無淫于觀、于逸、于游、于田。”《孔疏》：“無敢過於觀游逸豫田獵者。”（頁 222）《尚書易解》：“《穀梁傳》隱公五年：常視曰視。非常曰觀。”（頁 239）《尚書釋義》：“《便讀》云：觀，臺榭之樂也。”①屈萬里先生譯為：“可不要過分地沉醉於臺榭之樂，以及安逸、遊玩、田獵。”②

就　《說文》：“就高也。”桂馥《說文解字義證》：“此言人就高以居也。”③即人們趨向高地而居住。引申為動作物件，指處所。《虞夏書・堯典》：“五服三就。”《尚書易解》：“就，次也，處也。”（頁 23）

揆　《說文》：“葵也。”《爾雅・釋言》：“葵，揆也。揆，度也。”“度量”、“考察”義。《虞夏書・禹貢》：“三百里揆文教。”《尚書易解》：“揆，度也。”（頁 78）考察的物件是事務，故“揆”引申為“事務”義。《虞夏書・堯典》：“百揆時敘。”《尚書易解》：“百揆，百事也。”（頁 13）

治　《玉篇》：“修治也。”“治理”義。（頁 349）《周書・召誥》：“王厥有成命治民。”《尚書易解》：“則王有一定不移之命以治民矣。”（頁 204）引申為“治道”。《周書・康誥》：“周公咸勤，乃洪大誥治。”《尚書易解》：“此謂周公慰勞之餘，乃代成王大誥康叔以治道。”（頁 167）

居　《玉篇》：“處也。”“住居”義。（頁 214）《周書・洛誥》：“和恒四方民，居師。”《尚書易解》：“和悅四方之民，往居京師。”（頁 216）引申為“住所”義。《商書・盤庚上》：“盤庚遷于殷，民不適有居。”《孔傳》：“適，之也。不欲之殷有邑居。”（頁 168）

1.1.4.2　借相關事物代替相關動作

雖然事物可以在概念上獨立，人類認識一個事物也可以不聯想到與之相關

① 屈萬里：《尚書釋義》，頁 156。臺灣中國文化大學出版部，1970 年版。

② 屈萬里：《尚書今注今譯》，頁 139。臺灣商務印書館，1969 年版。

③ （清）桂　馥：《說文解字義證》，頁 451。上海古籍出版社，1987 年版。

的動作，但是由事物引發與該事物相關動作的聯想也是經常存在的。

1.1.4.2.1　由動作相關物件轉喻引申為相關動作

女　《說文》："婦人也。"《虞夏書・堯典》："觀厥刑于二女。""女"指"女兒"。《古書疑義舉例五種》："以女妻人即謂之女。"（頁64）以"女"引申為"嫁女兒"義，此語例可見於今文《尚書》。《虞夏書・堯典》："女于時。"《尚書易解》："女，動詞，嫁女也。"（頁22）

守　《說文》："守官也。""从寸。寸，法度也。"官吏的職責、職守。《周書・洪範》："有猷有為有守。"《白話尚書》："守，操守。"（頁103）引申為"遵守"義。《周書・顧命》："嗣守文武大訓。"《尚書易解》："繼續遵守文王、武王之大訓。"（頁275）

宅　《說文》："所托也。"《說文解字注》："人所托尻也。"（頁338）《玉篇》："宅，人之居舍曰宅。"（頁208）"居處"、"住處"義。《周書・召誥》："使召公先相宅。"《尚書易解》："宅，居也；指可居之處。"（頁198）引申為"居住"義。《商書・盤庚上》："我王來，既爰宅于茲。"《孔傳》："言祖乙已居於此。"（頁168）《周書・召誥》："宅新邑。"《白話尚書》："宅，居住。"（頁156）

貨　《說文》："財也。"《周書・呂刑》："惟時庶威奪貨。"《尚書易解》："惟是盛其威勢掠奪財貨之人。"（頁294）上例"貨"用為本義。引申為"索賄受賄"。《周書・呂刑》："五過之疵：惟官、惟反、惟內、惟貨、惟來。"《尚書今古文注疏》："貨，謂行賄賂。惠氏棟云：漢律有受賕之條，即此經'惟貨'也。"（頁531）

1.1.4.2.2　由施事者轉喻引申為動作

君　《說文》："尊也。从尹，發號，故从口。"古代大夫以上據有土地的各級統治者的通稱，亦即"君主"、"諸侯"。《周書・大誥》："肆予告我有邦君。"《周書・康誥》："亦惟君惟長。"君主作為施事者，其動作為領導、治理。《說文解字注》："尹，治也。尹亦聲。"（頁57）《周書・顧命》："臨君周邦。"《白話尚書》："君，用作動詞，'領導'的意思。"（頁225）

事　《說文》："職也。""官職"、"治事官"義。《周書・立政》："宅乃事。"《尚書易解》："事，治事之官。"（頁265）引申為"侍奉"、"服務"義。《周書・酒誥》："奔走事厥考厥長。"《尚書易解》："服勞奔走，以事其父兄。"（頁183）引申為"施行"義。《周書・康誥》："汝陳時臬事罰。"《尚書易解》："事罰，行刑也。"（頁173）引申為"治"。《周書・酒誥》："乃事時同于殺。"《尚書易解》："事，治也。"（頁190）

牧　《說文》："養牛人也。从攴、牛。"《周書・立政》："宅乃牧。"《孔疏》:"《王制》云:'千里之外設方伯,八州八伯。'然則牧、伯一也……鄭玄云:'殷之州牧曰伯,虞、夏及周曰牧。'"(頁230)《尚書易解》:"牧,牧民之官。"(頁265)"牧"指"官長"。《說文解字注》:"《左傳》曰:'馬有圉,牛有牧。'引申為牧民之'牧'。"(頁126)《方言》:牧,"司也。"(頁661)"統治"、"主管"義。《周書·呂刑》:"非爾惟作天牧。"《孔疏》:"非汝惟為天牧民乎?"(頁249)《尚書易解》:"牧,治民也。"(頁293)

1.1.5 物體與材料之間的轉喻引發的詞義引申

物體是由材料構成的整體,物體可以轉指材料,材料也可代表物體。 今文《尚書》中多為以製成品的材料來代替成品,而形成詞的引申義。

石 《說文》:"山石也。"製作樂器磬的材料是石頭,故借"石"來代替"磬"。《虞夏書·堯典》:"予擊石拊石。"《尚書今古文注疏》:"鄭康成曰:'石,磬也。'"(頁71)

純 《說文》:"絲也。"《說文解字注》:"孔安國曰:'純,絲也'。 此'純'之本義也。 故其字從糸。"(頁643)席子的鑲邊用絲製成,故用"純"來代"鑲邊"。《周書·顧命》:"牖間,南向,敷重篾席,黼純。"《尚書今古文注疏》:"《釋器》云:緣謂之純。"(頁489)

璋 《說文》:"剡上為圭,半圭為璋。"古瑞玉名。《詩經·小雅·斯干》:"乃生男子,載寢之床,載衣之裳,載弄之璋。"《毛傳》:"半珪為璋。"(頁437)由製作酒器的一種"玉"引申為酒器。《周書·顧命》:"以異同秉璋以酢。"《尚書易解》:"璋,璋瓚,大臣所用之酒器。"(頁283)

以材料代替成品,也可以用轉喻"整體—部分"的認知框架加以解釋。一般情況下,成品比材料顯著。 然而當看到成品時,很容易會注意到製作成品的材料,這時材料作為成品凸顯出來,於是便用材料來代替成品。 譬如,"石"本來是製作樂器磬的材料,當人們看到磬時,注意到磬是用石所製成,作為材料的"石"凸顯出來,便理所當然的用"石"來代指"磬"。 用製成席子的鑲邊的"純"來轉喻"鑲邊",由製作酒器的一種"玉"轉喻"酒器",也是如此。

1.1.6 普通與特定之間的轉喻引發的詞義引申

1.1.6.1 特定引申為普通

這種引申是由事物的特定意義引申為普通意義。"人在認知過程中建立的跟名詞所指的心理聯想的難易程度是不相等的,這可稱為名詞的'可及性等級'。 在這種等級的背後是生命度的差異,名詞生命度越高,顯著性越高且可及性越強，也就越容易建立心理聯繫。從這個意義上說，就可以認為專有名詞的顯著度高於普通名詞，因此人們經常用專有名詞泛指普通名詞。”（頁437）

江 《說文》：“水。出蜀湔氐徼外崏山，入海。”《虞夏書·禹貢》：“江漢朝宗于海。”此“江”與《說文》所說一致，專指長江。“江”由一個特定的專有名稱引申為普通的名稱，指一般的江河流域。《虞夏書·禹貢》：“三江既入。”《尚書易解》：“三江，謂岷江、漢水與彭蠡。”（頁56）“江”成為普通的名稱後，人們為了區分具體的江名，前面加一個特定的詞素，構成“特定詞素+江”的複音結構或多音結構，如：長江、湘江、黑龍江、鴨綠江等。

河 《說文》：“水。出敦煌塞外昆侖山，發原注海。”《虞夏書·禹貢》：“浮于洛，達于河。”此處“河”專指黃河。後世“河”字也成為普通的名稱，為了區分具體的河名，前面加一個特定的詞素，作為區別性標記，構成“特定詞素+河”的複音結構或多音結構，如：黃河、淮河、瀏陽河、大運河等。

后 《說文》：“繼體君也。”《說文解字注》：“《釋詁》、《毛傳》皆曰：‘后，君也。’”（頁429）《周書·立政》：“茲惟后矣。”《尚書易解》：“后，《釋詁》：君也。”（頁265）引申為“諸侯”義。《周書·梓材》：“后式典集。”《尚書易解》：“后，列國之君主。”（頁196）

辭 《說文》：“訟也。”本義為“訟詞”、“怨言”。《周書·呂刑》：“皇帝清問下民鰥寡有辭于苗。”《尚書易解》：“辭，謂怨痛之辭。”（頁291）《周書·呂刑》：“民之亂，罔不中聽獄之兩辭。”《孔傳》：“民之所以治，由典獄之無不以中正聽獄之兩辭，兩辭棄虛從實，刑獄清則民治。”（頁251）引申為“言辭”、“話語”義。《周書·大誥》：“天棐忱辭。”《尚書易解》：“天輔助以誠信之辭。”（頁162）

王力先生說：“詞義的擴大就是概念外延的擴大。換句話說，就是縮小特徵，擴大應用範圍。”①從外觀上看，這是“詞義擴大”，但更深層的原因是以普通代特定而使詞義引申。

1.1.6.2 普通引申為特定

這種引申是由事物的普通意義引申為特定意義。事物的顯著度跟人的主觀因素有關，當人們把注意力有意識地集中到某事物上時，一般不顯著的事物也就成了顯著事物。因此，也可以由事物的普通意義引申為特定意義。這同

---

① 王　力：《王力文集·第九卷》，頁733。山東教育出版社，1988年。

樣符合人們的認知規律。

古 《說文》:“故也。”《虞夏書・堯典》:“曰若稽古。”《尚書易解》:“曰若稽古，即稽考古事。”（頁2）“古”在此處指往事，引申為特定的某一件往事。《商書・盤庚上》:“今不承于古。”孫星衍《尚書今古文注疏》:古，“古人遷都之事。”（頁223）

說 《說文》:“說釋也。”《虞夏書・堯典》:“朕堲讒說殄行。”“說”指一般的言論,《尚書正義》:“讒佞之說。”（頁81）引申為“特定的祝詞”義，見於《周書・金縢》“乃得周公所自以為功代武王之說”。《尚書易解》:“說，《周禮》大祝掌六祈，六曰說，鄭注謂以辭責之，是說蓋即祝辭。”“乃得周公以自身為質請代武王之祝辭。”（頁153）

家 《說文》:“居也。”即住的地方。“家”、“居”同屬古牙音。《說文》音義兼釋。《詩經・大雅・綿》:“古公亶父，陶复陶穴，未有家室。”《毛傳》:“室內曰家。”（頁509）引申為“大夫的封地”。《虞夏書・皋陶謨》:“夙夜浚明有家。”《尚書今古文注疏》:“家，謂有采地之臣。”（頁82）

與上條類似，從外觀上看，這是“詞義縮小”，正如王力先生所說“詞義的縮小就是概念外延的縮小，換句話說，就是擴大特徵，縮小應用範圍。”①但更深層的原因是以特定代普通而使詞義引申。

1.2 整體的部分與部分之間的轉喻引發的詞義引申

部分與部分之間的轉喻發生在參與事件的實體之間。實體包括事件的參與者、原因、結果等等。這種轉喻可以分為以下幾種類型:

1.2.1 因果轉喻引發的詞義引申

認知框架是一個個心理上的“完形結構”,“整體—部分”、“容器—內容”都是這樣，其構成因素以及它們之間的聯繫在人們日常經驗中反復地同現。因果關係也是一樣，根據認知經驗，有原因必然有結果，有結果也同樣必然有原因。

1.2.1.1 用表示事物的結果代替事物的原因，借此引申詞義，由原因引申為結果。

暘 《說文》:“日出也。从日，昜聲。《虞書》曰:‘暘谷’。”《孔傳》:

① 王 力:《王力文集・第九卷》，頁738。山東教育出版社，1987年版。

“日出於谷而天下明，故稱暘谷。”（頁 119）《孔疏》：“日所出處，名曰暘明之谷。”（頁 120）許慎引《堯典》“暘谷”為日出之地，“暘谷”之“暘”當為“日初出之時”。鄭玄注《祭義》謂“暘”為“日中之時”。（頁 1594）其實，“暘”之本義既非“日初出之時”，亦非“日中之時”。“暘”的本義，就是太陽出來了，即“日出”。“日出”既可以引申為“日初出之時”，也可以引申為“日中之時”，還可以引申為“太陽出來的晴天”。《洪範》“暘”為“雨、暘、燠、寒、風”五種天氣之一，“暘”即“日出晴天”，“暘”之引申義。今文《尚書》“暘”凡 4 見，《堯典》“暘谷”之“暘”用引申義，《洪範》“曰暘”、“時暘若”、“恒暘若”亦皆用引申義。

奪　《說文》：“手持隹失之也。”《說文解字注》：“引申為凡失去物之稱。凡手中遺落物當作此字。”（頁 144）本義為“失去”。《虞夏書・堯典》：“無相奪倫。”《尚書易解》：“奪，失也。”（頁 25）因為失去才爭奪，故“奪”引申為“爭奪”義。《玉篇》：“徒活切，《左傳》曰：‘一與一奪。’”（頁 389）《周書・呂刑》：“奪攘矯虔。”《孔疏》：“外奸內宄，劫奪人物，攘竊人財，矯稱上命，以取人財，若己固自有之。”（頁 247）

罰　《說文》：“辠之小者。”《說文解字注》：“辠，犯法也。罰為犯法之小者。”（頁 182）本義為“小罪”。《商書・盤庚上》：“惟予一人有佚罰。”《孔傳》：“佚，失也。是己失政之罰，罪己之義。”（頁 170）因為有罪所以要受到懲罰，故“罰”引申為“懲罰”義。《商書・盤庚中》：“自上其罰汝。”《尚書易解》：“我先后從上天將責罰汝等。”（頁 103）

愆　《說文》：“過也。”《周書・牧誓》：“不愆于六步、七步。”《尚書易解》：“愆，過也，謂超過。”（頁 129）此“過”，義為“超過”。超過便出現過失，其中含有深刻的哲理。《論語・先進》：“子曰：‘過猶不及。’”犯過失就要受責罰。《周書・文侯之命》：“造天丕愆。”《尚書易解》：“愆，《釋言》：‘過也’，此作動詞，猶言責罰。”（頁 303）

易　《玉篇》：“易，轉也，變也。”（頁 460）《周書・洪範》：“歲月日時無易。”《尚書易解》：“易，變也。”（頁 144）因為改變而得以延續，故引申而有“延續”義。《商書・盤庚中》：“無俾易種于茲新邑。”《尚書易解》：“易，延也。”（頁 105）

勤　《說文》：“勞也。”《說文解字注》：“慰其勤亦曰勤。”（頁 700）“慰勞”義見於《周書・康誥》：“周公咸勤。”《尚書易解》：“勤，勞也。慰勞之也。”（頁 167）“勤”亦有“勤勞”義，見於《周書・大誥》：“爾知寧王若勤哉。”《尚書易解》：“勤，勞也。若勤，言如何勤勞也。”（頁 161）“勤勞”、“慰勞”二義彼此之間也有因果關係，“勤勞”為因，“慰勞”為果，因“勤勞”

取得功績，才被“慰勞”。

吊 《說文》：“問終也。”本義為祭奠死者或慰問遭喪者。祭奠死者或慰問遭喪者必到現場，所以引申有“至”、“到”的意義。《周書·康誥》：“惟吊茲，不于我政人得罪。”《尚書易解》：“吊，至也。”（頁175）到場問悼是友善的行為，所以又引申為“善”義。《周書·大誥》：“弗吊！天降割于我家，不少延。”《尚書易解》：“吊，善也。”（頁156）《詩經·小雅·節南山》：“不吊昊天，亂靡有定。”《毛傳》：“吊，至。”《鄭箋》：“至，猶善也。”（頁440）

省 《說文》：“視也。”《說文解字注》：“省者，察也。”（頁136）“視察”、“治理”義。《周書·酒誥》：“爾克永觀省。”《尚書易解》：“省，察也。”（頁183）視察的結果就是明白，故“省”由“視察、治理”引申為“省識”、“明白”。《正字通》：“省，明也。”①《周書·大誥》：“爾丕克遠省。”《尚書易解》：“省，識也。”（頁161）

灼 《說文》：“炙也。”《說文解字注》：“灼謂凡物以火附著之。”（頁483）《周書·洛誥》：“無若火始焰焰，厥攸灼敘。”《尚書易解》：“灼，燒。”（頁213）《洛誥》用本義。火燒必有亮光，光可用來照明，“灼”又可以引申為“照明”、“照耀”。《周書·呂刑》：“灼于四方。”《尚書易解》：“灼，光也。”（頁292）

戾 《說文》：“曲也。”《說文解字注》：“曲必有所至，故其引申如是。”（頁475）《爾雅·釋詁》：“至也。”《周書·洛誥》：“無遠用戾。”“戾”為“至”、“歸附”義。《尚書易解》：“戾，《釋詁》：至也。”（頁215）因為“歸附”而得以安定，所以引申為“安定”。《周書·大誥》：“矧今天降戾于周邦。”《尚書易解》：“戾，定也。”（頁164）《周書·康誥》：“未戾厥心。”《孔傳》：“未定其心於周。”（頁205）

罪 《玉篇》：“犯法也。”（頁298）作惡或犯法的行為。《周易·解卦·象辭》：“君子以赦過宥罪。”《孔疏》：“罪謂故犯過。”②引申為“過錯”、“過失”義。《周書·多士》：“非予罪。”《尚書易解》：“非予之罪過。”（頁230）因為犯錯所以要受到懲罰。“罪”引申為“處罰”義。《虞夏書·堯典》：“四罪而天下咸服。”《白話尚書》：“這四個人處罰了，天下的人都心悅誠服。”（頁

① （明）張自烈編、（清）廖文英補：《正字通》，頁807。國際文化出版公司，1996年版。

② （魏）王 弼注，（晉）韓康伯注，（唐）孔穎達等正義：《周易正義》，頁52。《十三經注疏》本，中華書局，1980年版。

5）

此外，同、忌、嚴、靈、多、長、殄、毖、僭、義的詞義引申也屬於這種情況。

1.2.1.2　用表示事物的原因代替事物的結果，借此引申詞義由結果引申為原因。

以結果代原因引申詞義比較多見，以原因代結果比較少見。

違　《玉篇》："背也。"（頁 198）"違"有"違背"、"違拗"義。《虞夏書・堯典》："靜言庸違。"《孔傳》："言共工自為謀言，起用行事而違背之。"（頁 122）《尚書易解》："違，邪僻也。"（頁 9）引申為"恨"義。《廣雅・釋詁》曰："'怨、愇、很，恨也。''愇'與'違'同。"（頁 462）《周書・無逸》："民否則厥心違怨。"《孔疏》："違怨，謂違其命而怨其身。"（頁 222）因"恨"而"違背"，由結果引申為原因。

視　《說文》："瞻也。"本義是"看"。引申為"考察"義。《釋名・釋姿容》："是也，察其是非也。"（頁 131）《商書・盤庚中》："視民利用遷。"《尚書易解》："楊遇夫先生曰：'視民利之所在以遷徙。'"（頁 100）考察是因為治理的需要，故"視"進而引申為"治理"義。《周書・文侯之命》："其歸視爾師。"《白話尚書》："視，治理。"（頁 244）

孚　《說文》："卵即孚也。"《說文解字注》："雞卵之必為雞，䖵卵之必為䖵，人言之信如是矣。"（頁 113）《周書・君奭》："若卜筮罔不是孚。"《尚書易解》："孚，信也。"（頁 246）"孚"義為"信"。"信"是驗證的結果，《周書・呂刑》："五辭簡孚，正于五刑。"《孔傳》："五辭簡核，信有罪驗。"（頁 249）

在古漢語單音節詞發展變化過程中，因果引申這一運動方式是客觀存在的，從根本上說它是客觀事物因果關係的反映，同時也是單音節詞為了適應語言機制的運轉，載義功能多元性的表現。這種引申方式在具體運動過程中表現出來的方式是複雜多樣的。因果引申的結果不僅產生了大量單音節詞的新義項，也由於虛化了詞義，從而為詞義的進一步引申提供了條件，並對人們的構詞思維產生了一定的影響。

1.2.2　正反轉喻引發的詞義引申

正反轉喻引發的詞義引申，也就是通常所說的反向引申。詞義之所以引申，是有其語言基礎和心理基礎的。詞義引申的語言基礎在於詞義結構中的某些舊的意義可能消失，某些新的意義可能產生，所以這些又引起整個詞義系統的分解和組合，促使新的詞義系統產生。詞的引申的心理基礎在於聯想。

如果一個詞的本義中具有供人們充分聯想的相反的義素 A 和 B，那麼通過聯想，人們就會把 A 和 B 這兩個相反的義素向不同的方向引申，即反向引申。它是“一個詞表示兩個相反相對的意義，形成美惡同辭、正反同辭、取捨同辭等的詞彙現象”①。這種現象可以看作是事物之間相關性的曲折反映，是一個認知模型內兩個相關認知範疇的過渡。

1.2.2.1 多義詞具有褒貶兩個義項

單音多義詞具有褒貶兩個義項，訓詁學稱之為“美惡同辭”，也稱為“美惡不嫌同辭。”②這是指一個單音多義詞的本義或者基本義與其引申義，或者同一詞的兩個引申義，一個義項具有褒義，另一個義項具有貶義。

亂 《說文》：“治也。”徐灝《說文解字注箋》和楊樹達《積微居小學述林》皆有專論認為“亂”之構形義是“治理亂絲”，詞義泛化為“治理”義。《商書・盤庚下》：“亂越我家。”《尚書今古文注疏》：“《釋詁》云：‘亂，治也。’”（頁 240）引申為“亂”。徐灝認為：“絲亂而以手治之，有亂義，亦有治義。就其體言，則亂也；言其用，則治也。”詞義泛化引申為“作亂”。《商書・盤庚中》：“茲予有亂政同位。”《尚書易解》：“亂政，亂政之臣。”（頁 104）同時也引申為“混亂”、“淫亂”。《集韻・換韻》：“亂，紊也。”③《商書・微子》：“用亂敗厥德于下。”《尚書易解》：“亂，淫亂。”（頁 119）

誘 《爾雅・釋詁》：“進也。”《玉篇》：“引也，相勸動也。”（頁 170）義為“教導”。《周書・大誥》：“肆予大化誘我友邦君。”《尚書易解》：“誘，道也。化誘，告道也。”（頁 162）引申為“引誘”、“誘惑”。《周書・費誓》：“誘臣妾。”《尚書易解》：“誘，惑也，謂惑而取之。”（頁 309）“教導”是正面的行為，“引誘”、“誘惑”是反面的行為。

辭 《說文》：“訟也。”本義為“訟詞”、“怨言”。《周書・呂刑》：“皇帝清問下民鰥寡有辭于苗。”《尚書易解》：“辭，謂怨痛之辭。”（頁 291）引申為讚美的言辭。《周書・洛誥》：“汝永有辭。”《尚書易解》：“辭，指讚美之辭。”（頁 213）

1.2.2.2 多義詞具有正反兩個義項

多義詞具有正反兩個義項，訓詁學又稱之為“正反同辭”，是說一個單音多義詞的本義或者基本義與引申義，或同一個詞的兩個引申義分別表示正反兩

---

① 王利華：《古漢語詞義引申的逆向思維》，《長沙鐵道學院學報》，2004 年第 4 期。

② （清）俞　樾：《古書疑義舉例五種》，頁 59。中華書局，1956 年版。

③ （宋）丁　度：《集韻》，頁 560。上海古籍出版社，1985 年版。

端的意思。

逆　《說文》："迎也。""關東曰逆，關西曰迎。"《說文解字注》："逆、迎雙聲，二字通用。"（頁71）《周書・金滕》："惟朕小子其新逆。"《尚書易解》："逆，迎也。"（頁153）《周書・呂刑》："爾尚敬逆天命。"《尚書易解》："逆，迎也。"（頁294）引申為"反對"。《周書・洪範》："卿士逆。"《白話尚書》："卿士反對。"（頁97）

役　《說文》："戍邊也。"引申為"役使"義。《玉篇》："使役也。"（頁188）《周書・大誥》："予造天役。"《尚書易解》："役，使也。"（頁160）引申為"幫助"。《廣雅・釋詁》："役，助也。"（頁190）《周書・牧誓》："弗邪克奔以役西土。"《尚書易解》："《廣雅・釋詁》：'助也。'"（頁129）

佚　《說文》："佚民也。"《說文解字注》："《孟子》曰：'遺佚而不作怨。'又以為勞逸字。"（頁380）"棄用"、"隱遁"義。引申為"止"、"抑止"義。《周書・君奭》："遏佚前人光在家。"《尚書易解》："遏止前人之光美於家。"（頁244）再引申為"放縱"義。《周書・酒誥》："汝勿佚。"《尚書易解》："佚，失也。"（頁190）《白話尚書》："佚，放縱。"（頁141）

1.2.2.3　取捨同辭

一個詞的本義、基本義與引申義，或它的兩個引申義一表取得或施予，一表捨棄或承受的意思。

求　《玉篇》："索也。"（頁507）"求"有"尋求"、"探求"義。《周書・大誥》："予惟往求朕攸濟。"《尚書易解》："我只往求我所以渡過之法。"（頁157）《詩經・王風・黍黎》："知我者，謂我心憂；不知我者，謂我何求。"《孔疏》："謂我有何所求索。"（頁330）引申為"招徠"。《周書・多士》："肆予敢求爾于天邑商。"《尚書易解》："求，招徠也。"（頁229）

享　《說文》："獻也。"《周書・梓材》："庶邦享作。""庶邦丕享。"中"享"是"進獻"的意思。《尚書易解》："庶邦享作者，孫詒讓《尚書駢枝》曰：'此言庶國皆來享獻而任役也。'""下文云，庶邦丕享，即來享也。"（頁195）引申為"享受"、"享有"義。《周書・呂刑》："配享在下。"《尚書今古文注疏》："享謂享其祿。"（頁527）

致　《說文》："送詣也。"有"給予"、"施行"的意義。《周書・多士》："致王罰。"《尚書易解》："致之言至，《樂記》注：'至，行也。'""行干者之罰。"（頁225）引申為"得到"義。《周書・酒誥》："致用酒。"《尚書易解》："致，獲得。"（頁183）

無論是哪種類別的反向引申，它們的原義和引申義都具有"義相反而實相通"的關係，表面上語義相反相對，實質上相連相通。相連相通表現為兩者

"性質相同相關"或"特徵相同相類"[①]上。如"辭"的"訟詞、怨言"義和"讚美的言辭"義，均是指說出來的話，其性質是相同的。又如"役"的"役使"義和"說明"義，兩者特徵相同，都為"一方對另一方施以行為"。

語義不僅僅是客觀的真值條件，而且是主觀與客觀的結合，研究語義總要涉及人的主觀看法或心理因素。意義等同於概念形成過程，借助於認知過程才能得以解釋。蘇聯語言學家格沃茲節夫在《俄語修辭學概論》指出"換喻是指轉義運用一個詞來表示與這個詞通常所表示的事物、現象多少有些聯繫的另外的事物和現象"。"新的換喻不斷創造出來，這是發展詞義和豐富詞彙的基本途徑之一。"[②]換喻，就是我們通常所說的轉喻。

語言作為一種具有概括性和間接性的符號系統，是整個認知能力的一部分。詞義引申是語言發展的重要體現，一方面詞義在個體與環境的相互作用中不斷地隨著認知的發展而發展，認知過程中不自覺的心理聯想導致引申的出現；另一方面，詞義作為思維的中介對包括思維在內的整個認知發展起著越來越重要的作用，頻繁的不自覺的引申產生了辭格，辭格作為一種規律，又反作用於引申，辭格的定名明顯晚於詞義的發展，但它的確為詞義的發展提供了更好的模式，使之更系統化，使無意識的行為自覺化。

詞義的演變和修辭的關係是很密切的。在許多情況下，由於修辭手段的運用，引起了詞義的引申。

修辭中的借代，即認知語言學上所謂"轉喻"或"換喻"，是兩個相關的認知範疇（屬於同一認知模型）之間的"過渡"，即用一個認知領域中凸顯的屬性來代替另一個認知領域的事物。

陳望道先生在他的《修辭學發凡》中說："所說事物縱與其他事物沒有類似點，即使中間還有不可分離的關係時，作者也可借那關係事物的名稱，來代替所說的事物。如此借代的，名叫借代辭。"[③]借代和被借代的事物之間"沒有類似點"，但是"有不可分離的關係"，借代引伸出自思維中的接近聯想，所謂"接近"，就是意義相關。上面所列舉的今文《尚書》中用轉喻方法引申詞義的例子，如事物與其性質、特徵、功用、相關動作、物體與材料、普通與特定、原因跟結果之間的轉換引申便類似於用借代的修辭方法衍生詞義。

語言是交際的工具，詞的借代義的形成有助於發揮語言作為交際工具的作

---

① 徐　今:《反向引申探析》,《華中科技大學學報》, 2004 年第 6 期。

② （蘇聯）格沃茲節夫:《俄語修辭學概論》, 頁 140－141。商務印書館, 1959 年版。

③ 陳望道:《修辭學發凡》, 頁 76。上海世紀出版集團, 2006 年版。

用。語言交際的集約化原則要求語言交際者需要盡可能運用儘量少的詞語，去表達盡可能多的內容。詞的借代義的形成是符合語言交際集約化原則的，它反應了詞義演變的重要內容。

中國自古以來就有相反相成相反相通的說法，《老子》一書闡述了許多相反相成相反相通的道理，相反的事物相互之間都有聯繫。萬事萬物如此，詞義也概莫能外。正反轉喻所引起的詞義引申便是如此。它類似於修辭中的倒反辭格，或者稱為“反語”，就是說反話，和老子所說的“正言若反”的哲理是相互一致的。

2. 隱喻性認知思維引發的詞義引申

傳統的語言學將隱喻視作一種語言現象，視作語言形式上的修辭，是語言裝飾的手段。當代語言學則認為隱喻不僅屬於純語言的範疇，而且屬於更廣的思維和認知的範疇。也就是說隱喻不僅是一種語言現象，更是一種認知現象，是人類一種基本思維認知方式。

《漢語和漢語研究十五講》認爲，隱喻是“一種把一個領域的概念‘投射’到另一個領域，或者說是從一個認知域（來源域）向另一個認知域（目標域）投射的認知方式”（頁 422）。萊考夫和約翰遜（Lakoff&Johnson）指出這一投射的過程依賴於心理基礎，即事物之間的相似性聯想，這種相似關係並非純粹為客觀事物存在的共同點，而是外界、他人對事物的主觀感知加上事物本身的客觀特點的融合。簡而言之，隱喻是人類賴以形成、組織和表達概念的基礎和手段。

在隱喻形成的過程中，兩種本來好象沒有聯繫的事物之所以被相提並論，是因為人類在認知領域因它們具有某些共同特徵而產生相似聯想，因而人們可以用相對熟悉的事物的特點去解釋、表達、評價相對陌生的事物。人類最一般的認知方式是通過具體概念來理解抽象概念。語言中的“隱喻”最常見的也就是用一個比較具體的概念隱喻另一個比較抽象的概念。當然，“源域與目標域是隱喻投射中的兩個相對的範疇，兩者之間既然存在前者到後者的投射關係，那麼反過來也應該成立。也就是說兩者之間應該是互動關係。”①

① 盧衛中：《人體隱喻化的認知特點·語言的認知研究》，《認知語言學論文精選》，頁 472。上海外語教育出版社，2004 年版。

同時，隱喻也是一種思維方式。語言和思維是兩種不同的社會現象，我們不能用思維的研究代替語言本身的研究。然而，語言是人類思維的工具，語言本身的內容和形式，都同思維不可分割地聯繫著。在語言中語義是思維的體現者。詞義的發展從主觀條件上講，是由人們的思維完成的。思維不僅影響和決定著語言的形成和發展，而且不同的思維方式還影響甚至決定著詞義形成和發展的類型。因此，隱喻對解釋詞義引申有很大的幫助。

隱喻性認知思維引發的詞義引申主要有三種類型：空間域與時間域的映射引發的詞義引申、本體域與喻體域的映射引發的詞義引申和生理域與心理域的映射引發的詞義引申。

2.1 空間域與時間域的映射引發的詞義引申

心理學研究告訴我們，時間概念和空間概念是兩個基本概念，它們在語言中的運算式是成系統的，並且主要通過空間概念來表達時間概念。① 時間表示之所以能空間概念化，就是因為空間概念是一個可視的實體概念，因此人們很容易通過視覺去感受，而時間概念比較抽象，人們無法通過感官直接去感知。一般情況下，詞義引申都是從空間概念到時間概念的引申，今文《尚書》的詞義引申也不例外。

延 《說文》："長行也。"有"空間擴大"義。《方言》："延，遍也。"（頁 78）《虞夏書・大禹謨》："罰弗及嗣，賞延于世。"《孔傳》："延，及也。"（頁 135）《周書・呂刑》："延及于平民。"《白話尚書》："擴大到平民百姓。"（頁 228）《說文解字注》："引申則專訓長。《方言》曰：'延，長也。凡施於年者謂之延。'"（頁 77）《爾雅・釋詁》："長也。"由空間上的擴大引申為時間上的延長。《周書・召誥》："不其延。"《尚書易解》："延，長也。"（頁 205）《白話尚書》："延，延長。"（頁 155）

比 《說文》："密也。"甲文金文的字形象兩人相隨，《說文》古文的字形象倆人並立，本義為"相親"、"相近"。《玉篇》"比，近也，親也。"（頁 512）《商書・盤庚中》："曷不暨朕幼孫有比？"《尚書易解》："有、比，皆親也。有比，'親近'之意，同義複合詞。"（頁 103）此"比"用本義。由於人們認知心理中隱喻機制的作用，"比"表義轄域由空間上的相近擴大到時間

① 林書武：《隱喻研究的基本現狀、焦點及趨勢・語言的認知研究》，《認知語言學論文精選》，頁 452。上海外語教育出版社，2004 年版。

上的相近。《周書・多士》:“比事臣我宗多遜。”《尚書易解》:“比，近日。”（頁230）文獻語言中，“比”常和表示時間的名詞如“年”、“歲”等構成表示時間的短語“比年”、“比來”，可譯為“近年”、“近來”等。

即　《說文》:“即食也。”《說文解字注》:“《毛傳》曰:‘即，就也。’”（頁216）引申為“靠近”義。《周書・金縢》:“今我即命于元龜。”《尚書易解》:“即，就也。”（頁150）《尚書釋義》:“即命，就而聽命也。”（頁104）由空間上的距離近引申為時間上的“近”義，引申為“今”義。《周書・文侯之命》:“即我御事。”《尚書易解》:“即，猶‘今’也。”（頁304）

間　《說文》:“隙也。”古體寫作“閒”，從門，從月，即月光從門中穿過。徐鍇《說文解字繫傳》:“大門當夜閉，閉而見月光，是有間隙也。”（頁234）《說文解字注》:“隙者，壁際也。引申之凡有兩邊有中者皆謂之隙。”（頁589）由空間的間隔進而引申為時間的間隔、交替。《周書・多方》:“有邦間之。”《孔傳》:“間，間廁之間。”（頁228）《尚書易解》:“間，代也。”（頁257）《周書・立政》:“時則勿有間之。”《尚書易解》:“間，代也。”（頁270）

2.2　本體域與喻體域的映射引發的詞義引申

《漢語詞義發展的基本類型》認爲，比喻是“相似聯想的大宗”，“比喻用法，在長期運用中凝結為詞義理解，成為通常所說的比喻義”（頁155），有的學者將比喻看作是與引申相並列的一種詞義派生的方式，然而“從語義範圍的擴張角度來說，詞的比喻義的產生，也是詞義的引申。”①

比喻引申是人類認知能力的反映，比喻和被比喻的事物之間“有類似點”，比喻引申來自思維中的相似聯想，便在這種聯想的作用下，形成一種從本體域投射到喻體域的詞義演變現象。詞語從而發展出來自不同認知域，而又互有聯繫的義項。比喻認知機制是語義範疇形成的重要心理基礎。今文《尚書》中此類引申可分為兩種:

2.2.1　本體與喻體功用相似的詞義引申

度　“尺”、“度”古聲母讀音近，都為舌頭音，二字同源。《虞夏書・堯

① 張煉強:《詞的比喻義與“城”字現象》,《首都師範大學學報》, 1996年第6期。

典》："同律度量衡"。《尚書易解》："鄭玄曰：'度，丈尺。'"（頁16）引申為"法度"、"法則"。《周書・顧命》："命作冊度。"《尚書今古文注疏》："《說文》云：'法制也。'"（頁487）"丈尺"和"法度、法則"都是用來衡量事物的標準，功用相似。

辟　《說文》："法也。""辟"、"法"上古同讀重唇音。《爾雅》此處音義皆釋。《周書・酒誥》："尹人祇辟。"《尚書易解》："辟，法也。"（頁186）用本義。古時君王就是法，都有限制人的行為的作用，故引申為"君王"。《周書・洪範》："惟辟作福，惟辟作威，惟辟玉食。"《尚書易解》："辟，君也。"（頁141）《周書・君奭》："用乂厥辟。"《尚書易解》："辟，君也。"（頁246）

主　《說文》："燈中火主也。"小篆字形就像燈盞中的"燈心"。比喻引申為"君主"。燈心是使燈發亮最重要的東西，君主是治理一個國家最重要的人，功用相似而引發引申。《周書・多方》："天惟時求民主。"《白話尚書》："上天於是尋求可以做人民君主的人。"（頁195）

2.2.2　本體與喻體情態相似的詞義引申

立　《說文》："住也。从大立一之上。"本義為"站立"。《周書・金縢》："北面，周公立焉。"《白話尚書》："周公面向北方站在臺上。"（頁108）比喻引申為"豎立"。《周書・牧誓》："立爾矛。"《白話尚書》："豎起你們的矛。"（頁91）再引申為"建立"。《周書・洪範》："擇建立卜筮人。"《尚書今古文注疏》："建者，鄭注《周禮》云：'立也。'經言'建'，複言'立'，故云：'選擇可立者，立為卜人、筮人。'"（頁310）《周書・立政》："立政。"《尚書易解》："謂建立長官也。"（頁263）進而引申為"卓立"。《虞夏書・皋陶謨》："柔而立。"《白話尚書》："立，卓立，獨立不流。"（頁29）無論是"站立"、"豎立"、"建立"還是"卓立"，情態都是相似的。

伐　《說文》："擊也。"甲文金文字形像人持戈擊刺之形，本義為"擊刺"。《周書・牧誓》："不愆于四伐五伐六伐七伐。"《尚書今古文注疏》："《說文》云：'擊也。'"（頁288）引申為"討伐"。《廣韻・月韻》："伐，征也。"①擊刺、討伐都具有攻擊的情態，故"伐"之"擊刺"義通過比喻引申有"討伐"之義。《周書・大誥》："予惟以爾庶邦于伐殷逋播臣。"《白話尚書》："（我）打算和你們眾國去討伐殷商那些叛亂的罪人。"（頁114）

流　《說文》："水行也。"本義為"水的移動"。王筠《說文句讀》卷二

① 周祖謨：《廣韻校本》，頁479。中華書局，1960年版。

十二:“謂水之自行也。”(頁1)引申為“散佈”。水的移動和事物的散佈都是空間上範圍的擴張，情態相似。《周書・金縢》:“管叔及其群弟乃流言于國。”《白話尚書》:“管叔和他的幾個弟弟就在國內散佈謠言。”(頁108)

致　《說文》:“送詣也。”有“給予”、“施行”的意義。《周書・多方》:“我則致天之罰。”《白話尚書》:“致，行，施行。”(頁203)引申為“表達”的意義。《商書・盤庚上》:“其惟致告。”《白話尚書》:“致，表達。”(頁69)動作都是由內向外由此及彼情態相同。

授　《說文》:“予也。”義為“給予”、“遞給”。《周書・顧命》:“授宗人同。”《白話尚書》:“太保把酒杯給宗人。”(頁217)引申為“傳授”。由東西的傳遞引申為知識的傳遞，情態相似。《虞夏書・堯典》:“敬授人時。”即敬慎地把天時節令傳授給人們。

2.3　生理域與心理域的映射引發的詞義引申

人類的觀念系統是建立在具體的感知經驗、日常經驗基礎之上的。對於人類來說，生理感覺要比心理感覺具體得多。詞義的發展也符合這一規律。

苦　《說文》:“大苦，苓也。”本義為“苦菜”。《詩經・唐風・采苓》:“采苦采苦，首陽之下。”《毛傳》:“苦，苦菜也。”(頁367)引申為“味道苦”。《周書・洪範》:“炎上作苦。”《白話尚書》:“向上燃燒的火產生苦味。”(頁95)由味覺上的苦聯想到心理上的苦，引申為“煩惱”。《商書・盤庚中》:“爾惟自鞠自苦。”《白話尚書》:“自己搞得走投無路，自尋煩惱。”(頁70)

頗　《說文》:“頭偏也。”“頭偏”就是頭不正，引申為“不平”、“不正”。《玉篇》:“不平也。”(頁76)《集韻・果韻》:“頗，不正也。”(頁406)《周書・洪範》:“人用側頗僻。”(頁139)《尚書易解》:“頗僻，不正也。”(頁141)由位置不正引申為品質不正，即邪惡。《廣雅・釋詁》:“頗，邪也。”(頁70)《周書・多方》:“爾乃惟逸惟頗。”《尚書易解》:“頗，邪也。”(頁261)

聽　《說文》:“聆也。”《周書・洛誥》:“朕不暇聽。”《尚書正讀》:“聽，聽政也。”①引申為“聽從”、“順從”，由聽覺的接受引申為心理的接受。《商書・高宗肜日》:“不聽罪。”《尚書釋義》:“聽，從。聽罪，謂聽從

① 曾運乾:《尚書正讀》，頁206。中華書局，1964年版。

上天所給予之罪也。”（頁 85）

今文《尚書》中還有通感引發的詞義引申。通感，本是人們在交流思想的過程中，為了提高語言的表達效果、增強語言感染力，有意地把人的各種不同的感覺，如視覺、聽覺、嗅覺、味覺、觸覺等，互相溝通起來。本來表示某種感覺的詞語，由於經常被用來描述其他種類的感覺，以後便逐漸獲得了表示其他感覺的意義，詞義由此引申開來，最終形成固定的新義。這種引申並非任意，人類共同的生理機制和認知模式造成了通感式詞義引申是按一定規律進行的。

從認知語言學的角度來看，通感是隱喻的一種，是感官特徵之間的映射過程。它將感官中的某些特徵從一種感官域（源域）映射到另一種感官域（目標域）。有五種情況，分別是觸覺轉移的詞義引申、味覺轉移的詞義引申、嗅覺轉移的詞義引申、聽覺轉移的詞義引申和視覺轉移的詞義引申。今文《尚書》中僅 1 見，為聽覺轉移到嗅覺的詞義引申：

聞 《說文》：“知聲也。”《說文解字注》：“往曰聽，來曰聞。”（頁 592）本義為“聽到”。《虞夏書・堯典》：“予聞，如何？”《白話尚書》：“我也聽說過，這個人怎麼樣呢？”（頁 3）引申為“聞”、“嗅”的意義。《周書・酒誥》：“腥聞在上。”《尚書釋義》：“腥，謂腥穢之氣，指酒之氣味言。”（頁 128）《尚書今注今譯》：“腥氣被上天都聞到了。”（頁 110）

人們認知外界事物時，外界不斷刺激大腦，形成新資訊，成為無數分隔的語義單位。這些空信息單位需要設立新的能指來表達，而原始思維中天然有一種最省力的傾向，即以具象同化抽象，從而投射形成抽象概念。心理實驗證明，人腦中存在一個思維空間，可進行意象圖式的構造、想像和轉換。人腦不會憑空形成抽象概念，而必須是空間或物理世界基礎上的延伸。① 隱喻引發的詞義引申無疑受此心理因素的重要影響。今文《尚書》中多數抽象實詞都是此類詞義引申的結果。

前面說過，轉喻的認知思維引起的詞義引申，與修辭中的借代辭格具有一定的相似性。借代引申出自思維中的接近聯想，而這裡，隱喻的認知思維所引起的引申同樣與修辭有著一定的關係。在修辭中，隱喻是比喻修辭格的一種，比喻引申出自思維中的相似聯想。本體與喻體的兩個事物必須在某一點上具有相似性，又必須在其整體上具有相異性。隱喻在修辭中的形式是“甲

① 鄒立志、張雲秋：《詞義比喻引申的語言心理基礎分析》，《首都師範大學學報》，2003 年第 6 期。

就是乙”。 無論是空間域與時間域的映射還是本體域與喻體域的映射引申都符合這種引申方式。

3. 實詞之間的詞義轉化、實詞虛化形成詞類轉換引發的詞義引申

詞義的演變機制是複雜的，除轉喻、隱喻的認知思維方式對詞義引申的影響外，語言本身的其他因素對詞義引申的影響也是不可忽視的。 分析今文《尚書》單音多義名詞動詞的引申義，大多數實詞之間的詞義引申既可以從認知思維的轉喻隱喻說明形成原因，同時也可以從詞類轉換的角度說明原因，而多數實詞虛化形成詞類轉換引發的詞義引申則需要從語法角度進行專門的考察。

詞彙和語法的關係過去討論得比較少，但並不等於詞彙和語法之間沒有關係。 因為詞在實際語言中不可能孤立地出現，而必須按照一定的語法規則組合起來成為句子，所以，詞彙和語法之間就會發生相互影響。① 一個詞有某個意義，就必然會有相應的語法屬性。 一個詞用於不同的詞類，其意義就會有所不同，造成詞義上的引申關係，漢語一詞多類是比較普遍的現象，特別是實詞虛化。 一個詞有多少個詞類，就有多少種用法，就有多少個意義。

3.1 實詞義類之間互相轉換的詞義引申

3.1.1 名詞義與動詞義互相轉換的詞義引申

名詞義與動詞義之間的轉換非常自然，今文《尚書》中此類轉換較為常見，此類轉換引發的詞義引申也較為常見。

3.1.1.1 名詞義轉換為動詞義

朝 《虞夏書・堯典》：“群后四朝。”《孔傳》：“各會朝於方岳之下，凡四處，故曰‘四朝’。”（頁 127）《白話尚書》：“朝，朝見。”（頁 5）“朝見”並不是“朝”的本義，“朝”的本義是“早晨”。《說文》：“朝，旦也。”《說文解字注》：“朝之義主謂日出地時也。”（頁 308）《爾雅・釋詁》：“朝，早

① 蔣紹愚：《古漢語詞彙綱要》，頁 218。 北京大學出版社，1989 年版。

也。”那麼“早晨”跟“朝見”有什麼關係呢？ 古代大臣是在早晨上朝。《左傳・成公十二年》：“朝而不夕。”《孔疏》：“旦見君曰朝。”①據此，“朝”由“早晨”引申為“朝見”的意思。《孟子・公孫衛下》：“孟子將朝王。”《春秋經・隱公十一年》：“滕侯、薛侯來朝。”都是用的“朝見”這個義項。

訓 《說文》：“說教也。”從言，川聲，本義為抽象名詞“訓命”。《周書・康誥》：“汝丕遠惟商耇成人宅心知訓。”“知訓”是動賓結構，“訓”是“知”的賓語。 周先生訓釋為“訓導之方”。《尚書易解》：“汝大遠思商老成人度量民心而知所訓導之方。”（頁 170）《周書・顧命》：“命汝嗣訓。”《尚書易解》：“訓，謂文、武大訓。”（頁 282）引申為動詞義“勸告”。《玉篇》：“誡也。”（頁 164）《周書・無逸》：“古之人猶胥訓告。”《尚書易解》：“此言古之人猶相訓告。”（頁 239）

教 《說文》：“上所施下所效也。”義為名詞“教令”。《周書・顧命》：“奠麗陳教。”《尚書易解》：“教，教令。”（頁 275）引申為動詞“教導”義。《虞夏書・堯典》：“教胄子。”《尚書今注今譯》：“胄子，謂天子及卿大夫等之長子。”（頁 18）“教導長子。”（頁 19）《周書・呂刑》：“以教祗德。”《白話尚書》：“教導臣民敬重德行。”（頁 229）

3.1.1.2　動詞義轉換為名詞義

命 《說文》：“使也。”《說文解字注》：“令者，發號也。”（頁 57）从口、从令，本義為動詞“命令”。《虞夏書・堯典》：“乃命羲和。”《白話尚書》：“於是命令羲氏與和氏。”（頁 2）引申為名詞“命令”、“政令”、“教命”。《周書・大誥》：“克綏受茲命。”《白話尚書》：“能夠承受這天命。”（頁 114）《周書・酒誥》：“明大命于妹邦。”《尚書易解》：大命，“命康叔告殷民之辭也。”（頁 180）

刑 《說文》：“剄也。”從刀，幵聲，本義是“以刀斷頸”。《廣雅・釋詁》：“治也。”（頁 366）《尚書》中亦有動詞的用例，義為“懲罰”。《周書・康誥》：“刑茲無赦。”《白話尚書》：“懲罰這些人，不要赦免。”（頁 124）引申為“法令”、“刑法”，名詞。《周書・洛誥》：“考朕昭子刑。”《尚書易解》：“刑，法也。”（頁 220）《周書・無逸》：“乃變亂先王之正刑。”《尚書易解》：“刑，法也。”（頁 239）

敗 《說文》：“毀也。”從攴，從貝，會意，義為動詞“敗壞”、“破

① （晉）杜預注，（唐）孔穎達等正義：《春秋左傳正義》，頁 1910。《十三經注疏》本，中華書局，1980 年版。

壞”。《周書・梓材》：“戕敗人，宥。”《尚書易解》：“殘壞人者，赦免之。”（頁 193）引申為名詞“危敗”，“災禍”。《商書・盤庚上》：“乃敗禍奸宄。”《尚書易解》：“敗，危敗。”（頁 94）《商書・微子》：“我興受其敗。”《尚書易解》：“敗，禍敗。”（頁 122）

這些多數是由於某個詞長期處於某個句法位置而引起的詞性變化，從而引發詞義的引申，

3.1.2　形容詞義與動詞義互相轉換的詞義引申

形容詞義向動詞義轉換大多是通過使動、意動用法實現的。 但也有詞類活用的途徑，因為性狀可成為動作行為的區別特徵。 同時，動作的特徵也可轉化為性狀。

3.1.2.1　形容詞義轉換為動詞義

這種引申主要是由某個事物的性質、狀態引申為與此相關的動作。

忱　《說文》：“誠也。”“《詩》曰：‘天命匪忱。’”本義為“誠信”。《周書・大誥》：“天棐忱辭。”《尚書易解》：“忱，一作‘諶’，誠也。”（頁 162）引申為動詞“相信”。《周書・多方》：“爾不克勸忱我命。”《尚書易解》：“忱，信也。”（頁 261）《詩經・大雅・大明》：“天難忱斯，不易惟王。”《毛傳》：“忱，信也。”（頁 506）

恭　《說文》：“肅也。”肅”義即為“恭敬”。《周書・酒誥》：“厥棐有恭。”《尚書易解》：“謂其賦事恭敬也。”（頁 185）引申為動詞“恭奉”、“奉行”。《虞夏書・甘誓》：“今予惟恭行天之罰。”《孔傳》：“恭，奉也。”（頁 155）《周書・洛誥》：“越乃光烈考武王弘，朕恭。”《尚書易解》：“《孔傳》訓‘奉’，謂奉行也。”（頁 218）

嘉　《說文》：“美也。”“嘉”形符為“壴”。“壴，陳樂，立而上見也。（陳列樂器，把樂器豎立起來，鼓樂上面的裝飾物就能看見了）”可知“嘉”之“从壴，加聲”，本義為“美好的”、“祥善的”。《周書・呂刑》：“受王嘉師。”《尚書易解》：“嘉，善也。”（頁 301）引申為動詞“讚美”。《正字通》：“嘉，褒也。”（頁 241）《周書・文侯之命》：“予嘉。”《白話尚書》：“我很讚美。”（頁 242）

3.1.2.2　動詞義轉換為形容詞義

這種引申主要是由某個相關動作引申為與動作相關的性狀。

虐　《說文》：“殘也。”本義為“殘害”、“虐待”。《商書・盤庚中》：“曷虐朕民。”《尚書易解》：“何為虐害我民乎？”（頁 103）由此引申為“暴虐”。《周書・酒誥》：“天非虐。”《尚書易解》：“天非暴虐。”（頁 188）也引

申為“惡”。《周書・金縢》:“遘厲虐疾。”《孔傳》:“虐，暴也。”《孔疏》:“虐訓為暴，言性命危而疾暴重也。”(頁196)《尚書易解》:“虐，惡也。”(頁148)

協 《說文》:“同眾之合也。”(頁701)《商書・盤庚下》:“爾無共怒，協比讒言予一人。”《孔傳》:“汝勿其怒我，合比凶人而妄言。”(頁171)《周書・洪範》:“次四曰協用五紀。”《尚書易解》:“協，合也。”(頁133)引申為“和洽”、“和諧”。《周書・立政》:“用協于厥邑。”《尚書易解》:“協，和也。”(頁266)

鞠 《爾雅・釋言》:“生也。”《方言》:“鞠，養也。陳、楚、韓、鄭之間曰鞠。”(頁32)“撫養”義。《商書・盤庚下》:“鞠人謀人之保居。”《尚書易解》:“鞠，養也。”(頁109)引申而有“稚”的意義。《爾雅・釋言》:“鞠，稚也。”《周書・康誥》:“兄亦不念鞠子哀。”《尚書易解》:“《釋言》:稚也。”(頁175)

3.1.3 名詞義與形容詞義互相轉換的詞義引申

能 《玉篇》:“多技藝也。”(頁440)《廣韻・代韻》:“能，技能。”(頁392)《周書・洪範》:“人之有能有為，使羞其行。”中“能”用此義，為“才能”的意思。《白話尚書》:“臣下這樣有才能有作為。”(頁96)有才能必定善技藝，故“能”引申為“善”。《周書・顧命》:“柔遠能邇。”《尚書覈詁》:“能，猶善也。”(頁278)

疾 《說文》:“病也。”《周書・金縢》:“王有疾。”《白話尚書》:“武王生了重病。”(頁108)品質上有病，即“惡”，故“疾”可引申為“惡”。《周書・酒誥》:“厥心疾很。”《白話尚書》:“他心地狠惡。”(頁135)

友 《說文》:“同志為友。”“同僚”、“朋友”義。《商書・盤庚上》:“汝克黜乃心，施實德于民，至于婚友。”《尚書釋義》:“友，婚姻朋友也。”(頁74)引申為“友好的”。《周書・召誥》:“予小臣敢以王之仇民百君子越友民。”《尚書易解》:“‘仇民’與‘友民’，對文。”(頁207)

爽 《說文》:“明也。”“明亮”義。《周書・牧誓》:“甲子昧爽。”《孔傳》:“爽，明也。”(頁182)《尚書易解》:“《說文》云:‘昧爽，旦明也。’”(頁125)由光線明亮引申為“政治清明”。《周書・大誥》:“爽邦由哲。”《尚書譯注》:“爽，《說文》:明也。意指國家政治清明。”[1]再反向引

---

[1] 李民、王健:《尚書譯注》，頁250。上海古籍出版社，2000年版。

申為“差錯”。《說文解字注》：“明之至而差生焉，故引申訓差也。”（頁128）《爾雅・釋言》：“爽，差也，忒也。”《周書・洛誥》：“惟事其爽侮。”《尚書易解》：“爽，差也。”（頁214）

皇　《說文》：“大也。从自，自，始也，始皇者，三皇大君也。”“皇”本義是“大”的意思。《周書・顧命》：“皇后憑玉幾”。皇后，大君。《孔傳》：“大君成王言憑玉幾。”（頁240）引申為“君王”。《周書・洪範》：“次五曰建用皇極。”《尚書易解》：“皇，君也。”（頁134）

名詞義向形容詞義的過渡一直都是詞義發展的能產模式。單音節形容詞義用於名詞義的，雖在古代漢語裡較為常見，然在現代漢語中形容詞義向名詞義轉變的情況越來越少了，這類主要依靠雙音構詞來表達。

3.2　實詞義轉化為虛詞義的詞義引申

今文《尚書》中，除名詞義、動詞義、形容詞義互相轉換引發的詞義引申外，還存在名詞義、動詞義、形容詞義、數詞義與副詞義之間的轉化引發的詞義引申，以及動詞義與介詞義，名詞義與連詞義，代詞義與副詞義、助詞義，副詞義與介詞義之間的轉化引發的詞義引申。這也就是通常所說的“語法化”，即“語言中意義實在的詞轉化為無實在意義、表語法功能的成分這樣一種過程或現象，中國傳統的語言學稱為‘實詞虛化’”①。這一類詞義引申則主要需要從語法的角度進行考察。

3.2.1　名詞義轉化為虛詞義

3.2.1.1　名詞義轉化為副詞義

時　《說文》：“時，四時也。”《虞夏書・堯典》：“敬授人時。”《白話尚書》：“敬慎地把天時節令告訴人們。”（頁2）“時”之本義為名詞，時節有常，周而復始，故引申虛化作時間副詞，有“經常”義。《詞詮》：“時間副詞，時時也。”②《周書・康誥》：“我時其惟殷先哲王德。”“時”在句結構中處於狀語的位置，修飾動詞“惟”，表示時間。《尚書易解》：“我時時思殷先王之德。”（頁177）時，即“時時”、“時常”。

日　《說文》：“實也。太陽之精不虧。”“日”、“實”都是入聲韻，許慎

① 沈家煊：《“語法化”研究綜觀》，《外語教學與研究》，1994年，第4期。

② 楊樹達：《詞詮》，頁220。中華書局，1954年版。

用聲訓的方法釋“日”之義，同時也試圖說明“日”得名之源。許慎認為“日”構形“从口、一”，是最大陽氣的精華，永遠實實在在的不會像月亮那樣有虧損，所以與“實”同韻又同義，以“實”釋“日”是音義兼釋。《虞夏書・堯典》：“寅賓出日。”使用的是“日”的構形本義“太陽”。《爾雅・釋天》：“日，實也。光明盛實也。”“日”引申為“白天”。《虞夏書・堯典》：“日永，星火，以正仲夏。”《尚書易解》：“此言以晝長與火星出現，調正仲夏之節。”（頁5）由“白天”引申虛化為“每天，一天天地”。《虞夏書・皋陶謨》：“日宣三德。”“日”處於主語的位置，不是主語，”“宣”的動作不是“日”發出的，“日”修飾動詞“宣”，表示時間。《尚書新箋與上古文明》：“日，時間副詞，表示動作行為天天重複或連續不斷，可譯為‘每天’、‘天天’等。”①《周書・多方》：“亦為有夏之民叨懫日欽。”《白話尚書》：“也由於夏民貪婪、忿戾的風氣一天天盛行。”（頁195）

欲　《說文》：“貪欲也。”《虞夏書・皋陶謨》：“無教逸欲。”《白話尚書》：“逸欲，安逸貪欲。”（頁30）引申虛化為時間副詞“將”。《詞詮》：“欲，時間副詞，將也。言未來之事用之。”（頁443）《周書・梓材》：“惟曰欲至于萬年。”《白話尚書》：“我想你將傳到萬年。”（頁143）

彝　《說文》：“宗廟常器也。”《說文解字注》：“彝本常器，故引申為彝常。”（頁662）“彝”由其本義引申虛化作時間副詞，表示“經常地”。《周書・酒誥》：“文王誥教小子有正有事，無彝酒。”《尚書正讀》：“彝，常也。”（頁173）

典　《說文》：“五帝之書也。”“典”由“五帝之書”引申有“典章”、“典籍”義。《周書・多士》：“惟殷先人有冊有典。”《尚書易解》：“《說文》：‘大冊也。’典冊，典籍也。”（頁229）“典章”、“典籍”是常寶之書又是需要經常閱讀的，所以引申有“經常”義，“經常”是個表示時間的副詞，《周書・康誥》有用例，例見“典聽朕告”句。《爾雅・釋詁》“典，常也。”《尚書易解》：“常聽從我之告導。”（頁179）孫星衍在《尚書今古文注疏》中認為《周書・酒誥》的“典聽朕教”、“汝典聽朕教”、“汝典聽朕毖”的“典”都是時間副詞。（頁372）“典”的時間副詞“經常”是由名詞“典章”、“典籍”虛化而來的。

3.2.1.2　名詞義轉化為介詞義

因　《說文》：“就也。从口、大。”許慎認為“口”、“大”會意，是個

① 錢宗武、杜純梓：《尚書新箋與上古文明》，頁50。北京大學出版社，2004年版。

動詞。朱駿聲引江永說以為“像茵褥之形”，是個名詞。甲金文字字形亦形如草席。“因”或先為名詞，後為動詞。《說文·京部》：“就，就高也。”就高，即就高地居住。《虞夏書·堯典》：“厥民因。”《尚書易解》：“江聲曰：‘因，就也，就之言就高也。《月令》：仲夏可以居高明。’”（頁5）引申為介詞，表示動作行為所經由的處所。《虞夏書·禹貢》：“西傾因桓是來。”《經傳釋詞》：“因，由也，聲之轉也。黃侃箋識：《說文·囗部》：因，就也。引申有因由之誼。”①《詞詮》：“因，介詞，由也。”（頁398）《今文尚書語法研究》：“因，作介詞，介引動作行為所經由的處所。‘因＋賓語’在謂語前作狀語。”②

3.2.1.3　名詞義轉化為連詞義

故　《說文》：“使為之也。”《說文解字注》：“今俗云‘原故’是也，凡‘為之’必有‘使之’者，‘使之而為之’則成故事矣。”（頁123）“原因”、“緣故”義。引申為表示因果的連詞。《詞詮》：“故，承遞連詞，因果相承時用之，與今語‘所以’同，按此用法由第二條‘緣故’之義引申而來。”（頁100）《周書·呂刑》：“故乃明于刑之中。”《尚書易解》：“故能明於刑法之平。”（頁292）《今文尚書語法研究》：“‘故’作連詞由其本義引申而來。雖然甲骨文中無連詞‘故’，但西周金文中‘故’作連詞已有1見，表示因果關係，可見‘故’作因果連詞由來已久，漸成文獻語言中連接因果複句後一結果分句的高頻連詞，一直延續到現代漢語。”（頁236）

3.2.2　動詞義轉化為虛詞義

3.2.2.1　動詞義轉化為副詞義

動詞轉化為副詞，今文《尚書》中極為常見。

復　《說文》：“往來也。”《說文解字注》：“《辵部》曰：返，還也。還，復也。皆訓往而仍來。今人分別入聲去聲，古無是分別也。”（頁76）“復”引申為“歸還”義。《虞夏書·堯典》：“卒乃復。”《白話尚書》：“（五種瑞玉）朝見完畢後，仍然還給諸侯。”（頁4）“復”再引申虛化為副詞，表示動作的再次出現，“又”的意思。《周書·召誥》：“乃復入錫周公。”《尚書新箋與上古文明》：“復，副詞，表動作的再次出現。《詞詮》：‘復，副詞，又也，更也，再也。’”（頁38）

---

①（清）王引之：《經傳釋詞》，頁16。岳麓書社，1984年版。

②錢宗武：《今文尚書語法研究》，頁189。商務印書館，2004年版。

達 《玉篇》："通也。"（頁 196）"通達" 義。《虞夏書・皋陶謨》："達于上下。"《尚書易解》："達，通也。"（頁 34）引申虛化為範圍副詞，通，表受事範圍的全部。《周書・召誥》："則達觀于新營邑。"《尚書易解》："達觀，段玉裁曰：'如今俗語云通看一遍；達，通也。'"（頁 199）

敬 《玉篇》："慎也。"（頁 508）義為 "謹慎"。《周書・康誥》："敬明乃罰。"《孔傳》："凡行刑罰，汝必敬明之，欲其重慎。"（頁 203）《周書・呂刑》："朕敬于刑。"《尚書釋義》："敬，謹也。"（頁 199）引申虛化為表敬副詞。《虞夏書・堯典》："敬授人時。"《尚書新箋與上古文明》："《尚書》中的高頻表敬副詞"，"用在動詞前表示謹慎嚴肅、至誠勤勉的態度。"（頁 27）

率 《廣韻・質韻》："領也。"（頁 473）"率領" 義。《周書・顧命》："畢公率東方諸侯入應門右。" 引申虛化為副詞 "相率"。《商書・盤庚上》："率籲眾慼出。"《尚書易解》："率，民相率也。"（頁 89）進而引申虛化為語助詞。《詞詮》："語首助詞，無義。"（頁 245）《商書・湯誓》："夏王率遏眾力，率割夏邑，有眾率怠弗協。"《尚書易解》："率，語助詞。"（頁 84）

並 《說文解字注》："合也，兼也。"（頁 386）《周書・呂刑》："有並兩刑。"《尚書易解》："有合併兩刑。"（頁 299）用本義 "合併"，動詞。 引申虛化為範圍副詞 "都"。《周書・金縢》："乃並是吉。"《尚書易解》："並，同也。"（頁 150）

3.2.2.2 動詞義轉化為代詞義

斯 《說文》："析也。 从斤，其聲。《詩》曰：'斧以斯之。'""斯" 本義 "用斧頭劈"，是個動詞。 在上古文獻中常用引申義 "這樣"，作指示代詞。《爾雅・釋詁》："此也。" 今文《尚書》中就有用作代詞例。《周書・酒誥》："有斯明享。"《尚書易解》："言有此明顯德惠。"（頁 190）斯，此。此，近指代詞，這樣。"斯" 還可以進一步引申虛化為關聯副詞：遂、乃、則。 今文《尚書》中亦有用作關聯副詞例。《周書・秦誓》："責人斯無難。"《尚書易解》："責人則無難。"（頁 312）

3.2.3 形容詞義轉化為副詞義

丕 《說文》："大也。"《商書・盤庚中》："以丕從厥志。"《尚書易解》："丕，大也。"（頁 100）引申虛化為 "大大地"，《周書・洛誥》："丕視功載。"《尚書新箋與上古文明》："引申虛化為副詞，表程度之甚。 用於動詞或形容詞謂語前，表示程度很深，可譯為 '很'、'大大地'。"（頁 209）

庶 《說文》："屋下眾也。"《爾雅・釋詁》："眾也。"《周書・洪範》："次八曰念用庶徵。"《尚書易解》："庶，眾也。"（頁 134）引申虛化為副詞

“大概”、“也許”。《周書・洛誥》：“庶有事。”《尚書易解》：“庶，庶幾。”（頁 212）

多　《爾雅・釋詁》：“眾也。”“眾多”、“許多”義。《周書・大誥》：“猷大誥爾多邦。”《尚書易解》：“多邦，眾國也。”（頁 156）引申虛化為副詞“大多”。《周書・秦誓》：“我皇多有之。”《尚書易解》：“我大多親之。”（頁 314）

明　《爾雅・釋言》：“朗也。”“光明”、“明亮”義。《詩經・齊風・雞鳴》：“東方明矣，朝既昌矣。”《鄭箋》：“君日出而視朝。”（頁 349）引申虛化為情態副詞“清楚地”、“明白地”。《周書・多士》：“我乃明致天罰。”《尚書新箋與上古文明》：“明，情態副詞，修飾動詞，可譯為‘清楚地’、‘明白地’。”（頁 229）

殆　《說文》：“危也。”《周書・秦誓》：“亦曰殆哉。”《尚書易解》：“殆，危也。”（頁 315）本義為形容詞，《說文解字注》：“危者，在高而懼也。引申之凡將然之詞皆曰‘殆’，曰‘危’。”（頁 163）引申虛化為副詞表示差不多達到某一程度，“幾乎”、“差不多”的意思。《詞詮》：“殆，副詞，近也，幾也，或然之詞也。”（頁 44）《周書・顧命》：“今天降疾，殆弗興弗悟。”《尚書易解》：“殆，近也，或然之辭。”（頁 276）

3.2.4　數詞義轉化為副詞義

一　《說文・一部》：“惟初太始，道立於一，造分天地，化成萬物。”實際上“一”本來就是個數詞，為基數之首，甲骨文中即已廣泛使用。 數詞本義可以直接虛化引申為範圍副詞，表“全”、“都”等義。 今文《尚書》“一”既可用作數詞，亦可用作範圍副詞。《虞夏書・堯典》：“修五禮、五玉、三帛、二生、一死贄。”這裡的“一”與“二”、“三”、“四”、“五”並舉，“一”為數詞，本義。《周書・金縢》：“乃卜三龜，一習吉。”《尚書易解》：“一，皆也。 習，重複也。”“皆重複出現吉兆。”（頁 150）此“一”，範圍副詞，數詞“一”之引申義。

3.3　虛詞內部稍虛義類轉化為更虛義類的詞義引申

3.3.1　副詞內部由詞義稍虛的小類向詞義更虛的小類轉化引發的詞義引申

副詞是一種半實半虛的詞類，有些副詞小類詞義較實，有些小類詞義較虛。今文《尚書》的副詞系統中，就詞義虛實而言，大概可分為三級。第一級，情態副詞，詞義具體實在。第二級，時間副詞、範圍副詞、程度副詞和表數副詞，詞義已稍稍抽象虛化。第三級，語氣副詞、否定副詞、關聯副詞和表敬副詞，詞義基本虛化。同一層級中間各小類亦有虛實程度深淺的差異。例如第二層級中的時間副詞詞義較之程度副詞詞義就實在一些。今文《尚書》中副詞內部由稍稍虛化的小類向較虛小類的轉化，主要是從第一層級副詞小類向第二層級副詞小類的轉化以及第二層級副詞之間根據詞義相對虛實程度由實向虛的轉化。

3.3.1.1 情態副詞轉化為程度副詞

篤 《說文·竹部》："馬行頓遲也。从馬，竹聲。"《說文解字注》："頓，如頓首，以頭觸地也。馬行箸實而遲緩也。"（頁465）引申為狀動作行為篤實、淳厚之情狀。故《爾雅·釋詁》即有"篤，因也"、"篤，厚也"之解。"篤"在今文《尚書》中可以用作情態副詞，表示"篤厚地、厚實地"，狀動作行為之情貌，有3個語例。

①朕及篤敬，恭承民命。（商書·盤庚下）

②公功棐迪，篤罔不若時。（周書·洛誥）

③篤棐時二人，我式克至于今日休？（周書·君奭）

"篤"在後世文獻語言又以描寫情狀之副詞進一步虛化為程度副詞，今文《尚書》亦有一例，見於《周書·洛誥》。

④惠篤敘，無有遘自疾，萬年厭于乃德，殷乃引考。《周書·洛誥》

《白話尚書》譯"惠篤敘"為"願我很順遂"。（頁360）《尚書正讀》："惠，讀為'惟'，語詞。《酒誥》：'予不惟若茲多誥。'《石經》'惟'亦作'惠'可證。篤，厚也。敘，順也。"（頁211）"篤"修飾"順"表示程度之深。由"厚"意引申虛化而來。

3.3.1.2 時間副詞轉化為程度副詞

永 《說文·永部》："永，水長也。"《詩經·周南·漢廣》："江之永兮，不可方思。"《說文解字注》："引伸之凡長皆曰永，《釋詁》、《毛傳》曰：永，長也，《方言》曰：施於眾長謂之永。"（頁569）《詞詮》："時間副詞，長也，久也。""永"在今文《尚書》中可用作時間副詞，凡17見，表"長久"、"長遠"義。

①永敬大恤，無胥絕遠！（商書·盤庚中）

②今予將試以汝遷，永建乃家。（商書·盤庚中）

③朕及篤敬，恭承民命，用永地于新邑。（商書·盤庚下）

④式敷民德，永肩一心！（商書·盤庚下）

⑤無墜天之降寶命,我先王亦永有依歸。　(周書・金縢)
⑥予永念曰:天惟喪殷,若穡夫,予曷敢不終朕畝?　(周書・大誥)
⑦丕惟曰爾克永觀省,作稽中德,爾尚克羞饋祀。　(周書・酒誥)
⑧茲亦惟天若元德,永不忘在王家。　(周書・酒誥)
⑨若茲監,惟曰欲至于萬年,惟王子子孫孫永保民。　(周書・梓材)
⑩伻向即有僚,明作有功,惇大成裕,汝永有辭。　(周書・洛誥)
⑪王伻殷乃承敘萬年,其永觀朕子懷德。　(周書・洛誥)
⑫我不敢知曰:厥基永孚于休。　(周書・君奭)
⑬時我,我亦不敢寧于上帝命,弗永遠念天威越我民;罔尤違,惟人。　(周書・君奭)
⑭洪惟圖天之命,弗永寅念于祀,惟帝降格于夏。　(周書・多方)
⑮爾乃自時洛邑,尚永力畋爾田,天惟畀矜爾,我有周惟其大介賚爾。　(周書・多方)
⑯永畏惟罰,非天不中,惟人在命。　(周書・呂刑)
⑰有績予一人永綏在位。　(周書・文侯之命)

"永"本義水流之長,可視而知;引申時間之長,可感而知;再進一步虛化為程度副詞"深深地",僅能可想而知之了。今文《尚書》作程度副詞,有2個語例。

一個語例表示程度深,可譯為"深深地"。

⑱肆予沖人永思艱,曰:嗚呼!允蠢鰥寡,哀哉!　(周書・大誥)

《白話尚書》譯"永思艱"為"深深地考慮着艱難"。(頁114)

一個語例表示動作持續的程度深長,可譯為"深長地"。

⑲今汝永念,則有固命,厥亂明我新造邦。　(周書・君奭)

這個語例之"永"表示動作行為持續程度之深長。《白話尚書》譯"今汝永念"為"現在你深長地考慮這些。"(頁186)

3.3.2　虛詞內部由稍虛的詞類向更虛的詞類轉化引發的詞義引申

3.3.2.1　表已然的時間副詞轉化為表推論的連詞

既　《說文・皀部》:"既,小食也。"《說文解字注》:"引伸之義為'盡'也,'已'也。"(頁216)既,《詞詮》:"時間副詞,表過去,已也。"(頁131)"既",作時間副詞凡57見,表示動作行為已經發生、出現或存在。"既"主要修飾動詞,"既"修飾形容詞的語例僅一例:"九族既睦,平章百姓。"(虞夏書・堯典)

"既"+動詞。

①既月乃日，覲四岳群牧，班瑞于群后。（虞夏書·堯典）
《白話尚書》："月和日都用作動詞。"（頁 17）
②恒、衛既從，大陸既作。（虞夏書·禹貢）
③濟、河惟兖州：九河既道，雷夏既澤，澭、沮會同。（虞夏書·禹貢）
④桑土既蠶，是降丘宅土。（虞夏書·禹貢）
⑤嵎夷既略，淮、淄其道。（虞夏書·禹貢）
⑥大野既豬，東原底平。（虞夏書·禹貢）
⑦彭蠡既豬，陽鳥攸居。（虞夏書·禹貢）
⑧三江既入，震澤底定。（虞夏書·禹貢）
⑨篠簜既敷，厥草惟夭，厥木惟喬。（虞夏書·禹貢）
⑩江、漢朝宗于海，九江孔殷，沱、潛既道，雲土、夢作乂。（虞夏書·禹貢）
⑪滎波既豬。（虞夏書·禹貢）
⑫岷、嶓既藝，沱、潛既道。（虞夏書·禹貢）
⑬弱水既西，涇屬渭汭，漆沮既從，灃水攸同。（虞夏書·禹貢）
⑭荊、岐既旅，終南、惇物，至于鳥鼠。（虞夏書·禹貢）
⑮三危既宅，三苗丕敘。（虞夏書·禹貢）
⑯四隩既宅，九山刊旅，九川滌源。（虞夏書·禹貢）
⑰九澤既陂，四海會同。（虞夏書·禹貢）
⑱盤庚既遷，奠厥攸居，乃正厥位，綏爰有眾。（商書·盤庚下）
⑲日月歲時既易，百穀用不成。（周書·洪範）
⑳武王既喪，管叔及其群弟乃流言于國。（周書·金縢）
㉑既誕，否則侮厥父母曰："昔之人無聞知。"（周書·無逸）
㉒我有周既受。（周書·君奭）
㉓番番良士，旅力既愆，我尚有之。（周書·秦誓）
"既"＋動詞＋賓語。
①既修太原，至于岳陽。（虞夏書·禹貢）
②古我先后既勞乃祖乃父，汝共作我畜民。（商書·盤庚中）
③天既孚命正厥德，乃曰："其如台？"（商書·高宗肜日）
④西伯既戡黎，祖伊恐，奔告于王。（商書·西伯戡黎）
⑤若考作室，既底法，厥子乃弗肯堂，矧肯構？（周書·大誥）
⑥亦既用明德，后式典集，庶邦丕享。（周書·梓材）
⑦厥既得卜，則經營。（周書·召誥）
⑧厥既命殷庶，庶殷丕作。（周書·召誥）

⑨面稽天若，今時既墜厥命。　　（周書・召誥）

⑩面稽天若，今時既墜厥命。　　（周書・召誥）

⑪殷既墜厥命。　　（周書・君奭）

⑫我聞在昔成湯既受命，時則有若伊尹，格于皇天。　　（周書・君奭）

⑬既受命，還，出綴衣于庭。　　（周書・顧命）

"既"＋動詞＋補語。

①冀州；既載壺口，治梁及岐。　　（虞夏書・禹貢）

②伊、洛、瀍、澗既入于河。　　（虞夏書・禹貢）

③皇天既付中國民越厥疆土于先王，肆王惟德用。　　（周書・梓材）

"既"＋動詞＋賓語＋補語。

①我王來，既爰宅于茲，重我民，無盡劉。　　（商書・盤庚上）

②乃既先惡于民，乃奉其恫，汝悔身何及？　　（商書・盤庚上）

③今我既羞告爾于朕志若否，罔有弗欽！　　（商書・盤庚下）

"既"＋動詞＋補語＋賓語。

①適爾，既道極厥辜，時乃不可殺。　　（周書・康誥）

"既"＋狀語＋動詞。

①若稽田，既勤敷菑，惟其陳修，為厥疆畎。　　（周書・梓材）

②若作室家，既勤垣墉，惟其塗塈茨。　　（周書・梓材）

③若作梓材，既勤樸斲，惟其塗丹雘。　　（周書・梓材）

④先王既勤用明德，懷為夾，庶邦享作，兄弟方來。　　（周書・梓材）

⑤既彌留，恐不獲誓言嗣，茲予審訓命汝。　　（周書・顧命）

"既"＋狀語＋動詞＋賓語。

①天既遐終大邦殷之命。　　（周書・召誥）

②群公既皆聽命，相揖，趨出。　　（周書・顧命）

此外，《周書・金縢》："既克商二年，王有疾，弗豫。""既＋動詞＋賓語"（既克商）作"二年"的定語，《白話尚書》譯"既克商二年"為"周滅商後的第二年"。

表已然的時間副詞"既"可以轉化為連詞，表示推論，提出推論的前提，可譯為"既然"。今文《尚書》僅1見，見之於《周書・洪範》："凡厥正人，既富方穀，汝弗能使有好于而家，時人斯其辜。"

3.3.2.2　關聯副詞轉化為表遞進的連詞

矧　《說文》作"矤"。《說文・矢部》："況也，詞也。从矢，引省聲。从矢，取詞之所之，如矢也。""矧"在今文《尚書》中可作關聯副詞，凡3見。《詞詮》："矧，副詞，亦也。"（頁235）表示人物與人物事理與事理之間的類同關係。

①元惡大憝，矧惟不孝不友。（周書・康誥）

《經傳釋詞》："矧，猶'亦'也。""言元惡大憝者，亦惟此不孝不友之人。"（頁212）矧，即"亦"。

②不率大戛，矧惟外庶子、訓人惟厥正人越小臣、諸節。（周書・康誥）

《經傳釋詞》："言不率大戛者，亦惟此'瘝厥君'之人。下云'亦惟君惟長'，文義正相近也。"（頁212）矧，即"亦"。

③小臣屏侯甸，矧咸奔走。（周書・君奭）

《經傳釋詞》："言亦咸奔走也。"（頁212）矧，即"亦"。

"矧"和"亦"一樣，用作關聯副詞表類同意義，相當於後世文獻典籍中的"也"。"矧"的該用法，《經傳釋詞》、《古書虛字集釋》、《詞詮》等專書引例皆限於今文《尚書》。"矧"本讀若"引"。"矧"從引聲。《爾雅》："引，長也。"《方言》："矧，長也。"可證"矧"與"引"通。與"亦"為雙聲。故"矧"、"亦"通用。

"矧"進一步虛化，可轉化為連詞。《經傳釋詞》："《爾雅》曰：矧，況也，常語。"（頁94）今文《尚書》"矧"作連詞，凡15見，除2見表示並列關係外，主要表示遞進關係，有13個語例，可譯為"況"、"何況"。

①今不承于古，罔知天之斷命，矧曰其克從先王之烈？（商書・盤庚上）

②相時憸民，猶胥顧于箴言，其發有逸口，矧予制乃短長之命。（商書・盤庚上）

③弗造哲，迪民康，矧曰其有能格知天命？（周書・大誥）

④今天其相民，矧亦惟卜用？（周書・大誥）

⑤若考作室，既底法，厥子乃弗肯堂，矧肯構？（周書・大誥）

⑥厥父菑，厥子乃弗肯播，矧肯獲？（周書・大誥）

⑦矧今天降戾于周邦。（周書・大誥）

⑧矧今卜並吉。（周書・大誥）

⑨惟厥罪無在大，亦無在多，矧曰其尚顯聞于天？（周書・康誥）

⑩不敢自暇自逸，矧曰其敢崇飲？（周書・酒誥）

⑪曰其稽我古人之德，矧曰其有能稽謀自天！（周書・召誥）

⑫在今後嗣王，誕罔聞于天，矧曰其有聽念于先王勤家？（周書・多士）

⑬耇造德不降我則，鳴鳥不聞，矧曰其有能格？（周書・君奭）

3.3.2.3 程度副詞轉化為語助詞

誕 《說文》："誕，詞誕也。"《說文解字注》："《釋詁》、《毛傳》皆云：誕，大也。"（頁98）今文《尚書》"誕"作程度副詞凡6見。

誕，表示肆意做某事。可譯為"肆意地"、"放肆地"。

①誕淫厥泆，罔顧于天顯民祗。（周書・多方）

②有夏誕厥逸，不肯慼言于民。（周書・多方）

誕，表示竭力做某事。

③後暨武王誕將天威，咸劉厥敵。（周書・君奭）

④乃話民之弗率，誕告用亶。（商書・盤庚中）

⑤肆朕誕以爾東征。（周書・大誥）

誕，表示程度深，可譯為"很"。

⑥在今後嗣王，誕罔顯于天，矧曰其有聽念于先王勤家？（周書・多士）

"誕"在《說文》裡是"詞語荒誕"的意思。"誕"之程度副詞用法為詞義虛化引申：詞誕→肆意妄為→努力而為→很、甚。章太炎先生和郭沫若先生認為"誕"或源於甲文和金文中的"延"。《今文尚書語法研究》："《太炎文錄・續編》卷一：'誕，當讀為延。'甲文金文有'延'無'誕'，'延'既可作實詞又可以作虛詞。今文《尚書》有'延'有'誕'。'延'僅作實詞，'誕'多作虛詞。'誕'又通'延'，如《周書・無逸》'既誕'的'誕'，即通'延'，義為'延續、延長'。甲文金文的'延'在今文《尚書》中已分解為'延'、'誕'兩字，今文《尚書》的'誕'分擔了甲文金文中'延'的虛詞作用。郭沫若《兩周金文辭大系圖錄考釋》認為金文中'延'字屢見，卜辭中亦多見此字，均無義可說，案即《詩》《書》中所見之虛詞'誕'字也。"（頁297）

"誕"可以引申虛化為語助詞。今文《尚書》中凡7見，可作句首語助詞，也可作句中語助詞。

"誕"作句首語助詞凡3見。

①殪戎殷，誕受厥命越厥邦厥民，惟時敘，乃寡兄勖。（周書・康誥）

②誕保文武受民，亂為四輔。（周書・洛誥）

③小子同未在位，誕無我責收，罔勖不及。（周書・君奭）

《詞詮》："誕，發語詞也。"（頁134）

誕，作句首語助詞，主要見於《尚書》和《詩經》。《助字辨略》："《詩・大雅》：誕彌厥月。"又云："誕寘之隘巷。《朱傳》並云：誕，發語辭。"①

---

①（清）劉淇：《助字辨略》，頁155。中華書局，1954年版。

“誕”作句中語助詞凡4見。

①殷小腆誕敢紀其敘。（周書・大誥）

②惟大艱人誕鄰胥伐于厥室。（周書・大誥）

《經義述聞》：“誕，語助也。”“諸‘誕’字皆詞也。解者悉訓為‘大’，則失之矣。”①

③肆朕誕以爾東征。（周書・大誥）

《經傳釋詞》：“誕，句中助詞。”“說者訓為‘大’，亦失之。”（頁135）

④天惟五年須暇之子孫誕作民主。（周書・多方）

《詞詮》：“誕，語中助詞，無義。”（頁49）

4. 詞義虛化引申的內部因素和外部因素

詞義的引申語義的虛化其原因是多種多樣的。在語義平面上，實詞語義虛化是語源義位和虛化義位之間語義的相似性和關聯性，並非所有的實詞都可以虛化。實詞只有在使用過程中位序、組配等原因誘發相關義位的拉力才會發生語義上的變化。實詞詞義運動的內因主要表現在詞義的類化和詞義的分化兩個方面。

詞義的類化指實詞部分具體義素類比移位，具象義向抽象義擴展。詞義的類化引起其分佈的變化，從而導致副詞的產生。譬如“比”，本義謂“相親密”、“相接近”之義。《商書・盤庚中》“曷不暨朕幼孫有比”句中的“比”即為本義。由於人們認知心理中類比思維機制的驅動力，“比”的語義抽象化，表義轄域由空間上的相近擴大到了時間上的“相近”。《周書・多士》“比事臣我宗多遜”句中的“比”可譯為“近日”。文獻語言中，“比”常和表示時間的名詞如“年”、“歲”等組配構成表示時間的短語“比年”、“比來”等，可譯為“近年”、“近來”等。“比”的具象義素逐漸脫落，抽象義素的語義場不斷擴大範圍。

詞義的分化指一些實詞由於某個義位的發展引申，派生出一個或幾個較為虛化的新義項，其功能也相應虛化。譬如“極”，徐鍇曰：“極，屋脊之棟也。今人謂高及（極）甚為極，義出於此。”（頁112）“極”由其所隱含的“高”、“極限”等義素引申而有“盡、全”之義，作範圍副詞。《周書・康

① （清）王引之：《經義述聞》，頁764。江蘇古籍出版社，1985年版。

誥》："既道極厥辜，時乃不可殺。"此句中的"極"即為範圍副詞。又由其"高"、"極限"等義引申表程度之高深。《周書・洪範》："一極備，凶；一極無，凶。"句中的"極"即為程度副詞。

總之，語義可能性是語義平面上實詞虛化的可能性，語義上的聯繫是實詞語義轉化的内因。

實詞詞義的運動僅有語義可能性，還是不能完全成為現實，外因的作用力也是非常重要的。實詞詞義運動的外因主要是結構關係、句法位置的改變以及語境的影響。

結構關係是指誘發實詞虛化的外在結構形式間的作用力。譬如"分"，本義為動詞，後常與别的動詞連用構成連動結構，隨着表義重點經常後移，落在後一個動詞上，前面的動詞"分"就逐漸虛化，副詞的修飾功能逐漸強化。例如《虞夏書・堯典》："分命和仲，宅西，曰昧穀。""分"，即表"分别"義。

句法位置的改變是實詞虛化的一條極為重要的途徑。有些實詞經常充當狀語，或者説進入狀語位置，就極易虛化為副詞。譬如"丕"本義為"大"，是個形容詞。《周書・立政》"用丕式見德"句之"丕"就是個形容詞。形容詞描寫事物的性質和狀態經常出現在定語位置上，修飾名詞。有時為了強調某個動作行為的程度，也用"丕"來修飾，隨着"丕"經常地出現在狀語位置上，就產生了程度副詞"丕"。《周書・洛誥》"公稱丕顯德"句之"丕"就是個程度副詞了。

今文《尚書》中表程度之高之深的"崇"、"大"、"篤"、"多"、"弘"、"洪"、"皇"、"孔"、"丕"、"淫"等都是因其形容詞義位常出現在狀語位置上產生的，但今文《尚書》20 個程度副詞為後世典籍所保留使用的僅有一個"極"，其餘的又回歸其原位形容詞。語言中每個要素總在同一系統中離散聚合，其運動變化總是遵循著某種語言規則規約。

語境的影響是指實詞在使用過程中誘發某個成分虛化的上下文。這在謙敬類副詞的形成過程中起到過獨特的作用。譬如助動詞"敢"本明確表示"膽敢，敢於"之意。《商書・盤庚上》即有例："無或敢憂小人之攸箴！"今文《尚書》多君王的誥命誓詞和君臣的對話，尤其是臣下對君王的言語中充滿了自謙之詞，形成濃鬱的表敬氛圍，在這樣的上下文中，"敢"逐漸虛化為表敬副詞，"敢於"義不明。《周書・顧命》：賓稱奉圭兼幣。曰："一二臣衛敢執壤奠。"此句出於《顧命》第三段，描寫康王即位後，諸侯拜見康王時説的話。"敢"沒有詞彙意義，僅僅加強言語的自謙色彩感。

漢語作為一種非形態語言，實詞虛化的機制並不完全相同，加之各個詞的功能語法化和語義抽象化的起始時間先後不一，直至現代漢語，虛詞内部，尤其是與副詞有關的各小類，各小類中的各個副詞之間仍存在著錯綜複雜的交叉現象和過渡現象。

考察漢語的發展歷史，可知詞義演變與詞彙功能的改變密切相關，諸如句法位置、組合功能等的改變，最終使一些實詞弱化或失去原有的詞彙意義，在句中僅僅具有某種限定性意義或語法意義，但詞義虛化後，詞語在句中表達什麼意義、充當什麼成分、與什麼詞搭配，仍與它的義源詞有密切關係。例如“典”在“惟殷先人有冊有典”中作賓語時，用本義名詞“典冊、典籍”義。當“典”從動詞後賓語位置移到動詞前作狀語時，“封，勿替敬，典聽朕告，汝乃以殷民世享”，意義發生了變化，引申虛化為“經常”，用作時間副詞。但是，“典”作為“常寶之書”與“經常”在意義上還是有一定聯繫的。

（三）單音多義名詞、動詞的引申系統，語義相關的單音多義名詞、動詞的引申路徑

考察今文《尚書》單音名詞動詞詞義引申的諸多類型，我們認識到一詞多義現象是人類認知能力的反映，轉喻和隱喻認知機制在詞彙意義發展過程中起著至關重要的作用。對於詞義的發展和變化，語言使用者的隱喻性和轉喻性思維是語義變化和發展的內動力。由此就可以解釋一些詞的具體義項與抽象義項之間的聯繫，進而瞭解詞義的發展規律，語言闡釋和理解能力也可得到進一步的提高。同時，語法上詞類的轉換對詞義引申的解釋可以與隱喻性和轉喻性思維對詞義引申的解釋互為補充，從而使人們對詞義引申的解釋更加透徹。例如：

“遠”由“遙遠”義（《周書・酒誥》：“遠服賈用。”）引申為“永遠”義（《周書・君奭》：“弗永遠念天威越我民。”）是典型的時空隱喻引發的詞義引申，即由“空間距離的遙遠”引申為“時間的久遠”。“罪”由“過錯、過失”義（《周書・多士》：“非予罪。”）引申為“懲罰”義（《虞夏書・堯典》：“四罪而天下咸服。”）是典型的因果轉喻引發的詞義引申，因為犯錯所以要受到懲罰，“過錯、過失”與“懲罰”兩者因果相關。同時，“遠”和“罪”詞義的引申都伴隨著詞類的轉化，“遠”由形容詞義轉化為副詞義，“罪”由名詞義轉換為動詞義。綜合思維認知和詞類轉換的諸多因素，就可以清楚地瞭解“遠”和“罪”兩個詞詞義引申的原因、動力和路徑。

詞義引申是一種複雜的語言現象，但是不是沒有規律可循的。從本義、

基本義與引申義所表示的內容來觀察，由具體到抽象、由個別到一般，是本義、基本義發展為引申義的基本規律。 從形式上來看，很多的引申義不一定都從本義引申出來的，有的引申義不是從本義引申出來的，是從引申意義再引申出來的。 詞義引申的類型大致可以分為三種：即輻射型引申、鏈條型引申和綜合式引申。 這樣，我們就可以從詞義引申的類型找出其系統性。

輻射式引申是以本義或基本義為中心，在同一層次上向不同方向的直接引申。 本義同各個引申義都發生直接引申的關係。 一個多義詞不管有多少引申義項，所有的引申義項都是近引申義項，都是直接引申義項，而不是間接引申義項。 本義就好象核輻射源，引申義就像向四面八方輻射的射線。

例如：

“反”由本義“反轉”（《周書・金縢》：“天乃雨，反風。”）引申為“報復”義（《周書・呂刑》：“五過之疵：惟官、惟反、惟內、惟貨、惟來。”），也引申為“違反”義（《周書・洪範》：“無反無側。”），還引申為“反駁、反對”義（《商書・西伯戡黎》：“祖伊反曰。”）。

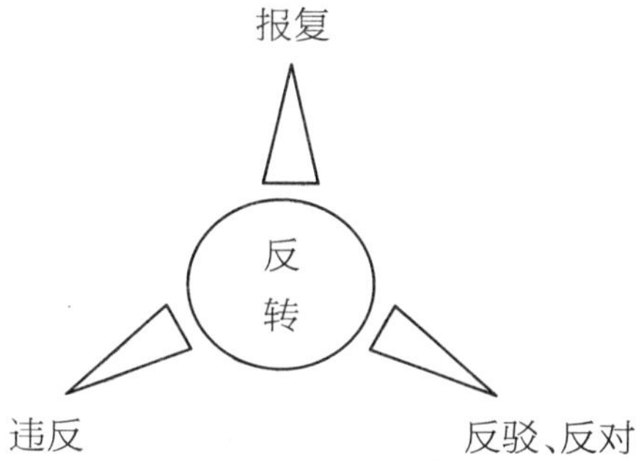

“事”由本義“官職”、“治事官”義（《周書・立政》：“宅乃事。”），引申為“侍奉”（《周書・酒誥》：“奔走事厥考厥長。”），也引申為“施行”義（《周書・康誥》：“汝陳時臬事罰。”），引申為“治”（《周書・酒誥》：“乃事時同于殺。”）。

引申途徑：

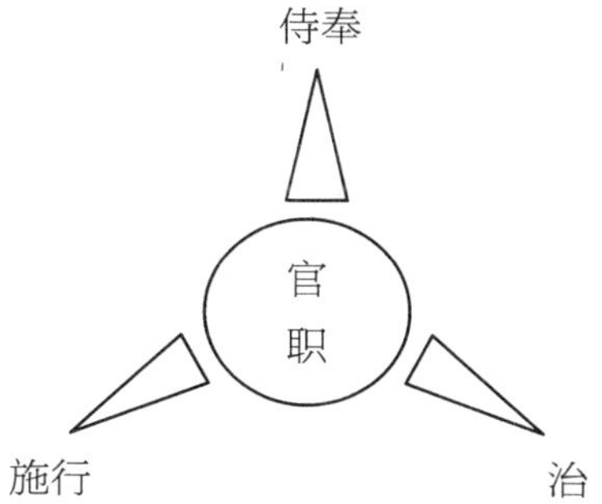

這種輻射式的引申方式，極為靈活，從各個不同的角度著眼，都有不同的引申義產生。

鏈條式引申是從本義或基本義出發，沿著同一方向，在不同層次上連續的間接的引申。即由本義引申出甲義，再由甲義引申出乙義，然後由乙義再引伸出丙義，一環套著一環鏈條式的產生新義。甲乙丙義項可以同隸一個語義場，也可以不是一個語義場，但皆具相似性。維特根斯坦（Ludwig Wittgenstein，1953）指出詞義範疇表現出的是家族相似性，“一個詞所指事物不必具有共同的屬性才能被理解和使用，而是 AB、BC、CD、DE 式的家族相似關係”。而吉拉爾和德克（Geeracrts&Dirk，1994）在總結了詞彙變化的三種不同形式：一詞多義、一物多詞和語境變化後，認為語義在詞義範圍和詞彙場結構上是存在連續性和不平衡性的。[①] 鏈條式引申的本義（基本義）和引申義在詞義和語義場上正是體現了上述兩種觀點。例如：

“立”由“站立”（《周書・金縢》：“北面，周公立焉。”）引申為任何事物的“豎立”（《周書・牧誓》：“立爾矛。”），再進一步引申為“建立”的意思（《周書・洪範》：“擇建立卜筮人。”），進而引申為物體的“卓立”的性質（《虞夏書・皋陶謨》：“柔而立。”）。

引申路徑：

宗 由本義“尊祖廟也”，引申為“宗人”，即“主持祭祀的官”（《虞夏書・堯典》：“汝作秩宗。”），宗人的主要職責是主持祭祀，所以“宗”由“宗人”引申為“主持”義。（《周書・顧命》：“恤宅宗。”）。

引申路徑：

被 《說文》：“寢衣，長一身有半。”朱駿聲《說文通訓定聲》：“臥衣曰被，大被曰衾。”（頁 498）《論語・鄉黨》：“必有寢衣，長一身有半。”何晏注：“孔曰：‘今之被也。’”（頁 2494）《釋名・釋衣服》：“被，被也，所以被服人也。”（頁 259）引申為“及”、“到達”。《玉篇》：“被，及也。”（頁 503）《虞夏書・堯典》：“光被四表。”《尚書易解》：“鄭玄曰：‘言堯德光耀及四海之外。’”（頁 2）《虞夏書・禹貢》：“西被于流沙。”《尚書易解》：“被，

① 趙豔芳：《認知語言學概論》，頁 91－92。上海外語教育出版社，2001 年版。

及也。”（頁 79）

“被”在今文《尚書》裡有“披”的詞義。《周書・顧命》:“相被冕服，憑玉幾。”“被”之構形，許慎認為是“从衣，皮聲”，實際上“被”是一個形聲兼會意字，“皮”既是聲符又是義符。“被子”是本義，“披”是直接引申義，“及”、“達到”是間接引申義。從“被子”到“披”再到“及”、“達到”，三個義項的語義場雖然不同，其引申類型也是鏈條式引申。

輻射式引申只有一個中心（本義或基本義），而鏈條式引申的中心（基本義）卻是多變的，也就是說這是多中心的。輻射式引申的每一個引申義都可以是獨立的，相互之間沒有聯繫，而鏈條式引申除了第一層引申，即從本義引申出甲義是直接引申外，其餘的都是間接引申，各個引申義之間一環套一環，環環相扣，中間缺失任何一環，整個引申系統的連接就中斷了。

今文《尚書》中詞義引申方式情況比較單一，絕大多數都是鏈條式引申，較少輻射式引申，兩種方式結合的複雜情況更是罕見。例如:

“終”本義為“窮盡、終結”義（《周書・大誥》:“予曷敢不終朕畝。”）引申為“結果”（《周書・洛誥》:“惟終。”），也引申為“末年”（《周書・召誥》:“厥終。”），同時由“結果”引申為“成功”（《周書・呂刑》:“非終惟終。”）。

引申途徑:

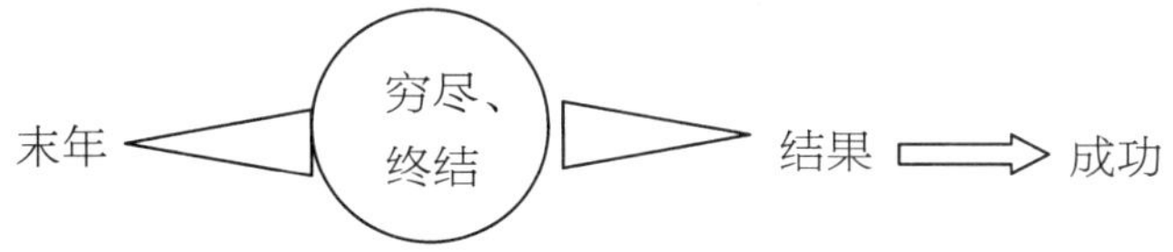

由輻射式引申決定的詞義引申的多向性和由鏈條式引申決定的詞義引申的單向性，構成了詞義的複雜性。但是不管詞義朝著多少方向引申，也不管引申得多遠，其引申義總是圍繞著本義或基本義展開的，引申義之間總是或多或少地存在著這樣那樣的聯繫或某種共同的特徵，這就決定了詞義引申的系統性。

輻射式引申中各引申義位處於同一語義層級，鏈條式引申中各引申義位處於不同的語義層級，鏈條式引申是比輻射式引申更為複雜的一種詞義演變方式，可見隨著人類思維的日益深化，到今文《尚書》時代，詞義引申已經處於比較發達的狀態，這一時期是漢語詞彙發展演變的重要時期。

語義相關的單音多義詞在實現詞義引申時，往往是相互滲透、相互影響的，從而使詞義引申呈現出系列性的特點。今文《尚書》語義相關的單音多義詞就存在同步引申、相向引申的詞義演變現象。“一個詞意義延伸的過程常常‘擴散’到與之相關的詞身上，帶動後者也沿著相類似的線路引申”①，這就是同步引申。它是在詞義上具有相同、相近、相反、相關諸對應關係的一組詞，引申後的詞義仍舊維持原來相應的對應關係。例如：

日——月，同步引申。

“日”由象形本義“太陽”（《虞夏書·堯典》：“寅賓出日。”）引申為“白天”（《虞夏書·堯典》：“日永，星火，以正仲夏。”），即太陽——→白天。

“月”由“月亮”義（《虞夏書·堯典》：“曆象日月星辰。”）引申為時間名詞“月份”（《周書·召誥》：“惟二月既望。”），即月亮——→月份。“日”、“月”都由指天體引申為指時間，是語義相關的詞之間的同步引申。

日、月原本都是星體名稱，引申後都變為時間名詞：

日 ——→ 太陽 ⟹ 白天

月 ——→ 月亮 ⟹ 月份

視——稽，同步引申。

“視”由“考察”義（《商書·盤庚中》：“視民利用遷。”）引申為“治理”義（《周書·文侯之命》：“其歸視爾師。”），即考察——→治理。

“稽”也由“考察”義（《虞夏書·堯典》：“曰若稽古。”）引申為“治理”義（《周書·梓材》：“若稽田。”），即考察——→治理。

視 ——→ 考察 ⟹ 治理

稽 ——→ 考察 ⟹ 治理

就——居，同步引申。

“就”本義為“趨向高地而居住”（《說文》：“就高也。”），“居”本義為“住”、“處”（《周書·洛誥》：“和恒四方民，居師。”），“就”、“居”為一組近義詞，分別引申為“處所”（《虞夏書·堯典》：“五服三就。”）和“住所”（《商書·盤庚上》：“盤庚遷于殷，民不適有居。”），都表示地點，即居住——→處所，屬於近義詞的同步引申。

就 ——→ 趨向高地而居住 ⟹ 處所

居 ——→ 住、處 ⟹ 住所

此外，就、居——宅，相向引申。“就”、“居”分別由本義“趨向高地而居住”、“住”、“處”分別引申為“處所”和“住所”，“宅”由“住處”（《周書·召誥》：“使召公先相宅。”）引申為“居住”（《周書·召誥》：“宅新

① 許嘉璐：《論同步引申》，《中國語文》，1987年第1期。

邑。”)。這種“由甲詞A義引申出B義，乙詞由B義引申出A義，兩者互相朝著對方的方向引申的詞義引申過程叫做相向引申”①。用圖形表示如下：就、居⇌宅。

詞義的滲透和影響包含相向引申、替補引申、同步引申和同歸引申四個方面。而今文《尚書》中只存在同步引申、相向引申兩種詞義演變現象，而且以同步引申居多，極少相向引申，有可能同步引申和相向引申詞義演變方式的產生早於替補引申和同歸引申。“詞義的同步引申，源自詞彙語義的類聚性和聯想的類比性。語言中紛繁眾多的詞不是雜亂無章、互不相干的，而是按照一定的語義關係構成各種詞義類聚。由於聯想的類比性，在一個平面上處於同一類聚的詞，經過引申，到另一個平面上，仍可能處於同一個類聚。”②其實也就是認知語言學上兩個相似或相關認知域的投射或過渡。此外，正如前文所說，兩個相似或相關認知域之間既然存在對應關係，從前者到後者可以成立，那麼反過來也應該成立。於是便相應地產生了相向引申。替補引申和同歸引申作為更為複雜的詞義演變現象，應該是思維更為抽象化的產物。

---

①② 高守綱：《古代漢語詞義通論》，頁67。語文出版社，1994年版。

二　形容詞的語義分析、結構特徵及其發展演變

形容詞是詞彙系統中的重要實詞。形容詞對於增強語言的內部張力和外部表現力具有至關重要的作用。漢語是表現力很豐富的語言，古代的學者早就認識到形容詞的存在。在傳箋經典的訓詁實踐中，漢代的訓詁學家就常以"貌""之貌"一類術語訓釋描摹事物狀態的詞語。然而，長期以來，語言學界重虛詞研究，輕實詞研究；重現代漢語的詞類研究，輕古代漢語的詞類研究。對古代漢語形容詞的理論研究更為薄弱，不僅形容詞研究的專著尚付闕如，單篇形容詞研究的論文寥若晨星，就是如何確定形容詞的標準也鮮有論及。至於專書的形容詞研究，大概學者們僅偶涉《詩經》形容詞的研究，其餘的專書形容詞研究或未聞見。可見，對於形容詞亟待在廣度和深度兩個方面展開系統的研究。

形容詞研究首要的任務必須確定劃分形容詞的標準。漢語的詞類劃分，百十年來一直是語言學界討論的熱點問題。漢語缺少嚴格意義的形態變化，缺乏西語容易操作的詞類劃分標準。現在，學者們一般認為漢語的詞類劃分可以確定意義、形態、語法功能這三個標準。當然，由於學者們對意義和語法功能的理解不同，學術界還存在爭議。

詞的語法功能主要是句子成分功能，即詞能充當句子成分以及充當何種句子成分。漢語的詞類與句子成分之間並不存在天然的簡單對應關係，但其優勢對應還是明顯而有規律的。古代漢語形容詞的主要語法功能是充當句子的定語和狀語，有時也可以作謂語，說明主語的性質和情態。

意義是劃分古漢語詞類的重要標準。王力先生認為"詞義在漢語詞類劃分中是能起到一定的作用的，應該注意使詞的基本意義跟形態、句法統一起來。"①在上古漢語的句式中，詞與詞主要依靠邏輯意義來聯繫，句義往往偏重於內在的內容而忽略外在的形式，詞語之間的語法關係隱藏在句子之中，沒有外在的形態標誌表現出來。"偏重心理，略於形式"的句子表達機制也強化

① 王力：《關於詞類的劃分》，《王力文集・第十六卷》，頁 316–317。山東教育出版社，1990 年版。

了意義標準對劃分古代漢語詞類的重要作用。 呂叔湘先生認為“古漢語的詞類體系也許跟現代漢語的詞類體系不完全相同，攪在一起來談沒有好處。”① 呂叔湘先生的觀點是正確的。

我們認為上古漢語形容詞應具備以下5 個特點：

（1）形容詞是表示人或事物性質和情態的詞。

（2）因為性質和情態存在著言語者主觀評判和客觀存否的問題，也存在程度上的差異，所以形容詞可以受否定副詞和程度副詞修飾。

（3）形容詞經常用作定語，也可以作狀語和謂語。

（4）形容詞不能帶賓語。 如果帶賓語則失去形容詞的特性而活用為動詞，表示使動用法或者意動用法。

（5）形容詞不能用作主語、賓語、狀中結構或定中結構的中心詞，如果作主語賓語兼代中心詞時活用為名詞。

根據上述特點，窮盡性地分析今文《尚書》的語料，我們發現今文《尚書》作為源頭典籍之一，形容詞比較豐富。 從詞形上分析，既有單音形容詞也有複音形容詞，以單音形容詞為主。 研究今文《尚書》的形容詞，我們要研究這兩種類型的形容詞。 對於單音形容詞，我們著重分析其語義類型以及同義反義現象；對於複音形容詞，我們著重分析其結構類型和語義關係。 我們還認真分析了今文《尚書》形容詞的來源和發展演變。 通過全面系統地研究今文《尚書》的形容詞，以求為漢語詞彙史的研究以及漢語形容詞的各個專題研究提供參考。

（一）單音形容詞的語義分析

漢語形容詞較之名詞和動詞發展相對滯後。 甲骨文中的形容詞數量較少，有學者認為僅有 11 個，②大多數學者認為甲骨文中的形容詞幾乎都是單音形容詞，而且義項單一。 較之甲骨文，今文《尚書》中的單音形容詞不僅數量劇增，而且多數單音形容詞都有多個義項，義項與義項之間詞義關係複

① 呂叔湘：《關於漢語詞類的一些原則性問題》，《漢語語法論文集》，頁 237。 商務印書館，2002 年版。

② 楊逢彬：《殷墟甲骨刻辭詞類研究》，頁 95。 花城出版社，2003 年版。

雜，語義類型豐富。

1. 單音形容詞的語義類型

今文《尚書》的單音形容詞以多義詞為主。有些多義詞所有義項都是形容詞性的，因而這個多義詞自然就是形容詞。有些多義詞是兼類詞。兼類詞的形容詞義項有的是這個兼類詞詞義系統中的主要義項，有的是次要義項；有的是常用義項，有的是不常用義項。無論形容詞義項是主要義項還是次要義項，是常用義項還是不常用義項，我們在本節的研究中都把這個兼類詞看作是形容詞。

例如，《堯典》第三句“欽明文思安安”之“文”、“思”，皆為兼類詞，前者主要為名詞或名詞性義素，後者主要為動詞，但是，在《堯典》裡的語境義，皆為形容詞，皆為次要義項。

文，今文《尚書》54 見（不包括隸於古文《尚書·舜典》的“濬哲文明”之“文”）。45 見作為複音專有名詞共同詞素，構成“文王”、“文考”、“文祖”、“文命”、“文人”、“文侯”、“文教”和“文武”8 個複音專有名詞。9 見作為單音節兼類詞。名詞用例 2 見，形容詞用例 7 見。名詞用例分別見於《禹貢》和《顧命》，詞義皆為“花紋”，或為“文”之構形義。《說文·文部》：“文，錯畫也。象交文。”《說文》釋義“文”為動詞，“交錯刻畫”之義，然甲金文之形皆象紋身之花紋形。形容詞有三個義項。一通“紊”。2 見，皆見於《洛誥》“咸秩無文”句，王引之曰：“文，當讀為‘紊’。紊，亂也。”①一為“善”、“賢”之義。4 見皆見於《立政》“文子文孫”，《禮記·樂記》：“以進為文。”鄭玄注：“文，猶美也，善也。”②一義為“極言有雄才大略”。《堯典》：“欽明文思安安。”馬融、鄭玄皆曰：“經緯天地曰文。”③

思，今文《尚書》11 見。動詞用例 4 見，名詞用例 3 見，語助詞用例 3 見，形容詞用例 1 見。語助詞用例句首句中語助詞皆有，1 例置形容詞前，2 例置名詞前。“思”在《詩經》也多作動詞和語助詞。語助詞用例凡 36 見。置於句末 23 見，餘既有置於句首的，亦有置於句中的，置於形容詞前 13 見。

---

① （清）王引之：《經義述聞·卷四》，頁 98。江蘇古籍出版社，1985 年版。

② （漢）孔安國傳，（唐）孔穎達疏：《尚書正義》，頁 119。《十三經注疏》本，中華書局，1980 年版。

③ （清）孫星衍：《尚書今古文注疏》，頁 4。中華書局，1986 年版。

思,《說文・思部》:"容也。从心,囟聲。"《孟子・告子上》:"心之官則思。"徐灝《說文解字注箋》:"人之精髓在腦,腦主記憶。故思從囟,兼用為聲。囟、思一聲之轉也。"[①]"思"之構形義即為動詞,後引申為形容詞。今文《尚書》僅有的形容詞見之於《堯典》的"欽明文思安安"句。《經典釋文》卷三引馬融曰:"道德純備謂之思。"[②]《尚書今古文注疏》引鄭玄曰:"慮深通敏謂之思。"(頁4)孫星衍曰:"云'慮深通敏謂之思'者,《洪範》云:'思曰容。'《漢(書)・五行志》集注云:'容,古文作睿。'《河間獻王德傳》集注:'睿,深也,通也。'"(頁4)

形容詞的內部可以根據語境意義的語義特徵分類。布龍菲爾德認為:"引起我們說任何一個語言形式的環境是十分不同的。""無論如何,有一點是非常明顯的,那就是我們必須區別環境的非區別性特徵和區別性特徵,或稱語言的意義(即語義特徵)。"[③]根據形容詞的詞彙意義所表示的概念類別,我們可以把今文《尚書》形容詞分成10個小的語義場,再根據小語義場之間的相互聯繫、相互制約和相互影響,分成4個大的語義場。我們可以明顯地看出今文《尚書》形容詞不同語義場之間的聯繫、詞彙分佈和頻率。根據不同的語義特徵,今文《尚書》單音形容詞可以分為性質形容詞、情狀形容詞、時態形容詞和顏色形容詞四個類型範疇。

1.1　性質形容詞

1.1.1　表示人的品性

欽、明、文、思、允(信)、恭、親、睦、雍(和睦)、敬、諧、惇(敦厚)、和、遜、寬、栗(堯典);柔、立(卓立不流)、願(謹厚)、擾(和順)、毅、直、溫、簡、廉、剛、塞(剛正)、強、義(合宜)、嚴、寅(恭敬)、協、哲、良、獻(賢)(皋陶謨)(大誥)(酒誥)(洛誥);忱(誠信)(盤庚中);若(高宗肜日);仁(柔順)、考、能(金縢);肅、聖、燮(和順)、正、平(洪範);顯(光明的)(康誥);中(酒誥);徽(和藹)、懿

① (清)徐　灝:《說文解字注箋》,《續修四庫全書・經部・小學類》,第225冊,頁352。上海古籍出版社,2002年版。

② (唐)陸德明:《經典釋文》,頁36。中華書局,1983年版。

③ (美)布龍菲爾德著,袁家驊等譯:《語言論》,頁168。商務印書館,1980年版。

（善良）（無逸）；容、恂（誠信）（立政）；富（仁厚）（顧命）。

否（鄙陋）、側、陋、幽、任（奸邪）、頑（愚）、虐、傲（堯典）；惰、逸、（皋陶謨）險（險惡）（盤庚上）；參（懶惰）（西伯戡黎）；凶、狂、豫（洪範）；淫（無逸）；頗（邪惡）、叨（貪婪）、憒（貪戾）（多方）；暴（立政）。

表示人的道德品性的形容詞有些是通過通假和活用構成的。諸如：獻，今文《尚書》凡 8 見。3 見是動詞，5 見是表示人品性的性質形容詞。《皋陶謨》："萬邦黎獻。"《尚書覈詁》："獻，漢碑作'儀'，《大誥》：民獻有十夫。《大傳》亦作'民儀'。是古文作'獻'，今文作'儀'。《廣雅》：儀，賢也。"[①]朱駿聲認為"獻"假借為"賢"。[②] 賢，形容詞用作名詞，指賢人。《〈尚書·虞夏書〉新解》引《漢書·翟方進傳》孟康注："民儀，民之表儀，謂賢者。"[③]"獻"為"賢"另見：《酒誥》："汝劼毖殷獻臣、侯、甸、男、衛，矧太史友、內史友、越獻臣百宗工。"《洛誥》："孺子來相宅，其大惇典殷獻民，亂為四方新辟，作周恭先。"《高宗肜日》之"若"，朱駿聲《說文通訓定聲》："假借為順，為善。善、順、若一聲之轉。《爾雅·釋詁》：若，善也。《釋言》：若，順也。"（頁 460）《金縢》之"巧"，《經義述聞·國語下》"上帝不考"句，王引之按引王念孫曰："考，當讀為'巧'。"（頁 523）

《論語·述而》："子所雅言，《詩》、《書》、執禮，皆雅言也。"可知，在孔子時代《尚書》就與《詩》並稱《詩》《書》，作為儒家的主要政治讀本。《尚書》有 15 個篇目內容論及人的道德品性，因而，表示人的道德品性的類義義場在形容詞中所佔的比例是比較大的，特別是《堯典》。《堯典》的主旨是頌揚堯舜的美德和功績，所以表示人的道德品性的形容詞又超過今文《尚書》此類形容詞的三分之一。

今文《尚書》中表示人的道德品性的形容詞詞形古今相同，但是詞的語境意義卻有較大的差異。諸如，"仁"在今文《尚書》中僅 1 見，並非表示"仁"的構形義，從人，從二，"親也"；亦非表示儒家個人修養最高境界的"仁"。今文《尚書》中僅見的"仁"表示為"柔順"義，"柔順"義或許也是"仁"在上古文獻中僅見的義項。根據譚承耕先生考證，"仁"在《左傳》中出現 33 次，在《國語》中出現 24 次，"但內涵尚膚淺、零碎、無系統，尚

---

① 楊筠如：《尚書覈詁》，頁 44。陝西人民出版社，1959 年版。

② （清）朱駿聲：《說文通訓定聲》，頁 458。武漢市古籍書店影印，1983 年版。

③ 金景芳、呂紹綱：《〈尚書·虞夏書〉新解》，頁 260。遼寧古籍出版社，1996 年版。

未形成理論範疇，只有孔子，才使之充實、明確、提高，使之昇華，具有博大精深的人道主義內容。”①“義”在今文《尚書》中共出現 16 次，沒有一次是表示儒家道德範疇的“義”。“義”或為專有名詞的構詞詞素，見於《文侯之命》“義和”一詞。或為名詞“法則”義。《洪範》：“無偏無陂，遵王之義。”《尚書易解》：“義，法也。”②或為形容詞“合宜”義。《康誥》：“蔽殷彝，用其義刑義殺，勿庸以次汝封。”《尚書易解》：“義，宜也。義刑義殺，指刑與罪相當。”（頁 173）到了《孟子》一書中，儒家才深入闡述了“義”的倫理道德範疇。春秋以降，儒家才逐漸把表示人的道德品性的詞彙系統化，明確提出“仁、義、禮、智、孝、悌、忠、信”的思想。

1.1.2　表示事物的性質

俊、時（善）、若（善）、靜（巧）（堯典）；巧、令、昌、吉、難、常（祥）（皋陶謨）；夷（平）、塗（潮濕）、孤、黎（疏散）（禹貢）；勤、浮（虛浮）、康、新、舊（盤庚上）；嘉、賁（美好）（盤庚下）；勖（勉）（牧誓）；休（美好）、晰（明智）、好（洪範）；穆（恭敬）、寶（金縢）（康誥）；蠲（清明）、烝（美好）（多方）；耿（明）（立政）；殷（呂刑）。

鑾（禹貢）；食（偽）（湯誓）；膚（虛浮），非（不恰當）（盤庚上）；倚（偏斜）、迂（盤庚中）；曲、偏、陂（不正）、咎、蒙（昏暗）、昏（洪範）；辟（通“僻”，偏）、迷（梓材）；卑（無逸）。

這類詞往往表示人、物共有的特徵或者境況，具有絕對性質的特點，沒有度、量的變化。殷墟甲骨刻辭的形容詞基本都是性質形容詞，說明性質形容詞一直是形容詞的基本成分。在今文《尚書》中它們主要用作定語，其次是狀語，很少用作謂語，不受副詞和其它詞類（包括形容詞）的修飾。從另一個側面說明性質形容詞承擔了形容詞的基本語法功能。此類詞中有少量的通假或活用的情況。

1.2　情狀形容詞

情狀形容詞主要是表示事物情態和狀態的形容詞。表示事物的情態包括表示味覺和嗅覺的形容詞，表示事物的狀態包括表示事物的數量、度量和空間

① 譚承耕：《論語孟子研究》，頁 21。湖南教育出版社，1990 年版。
② 周秉鈞：《尚書易解》，頁 139。岳麓書社，1984 年版。

的形容詞。

1.2.1 表示事物的情態

夭（茂盛）（禹貢）；共、鞠（窮困）、苦（盤庚中）；貧（洪範）；翼（通“翌”，飛動的樣子）（大誥）；懌（高興）（康誥）；暇（安閒）、威（酒誥）；顯（顯赫）（召誥）；幾（危險）（顧命）。

表示事物的情態的形容詞有些是通過通假構成的。諸如:《禹貢》:“厥草惟夭。”《說文》“夭”作“枖”，“木少盛貌。”。《詩經·周南·桃夭》:“桃之夭夭。”《毛傳》:“夭夭，其少壯也。”①《盤庚中》:“承汝俾汝惟喜康共，非汝有咎比于罰。”《尚書易解》引俞樾曰:“共、拱古通用。《廣雅》:拱，固也。惟喜康共者，惟喜安固也。”（頁100）

表示事物情態的情狀形容詞，主要表示對事物存在狀態和人物行為狀態的描寫，在現代漢語中有不少，諸如“苦”“貧”之類，有些被保留下來作為詞素大批地創造新詞。這類形容詞也有少部分是對事情發展態勢的描述。例如,《大誥》:“予復！反鄙我周邦，今蠢今翼。”《尚書易解》:“翼，古與‘翌’通,‘翌’即‘翊’字,《說文》:‘翊，飛貌。’今蠢今翼，謂今發動今驅馳矣，形容形勢十分危急。”（頁158）

1.2.2 表示味覺嗅覺的概念

酸、甘、苦、辛、鹹（洪範）。

馨、香、腥（酒誥）。

今文《尚書》表示五味的“酸”、“甘”、“苦”、“辛”、“鹹”，僅見於《洪範》，而且僅僅各有1見。“馨”、“香”、“腥”，僅見於《酒誥》，而且僅僅也各有1見。“酸”、“甘”、“苦”、“辛”、“鹹”五味是最早與“五行”系聯的。陰陽五行學說是上古最重要的思想。“五行”的詞源意義本指自然界的“水”、“火”、“木”、“金”、“土”五種基本物質，“五行”是漢民族對萬物生成最早的認識。在生產生活實踐中，先民們也早就認識“水”、“火”、“木”、“金”、“土”五種基本物質之間的相生相因、相生相剋的關係。今文《尚書》的《周書·洪範》在傳世典籍中第一次闡述了“五行”的特性以及“五行”與“五味”的聯繫。《洪範》:“水曰潤下，火曰炎上，木曰曲直，金

---

① （漢）毛亨傳、（漢）鄭玄箋，（唐）孔穎達等正義:《毛詩正義》，頁279。《十三經注疏》本，中華書局，1980年版。

曰從革，土爰稼穡。潤下作鹹，炎上作苦，曲直作酸，從革作辛，稼穡作甘。”今文《尚書》的《禹貢》、《梓材》、《顧命》等篇目還將“五行”與顏色聯繫在一起。“五行”生剋與萬事萬物的系聯，使得“五行”逐漸倫理化、範疇化和系統化，對後世產生極大影響。顧頡剛先生曾說：“五行，是中國人的思想律，是中國人對於宇宙系統的信仰，二千餘年來，它有極強固的勢力。”①

1.2.3　表示事物的數量

黎（眾）、庶（眾）（堯典）；眾、多（湯誓）；群（金縢）；純（通“屯”，多）（多方）。

鮮（少）（立政）。

今文《尚書》中表示數量多的詞有6個，共出現50次，而表示數量少的詞僅有2個，出現2次。兩者之間無論詞數，還是詞頻都不平衡。甲骨文中的基本詞彙“少”今文《尚書》中也有4見，但是沒有表示數量的形容詞的用法，只有名詞、副詞的用法。如副詞義為“稍微”。《大誥》：“天降割于我家，不少延。”《尚書新箋與上古文明》：“少，程度副詞，稍微。”②今文《尚書》中表示“多”的形容詞語義場大於表示“少”的形容詞語義場，表示“多”的形容詞使用頻數也數十倍於表示“少”的形容詞使用頻數，這主要反映了詞義的感情色彩可能決定了語言使用者的喜厭好惡，因而也決定了使用頻數。

1.2.4　表示事物的度量

昊（廣大）、洪（堯典）；大、廣、夏（大）（禹貢）；丕、戎（大）（盤庚上）；元（大）（西伯戡黎）；宏、寡（大）（康誥）；圖（意動用法，大）（多方）；格（通“嘏”，大）（呂刑）。

小（微子）；區（小）（康誥）。

短（堯典）；長（盤庚上）。

輕、重（呂刑）。

形容詞中表對立概念的“大”與“小”在甲骨文中就已出現，雖然今文

① 顧頡剛：《五德始終說下的政治和歷史》，《古史辨》第五冊，頁404。上海古籍出版社，1982年版。

② 錢宗武、杜純梓：《尚書新箋與上古文明》，頁155。北京大學出版社，2004年版。

《尚書》中表示“大”的同義形容詞有12個之多，但只有形容詞“大”的語例最多。“大”、“小”這對反義詞在詞義的同向引申上依然保持反義，並一直沿用至今。這也從一個側面說明了源頭性的形容詞具有極強的穩定性。

今文《尚書》中表示“大”的形容詞數量是表示“小”的形容詞數量的6倍，這在一定程度上也反映了古代先民的文化心理。大，可訓“巨也”，見於《漢書·劉向傳》顏師古注。可訓“肥也”，見《太玄·玄衝》。可訓“富之廣也”，見於《禮記·少儀》鄭玄注。可訓“其道光明曰大”，見《易經·繫辭上》韓康伯注。可訓“尊也”，見於《尚書·無逸》孫星衍疏，等等。大，在空間上表示巨大，其抽象義也表示偉大尊貴，多用於褒義。“大”作為詞素構成數不清的合成詞也多表示各種各樣的褒義。先民們崇尚“宏大”，自古以來傳統文化心理就重大輕小，重概括，輕細節；重定性，輕定量；重規模，輕效益。有些學者認為重大輕小的傳統文化心理也是滯礙現代科學技術發展的重要因素。若干細節構成規律，若干的實驗和定量分析演繹科學的結論。學者們的研究或有道理，今文《尚書》表示“大”的同義形容詞群與表示“小”的同義形容詞群的構成數量方面的差異就鮮明地反映了重大輕小的傳統文化心理。

1.2.5 表示空間概念

遠（皋陶謨）；荒（遠）（禹貢）；逖（遠）（牧誓）；越（遠）（康誥）；遐（遠）（召誥）。

邇（近）（禹貢）。

高、喬（高大）（禹貢）。

“遠”在今文《尚書》中往往與‘邇’對舉，構成一對對義詞，表示空間距離的遠近，出現的頻率最高。《皋陶謨》：“惇敘九族，庶明勵翼，邇可遠在茲。”今文《尚書》中尚未見“近”字。在後代的傳箋注釋中倒是多用“近”訓“邇”。《舜典》：“柔遠能邇。”《孔傳》：“邇，近。”（頁130）《皋陶謨》：“邇可遠在茲。”孫星衍《尚書今古文注疏》：“史遷‘邇’作‘近’。”（頁77）在《詩經》中亦有同樣注解。《周南·汝墳》：“父母孔邇。”《鄭箋》：“父母甚近，當念。”（頁283）《邶風·穀風》：“不遠伊邇。”陳奐曰：“邇，近也。不遠伊邇，言不遠是近也。”①可見“邇”是一個古語詞。到了漢代，“近”可能已逐漸代替“邇”作為一個常用詞了。當然，“邇”也沒有被完全

① （清）陳　奐：《詩毛氏傳疏》上册卷三，頁25。中國書店，1984年版。

替代，在特定的語體裡或為了反映特定的語言風格，“邇”仍在使用，甚至現代漢語的成語裡還有“邇”。《尚書》作為最早的傳世典籍，保留了很多的古語詞。表示空間概念的形容詞還有“遐”、“逖”。“遐”、“逖”義皆為“遠”。《多士》：“移爾遐逖，比事臣我宗多遜。”《孔疏》：“遐、逖，俱訓為遠。”（頁220）

今文《尚書》中未見與“高”對義的概念，漢語中與“高”對義的“低”或“矮”還未出現。“高”是漢語的基本詞彙，源遠流長，古今詞義未變。“低”或“矮”是後起詞，皆為《說文》新附字。《說文》新附字是宋初徐鉉校訂《說文解字》時，於《說文》每部之末補錄的時俗要用之字。《說文新附・人部》：“低，下也。从人、氐，氐亦聲。”《說文新附・矢部》：“矮，短人也。从矢，委聲。”文言中狀人高常用“修”、“長”這兩個詞，例如“身體修長”之類，《戰國策・齊策一》就有“鄒忌修八尺有餘”句為證。狀人矮常用“短”這個詞，例如“五短身材”之類。

1.3　時態形容詞

時態形容詞包括表示時間的久暫和年壽的長短。

1.3.1　表示時間的概念

迪（長久）（盤庚中）；恒（長久）、方（經常）、終（洪範）；歷（久遠）（大誥）（召誥）（君奭）；引（長久）（梓材）；經（長久）（君奭）。

《盤庚中》：“女罔能迪。”《尚書易解》：“迪，孫星衍讀為‘攸’，長也。”（頁103）“迪”的本義為道路，《說文》：“迪，道也。”由道路長遠引申為時間的長久。

方，《洪範》：“凡厥正人，既富方穀，汝弗能使有好于而家，時人斯其辜。”《尚書易解》：“方，借為‘芳’。方谷，芳香之穀。”（頁138）《墨子・明鬼》：“‘必擇五穀之芳黃以為酒醴粢盛’，是也。”或以為“穀”為“祿位”，“方”為“經常”義。

歷，今文《尚書》凡36見，時態形容詞7見。見於《大誥》：“洪惟我幼沖人，嗣無疆大歷服。”《召誥》：“惟有歷年。”（2見）“命歷年。”“丕若有夏歷年。”“式勿替有殷歷年。”《小爾雅・廣詁》：“歷，久也。”

《君奭》篇“弗克經歷”句中的“經歷”與現代漢語中“經歷”一詞的詞形完全相同，然而結構與含義均不同。《君奭》篇中的“經歷”是一個並列式短語，為“長久”之義。《尚書易解》：“經，常。歷，久也。”（頁144）《尚

書新箋與上古文明》:“此句為‘副詞＋形容詞＋形容詞’式並列句。”(頁245)

《梓材》:“引養引恬。”劉逢祿《尚書今古文集解》:“引,長也。”[①]“引”義為時間的長久。又《說文》:“引,開弓也。”本義為張開的弓而引申有時間的長久。

今文《尚書》只出現表示時間長久的形容詞,未見表示時間短暫的形容詞。

1.3.2 表示年壽的概念

老(盤庚上);耇、長(微子);壽、考(洪範);耄(呂刑);耆(文侯之命)。

幼、弱(盤庚上);沖(盤庚下);孺(金縢)。

表示年壽概念的時態形容詞有些是古語詞或方言詞。

《禮記·曲禮下》“壽考曰卒”句之《孔疏》:“壽、考,老也。”[②]《說文·老部》:“年九十曰耄。”《說文·老部》:“耆,老也。”

弱,《盤庚上》:“無弱孤有幼。”《蔡傳》:“弱,少之也。”[③]《禮記·曲禮上》:“二十曰弱。”(頁1232)《釋名·釋長幼》:“二十曰弱,言柔弱也。”[④]沖,《盤庚下》:“肆予沖人。”《尚書易解》:“沖,幼也。王國維曰:‘沖人即童人,意謂童子。沖童聲相近。’”(頁108)孺,《說文·子部》:“孺,乳子也。”今文《尚書》8見,皆作“孺子”一詞的構詞詞素。《周書·金縢》:“公將不利于孺子。”江聲《尚書集注音疏》:“孺子,幼少之稱。”[⑤]

---

① (清)劉逢祿:《尚書今古文集解》,頁295。《續修四庫全書·經部·書類》,48冊,上海古籍出版社,2002年版。

② (漢)鄭 玄注,(唐)孔穎達疏:《禮記正義》,頁1269。《十三經注疏》本,中華書局,1980年版。

③ (宋)蔡 沈著,錢宗武、錢忠弼整理:《書集傳》,頁100。鳳凰出版社,2010年版。

④ (漢)劉 熙:《釋名》,中華書局,頁42。《叢書集成初編》本,1985年版。

⑤ (清)江 聲:《尚書集注音疏》,頁509。《續修四庫全書·經部·書類》,44冊,上海古籍出版社,2002年版。

1.4　顏色形容詞

今文《尚書》有13個表示顏色概念的形容詞。

黑、玄、青、白、赤、纁、黃（禹貢）；丹（梓材）；騂（洛誥）；綦、彤、朱（顧命）；盧（文侯之命）。

甲骨文中的顏色詞已初具系統，有幽、黃、黑、白、赤五個顏色形容詞。今文《尚書》除"幽"之外，還增加了青色，"赤"中又分出了"纁"、"丹"、"騂"、"彤"、"朱"。"黑"中又分出了"青"，例如:《虞夏書・禹貢》:"厥土青黎。"《孔傳》:"色青黑而沃壤。"《孔疏》引王肅曰:"青，黑色。"（頁150）又細分出赤黑色的"玄"，例如:《虞夏書・禹貢》:"厥篚玄纖縞。"孫星衍《尚書今古文注疏》引《毛傳》:"'玄者'，詩傳云:'黑而有赤也。'"（頁157）《說文・玄部》:"黑而有赤色者為玄。"又有青黑色的"綦"，《周書・顧命》:"四人綦弁。"《孔疏》引鄭玄曰:"青黑曰綦。"《孔疏》引王肅或曰:"綦，赤黑色。"（頁240）。還出現了2個顏色詞素組合的顏色詞用作名詞，玄纁（玄，赤黑色。纁，淺絳色。），指彩色絲綢。黃朱，指黃朱色的芾。這是人們用一個認識領域中凸顯的屬性來代替另一個認識領域的事物，用顏色特徵來指代該絲織品或服飾的名稱。這種顏色詞組合之後，其詞性已發生轉變，由形容詞轉變為表示該性質的名詞，分別在句中作謂語或賓語。今文《尚書》顏色詞系統的不斷完善，顏色詞每個小類的不斷細化，反映了先民辨別顏色詞的能力不斷的提高，需要用語言將自己的認知成果固定下來。

今文《尚書》的顏色詞在各個部分分佈不平衡。《虞夏書》中顏色詞凡10見，佔總數的40%，《周書》中顏色詞凡15見，佔總數的60%，而《商書》中卻未見一處顏色詞。各顏色詞類出現的頻率也不平衡。在23個顏色詞語例中，表紅色的共有10見，佔總數的43.5%。其中77.7%的紅色詞出現在《周書》中，這反映了周人尚紅，周為火德，紅色為周人正色。《顧命》:"陳寶，赤刀，大訓，弘璧，琬琰，在西序。"《尚書今古文注疏》:"鄭康成曰:'赤刀者，武王誅紂時刀，赤為飾，周正色也。'"（頁491）殷人喜好白色，殷商王朝以白色為正色，白色以配金。火克金，所以武王克殷用赤刀。周王朝以赤（紅）色為法定的顏色，在顏色系統中，紅色自然要佔據主導位置了。

今文《尚書》顏色詞的發展雖然數量不平衡，但顏色詞的種類已相當的全面。黑、白兩種基色和三原色中的紅、黃均已具備。顏色是由物體發射、反射或透過光波通過視覺產生的印象。顏色是一種客觀存在的、特殊的物質形態。顏色的獲得不僅依附於具體的客觀事物，也依賴於人對主觀世界的感知。顏色詞一旦用於人類社會就會在人們的心目中產生特定的意義，引起特殊的聯想，激發特別的反應，從而使顏色詞蘊涵深厚的民族文化形態、傳遞出豐富的文化內涵。顏色詞數量的增加與人類的發展和社會的進步同步，越是發達的社會、越是發達的語言，顏色詞就越發達。英語是世界上最發達的語言之一，有四千多種顏色詞。而一般的語言只有數百個，甚至更少。今文《尚書》所反映的上古時期的顏色詞不僅數量豐富，而且顏色詞的描寫物件涉及社會生活的各個方面。諸如：不同顏色的土壤有：黑墳、白墳、白壤、黃壤、赤埴墳；不同顏色的兵器有：盧弓、盧矢、赤刀、彤弓、彤矢、黃鉞；不同顏色的服飾有：玄纖縞、玄紛純、彤裳，這些形象地說明了上古時期的語言已經能夠精確地描寫事物的細微差別。

顏色詞是形容詞中一個獨特的類別。今文《尚書》顏色詞所反應的色彩文化是先民文化體系中重要的一部分，它是先民不斷認識自然世界的結果。深入地分析和探索今文《尚書》顏色詞的類別、文化內涵及其產生機制，對於我們揭示上古顏色詞的象徵意義，理解和認識上古先民的色彩文化心理，都具有重要的價值。

今文《尚書》單音節形容詞的語義類型具有鮮明的時代特徵。表示人的性格品質、倫理道德等抽象概念的形容詞大量增加，這不僅真實地反映了今文《尚書》的文獻性質，也生動地反映了社會的不斷發展和人類認知能力的不斷提高。就是那些情態形容詞和顏色形容詞有不少也曲折地反映了當時社會的哲學思想、文化心理和價值觀念。

今文《尚書》單音節形容詞的語義類型還具有原型性，相當一部分單音節形容詞的詞類歸屬具有確定性，是形容詞詞類範疇的典型成員。作為範疇中的典型成員，原型是範疇中的最好樣本，而其他成員在樣本中的地位及成員資格（membership）是可以排出次序的。這樣，原型理論在處理分類問題上就具有很強的解釋力。

今文《尚書》單音節形容詞有不少方言詞，具有較強的口語色彩。人類對世界的認識和反映總是從基本層次出發，由具體到抽象，由簡單到複雜。具體簡單的概念最初用的都是單音節詞，上古漢語以單音節詞為主就是證明。儘管由於語言的發展，有些單音節詞已經複音化了，但仍有相當一部分表示具體簡單概念的單音節詞作為基本詞彙保留在詞彙系統中。這些詞使用頻率高，口語色彩強。

2. 單音形容詞的同義類聚

今文《尚書》單音形容詞多數是多義詞。仔細分析多義詞的義位，可以發現多義詞之間有許多相同的義位，從而構成相當豐富的同義類聚現象，同時也構成相當豐富的同義類聚的類型。

2.1 單音形容詞同義類聚的類型

2.1.1 本義義位相同構成的同義類聚

本義相同構成的同義類聚即多義詞之間的本義義位相同。“丕”“大”是一組形容詞，“丕”“大”的本義義位相同。

①**丕**　庶殷丕作。　　（周書·召誥）

《說文·一部》：“丕，大也。从一，不聲。”丕，以“一”為形符。一，《說文》曰：“惟初太始，道立於一，造分天地，化成萬物。”“一”是指天地未分時混沌狀態，宇宙至大之物。丕，訓“大”是本義。丕，訓“大”在上古也是一個常用義。《爾雅·釋詁》：“丕，大也。”《左傳·僖公二十八年》：“奉揚天子之丕顯休命。”《春秋左傳注》：“丕，大也。”①《孟子·滕文公下》：“丕顯哉！”趙岐注：“丕，大。”②

②**大**　我惟大降爾命。　　（周書·多方）

其集大命于厥躬。　　（周書·君奭）

《說文·大部》：“大，天大地大人亦大，故大象人形。”王筠《說文釋例》：“此謂天地之大，無由象之以作字，故象人之形以作大字。”③《說文解字注》：“老子曰：道大，天大，地大，人亦大。人法地，地法天，天法道。按：天之從一、大，則先造大字也。”“大文則首足皆具，而可以參天地也，是為大。”④

---

① 楊伯俊：《春秋左傳注》，頁465。中華書局，1981年版。

② （漢）趙　岐注，（宋）孫奭疏：《孟子注疏》，頁2714。《十三經注疏》本，中華書局，1980年版。

③ （清）王　筠：《說文釋例》，頁26。中華書局，1987年版。

④ （清）段玉裁：《說文解字注》，頁492。上海古籍出版社，1981年版。

“丕”“大”由於本義義位相同形成同義類聚，構成同義形容詞。

2.1.2 引申義義位相同構成的同義類聚

引申義相同構成的同義類聚是指多義詞之間引申義項有義位相同。單音詞的詞義相同最主要的是詞義引申發展的結果。造字之初很少形成同義詞，字詞在悠長的時間和遼闊的空間中不斷地被使用，詞義也不斷地引申、發展和變化，詞由一詞一義，變成一詞多義，造成原本不同的詞具有相同的義項。“寬”“容”就是引申義有相同的義位構成的同義類聚。

①**寬** 直而溫，寬而栗。（虞夏書·堯典）

《說文·宀部》：“寬，屋寬大也。”“寬”字从“宀”，本義為房屋寬大，後由房屋的寬廣引申為人的心胸寬宏。《孔疏》引鄭玄曰：“寬，謂度量寬宏。”（頁131）《尚書易解》：“正直而溫和，寬宏而堅栗。”（頁25）《堯典》的“寬而栗”之“寬”用引申義。

②**容** 亦越武王，率惟敉功，不敢替厥義德，率惟謀從容德，以並受此丕丕基。（周書·立政）

《說文·宀部》：“容，盛也。从宀、谷。”“宀”是“交覆深屋也”。“容”從“宀”、“谷”，徐鉉曰：“屋與谷皆所以盛受也。”“容”之本義為一種容器，容器容屋，後引申有“寬容、包容”義。《廣雅·釋詁》亦云：“容，寬也。”[①]《立政》之“容”為“寬容”義，“寬”之引申義。

“寬”、“容”由於引申義義位相同形成同義類聚，構成同義形容詞。可知現代漢語中的複合詞“寬容”是由兩個同義詞素構成的並列式複合詞。

2.1.3 本義義位與引申義義位相同構成的同義類聚

本義與引申義相同構成的同義類聚是指多義詞之間的共同義位，或為這一組某個詞的本義義位，或為這一組某個詞的引申義義位。“大”“洪”“皇”同義類聚的共同義位是“大”，“大”為字之本義義位，“洪”“皇”皆為字之引申義義位。

①**洪** 天乃賜禹洪範九疇。（周書·洪範）

《說文·水部》：“洪，洚水也。从水，共聲。”“洪”之本義就是“大水”。“洪”訓“大”為其引申義。《說文解字注》曰：“《釋詁》：‘洪，大也。’引申之義也。”（頁546）

---

① （清）王念孫：《廣雅疏證》，頁347。上海古籍出版社，1983年版。

②**皇**　皇后憑玉幾。（周書・顧命）

《說文解字注》:“皇，大也。從自、王。自，始也。始王者，三皇，大君也。始王天下，是大君也，故號之曰‘皇’。因以為凡大之稱。此說字形會意之恉。並字義訓‘大’之所由來也。‘皇’本大君，因之凡大皆曰‘皇’。”（頁9）

“大”的構形義是“大人”，經典的最早應用義就是“大”，“大”即為本義。“洪”、“皇”訓“大”皆為引申義。“大”與“洪”、“皇”形成的同義詞是多義詞之間本義義位與引申義義位相同構成的同義類聚。

2.1.4　假借義義位與本義義位相同構成的同義類聚

今文《尚書》有些同義詞是多義詞的本義義位與假借義義位相同形成的。

①**冒**　惟時怙冒，聞于上帝，帝休，天乃大命文王。（周書・康誥）

②**勖**　勖哉夫子！尚桓桓，如虎如貔，如熊如羆，于商郊。（周書・牧誓）

《說文・冃部》:“冒，蒙而前也。从冃，从目。”“蒙而前也”，徐鍇《說文解字繫傳》:“以物自蒙面前也。”[①]冒，古“帽”字。徐灝《說文解字注箋》:“冃，古‘帽’字。‘冃’之形略，故從目作冒，引申為冒之義，後為引申義所專，又從巾作‘帽’，皆相承增偏旁也。”（頁93）《尚書覈詁》:“王引之謂冒，懋也。《盤庚》:懋建大命。懋簡相爾。《漢石經》‘懋’作‘勖’。《君奭》:迪見冒。馬本‘冒’作‘勖’。《顧命》:冒貢於非幾。馬、鄭、王本‘冒’作‘勖’。《皋陶謨》:懋哉懋哉。《牧誓》:勖哉夫子。則三字互通也。”（頁170）劉逢祿《尚書今古文集解》:“《史記》‘勖’訓‘勉’。”[②]《說文・力部》:“勖，勉也。从力，免聲。”“勖”在《牧誓》中用本義，《康誥》“冒”訓“勉”是假借義。“冒”“勖”同義類聚是“冒”的假借義位與“勖”的本義義位相同。

2.1.5　假借義義位與引申義義位相同構成的同義類聚

今文《尚書》也有些同義詞是多義詞的假借義義位與引申義義位相同形成的。

① （南唐）徐　鍇:《說文解字繫傳》，頁155。中華書局，1987年版。

② （清）劉逢祿:《尚書今古文集解》，頁272。《續修四庫全書・經部・書類》，48册，上海古籍出版社，2002年版。

①**辟**　自古王若茲，監罔攸辟！　（周書・梓材）

②**偏、陂**　無偏無陂，遵王之義；無有作好，遵王之道。　（周書・洪範）

《說文・辟部》："辟，法也。从卩，从辛。節制其罪也。从口，用法者也。""辟"與"僻"上古音相同而同音假借有"不正"義。《梓材》之"辟"，《尚書易解》引黃式三說："辟、僻通，偏也。"（頁194）可見"不正"是"辟"之假借義義位。

"偏"從人得義，本義為人的頭偏。《說文解字注》："頗頭偏也。引申為凡偏之稱。"（頁378）

"陂"從阜得義，本義為山坡。《說文解字注》："陂與坡音義皆同。凡陂必邪立。故引申之義為傾邪。"①"陂"之"不正"義是引申義義位。

《孔傳》："偏，不平；陂，不正。"（頁190）這樣，"偏"與"陂"的引申義位和"辟"在"不正"的假借義位上構成同義類聚。

2.1.6　方言義位相同或方言義義位與通言義義位相同形成的同義類聚

上古漢語不似現代漢語，缺乏規範，言語異聲，文字異形，文獻語言裡存在大量的方言殊語，同義概念因地域不同而稱謂各異。先秦時期，私學勃興，諸子蜂起，方言詞不斷與通語融合而形成同義類聚。向熹先生認為："儒家經典及諸子著作的廣泛傳播，對方言詞起了融化的作用。一些方言詞進入了普通話詞彙，時間一久，人們很難分出哪些是方言詞，哪些是雅言了。"②向熹先生的見解符合語言實際。分析今文《尚書》，多義詞之間既有方言義義位與方言義義位相同構成的同義類聚，也有方言義義位與通言義義位相同構成的同義類聚。

"夏"與"戎"是方言義義位與方言義義位相同構成的同義類聚。

①**夏**　羽畎夏翟。　（虞夏書・禹貢）

《說文・夊部》："夏，中國之人也。从夊，从頁，从臼。臼，兩手；夊，兩足。"《說文解字注》曰："夏，中國之人也。以別於北方狄、東北貉、南方蠻閩、西方羌、西南焦僥、東方夷也。夏，引申之義為大也。"（頁233）《爾雅・釋詁》："夏，大也。"《詩經・周頌・時邁》："我求懿德，肆於時夏。"《毛傳》："夏，大也。"（頁589）"夏"本是四方少數民族對中原人的

---

①　（清）段玉裁：《說文解字注》，頁731。上海古籍出版社，1981年版。

②　向　熹：《簡明漢語史》，頁45。高等教育出版社，1993年版。

稱謂，後引申為凡大之稱。《方言・卷一》："秦晉之間，凡物之壯大謂之嘏，或曰夏。"

②**戎**　殪戎殷，誕受厥命越厥邦民，惟時敘，乃寡兄勖。（周書・康誥）

《爾雅・釋詁》："戎，大也。"《詩經》中"戎"訓"大"的語例也有很多。《詩經・大雅・綿》："戎醜攸行。"《毛傳》："戎，大。"（頁511）《詩經・周頌・烈文》："念茲戎功。"《毛傳》："戎，大也。"（頁585）"戎"本為兵器。《說文・戈部》："戎，兵也。"《甲骨文字詁林》（第三冊）：戎，"卜辭與古金文從戈，從十。十，古文甲字。"①"戎"訓"大"是個方言義。《方言・卷一》："戎，大也。宋魯陳衛之間謂之嘏，或曰戎。"（頁21）後來"戎"由方言詞彙逐漸地融入通語中，與"大"構成同義類聚。《爾雅・釋詁》："戎，大也。"《康誥》中的"戎殷"就是"大邦殷"。

"大"與"夏"、"戎"就是多義詞通言義義位與方言義義位相同構成的同義類聚。"大"是漢語的基本詞彙，從上古漢語到現代漢語詞義都沒有變化。"夏"之"大"義是自關而西秦晉之間的方言，"戎"之"大"義是宋魯陳衛之間方言，秦漢以後已逐漸在漢語詞彙系統中消失。

2.2　單音同義形容詞的辨析

今文《尚書》的同義詞並非內涵和外延完全相同的等義詞。今文《尚書》的每一組同義詞之間還可以從語義、語法、修辭等方面進行辨析。

2.2.1　語義差別

多數同義形容詞決定義位類別的中心義素是基本相同的，細微的區別在於附加義素、隱含義素和限定義素的不同。

2.2.1.1　附加義素相異

①**纁**　包匭菁茅，厥篚玄纁璣組，九江納錫大龜。（虞夏書・禹貢）

②**朱**　畢公率東方諸侯入應門右，皆布乘黃朱。（周書・康誥）

③**赤**　厥土赤埴墳，草木漸包。（虞夏書・禹貢）

④**丹**　若作梓材，既勤樸斫，惟其塗丹雘。（周書・梓材）

《說文》："纁，淺絳也。"絳為絳草所染的深紅色。在今文《尚書》紅色詞系統中，纁的顏色最重。《爾雅・釋器》亦曰："三染謂之纁。"次之為

① 于省吾主編：《甲骨文字詁林》，頁2367。中華書局，1996年版。

“朱”。《說文》：“朱，赤心木，松柏屬。”本義是松柏一類赤心的樹木，後泛化為顏色詞，比“赤”的“紅”要深一些。赤，古代認為是紅色的正色，為紅色的通稱。《說文》：“赤，南方色也。”朱駿聲：“從大，從火，會意，古文從炎、土。”（頁461）可見“赤”本為“火之色”。“丹”為朱砂之稱。《儀禮·鄉射禮》：“凡畫者丹質。”鄭玄注：“丹淺於赤。”①由此可見，紅色詞系列中心義素是“紅”，附加義素是“紅”的不同深淺度，由深至淺的序列為纁、朱、赤、丹。

2.2.1.2 隱含義素相異

同義詞的詞義往往在隱含義素上有所區別。

①**恭、敬** 寬而栗，柔而立，願而恭，亂而敬，擾而毅。

（虞夏書·皋陶謨）

“恭”和“敬”都可以表示對人的尊敬、有禮貌。《說文》：“恭，肅也。”“敬，肅也。”“恭”和“敬”同訓“肅”，“恭”和“敬”也可以互訓。《爾雅·釋詁》：“恭，敬也。”郝懿行疏：“恭、敬義同。散文則敬亦為恭。恭亦為敬。故《謚法》云：敬事供上曰恭，夙夜恭事曰敬。是兩義互相訓也。”②後世“恭敬”常連言。《孟子·告子上》：“恭敬之心人皆有之。”《史記·留侯世家》：“竊聞太子為人仁孝，恭敬愛士，天下莫不延頸欲為太子死者，故臣等來耳。”在現代漢語中“恭”和“敬”已作為同義詞素構成並列複合詞“恭敬”。今文《尚書》中尚未見“恭”和“敬”連用之例。《孔疏》：“貌能恭則心肅敬也。”（頁138）恭、敬的詞義側重點不同。恭常表示外貌恭敬，敬一般表示內心的警惕或尊敬。《禮記·少儀》：“賓客主恭，祭禮主敬。”《鄭注》：“恭在貌也，而敬又在心。”《孔疏》：“恭在貌，敬在心，賓客輕，故主恭；祭祀重，故主敬。”（頁1514）從詞源上看，“恭”與“拱”有關。《釋名·釋言語》：“恭，拱也。自拱持也。”而“敬”與“警”音同義通，為同一語源。《釋名·釋言語》：“敬，警也。恒自肅警也。”

同義形容詞的語源義是隱含的，隱含的語源義猶之於生物體的遺傳基因，隱含的語源義具有自然天成的區別性特徵，決定同義形容詞不同的詞義側重點。今文《尚書》中詞義側重點不同的形容詞還有“簡、慢”等。

2.2.1.3 限定義素相異

有些同義形容詞的差異主要表現在修飾和描寫的對象不同。如主體客體

---

① （漢）鄭　玄注，（唐）賈公彥疏：《儀禮注疏》，頁1010。《十三經注疏》本，中華書局，1980年版。

② （清）郝懿行：《爾雅義疏》，頁178-179。上海古籍出版社，1983年版。

的不同。

①**黎**　百姓昭明，協和萬邦。黎民于變時雍。　(虞夏書·堯典)

②**群**　既月乃日，覲四岳群牧，班瑞于群后。　(虞夏書·堯典)

③**庶**　肆予告我友邦君越尹氏、庶士、御事。　(周書·大誥)

④**多**　王若曰：爾殷遺多士！　(周書·多士)

此組詞都有“眾多”義項，但每個詞所修飾和描寫的物件不同，具有比較明顯的文化色彩意義。

在今文《尚書》中，“群”和名詞中心詞構成的偏正結構凡9見，修飾人物名詞中心詞凡8見，分別見之於《堯典》、《皋陶謨》、《金縢》、《康誥》和《呂刑》。修飾“后”4次，修飾“牧”“神”“公”各1次，修飾“弟”（周公的諸弟）1次。“后”、“牧”、“神”、“公”與“周公的諸弟”，或為神靈，或為君王，或為王公大臣。“庶”卻在今文《尚書·周書》中固定的修飾周王朝的附屬國或附屬國的臣民。諸如：《洪範》的“庶人”（1見），《洪範》的“庶民”（11見），《梓材》、《無逸》和《呂刑》的“庶民”（各1見），《大誥》的“庶邦君”（1見），《酒誥》的“庶伯”（1見），“庶尹”（1見）。周公平定三監叛亂以後，對被迫遷徙的殷商臣民也稱為“庶”。諸如：《酒誥》的“庶邦庶士”，《召誥》的“庶殷”（4見）、“殷庶”（1見）。周王對同盟國則稱“友”。例如：《牧誓》中周武王對參加伐紂的西方同盟國的君臣就稱“西土之人”、“我友邦冢君御士”。當然，偶爾對諸侯國也稱“友”。可見，《尚書·周書》中“庶”較之“群”是“次一等的多”，有鮮明的文化色彩意義。“群”和“庶”具有限定義素，在描寫或修飾的物件上具有限定性。

“多”與“庶”的文化色彩意義差不多，也是表示“次一等的多”。《尚書》的《周書》中就有《多士》和《多方》的篇名，“多士”和“多方”就是周人對殷商遺民和殷商舊邦的稱呼。

“庶”與“多”可用來修飾“士”這一階層。除此之外，“庶”還可用來修飾抽象的事物。《立政》：“文王罔攸兼于庶言；庶獄庶慎，惟有司之牧夫是訓用違；庶獄庶慎，文王罔敢知于茲。”

2.2.2　語法差別

除了語義方面的差別，同義詞之間的差異還表現在一些語法特徵和功能上。主要看它們的搭配功能、詞性變化以及能否單獨充當句法成分等方面。

①**平**　昔君文武丕平，富不務咎，厎至齊信。　(周書·顧命)

②**中**　士制百姓于刑之中，以教祗德。　(周書·呂刑)

③**中**　永畏惟罰，非天不中，惟人在命。　(周書·呂刑)

中、平的引申義在"公平"這個義位上構成同義詞。除了語義上的差別，他們在充當句法成分的能力上也有不同。"中"比"平"的句法能力強，"中"既可以作修飾成分作定語，也可以作謂語。而"平"只能充當謂語。

④**親** 百姓不親，五品不遜。 (虞夏書・堯典)

⑤**昵** 王司敬民，罔非天胤，典祀無豐于昵。 (商書・高宗肜日)

"親"、"昵"兩詞在"親近"的義位上構成同義形容詞。兩詞在用法上有相同點也有不同點。"昵"在今文《尚書》中僅有1見，僅見於《高宗肜日》。"昵"作介詞"於"的賓語，形容詞用作名詞。"昵"在古文《尚書》的《泰誓》"昵比罪人"句中形容詞用作動詞。"昵"構造新詞的能力有限，在後世文獻語言中，似乎除"親昵"和"昵昵"外很少見到以"昵"為詞素構造的詞。親，除"百姓不親"句之"親"，受否定副詞"不"修飾作謂語，說明"百姓"的情狀作形容詞外，還可以帶賓語，用作使動。《堯典》："克明俊德，以親九族。九族既睦，平章百姓。"《尚書新箋與上古文明》："親九族，是使動義兼語句，有的學者稱之為'意含式'兼語句。這是一種用動賓式句法形式表示兼語式語義內容的兼語句。'親九族'的"親"是形容詞使動的用法，成了使令義動詞，意為'使……和睦'。"（頁26）親，今文凡3見，另1見見於《秦誓》："惟今之謀人，姑將以為親。""姑將以為親"句之"親"作"為"的賓語，形容詞用作名詞。"親"的組合構詞能力較強，在後世文獻語言中能夠組成"親身"、"親戚"、"親舊"、"親信"、"親家"、"親政"等雙音詞。諸如，《楚辭・九章・惜往日》："思久故之親身兮。"《逸周書・大開》："無遠親戚。"嵇康《與山巨源絕交書》："時與親舊敘闊，陳說平生。"在現代漢語中，"親"與"昵"組成的"親昵"一詞仍然是常用詞。

2.2.3 語用差別

詞語的附屬色彩往往在使用狀態下才能顯現出來。這些意義對於豐富語言的表達色彩，顯示語言的時代特徵都具有重要意義。

①**區** 用肇造我區夏，越我一、二邦以修我西土。 (周書・康誥)

②**小** 孟侯，朕其弟，小子封。 (周書・康誥)

"區"與"小"除了語義和語法差別外，還有感情色彩的差異。"小"是中性詞，不帶特殊的感情。"區"在今文《尚書》中有自謙之義。"區夏"就是自謙自己為"小小的夏國"。《廣雅・釋詁》："區，小也。"（頁198）《尚書新箋與上古文明》："周邦自稱夏。《君奭》：'惟文王尚克修和我有夏。'可證。周原居今陝西西部，地域狹小，所以自稱小夏。"（頁164）

2.3 單音同義形容詞的運用

同義詞的大量使用不僅使得思想表達準確，而且使得語言的表達上顯得更加生動活潑。

今文《尚書》單音形容詞的使用主要有三種情況。

2.3.1 同義連用，調節語氣語調

①**暴、虐**　俾暴虐于百姓，以奸宄于商邑。　（周書・牧誓）

②**遐、逖**　我乃明致天罰，移爾遐逖，比事臣我宗。　（周書・多士）

“暴”之從“日”，本義為“日曬”，引申為“暴虐”。“虐”從“虍”，《說文》認為小篆字形“像虎足反爪抓人也”，本義即為“殘暴”。“暴”、“虐”連言，加強了周武王“牧野之戰”陣前聲討商紂王罪行鼓動西土將士同仇敵愾的語言氣勢。“遐”、“逖”都從“辵”得義，本義皆為“遠”。“遐”、“逖”連言，顯示了周王朝遷徙殷商舊臣堅定不移的決心；“遐”、“逖”平仄互協，不僅調節了語調，也使周公代成王勸戒殷商舊臣的語氣更加凝重威嚴。

2.3.2 同義互換，行文避免重複

古人行文常用互文，互文不僅有補足文義的修辭作用，也常用互換同義詞的方法使得語句富於變化，增強了語言的感染力。

①**偏、陂**　無偏無陂，遵王之義。　（周書・洪範）

②**反、側**　無反無側，王道正直。　（周書・洪範）

③**和、睦**　自作不和，爾惟和哉！爾室不睦，爾惟和哉！　（周書・多方）

④**吊、善**　敿乃幹，無敢不吊！……礪乃鋒刃，無敢不善！

（周書・費誓）

①②“偏”、“陂”、“反”、“側”都有“不正”義，在相同的句式相同的語法位置上“偏、陂、反、側”互換使用，避免遣詞重複，語言平乏。③“自作不和”用“和”，“爾室不睦”用“睦”，兩句又共同與“爾惟和哉”構成兩個平行並列的分句，異形同義，異中有同，增加了語言的錯綜美和層次美。④《尚書易解》：“吊，善也。”（頁308）“無敢不吊”、“無敢不善”句式相同，“吊”“善”異文避複，增強了語言的感染力。

2.3.3 同義並舉，顯示析言微殊

不少同義詞渾言無別，析言微殊，並舉連用易於顯示詞義間的細微差別。

①恭、寅 昔在殷王中宗，嚴恭寅畏，天命自度，治民祗懼，不敢荒寧。

（周書·無逸）

“恭”、“寅”渾言都有“恭敬”之意，析言“恭”指外貌恭敬，“寅”指內心恭敬。江聲《尚書集注音疏》：“嚴，矜莊貌。寅，當為夤。夤，敬也。”①通過同義並舉，兩詞詞義之間的析言差別就反映出來了，“恭”、“寅”並舉連用不是無意義的重複，不是語言的冗餘，而是不可或缺的語意互補。

3. 單音形容詞的反義類聚

我們這裡所說的反義類聚包含對義類聚，因而這里的反義詞是指在一種語言的共時範疇內，在一定的義位上，語義相反或相對的詞。凡屬相反或相對的事物，它們之間都具有同一性，沒有同一性就無所謂相反或相對。它們指稱的物件是同類的，表示的概念是同位的，因而具有相同的意義領域。如“甘”、“苦”，它們的中心義素都有以舌頭來辨識事物的性質，感到味美或味惡則是構成反義詞聚合的原因。正因為如此，一對反義詞其詞性應該是相同的；詞性不同不能構成反義詞。反義詞反映的客觀事物、現象及其關係，應該屬於同一範疇，同一語義場；如不是屬於同一範疇，不屬於同一語義場，也不能構成反義詞。

上古漢語詞義系統已較發達，一詞多義現象已很普遍。我們說某類詞是反義詞是指它們在一定的義位上具有相反或相對的關係，而不是就整個詞義系統講的。一個詞如果有數個義位，從理論上說它就可能在其不同的義位上分別與其他詞構成反義類聚。如：“老”既與“幼”構成一對反義詞，又與“弱”構成另一對反義詞。

反義詞的出現是人們認識能力不斷發展的結果。矛盾普遍存在於客觀事物和現象之中，當人們對這種對立的矛盾有所認識的時候，必然會要求語言中出現反映這種對立關係的反義詞。從語言的內部看，語言的不斷發展，新詞的大量出現，詞義不斷的引申和滲透，使得詞義在新的義項上形成反義關係。此外，社會的發展以及人們使用語言的習慣也對反義詞起著一定的制約和促進作用。應雨田先生認為：“反義詞畢竟是一種語言現象，它除了要具備邏輯上

① （清）江聲：《尚書集注音疏》，頁568。《續修四庫全書·經部·書類》，44冊，上海古籍出版社，2002年版。

的特徵外，還必須在人們的語言意識裡，具有鮮明的對立聯想感，從而在人們的語言實踐中，才會經常用於對比或對舉，這樣才算取得了語言社會的承認，而人們意識中反義關係的建立，除了客觀的物質基礎之外，還須與人們認識的深淺、考慮的角度、聯想的方向乃至一個民族的歷史傳統、社會心理等方面密切相關。”①

甲骨卜辭中就有一定數量的反義詞，西周以後，反義詞逐漸增多。與今文《尚書》為共時語言材料的金文中，反義詞系統已有相當的規模。春秋戰國時期，先秦諸子的著作中大量成對地使用反義詞，擴大了反義詞的使用範圍。據統計，在《詩經》、《論語》、《老子》、《荀子》、《韓非子》這五部著作中，計有反義詞 214 對，其中形容詞 119 對，動詞 54 對，名詞 41 對。② 從詞類上也還可以看出，上古時期，反義形容詞最多，動詞次之，名詞最少。這是因為形容詞表示事物的性質、狀態，最容易構成相反相對的概念。張永言先生認為“凡是含有性質意義的詞都有反義詞”，“因為反義詞多半是表示性質的，所以在這個詞類裡反義詞特別豐富。”③我們分析今文《尚書》的反義類聚，形容詞的反義類聚超過了動詞和名詞的反義類聚。今文《尚書》中反義形容詞佔優勢符合語言實際，也真實地反映了詞彙發展的階段性。對《尚書》中反義詞的研究，不僅可以印證和豐富漢語反義詞理論，也可以揭示漢語反義詞的普遍規律和特點，並為其提供早期的文獻語料和理論參考。

3.1　反義形容詞的篇目分佈

我們窮盡性地分析今文《尚書》中的反義類聚，初步統計，反義形容詞約有 43 組。現將今文《尚書》反義形容詞篇目分佈具列如下：

（1）大—小（小大 8。微子 1。酒誥 1。多士 1。無逸 2。多方 1。顧命 1。文侯之命 1。/大都小伯 1。立政 1。）

（2）大—區（大 93。堯典 1。甘誓 1。盤庚上 3。盤庚中 3。盤庚下 1。西伯戡黎 1。微子 1。洪範 1。金縢 5。大誥 9。康誥 13。酒誥 6。召誥 3。洛誥 3。多士 6。君奭 6。多方 14。立政 2。顧命 10。呂刑 2。費誓 2。/區 1。用肇造我區（小）夏。康誥 1。）

---

① 應雨田：《淺談反義詞詞典編寫的幾個問題》，《常德師專學報》，1986 年，第 3 ~ 4 期。

② 何九盈、蔣紹愚：《古漢語詞彙講話》，頁 81–83。北京出版社，1980 年版。

③ 張永言：《詞彙學簡論》，頁 112。華中工學院出版社，1982 年版。

（3）長—短（短長1。盤庚上1。/長5。盤庚上1。盤庚中1。無逸2（舊通長）。立政1。/短3。堯典1。盤庚上1。洪範1。）

（4）輕—重（輕重1。呂刑1。/世輕世重1。呂刑1。/上刑適輕，下服；下刑適重，上服。呂刑1。/輕3。重3。呂刑3。）

（5）強—弱（強3。強（堅強）而義。皋陶謨1。強（倔強）弗友。身其康強（強健）。洪範2。/弱2。無弱孤（弱孤連言，輕忽）有幼。盤庚上1。六曰弱（懦弱）。洪範1。）

（6）曲—直（曲直2。木曰曲直。曲直作酸。洪範2。/曲2。洪範2。/直9。堯典2。皋陶謨2。（正直3）洪範5。）

（7）老—幼（老1。無侮老成人。盤庚上1。/幼4。無弱孤有幼。盤庚上1。曷不暨朕幼孫有比？盤庚中1。洪惟我幼沖人，嗣無疆大歷服。大誥1。伯父、伯兄、仲叔、季弟、幼子、童孫，皆聽朕言，庶有格命。呂刑1。）

（8）長—幼（長2。微子1。酒誥1。/幼4。盤庚上1。盤庚中1。大誥1。呂刑1。）

（9）老—弱（老1。無侮老成人。盤庚上1。/弱2。無弱孤（弱孤連言，輕忽）有幼。盤庚上1。六曰弱（懦弱）。洪範1。）

（10）直—迂（直9。堯典2。皋陶謨2。（正直3）洪範5。/迂1。恐人倚乃身，迂（偏邪）乃心。盤庚中1。）

（11）直—倚（直9。堯典2。皋陶謨2。（正直3）洪範5。/倚恐人倚（偏斜）乃身。盤庚中1。）

（12）直—偏（直9。堯典2。皋陶謨2。（正直3）洪範5。/偏3。無偏無陂，遵王之義。無偏無黨，王道蕩蕩。無黨無偏，王道平平。洪範3。）

（13）夭—希（夭2。厥草惟夭（茂盛）。禹貢1。降年有永有不永，非天夭（夭折）民，民中絕命。高宗肜日1。/希1，鳥獸希革。堯典1。）

（14）新—舊（新17。盤庚上2。盤庚中2。盤庚下1。金縢1。康誥2。召誥2。洛誥4。多士1。君奭1。康誥1。/舊5。盤庚上4。大誥1。）

（15）忱—頑（忱2。天棐忱（誠、信）辭。大誥1。知忱（誠實地）恂于九德之行。立政1。/頑1。父頑（心術不正），母嚚。堯典1。）

（16）允—頑（允5。允（誠信）恭克讓。恂德允（信）元。惟明克允。惟允。堯典4。允（誠實地）迪厥德。皋陶謨1。/頑1。父頑（心術不正），母嚚。堯典1。）

（17）好—咎（好2。予攸好（美）德。于其無好（美）德。洪範2。/咎4。不罹于咎（罪惡）。其作汝用咎（罪惡）。曰咎（君王行為壞）征。洪範3。惟民其畢棄咎（罪惡）。康誥1）

（18）好—墮（好2。洪範2。/墮1。萬事墮（壞）哉。皋陶謨1。）

（19）蒙—明（蒙1。曰蒙（昏昧），恒風若。洪範1。/明5。元首明（英明）哉2。皋陶謨2。用昏（昏暗）不明。洪範1。先王既勤用明（英明）德。亦既用明（英明）德。梓材2。）

（20）昏—明（昏1。用昏（昏暗）不明。洪範1。/明5。皋陶謨2。洪範1。梓材2。）

（21）顯—昏（顯8。惟乃丕顯（光明的）考文王。矧曰其尚顯（明顯）聞于天。康誥2。越王顯（光顯）。王亦顯。召誥2。公稱丕顯（光顯的）德。洛誥1。乃大降顯（光明的）休命于成湯。多方1。文侯之命2。/昏1。洪範1。）

（22）昏—獻（賢）（昏1。洪範1。/獻3。汝劼毖殷獻臣、侯、甸、男、衛，矧太史友、內史友、越獻臣百宗工，矧惟爾事、服休服采，矧惟若疇，圻父薄違、農夫若保、宏父定辟。酒誥2。其大惇典殷獻民。洛誥1。）

（23）昏—良（昏2。乃大淫昏。多方1。無敢昏逾。顧命1。/良2。股肱良（賢良）哉。皋陶謨1。番番良士。秦誓1。）

（24）平—偏（平3。王道平平。平康。洪範2。昔君文武丕平。顧命1。/偏3。無偏無陂。無偏無黨。無黨無偏。洪範3。）

（25）蠲—迷（蠲1。圖厥政不蠲（清明）。多方1。/迷。迷5。烈風雷雨弗迷。堯典1。和懌先後迷民。梓材1。迓衡不迷。洛誥1。無若殷王受之迷亂。無逸1。告君，乃猷裕我，不以後人迷。君奭1。）

（26）溫—肅（溫2。直而溫（溫和）。堯典1。皋陶謨1。/肅2。恭作肅。曰肅（肅敬），時寒若。洪範2。）

（27）休—咎（休。曰休征。洪範1。我有大事，休？予曷敢不于前寧人攸受休畢。大誥2。無疆惟休，召誥1。其作周匹，休！休，恒吉。洛誥2。乃大降顯休（美好）命于成湯。多方1。/咎1。曰咎征：曰狂，恒雨若。洪範1。）

（28）參—勤（參1。乃罪多，參（通“絫”，懶惰懈怠）在上，乃能責命于天。西伯戡黎1。/勤4。古我先王暨乃祖乃父胥及逸勤。盤庚上1。爾知寧王若勤（勤勞）哉。大誥1。今爾罔不由慰曰勤（勤勞）。爾罔或戒不勤（勤勞）。呂刑2。）

（29）逸—勤（逸17。無教逸（安逸）欲。皋陶謨1。古我先王暨乃祖乃父胥及逸（安樂）勤。盤庚上1。無康好逸（安樂）豫。康誥1。不敢自暇自逸（安樂）。罔愛于殷，惟逸（淫樂）。酒誥2。上帝引逸（淫逸，遊樂）。有夏不適逸（淫逸，遊樂）。多士2。君子所，其無逸。先知稼穡之艱難，乃逸。厥子乃不知稼穡之艱難乃逸。自時厥後立王，生則逸（2）。繼自今嗣王，則其無淫于觀、于逸（安逸）、于游、于田，以萬民惟正之供。無逸6。有夏誕厥逸。乃惟爾商後王逸。厥逸。爾乃惟逸惟頗。多方4。/勤4。盤庚上1。大誥1。呂刑2。）

（30）甘—苦（甘1。稼穡作甘（甜味）。洪範1。/苦1。炎上作苦（苦味）。洪範1。）

（31）叨—廉（叨1。亦惟有夏之民叨懫（貪婪）日欽。多方1。/廉1。簡而廉（廉隅，方正）。皋陶謨1。）

（32）勖—惰（勖6。勖（勉力）哉夫子（3）。爾所弗勖。牧誓4。乃寡兄勖。康誥1。汝明勖偶王。君奭1。/惰2。股肱惰（懈怠）哉。皋陶謨1。惰（懶惰）農自安。盤庚上1）

（33）惡—懿（惡3。無有作惡。五曰惡。洪範2。元惡（邪惡）大憝。康誥1。/懿1。徽柔懿（美，善良）恭，懷保小民。無逸1。）

（34）敬—傲（敬25。堯典3。皋陶謨3。洪範1。康誥3。洛誥2。多士2。君奭2。多方1。顧命3。康誥2。呂刑3。/傲5。堯典2。皋陶謨2。盤庚上1。）

（35）恭—傲（恭14。堯典2。皋陶謨2。甘誓1。盤庚中1。盤庚下1。牧誓1。洪範2。酒誥1。召誥1。無逸2。/傲5。堯典2。皋陶謨2。盤庚上1。）

（36）寅—傲（寅6。堯典3。皋陶謨1。無逸1。多方1。/傲5。堯典2。皋陶謨2。盤庚上1。）

（37）貧—富（貧1。貧1。洪範1。/富2。洪範2。）

（38）吉—凶（吉11。盤庚上1。洪範6。金縢1。大誥1。召誥1。洛誥1。/凶5。洪範4。召誥1。）

（39）祥—凶（祥3。君奭1。呂刑2/凶5。洪範4。召誥1。）

（40）適—惡（適1。康誥1。/惡2。洪範1。康誥1。）

時—惡　（時1。黎民于變時（善）雍。堯典1。/惡2。洪範1。康誥1。）

（41）若—惡（若。民有不若（善）德。高宗肜日1/惡2。洪範1。康誥1。）

（42）剛—柔（剛5。剛（剛毅）而無虐。堯典1。剛而塞。皋陶謨1。二曰剛（剛強）克。剛（剛強）克（2）。洪範3。/柔4。柔（柔順）而立。皋陶謨1。三曰柔（柔弱）克。柔（柔弱）克（2）。洪範3。）

（43）多—鮮（多25。湯誓1。盤庚下1。西伯戡黎1。微子1。牧誓1。金4。大誥2。康誥1。酒誥1。召誥1。洛誥2。君2。多方3。呂刑1。文侯之命1。費誓1。秦誓1。/鮮1。休茲知恤，鮮哉！立政1。）

今文《尚書》中尚未出現與“高”對義的概念，其時，漢語中還未出現與“高”對義的“低”或“矮”。今文《尚書》出現不少表示時間長久的形容詞，還沒有發現表示時間短暫的形容詞。今文《尚書》有“多”字，也有“少”字，但“少”僅4見，無1見表示數量的“少”這一概念。表示“多”與“少”相反數量概念的反義詞，是“多”與“鮮”，“鮮”僅見於《立政》。今文《尚書》也有“眾”、“黎”等表示數量多的概念，但“眾”、“黎”與“鮮”不能構成反義關係。

3.2　反義形容詞聚合的方式

詞義是不斷變化和發展的，詞義引申使得原來沒有相反相對關係的詞成為反義詞，或原來是反義詞而發展為不是反義詞。反義詞的聚合是共時的，我們必須從共時的角度來分析反義類聚。

反義詞是客觀矛盾運動在語言上的反映，客觀事物有矛盾對立，語言上就會有反義詞。有些詞在本義上就有表示相反、相對的概念。

3.2.1　本義與本義構成的反義類聚

①**大**　禹敷土，隨山刊木，奠高山大川。（虞夏書·禹貢）

②**小**　予惟小子，若涉淵水，予惟往求朕攸濟。（周書·大誥）

甲骨文中就已有這一對反義詞。古人造“大”字，“近取諸身，遠取諸物”，認為人就是等齊於天地的大者。《說文》：“小，物之微也。从八，丨見而分之。”許慎釋形有誤，甲骨卜辭“小”之字形作三小點，象塵粒之形，以表示“微小”之義。可知“大”與“小”在造字之初就是一對反義詞。

③**黑**　厥土黑墳，厥草惟繇，厥木惟條。（虞夏書·禹貢）

④**白**　厥土白墳，海濱廣斥。（虞夏書·禹貢）

《說文》：“黑，火所熏之色也。”因火熏之物呈黑色，故黑為形容詞。《說文》：“白，西方色也。陰用事，物色白。”許慎受漢代陰陽學說的影響，解說非白之本義。朱駿聲《說文通訓定聲》:“日未出地平時，先露其光恒白。今蘇俗語昧爽曰‘東方發白’，是也。”（頁 458）白與黑用來表示相對的顏色，構成一對反義詞。

3.2.2 引申義與引申義構成的反義類聚

今文《尚書》還有不少反義詞是引申義項構成反義類聚或對義類聚。

①**明** 惇敘九族，庶明勵翼，邇可遠，在茲。（虞夏書·皋陶謨）

②**昏** 乂用昏不明，俊民用微，家用不寧。（周書·洪範）

《說文》:“明，照也。”“昏，日冥也。”兩詞詞類不同，一為動詞，一為名詞。兩詞的本義也不能構成反義關係。“明”引申有“光明”義，後又引申指“人的賢明”。

“昏”由日落西山，引申為“光線不明”，後又引申為“人的昏庸無能”。

“明”和“昏”兩者的本義並不構成反義，但它們的引申義在相應的義位上構成反義關係。同樣的語例還有“曲、直”。

今文《尚書》還有一種情況，多義詞之間不僅本義義項構成反義類聚或對義類聚，詞義引申後的引申義項依然構成反義類聚或對義類聚。

③**洪** 天乃錫禹洪範九疇。（周書·洪範）

④**小** 人有小罪，非眚，乃惟終自作不典。（周書·康誥）

《說文》:“洪，洚水也。”“洚水”就是“大水”。《說文解字注》曰:“《釋詁》:‘洪，大也。’引伸之義也。”（頁 546）“洪範”就是“大法”。“洪”從狀具象的水之“大”引申為狀抽象的“法”之“大”。

“小”從狀具象的“塵粒”之“微小”，引申為狀抽象的“罪行”之“小”。

“洪”和“小”兩者的本義義項構成反義類聚，引申義義項依然構成反義類聚。

3.2.3 本義與引申義構成的反義類聚

①**允** 允恭克讓，光被四表，格于上下。（虞夏書·堯典）

②**嚚** 父頑，母嚚，象傲，克諧。（虞夏書·堯典）

“允”的本義即為誠信。《說文》:“允，信也。”《爾雅·釋詁》亦曰:“允，信也。”邢昺疏:“允，謂誠實不欺也。”（頁 2569）

“嚚”《說文》:“語聲也。”本義為眾語之聲，後引申為“說話不誠實”。《尚書易解》:“嚚，不言忠信。”（頁 12）

“允”的本義與“嚚”的引申義構成反義類聚。

3.3　反義形容詞的對應關係

今文《尚書》多義詞義位之間的反義類聚存在著複雜的對應關係，有的多義詞義位之間的反義類聚是一對一的關係，有的則是一對二，有的多義詞的某義位既與這一多義詞的某一義位構成反義類聚，同時又與那一多義詞的某一義位構成反義類聚；有的則更為複雜，有的多義詞的某義位既與這一多義詞的某一義位構成反義類聚，同時又與那一多義詞的某一義位構成另外的一組反義類聚。諸如：

①**剛、柔**　強弗友剛克，燮友柔克。（周書·洪範）

②**剛、塞**　柔而立，願而恭，亂而敬，擾而毅，直而溫，簡而廉，剛而塞。（虞夏書·皋陶謨）

①②“剛克”、“柔克”對句相對，“剛”、“柔”亦對句同位相對。“剛而塞”之“剛”與“塞”同句相對成義。“剛”、“柔”形成反義類聚，同時，“剛”與“塞”又形成反義類聚。

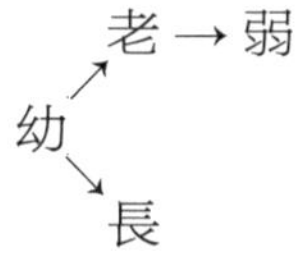

③**幼**　洪惟我幼沖人，嗣無疆大曆服。（周書·大誥）

④**老**　汝無侮老成人，無弱孤有幼。（商書·盤庚上）

⑤**長**　乃罔畏畏，咈其耇長舊有位人。（商書·微子）

⑥**弱**　三曰憂，四曰貧，五曰惡，六曰弱。（周書·洪範）

③④中“幼”與“老”形成反義類聚，③與⑤中“幼”與“長”又形成反義類聚，同時，④與⑥中“老”與“弱”又構成了另外一對反義類聚。

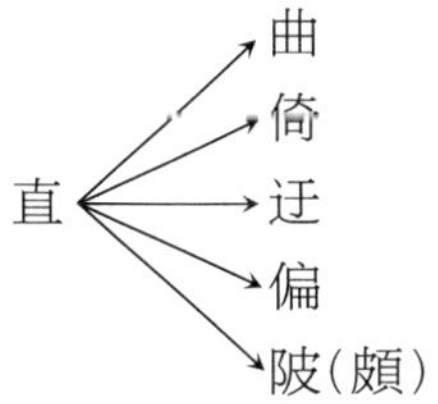

⑦**曲、直**　木曰曲直。（周書·洪範）

⑧**曲、直** 曲直作酸。（周書・洪範）

⑨**倚、迂** 今予命汝，一無起穢以自臭，恐人倚乃身，迂乃心。（商書・盤庚中）

⑩**偏、頗** 無偏無陂，遵王之義；無有作好，遵王之道；無有作惡，尊王之路。無偏無黨，王道蕩蕩；無黨無偏，王道平平。（周書・洪範）

“直”有“直”義，與“曲”相對；亦有“品性正直”義，與“品性偏邪”義相對。⑦⑧“直”與“曲”反義相對。⑨《尚書易解》：“倚，偏也。迂，邪也。”（頁 102）“直”之“品性正直”義與“倚”、“迂”形成反義相對。⑩《尚書易解》：“陂，不正也。‘陂’字《史記》、《熹平石經》作‘頗’，唐玄宗詔改為‘陂’。”（頁 139）唐玄宗詔改的原因是在唐代“頗”與“義”不押韻，實際上“頗”與“義”上古音同韻，“義”（義）從“羊”得義，從“我”得聲，在現代漢語中“頗”與“我”也是押韻的。唐人還沒有建立上古音的理論，還沒有認識到上古音到中古音有些韻母的變化，這是文獻學史上誤改經文的一個典型例證。可知，“直”之“品性正直”義亦與“偏”、“陂（頗）”構成反義相對。

詞的一個義位與多個詞某一義位構成反義類聚，首要因素是這些詞必須是多義詞。多義詞的一個義位有可能有一對反義詞，幾個義位就有可能有幾對反義詞。從理論上講，多義詞義位之間的反義類聚有一對一的關係，有一對二的關係，甚至有一對五的對應關係，“直”就與“曲”、“倚”、“迂”、“偏”、“陂（頗）”構成一對五的反義對應關係。當然，多義詞義位之間的反義類聚還應該有更多的對應關係，今文《尚書》中還未發現更為複雜的對應關係，是因為語言交際的經濟原則和社會性原則，要求語言中詞承擔的語義要適量，避免交際過程出現歧義現象，因而有些詞的非常用義便由其它同義詞、近義詞或新造詞所代替，代替的目的是盡可能減少語言交際中更為複雜的同義反義對應關係，以減少語言交際的冗餘和歧義。

3.4 反義形容詞的運用

客觀世界存在互相對立或對比著的事物、現象和關係，人們的思維裡就會出現相應的對立對比聯想，人們的語言實踐中也就會相應出現表示對立對比事物、現象和關係的概念。在語言中適當的運用反義詞，可以精確地傳播和接受思想和觀念，語言表達也會對比鮮明，生動活潑。反義詞在今文《尚書》裡的運用主要有連用和對用兩種形式。

3.4.1　連用

兩個單音節反義形容詞連用，結合緊密，語義固定，可以表示各種詞彙意義和語法關係。

①**小、大**　殷罔不小大好草竊奸宄。卿士師師非度。　（商書·微子）

②**小、大**　越小大邦用喪，亦罔非酒惟辜。　（周書·酒誥）

③**小、大**　惟天不畀不明厥德，凡四方小大邦喪，罔非有辭于罰。（周書·多士）

④**小、大**　至于小大，無時或怨。　（周書·無逸）

⑤**小、大**　此厥不聽，人乃訓之，乃變亂先王之正刑，至于小大。（周書·無逸）

⑥**小、大**　今爾奔走臣我監五祀，越惟有胥伯小大多正，爾罔不克臬。（周書·多方）

⑦**小、大**　柔遠能邇，安勸小大庶邦。　（周書·顧命）

⑧**小、大**　亦惟先正克左右昭事厥辟，越小大謀猷罔不率從，肆先祖懷在位。　（周書·文侯之命）

例①“小大”連言作主語，形容詞用作名詞，“小”指小民，“大”指群臣。“殷”修飾“小大”，“罔不”修飾“好（喜歡）”，說明範圍。狀語“罔不”與主語“小大”錯位。

例②③“小”和“大”都是形容詞，作定語，修飾“邦”。“小大”即“大大小小”，“小大邦”即“大大小小的國家”。

例④“小大”連言形容詞用作名詞，“小”指小民，“大”指群臣。

例⑤“小大”連言也是形容詞用作名詞，“小”指小法，“大”指大法。

例⑥“小”和“大”都是形容詞，作定語，修飾“正”。“多”也作定語修飾“正”，這是羡餘現象。“正”通“政”，指政事。“小大”即“大大小小”，“小大多正”即“大大小小的政事”。

例⑦“小”和“大”都是形容詞，作定語，修飾“邦”。“庶”也作定語修飾“邦”，這也是羡餘現象。“小大”即“大大小小”，“小大庶邦”亦即“大大小小的國家”。

例⑧“小”和“大”也都是形容詞，作定語，修飾“謀猷”。“越”是介詞，介引動作行為相關的物件。“小大謀猷”名詞性偏正結構作的介詞賓語。

在今文《尚書》中“小大”連言凡8見，“小大”是個短語，“小”和“大”還都是單音節形容詞。短語裡詞的排序是“小”前“大”後。先秦時期，許多並列結構尚未真正凝固成固定的並列式複合詞，所以其語素出現的先後順序也並不固定，而是與上下語境有關。先秦典籍裡就經常出現“大小”的短語，短語裡詞的排序是“大”前“小”後。“大小”泛指整個大大小小的事物。後來，“大小”的詞義在發展中又不斷的泛化，表示面積、體積、幅度和尺碼。《左傳・宣公三年》：“楚子問鼎之大小、輕重焉。”《孟子・滕文公上》：“屨大小同，則賈相若。”一問體積，一問尺碼，“大小”已經產生了新的詞義，以事物對立的兩端或兩個側面來概括整個事物，矛盾對立的事物在一定的條件下具有同一性，這種同一性就是反義詞產生概括的基礎。這樣的例子還有“曲、直”。

⑨**曲、直** 水曰潤下，火曰炎上，木曰曲直，金曰從革，土爰稼穡。

（周書・洪範）

⑩**曲、直** 潤下作鹹，炎上作苦，曲直作酸，從革作辛，稼穡作甘。

（周書・洪範）

例⑨“曲”、“直”說明主語“木”的特性，形容詞用作動詞。

例⑩“曲”、“直”本指物體的外形，因木材的特性經過加工可以彎曲可以伸直，物體的性質作為顯著部分突顯出來，就代替物體的本身。所以這裡的“曲直”就是形容詞用作名詞指稱樹木了。

今文《尚書》中還用顏色特徵來指代絲織品或服飾的名稱。《尚書新箋與上古文明》：“玄，赤黑色。纁，黃赤色。玄纁，指彩色絲綢。”（頁 70）又“黃朱，黃朱色的芾。”（頁 291）這兩個組合結構都可以從認知語言學的“整體—部分”的認知框架來解釋，整體比部分顯著，但事物的某些特徵作為顯著部分凸顯出來，就會用來指代事物本身了。通過“轉喻”或“換喻”，人們的意識可以在兩個相關的認知範圍之間進行過渡，用一個認知領域中凸顯的屬性來代替另一個認知領域的事物。這種詞組合之後，其詞性已發生轉變，由形容詞轉變為表示該性質的名詞，分別在句中作謂語或賓語。

3.4.2 對用

由於反義詞的意義都是相反、相對的，在語言中成對地使用反義詞，可以把事物的矛盾表現得更為突出，在對立概念的強烈對比下使讀者產生深刻的印象。對用在今文《尚書》中有單句對用和複句對用兩種形式。

3.4.2.1 單句對用

兩個單音節反義詞在一個單句的相同的語法位置上出現。例如：

①**大、小** 大都小伯、藝人、表臣百司、太史、尹伯，庶常吉士。

（周書・立政）

②**輕、重** 刑罰世輕世重，惟齊非齊，有倫有要。 （周書・呂刑）

例①形容詞“大”修飾名詞“都”，形容詞“小”修飾名詞“伯”。“大都小伯”就是“大都小都的官長”。《周禮・載師》注引《司馬法》曰：“小都，卿之采地。大都，公之采地。”《尚書正讀》：“伯，長也。大都言都不言伯，小都言伯不言都，互文見意也。”①

例②形容詞“輕”、“重”作謂語說明主語“刑罰”隨著社會狀況決定輕重。《孔傳》：“刑罰隨世輕重也，刑，新國用輕典，刑，亂國用重典，刑，平國用中典。”（頁 250）

“大”與“小”、“輕”與“重”在單句中的句法位置相同，或作修飾語，或作中心語，參差錯落，音節或和諧或鏗鏘，充滿張力。今文《尚書》還有不少形容詞單句對用的語例。諸如：《堯典》：“柔遠能邇。”《顧命》、《文侯之命》亦各有 1 見。

3.4.2.2　複句對用

一個複句有兩個句式相同的單句，兩個單音節反義詞分別在兩個單句對應的語法位置上出現。例如：

①**剛、柔**　沈潛剛克，高明柔克。（周書・洪範）

②**吉、凶**　卿士逆，庶民逆，作內吉，作外凶。（周書・洪範）

例①《爾雅・釋詁》：“克，勝也。”剛克，過分剛強；柔克，過分柔弱。“沈潛”、“高明”用作動詞，“剛克”、“柔克”作賓語，“剛”、“柔”形容詞用作名詞。

例②“吉”、“凶”形容詞作謂語，說明君王處理國家大事決疑時，在“汝則從，龜從，筮逆，卿士逆，庶民逆”情況下，“作內”“作外”的不同結果。

“剛”與“柔”、“吉”與“凶”在不同的單句相同的句法位置上成對使用，對比鮮明，讀來印象深刻。

任何語言現象都不是整齊劃一的，特例總會是有的，反義詞對用的情況也不例外。單句對用語例中有對用反義詞前後組合關係不同的情況，例如：《洪範》的“乂用昏不明”句，“明”前有否定副詞修飾，“昏”則無。“不明”語義等同“昏”，同為“用（因此）”修飾，作謂語說明“乂”的狀況。“昏”“明”對舉同義，加重語調語氣。複句對用語例中有單句句式不同的情況，例如：《商書・盤庚上》：“人惟求舊，器非求舊，惟新。”“器非求舊”是完全句，“惟新”是省略句。雖然兩個單句句式不同，兩種相對相反的現象放在一起，從正反兩個方面闡明道理，在否定“舊”之後，肯定“新”，強化了“新”的唯

① 曾運乾：《尚書正讀》，頁 252。中華書局，1964 年版。

一性。相互反襯形成鮮明的對比，有力地加強了語言的表達效果。

複句的反義詞對用還可以產生很好的修辭效果。反義詞不僅意義相反相對，而且詞性相同，語法功能一般也相同，語音上多有聯繫。語句中常常可以形成整齊的對偶句，構成語言的形式美。

③輕、重　上刑適輕，下服；下刑適重，上服。（周書・呂刑）

反義形容詞"輕""重"錯位對舉，對義方位詞"上""下"錯位對舉，對義方位詞"上""下"又分別與"刑""服"構成"上刑"、"下刑"、"上服"、"下服"。對偶句中上下分句中的"下服"與"下刑"形成近似頂真的修辭效果，"上刑"與"上服"構成近似回環的修辭效果。整個對偶句句式工整，回環往復，聲調抑揚頓挫，語言簡潔明確。

反義詞的大量使用增強了語言的氣勢，具有濃厚的修辭色彩，是漢語詞彙發達標誌之一。今文《尚書》的反義形容詞雖初具規模，但數量尚少，後世文獻的反義詞增加迅速。《左傳》中的反義形容詞已達到了 169 對。①《呂氏春秋》中的反義形容詞也有 133 對。②

今文《尚書》反義並列的複合詞還很少，許多反義連言仍然是短語形式，結構形式還未凝固化，語義內容也未泛指化、抽象化。

今文《尚書》中的反義詞中還有不少詞語屬於從言語反義詞向語言反義詞過渡的階段。詞彙中有明顯的方俗詞痕跡。例如，沒有與"遠"相對的"近"，只有古語詞"邇"；沒有與"多"相對的"少"，只有古語詞"鮮"。這些詞在反義詞的運用中有些被固定下來，有些則被淘汰。

今文《尚書》中的反義詞系統存在複雜的對應關係。有的多義詞僅有一個義位與另一個多義詞的義位構成反義詞短語，有的多義詞則有幾個義位可能和別的多義詞義位構成幾個反義詞組。有的反義詞可以同步引申構成新的反義詞短語，有的則不能。

---

① 毛遠明：《左傳詞彙研究》，頁 277。西南師範大學出版社，1999 年版。

② 張雙棣：《呂氏春秋詞彙研究》，頁 138。山東教育出版社，1989 年版。

(二)複音形容詞的構詞類型及其特徵

1.複音形容詞和形容性短語的識別策略

今文《尚書》處於上古漢語晚期，具有轉折期語言所具有的鮮明的時代特徵。今文《尚書》雖以單音詞為主，但複音詞正在迅速地形成和發展。複音詞與短語往往有著相同的結構形式和相似的語音形式，如何正確地區別詞和短語，需要同時運用語義、語音、句法、語用頻率、詞類轉換等多種識別策略。

1.1　單音節形容詞原來各自獨立表義，連言後形成新的完整的融合義。這樣的複音連言結構是詞而不是短語。

①**平康**　平康，正直；強弗友，剛克；燮友，柔克。　（周書・洪範）

②**遠邇**　無有遠邇，用罪伐厥死，用德彰厥善。　（商書・盤庚上）

（1）《爾雅・釋詁下》："平，成也。"郝懿行《爾雅義疏》："平者，正也、定也。""康，安也。"（頁219）《洪範》中"平康"連言並不是"平"與"康"詞義的簡單組合相加，而是表示一個新的融合義"中正和平"。《尚書易解》："平康者，中正和平也，正直之人有此性。"（頁140）可知"平康"是一個描寫人品性的性質形容詞。在後代文獻中，也可以作為一個狀態形容詞。例如，《忠經・廣為》："邦國平康（禮樂善而政刑輕也）。"[①]在現代漢語中，"平康"高頻使用，也是一個形容詞，與"康安"同解。

（2）"遠"和"邇"是今文《尚書》中表示空間距離的反義詞，兩音相連僅見於《盤庚上》，2見。遠，平聲；邇，上聲；"遠""邇"已根據連言成詞語音排列的選擇規則呈現結構上的凝固化趨勢，語義上也已產生別於本義新的融合義，"遠邇"是複音詞而不是短語。

① 吳龍輝主編：《中華雜經集成・第一卷・儒家類・忠經・廣為》，頁8。中國社會科學出版社，1994年版。

1.2 兩個單音節形容詞連言後產生借代義，不僅與單音節形容詞語素沒有直接的聯繫，而且與單音節形容詞的詞類也發生臨時轉換。

①**黃朱** 畢公率東方諸侯入應門右，皆布乘黃朱。 （周書·顧命）

②**曲直** 曲直作酸，從革作辛，稼穡作甘。 （周書·洪範）

（1）在今文《尚書》中"黃""朱"皆為顏色形容詞，連言後的詞義並不是黃色與朱色的簡單疊加，而是借代"芾"。《白話尚書》："黃朱：指芾。諸侯禮服上的蔽膝叫'芾'，芾是黃朱色，這裡用顏色代指事物。"①《顧命》中的"黃朱"是一個複合名詞。

（2）"曲"與"直"是表示事物外形的形容詞，"曲直"處於主語的位置，用作名詞，因木有可曲可直的特性而被借代指"木"。在後世文獻裡，"曲直"有"曲折"義。例如，《禮記·樂記》："使其曲直繁瘠廉肉節奏。"鄭玄注："曲直，歌之曲折也。"（頁1544）"曲直"又有"是非"、"善惡"義。例如，《史記·李斯列傳》："今取人則不然，不問可否，不論曲直，非秦者去，為客者逐。"

1.3 兩個同形單音節形容詞，如果連言後不是原義的簡單重複，而是產生了新的詞彙意義或者在原義的基礎上增加了新的附加意義，這樣的疊用式是複音詞而不是短語。

①**湯湯** 湯湯洪水方割，蕩蕩懷山襄陵，浩浩滔天。 （虞夏書·堯典）

②**番番** 番番良士，旅力既愆，我尚有之。 （周書·秦誓）

（1）"湯"的本義為熱水。《說文》："湯，熱水。"重疊後的"湯湯"則形容水勢洶湧，浪濤滾滾。《詩經·衛風·氓》："淇水湯湯。"《毛傳》："湯湯，水盛貌。"（頁325）後世文獻常用"湯湯"狀水盛之貌。例如：范仲淹《岳陽樓記》："浩浩湯湯，橫無際涯。"

（2）《尚書易解》："番，讀為'皤'。"（頁313）《說文》："皤，老人發白貌也。"可見，單音形容詞"皤"的詞義重心只是對老人外貌的描寫，"皤"重

---

① 周秉鈞：《白話尚書》，頁226。岳麓書社，1990年版。

疊以後，"皤皤"表達的詞彙意義不僅狀老人發白之貌，還有年高德劭的意義。不僅表示人的一種狀態，還表示對人的一種道德評判。《秦誓》"番番良士"的前一句是"尚猷詢兹黃髮則罔所衍"句，"黃髮"不僅僅是指"頭髮白而膚黃的老人"，更是指"年高德劭的老人"。"皤皤"猶之"黃髮"，"皤皤"的詞義不是"皤"詞義的簡單疊加，"皤皤"已成為複音形容詞。後世"皤皤"還有"豐多貌"。例如，左思《魏都賦》："豐肴衍衍，行庖皤皤。"

複音形容詞和形容性短語的區別主要採取語義融合識別策略。馬真認為："劃分先秦複音詞，主要應從詞彙意義的角度來考慮問題，即考察複音結合程度是否緊密，他們是否已經成為具有完整意義的不可分割的整體。這是最可行的辦法，其它方面的標誌都只能作為參考。"①馬說可以參考。當然語音選擇規則、句法組合功能（分析複音結構在句中充當句子的成分）也是很重要的，詞類轉換也是很容易掌握的識別策略。此外，形容詞連言出現的頻率也可以作為參考標準。因為複音形容詞不象短語那樣是臨時的組合，複音形容詞結構已經定型化，語義也已經約定俗成，不僅會在共時的語言中出現，也會在歷時的語言中出現。因而頻率標準也應該是一個標準。當然今文《尚書》形容詞連言出現的頻率不會高，我們可以參考同時期文獻中和後代文獻出現的頻率進行輔助判斷，出現頻率高的是複音詞，反之是短語。

2. 聯綿形容詞的構詞方式及其類型

今文《尚書》複音形容詞的構詞主要採取語音學方法和語法學方法。語音學方法構成聯綿形容詞和疊音形容詞，語法學方法主要構成複合形容詞。

2.1　聯綿形容詞構詞方式

聯綿形容詞是用連音式方法構成的複音形容詞。連綴兩個異形音節，單音節表音，複音節表義。聯綿形容詞的兩個音節僅僅是構詞的材料，任何一個單獨的音節僅僅表音並不表義。兩個音節只有一個詞素，不能分開來解釋。

① 馬　真：《先秦複音詞初探》，《北京大學學報》（哲學社會科學版），1981 年，第 1 期。

金文中已出現複音結構僅有一個詞素的聯綿詞，但囿於文體和字數的限制，金文中聯綿詞的種類與數量還比較少。"《尚書》的複音詞數量少，聯綿詞在複音詞中的數量就更少了，大約不足30個。分析今文《尚書》聯綿詞音節之間的聲音關係，有些有聯繫，有些沒有聯繫，有聲音聯繫的聯綿詞兩個音節多為雙聲，其次為疊韻。沒有聲音聯繫的聯綿詞多於有聲音聯繫的聯綿詞。"①其中，聯綿形容詞僅有2見，1見是兩個異形音節的非雙聲疊韻連音方式構成的，即一般叫做非雙聲疊韻聯綿詞，另有1見是雙聲通假聯綿詞。

2.1.1 兩個異形音節的雙聲連音表義構成雙聲通假聯綿形容詞

明明 穆穆在上，明明在下 （周書・呂刑）

《尚書覈詁》："明明，猶勉勉也。"（頁302）《詩經・魯頌・有駜》："夙夜在公，在公明明。"陳奐《詩毛氏傳疏》："早夜於公所，是即明明之義，明明，猶勉勉也。"（頁512）王引之《經義述聞》："家大人曰：明、勉一聲之轉。故古多謂'勉'為'明'。重言之則曰'明明'。《爾雅》曰：'亹亹，勉也。'鄭注《禮器》曰：'亹亹，猶勉勉也。'亹亹、勉勉、明明，亦一聲之轉。《大雅・江漢篇》曰：'明明天子，令聞不已。'猶言亹亹文王令聞不已也。《魯頌・有駜篇》曰：'夙夜在公，在公明明'，言在公勉勉也。《漢書・楊惲傳》曰：'明明求仁義，常恐不能化民者，卿大夫之意也；明明求財利，常恐困乏者，庶人之事也。'言勉勉求仁義，勉勉求財利也。"（頁170）符定一先生曰："《呂刑》：明明棐常。即勉勉輔行常法也。《孔傳》釋'明明在下'，謂三后之徒，秉明德明君道於下。此實大誤，考上文'乃命之後，恤功於民。伯夷降典，折民惟刑；禹平水土，主名山川；稷降播種，農殖嘉穀。'皆系言三后之勤，則'明明'謂'勉勉'也。《泮水》'明明魯侯'，亦謂'魯侯勉勉'也。"②

勉勉，猶"黽勉"。《詩經・邶風・北風》："黽勉同心。"《經典釋文》："黽勉，猶勉勉也。"（頁58）黽勉，是古代文獻中常見的聯綿詞。黽勉，《爾雅・釋詁》作"蠠沒"，釋義為"勉也。"《爾雅今注》："蠠沒，勤勉努力，聯綿字，聲轉為'黽勉'、'密勿'等，以'黽勉'較為常見。"③

明，明紐唐韻；黽，明紐唐韻；明、黽雙聲疊韻。勉，明紐寒桓韻；

① 錢宗武：《今文尚書語法研究》，頁48。商務印書館，2004年版。

② 符定一：《聯綿字典》（辰・日部），頁22。中華書局，1954年版。

③ 徐朝華：《爾雅今注》，頁25。南開大學出版社，1987年版。

明、勉明紐雙聲。

今文《尚書》中“明明”同形音節的連用凡 3 見。《堯典》“明明揚側陋”之“明明”是動賓結構。《尚書易解》曰：“上‘明’字，動詞。下‘明’字，賢明，指貴戚。”（頁 11）《吕刑》“明明棐常”之“明明”也是動賓結構。《白話尚書》釋為“顯用明德的人”。（頁 236）“明明在下”之“明明”，或作疊音詞“勉勉”，或作聯綿詞“黽勉”。“明明—勉勉—黽勉”形成動賓短語向單純詞發展的演變鏈，“明”、“勉”通用則是“明明”語法結構意義失落，單純詞複音詞素意義產生的仲介。曾曉渝先生認為：“上古時代的疊音詞在長期使用過程中，往往會發生音、義的連鎖變化，從而導致產生大量的聯綿詞。”“無論是原始語言的遺留，還是某個單音詞的緩言，或是感歎、模仿等，產生聯綿詞的數量極為有限而疊音詞的音變繁衍確具有相對較強的能產力，是上古聯綿詞產生的主要途徑。”①上古漢語中由疊音詞繁衍的聯綿詞還有相當數量。諸如：平平—便便—便煩、便姍、盤跚 / 崔崔—崔嵬、崔巍 / 渺渺—渺瀰、渺湎、渺茫。

2.1.2　兩個異形音節的非雙聲疊韻連音表義構成非雙聲疊韻通假聯綿形容詞

勿褻　其有眾咸造，勿褻在王庭。　　（商書·盤庚中）

《尚書覈詁》：“勿褻，《一切經音義》引作‘忽媟’。孔安國曰：‘媟，慢也。’段玉裁謂‘忽’者字之誤。‘褻’本作‘媟’。按：勿褻，古成語。”（頁 106）勿褻，惴惴不安之貌。

勿，明紐沒韻；褻，心紐曷末韻。勿褻，聲韻皆不同。

這類聯綿詞的兩個音節雖然沒有雙聲與疊韻的語音關係，但是兩個音節結合緊密，不能拆開，倘若拆分開來，單獨音節沒有意義，或與原來的語義完全不同。這也就是聯綿詞“字無定形，音隨字轉”的特點。字面意義與實際的意義相去甚遠。由於漢字是表意體系的文字，具有外在的形象性和內在的理據性，導致人們從字的形體出發去理解字義。上古漢語中單音詞佔優勢，一個字義往往就是一個詞義，掌握了字義也就掌握了詞義，字與詞之間沒有明確的界限，所以容易導致人們認識上的誤區。唐代段成式就將“狼狽”一詞分開來解釋，認為“狼狽”是兩物，狽前足絕短，每行常駕於狼腿上，狽失狼則

---

① 曾曉渝：《論說聯綿詞》，《紀念馬漢麟先生論文集》，頁 286。南開大學出版社，1998 年版。

不能動，故世言事乖者稱狼狽。① 後世以訛傳訛，致使在詞源的基礎上衍生出“狼狽為奸”這一成語。這種望文生訓的解釋不符合聯綿詞的構詞特點。清儒王念孫對聯綿詞的構詞特點及其詞義特徵有比較深刻的認識。王氏云：“凡連語之字，皆上下同義，不可分訓。說者望文生義，往往穿鑿而失其本旨。”“求之愈深，失之愈深，所謂大道以多歧之羊者也。”②

2.2 聯綿形容詞構詞的特點

2.2.1 漢語具有豐富的音同音近字，同一聯綿詞可以用各種形體不同的音同音近字來表示。聯綿詞“合二字之聲以成一字之意”，常常是“字無定形，一詞多形，音隨字轉”，具有一字多形、書寫形式多樣性的詞形特點。據符定一先生的《聯綿字典》統計，“逶迤”一詞就有83種變體。今文《尚書》的聯綿詞同樣具有一詞多形的詞形特點，絕大多數的聯綿詞都有異形詞。諸如：譸張/侜張、輈張、舟張，由繹/繇繹、猶繹、誘掖，析支/賜支、鮮支，鴟義/消義、蚩義。當然，今文《尚書》的聯綿詞也有明顯的個性寫詞特點。一是多數聯綿詞兩個音節中僅僅是一個音節有異形，另一個音節字形往往固定不變。如上例：譸、侜、輈、舟/張，由、繇/繹，析、賜、鮮/支，鴟、消、蚩/義。二是有些聯綿詞兩個音節的位置並不固定，可前後易位。例如：威（王引之以為“威”為“烕”之形訛）侮—侮威，侮老—老侮，搏拊—拊搏。書寫形式的多樣性和音節位置的變易性從不同的側面說明聯綿詞的單字表音、複音表義的構形特徵和表義特徵。今文《尚書》的聯綿形容詞雖然僅有2個，但是既具備文獻形容詞的一般寫詞特點，也具備今文《尚書》富有個性的寫詞特點。例如，“勿褻—忽媟”“字無定形，一詞多形，音隨字轉”，具有文獻形容詞的一般寫詞特點；“明明—勉勉—黽勉”則既具有文獻形容詞的一般寫詞特點，又具備今文《尚書》鮮明的個性寫詞特點。

2.2.2 一般認為聯綿詞大多具有聲音上的相似性，不是雙聲就是疊韻或為雙聲疊韻。據統計，在先秦聯綿詞中疊韻聯綿詞約佔總數的1/2。今文《尚書》的聯綿詞以沒有聲音聯繫的聯綿詞為主，有聲音聯繫的聯綿詞又以雙聲聯綿詞為主。今文《尚書》聯綿形容詞與今文《尚書》聯綿詞整體構詞規律相符，既有非雙聲疊韻聯綿形容詞，也有雙聲聯綿形容詞，雖然語例比較少，但個性特點也還是很明顯的。

---

① （唐）段成式：《酉陽雜俎》，頁160。中華書局，1981年版。

② 清·王念孫：《讀書雜志》，頁407–410。江蘇古籍出版社，1985年版。

2.2.3 先秦文獻語言中的聯綿詞大多數是形容詞，其次是名詞，動詞最少。但是，在今文《尚書》中卻以動詞為數最多，名詞次之，最少的是形容詞。這可能與今文《尚書》的文獻性質有關。《書》記先王之事，長於政，今文《尚書》為政史記言散文，不注重文辭的修飾描寫。

2.2.4 聯綿詞是一個歷史概念，聯綿形容詞也是一個歷史概念。

語言是思維的工具。漢語是漢族群體思維方式在語言中的體現。洪堡特認為："語言仿佛是民族精神的外在表現；民族的語言即民族的精神，民族的精神即民族的語言，二者的同一程度超過了人們的任何想像。"①漢字是漢語的書寫符號系統，漢字初文及其初文的孳乳真實地體現了漢民族"比類取象"類比思維的思維模式。漢字是形、音、義三位一體的結構，義是其內在的核心，音與形是其外在的音響形式和書寫形式，三者之間相互依存相輔相成。不少聯綿詞形義之間沒有聯繫，僅僅單獨留下語音形式與詞義發生聯繫。聯綿詞的依音表義與漢字"見形知義"的表義特徵發生衝突。雖然聯綿詞對漢語詞彙複音化的過程起過推動作用，但是，聯綿詞依音表義的構詞方法和漢字"見形知義"的表義特徵形成的衝突從本質上來說是無法解決的。

聯綿詞的產生主要靠語音之間相互作用。吳澤順先生將其分為"異聲相轉"、"異韻相轉"，"聲近相轉"、"韻近相轉"等 8 類。無論聲音發生何種變化，都必須受到聲音的限制，而無法大面積的組詞。再說聯綿詞構詞依賴聲音的相似性，聯綿詞之間大量的雙聲疊韻關係造成音同音似字過多，也會極大地影響語言的交際。

相對於語音構詞的局限性，語法造詞就具有天然的優勢，詞素與詞素不必顧忌語音上的聯繫而可以大量地組合。

語言是交際的工具，語言必須遵循經濟性準確性的原則。聯綿詞背離了這兩個原則。隋唐以後，語言中除沿用先秦常見的聯綿詞以外，基本上不再出現新的聯綿詞了。聯綿詞漸漸成為一個歷史的概念。形容詞主要是說明人或事物性質和狀態的詞，形容詞的主要語法功能是作定語或狀語，是起修飾作用的詞。聯綿形容詞詞形的多樣性和語義的模糊性不僅起不到修飾作用，還會成為語言交際的累贅，比名詞性聯綿詞更早退出語言的實際運用，更早成為一個語言學的歷史概念。後世書面語言中，描摹聲音的複音節或多音節詞，

① （德）威廉・馮・洪堡特著，姚小平譯：《論人類語言結構的差異及其對人類精神發展的影響》，頁 50。商務印書館，1997 年版。

叫做象聲詞，不是聯綿詞。 象聲詞的音節主要表示的是一個聲音符號。

3. 疊音形容詞的構詞方式及其特點

重疊兩個同形音節構成的詞叫做疊音詞。 疊音詞又叫重言詞或疊字詞。疊音詞在描寫容狀、摹擬聲音、增強語氣和調節語調方面有著特殊的修辭作用。 這些性質都是形容詞所獨有的。 疊音構詞是漢語詞彙複音化過程中的一個重要形式。 伍宗文先生在對《詩經》、《楚辭》、《爾雅》、《尚書》以及諸子的文章進行統計後發現“不使用疊音詞的先秦典籍幾乎沒有。”①

早在清代，許多學者就認識到疊音詞研究的意義及學術價值。 前賢王念孫、邵晉涵、王筠、阮元等都做過深入的研究。 自清以降，研究者日衆，但爭論依然很多。 關鍵在於界定疊音詞的標準不統一。 今人呂叔湘先生就將疊音詞分為“不疊不能用”和“不疊也能用”兩類。② 楊伯俊、何樂士則把前者稱為“疊字”，把後者稱為“疊詞”。“疊字所構成的是單詞，疊詞所構成的是複詞”。③ 馬真認為“喈喈，喓喓”之類為單純詞，“灼灼，依依，杲杲，漉漉”之類為合成詞。④ 王昌茂，勾俊濤將“喈喈，關關，丁丁”等稱為構音重疊，“采采，燕燕，宿宿”為構詞重疊，“夭夭，依依、杲杲”為構形重疊。⑤ 仁者見仁，智者見智，可見疊音詞的研究有待深入展開。

3.1 疊音形容詞及其構詞特點

今文《尚書》的疊音詞按詞彙意義和語法功能分類，大致可以分為形容詞、動詞、名詞和象聲詞四類。 今文《尚書》大概有 34 個疊音詞，形容詞最多，包括兼類詞凡 21 個。 即：安安、湯湯、蕩蕩（2 見）、浩浩（2 見）、烝烝、業業、贊贊、桓桓、丕丕（2 見）、焰焰、肄肄、眇眇、泯泯、棼棼、穆

---

① 伍宗文：《先秦漢語複音詞研究》，頁 162。 巴蜀書社，2001 年版。

② 呂叔湘：《中國文法要略》，頁 8。 商務印書館，1982 年版。

③ 楊伯峻，何樂士：《古漢語語法及其發展》，頁 35。 語文出版社，2001 年版。

④ 馬　真：《先秦複音詞初探》，《北京大學學報》（哲學社會科學版），1980 年，第 5 期。

⑤ 王昌茂，勾俊濤：《古漢語構形重疊詞研究》，《華中師範大學學報》，2000 年，第 3 期。

穆、番番、仡仡、截截、昧昧、斷斷、休休。 動詞包括兼類詞 9 個：穆穆（3 見）、師師、兢兢、孜孜、頜頜、蹌蹌、聒聒、生生、平平。 名詞 3 個：師師（2 見）、子子、孫孫。 象聲詞 1 個：呱呱。

如果將象聲詞歸入形容詞，今文《尚書》疊音詞作形容詞的有 22 個，約佔 66%；名詞 3 個，約佔 6%；動詞 9 個，約佔 28%。 今文《尚書》的疊音詞反映了漢語疊音詞的共性特點，即疊音詞多為形容詞。 王筠《說文釋例》卷五云："凡重言皆形容之詞。"（頁 113）《詩經》中疊音詞計有 359 個，其中形容詞 352 個，名詞 1 個，動詞 5 個，嘆詞 1 個。 金文中也有疊音詞，多為名詞和形容詞，也有嘆詞，未見動詞。①

《楚辭》中有 110 多個疊音詞，《楚辭》、《詩經》中的疊音詞幾乎佔了先秦疊音詞的總數的三分之二。 在非韻文作品中，今文《尚書》有 22 個疊音形容詞，疊音形容詞的使用頻率還是比較高的。

詞目	詞　　例	詞次
安安	欽明文思安安。（虞夏書・堯典）	1
湯湯	湯湯洪水方割。（虞夏書・堯典）	1
蕩蕩	蕩蕩懷山襄陵。（虞夏書・堯典） 無偏無黨，王道蕩蕩。（周書・洪範）	2
浩浩	浩浩滔天。（虞夏書・堯典） 浩浩懷山襄陵。（虞夏書・皋陶謨）	2
烝烝	以孝烝烝，義不格奸。（虞夏書・堯典）	1
業業	有邦兢兢業業。（虞夏書・皋陶謨）	1
贊贊	思曰贊贊襄哉。（虞夏書・皋陶謨）	1
呱呱	啟呱呱而泣。（虞夏書・皋陶謨）	1
桓桓	尚桓桓，如虎如貔。（周書・牧誓）	1
丕丕	弼我丕丕基。（周書・大誥） 以並受此丕丕基。（周書・立政）	2
焰焰	無若火始焰焰。（周書・洛誥）	1
肄肄	則肄肄不違。（周書・顧命）	1
眇眇	眇眇予末小子。（周書・顧命）	1

① 管燮初：《西周金文語法研究》，頁 196。 商務印書館，1981 年版。

詞目	詞　　例	詞次
泯泯	泯泯棼棼，罔中于信。（周書・呂刑）	1
棼棼	泯泯棼棼，罔中于信。（周書・呂刑）	1
穆穆	穆穆在上。（周書・呂刑）	1
番番	番番良士，旅力既衍。（周書・秦誓）	1
仡仡	仡仡勇夫，射禦不違。（周書・秦誓）	1
截截	惟截截善諞言。（周書・秦誓）	1
昧昧	昧昧我思之。（周書・秦誓）	1
斷斷	斷斷猗無他技。（周書・秦誓）	1
休休	其心休休焉。（周書・秦誓）	1

疊音詞本身的構詞方式是同形音節的重疊，可以用公式表述為：同形音節＋同形音節=詞素。為了正確區分字的重疊和詞的重疊，疊音詞的詞形必須有穩固性，疊音詞的詞義也要具有穩固性。在各種語境中，其詞彙意義和語法意義是穩定的，單字間沒有複雜的語法聯繫。

今文《尚書》中有些疊音詞的單音節本身就是一個詞，但重疊以後詞彙意義和語法意義都發生了變化，變成形容詞了。有些疊音詞的單音節字本身就是一個形容詞，不重疊也能使用，重疊以後仍是形容詞，但重疊以後的語法意義發生了變化，詞彙意義也稍有改變。

①**業**　紹複先王之大業，厎綏四方。　（商書・盤庚上）
②**業業**　無教逸欲，有邦兢兢業業。　（虞夏書・皋陶謨）
③**丕**　公稱丕顯德，以予小子揚文武烈。　（周書・洛誥）
④**丕丕**　天明畏，弼我丕丕基！　（周書・大誥）

①中“業”是名詞“事業”。而②疊音詞“業業”是形容詞。《爾雅・釋訓》：“業業，危也。”可以看出兩者之間不僅不存在語義關係，而且詞性也不同。說明複音節“業業”只是借用單音節“業”的音節來表示“勤勉”之義。③中的“丕”與④“丕丕”的語法意義大不相同。單音形容詞只能表示事物的性質，複音節表示的則是這種性質的狀態或情態，它往往包含人的感情色彩。③形容詞“丕”只不過用來說明“功德”的一種屬性，而④“丕丕基”是指“偉大的事業”，包含言語者自身強烈的感情色彩。因此，我們認為“丕丕”複音節是詞，這個詞與構成它的單音節的詞彙意義稍有變動，語法意義發生了較大的變化。單獨一個“丕”是一個詞，但在“丕丕”中，“丕”並不是一個詞，只是一個構詞成分而已。

3.2　疊音形容詞的語義關係

疊音形容詞內部結構複雜，但仔細分析疊音形容結構內部的語義關係及疊音形容詞的形義關係，可以發現今文《尚書》的疊音形容詞具有語義的對應性、語義演變的同向性和複音節表義詞形的變異性。

3.2.1　單音節與複音節語義的對應性

今文《尚書》疊音詞單音節的意義決定複音節的意義。單音節的本義、引申義、通假義與複音節的本義、引申義、通假義之間存在著一一對應關係。

3.2.1.1　單音節為本義，其複音節也為本義

①**丕丕**　以並受此丕丕基。　（周書・立政）

《說文・一部》："丕，大也。"《爾雅・釋訓》："丕丕，大也。""丕"的本意為"大"，疊音詞"丕丕"的意義也為"大"。兩者都用其本義。

②**焰焰**　無若火始焰焰。　（周書・洛誥）

《說文・火部》："焰，火行微焰焰也。"《慧琳音義》卷八："'煙焰'注：焰，火微行也。"① "焰"的本義為"火剛點燃火苗微弱的樣子"。疊音詞"焰焰"也為"火始燃燒火勢微弱的樣子"。這是周公告誡成王赴洛的比喻，上文為"孺子其朋，孺子其朋"，意即"你要振作啊，你要振作啊"，下文為"厥攸灼敘，弗其絕"，意即"那燃燒的火，不可讓它熄滅！"

③**仡仡**　仡仡武夫，射御不違。　（周書・秦誓）

《說文・人部》："仡，勇壯也。"蔡沈《書集傳》："仡仡，勇貌。"（頁259）《尚書易解》："仡仡，勇壯貌。"（頁313）"仡"的本義為"勇壯"，疊音詞"仡仡"也為"勇壯"。

①②③單音節義與複音節義之間存在著一一對應關係，只是後者增加了描寫的意味。

3.2.1.2　單音節為引申義，其複音節也為引申義

①**眇眇**　眇眇予末小子。　（周書・顧命）

《說文・目部》："眇，一目小也。""眇"的本義為"小目"，引申為"微小"。蔡沈《書集傳》："眇，小。"（頁235）孫星衍《尚書今古文注疏》：

① （清）慧　琳：《一切經音義・卷八》，頁392。《續修四庫全書・經部・小學類》，196冊，上海古籍出版社，2002年版。

“眇眇，微也。”（頁502）《尚書易解》：“眇眇，微小也。”（頁283）正用“眇”之引申義。例①中“眇”由本義“小目”引申出的“微小”義，由具體義引申出抽象義。複音節“眇眇”也為“微小”義，和單音節保持語義一致。

②昧昧 昧昧我思之。（周書·秦誓）

《說文·日部》：“昧，爽，旦明也。一曰闇也”。“昧”的本義為“早晨天空未明”，引申有“昏暗，暗暗”義。《廣雅·釋訓》：“昧昧，暗也。”（頁710）

③湯湯 湯湯洪水方割。（虞夏書·堯典）

《說文·水部》：“湯，熱水也。”“湯”的本義為“滾滾的熱水。”引申出“翻滾”義。蔡沈《書集傳》：“湯湯，水盛貌。”（頁5）正是用其引申義來描寫洪水波浪翻滾、洶湧澎湃的樣子。

3.2.1.3 單音節為通假義，其複音節也為通假義

①番番 番番良士，旅力既衍。（周書·秦誓）

《說文·釆部》：“獸足謂之番。”古文“番”就像獸掌形。“番”常假作“皤”。孫星衍《尚書今古文注疏》：“番番，為老人狀貌。”（頁552）《史記·秦本紀》：“黃髮番番。”張守節《史記正義》：番番，“字當作‘皤’。”①《尚書新箋與上古文明》：“‘番’通‘皤’。《說文》：‘皤，老人發白貌也。’皤皤：白髮蒼蒼的樣子。”（頁327）所以“番番”有“老人白首貌”。

②贊贊 思曰贊贊襄哉！（虞夏書·臯陶謨）

《說文·貝部》：“贊，見也，从貝从兟。臣鉉等曰：‘兟，今音詵。進也，執贄而進，有司贊相之。’”孫星衍《尚書今古文注疏》：“贊贊，猶明明；明明，即勉勉也。”（頁88）《尚書易解》：“贊贊，疊音之者，肖其語氣也。”（頁34）可見“贊贊”是“贊”的通假義。

疊音詞“番番”、“贊贊”，單音節實際上只是一個聲音符號，如果說有意義的話只是構詞的語法意義。這類疊音詞也有調節語氣語調的作用，如果說有意義的話只是單音節本義的通假義。單音節用通假義，複音節也用通假義的語例在本文所提及的三種語義關係中數量是最少的。

3.2.2 單音節與複音節語義演變的同向性

今文《尚書》疊音詞單音節的多義性造成了複音節的多義性。單音節的義項與複音節的義項在詞義的引申上保持相同的方向。

---

① （漢）司馬遷：《史記》，頁194。中華書局，1959年版。

“蕩”有兩個義項:（1）廣大的樣子;（2）平坦

（1）廣大的樣子
蕩——《玉篇》:“蕩，廣貌。”①
蕩蕩——蕩蕩懷山襄陵。（虞夏書·堯典）
蔡沈《書集傳》:“蕩蕩，廣貌。”（頁5）

（2）平坦
蕩——魯道有蕩。（齊風·南山）
《毛傳》:“蕩，平易也。”（頁352）
蕩蕩——無偏無黨，王道蕩蕩。（周書·洪範）
《尚書易解》:“蕩蕩，平易也。”（頁139）

今文《尚書》中的單音節詞具有多個義項，而由此產生的複音節在語義上與單音節保持相同的演變方向。“蕩”的一個義項為“廣大的樣子”，其複音節“蕩蕩”的一個義項也有“廣大的樣子”義。“蕩”的另一個義項為“平坦”，其複音節“蕩蕩”同樣有“平坦”義。說明“蕩”的兩個義項在疊音過程中，意義並沒有發生變化而是保持同向的發展。

3.2.3　複音節表義詞形的變異性

今文《尚書》中同一事物可以用不同的疊音詞來修飾，這些疊音詞的意義基本相同。一方面說明疊音詞形的變異性，另一方面也說明上古疊音詞已經發展到相當豐富發達的水準，已出現異形同義疊音詞和異形近義疊音詞。

（1）下面句中的“湯湯”、“蕩蕩”、“浩浩”都可以用來形容“水大的樣子”。

水大的樣子
湯湯洪水方割。（虞夏書·堯典）
蔡沈《書集傳》:“湯湯，水盛貌。”（頁5）
蕩蕩懷山襄陵。（虞夏書·堯典）
《孔傳》:“蕩蕩，言水奔突有所滌除。”（頁122）
浩浩滔天。（虞夏書·堯典）
《孔傳》:“浩浩，盛大若漫天。”（頁122）
浩浩懷山襄陵。（虞夏書·皋陶謨）
《玉篇》:“浩，浩浩。水盛也。”（頁343）

① （南朝）顧野王:《宋本玉篇》張氏澤存堂影印本，頁348。中國書店，1983年版。

（2）下面句中的“孜孜”、“肄肄”都有“勤勉，努力”義。

勤勉，努力
- 予思日孜孜。（虞夏書・皋陶謨）
  《孔疏》曰：“孜孜，勤敏之意。”（頁 141）
- 則肄肄不違。（周書・顧命）
  《尚書易解》：“肄肄，勤勞之意。”（頁 275）

（3）下面句中的“桓桓”、“仡仡”義皆為“威武的樣子”。

威武的樣子
- 尚桓桓，如虎如貔。（周書・牧誓）
  《爾雅・釋訓》：“桓桓、烈烈，威也。”
- 仡仡勇夫，射禦不違。（周書・牧誓）
  蔡沈《書集傳》：“仡仡，勇貌。”（頁 259）

例（1）中描寫“水大的樣子”的疊音形容詞就有 3 個，例（2）描寫“勤勉，努力”義的疊音形容詞有 2 個，例（3）描寫人物“威武勇猛”的疊音形容詞也有 2 個。類似的語例還有一些，例如：表“善美”義的“烝烝”（堯典）和“穆穆”（洛誥）。《尚書》是政史散文，行文典雅莊重，已出現如此豐富的疊音詞，可見疊音詞在商周時期已具有相當的規模。

3.3 疊音形容詞存在語義羨餘現象

人們在日常交際中，為了保證理解的準確無誤，總是提供比實際需要更多的信息。這些傳遞更多信息的詞語是語言的羨余成分。這種現象稱之為語言的羨餘現象。當然羨余成分的出現不完全是可有可無的，或是為了強調，或是為了使語義更明確，或是為了補足某些詞語中已經失去的某個成分的意義。羨餘現象具有普遍性，它是語言本質屬性之一。今文《尚書》中的疊音詞與其後的單音節詞意義往往相同，我們認為這也是一種語義羨餘現象。“湯湯洪水方割。”（《堯典》）蔡沈《書集傳》：“湯湯，水盛貌。”（頁 5）《爾雅・釋詁上》：“洪，大也。”郝懿行《爾雅義疏》：“洪者，水之大也。”（頁 11）“湯湯”與“洪”均為對水勢的描寫。“洪水”一詞由於使用的頻繁已成為一個概念，“洪”的修飾功能降低。為了突出水勢的巨大，體現說話人自身強烈的感情而用狀態形容詞“湯湯”對“洪水”再次進行修飾。又如“眇眇予末小子。”（《顧命》）“眇眇”、“末”、“小”都有“微小”義，都用來修飾名詞“子”。“小子”在《周書》時代已成為一個詞，它是康王自謙時的稱謂。《說文》：“末，木上曰末。”樹木的頂端往往細小柔弱，所以“末”引申有微小義。“末”用來修飾“小子”為一層語義羨餘。蔡沈《書集傳》：“眇，小。”（頁 235）亦為對“小子”的修飾，突出康王的自謙，此為二層語義羨餘。將康王的謙虛形象生動地表現出來，具有強烈的描寫意味。《尚書》中的這種語義羨餘現象是語言發展的一種體現。它是強調而不是重複，是羨餘而不是冗余，對於增強語言的張力，提升作品的感染力具有積極的意義。

清代學者在研究疊音詞時已發現疊音詞與其後的單音詞之間往往存在著意義上的聯繫。王引之《經義述聞》："家大人曰:《漢廣篇》'翹翹錯薪，言刈其楚'；'翹翹'與'錯薪'連文，則'翹翹'為'眾多'之貌。"（頁119）《詩經》中的疊音詞有很多這種用法。《邶風·柏舟》："憂心悄悄。"《毛傳》："悄悄，憂貌。"（頁297）"憂"與"悄悄"同義。《周南·兔罝》："赳赳武夫。"《毛傳》："赳赳，武貌。"（頁281）"武"與"赳赳"同義。這種語義上的強調並沒有引起人們的反感，疊音詞的加入使得所表達的思想感情不再是抽象的，而是歷歷在目的實物、動作。這種現象在商周時期語言系統中應用較為普遍，在某種意義上，羨餘形式比非羨余形式更富有活力，更受人歡迎。

3.4　疊音形容詞具有一定的韻律效果

從內部結構上看，疊音詞的兩個要素完全相同，不僅響度相同，聲調也相同；外在形式上表現為一種聲音和現象上的重複。這種整齊的韻律具有音樂上的美感，在意義上比較適合表現事物的形貌。王力先生將疊音詞歸入"繪景法"，他認為"說話人的用意在於很生動地描繪一種情景，令說話人或讀者儼然如見"。①

這種生動活潑的形式便於將抽象的事物形象化，將靜態的事物動態化。"無偏無黨，王道蕩蕩。"（《洪範》）《孔傳》："蕩蕩，言水奔突有所滌除。"（頁190）疊音詞"蕩蕩"將王道的坦蕩鮮明地表現出來，給人留下了深刻的印象。"無若火始焰焰。"（《洛誥》）《尚書新箋與上古文明》："焰焰，火微微燃燒的樣子。"（頁210）疊音詞"焰焰"突出了火燃燒的動態效果。

從外在形式上看，疊音詞的運用使得《尚書》的句式更加整齊。"泯泯棼棼，罔中于信。"（《呂刑》）"番番良士，旅力既衍。"（《秦誓》）這種（2＋2）式的音步符合漢語語言表達的一般規律，是漢民族講究對稱心理在語言上的體現。在某種程度上這種四言格式的大量運用也是為了便於人們的傳誦。因為所有的文學在上古時期都是以歌唱為傳播方式，"詩言志，歌永言，聲依永，律和聲"，正是對這種特徵的描述。疊音詞的使用在一定程度上使語言

① 王　力:《中國語法理論》，頁184。商務印書館，1985年版。

的音節和諧、句式整齊，便於人們表達和記憶。

總而言之，疊音構詞是漢語詞彙複音化過程中的一個重要形式。疊音詞內部具有豐富的語義關係，與此同時它還和句中的單音節有相應的語義聯繫。疊音構詞是漢語複音化的先導，它適應了人們對詞語表義準確性的要求，避免在交際過程中可能出現的混亂。此外，我們還發現疊音詞的語法意義比較豐富，語法功能較強，可以充當任何句法成分。

3.5 疊音形容詞的句法位置及其構詞造語的主要方式

今文《尚書》疊音形容詞在句法結構中主要作狀語和定語，也可以作謂語。

疊音形容詞作定語：

(番番)良土。 (周書・秦誓)

(仡仡)勇夫。 (周書・秦誓)

疊音形容詞作狀語：

[湯湯]洪水[方]割。 (虞夏書・堯典)

[昧昧]我思之。 (周書・秦誓)

主語＋疊音形容詞

疊音形容詞作謂語，或作並列謂語中的一個謂語：

四門穆穆。 (虞夏書・堯典)

有邦兢兢業業。 (虞夏書・皋陶謨)

今文《尚書》疊音形容詞在句中語法位置靈活，詞義表達力強，兼之疊音形容詞疊音的特殊語音形式，很容易成為動態語言中構詞造語的活躍因素。在今文《尚書》中已出現疊音形容詞的 AABB 式重疊，諸如“兢兢業業、泯泯芬芬”等。管燮初於《西周金文語法研究》一書中統計西周金文中共有“AABB” 94 例。(頁 196) 曹先擢將《詩經》“AABB”疊字稱為甲甲式的並列式，並將這種並列式和現代漢語雙音節形容詞重疊式“漂漂亮亮”在形式上進行比較，認為“漂漂亮亮”是複音詞“漂亮“的重疊，①而“泯泯芬芬”卻是疊音詞“泯泯”與“芬芬”的組合。在先秦時期這種結構還不夠穩定，如“兢兢業業”還可以和其他疊音詞組合成“戰戰兢兢、赫赫業業、矜矜兢兢”等。雖然這種結構在今文《尚書》時代還沒有定型，但它已預示著

① 曹先擢：《詩經疊字》，《詞彙學論文彙編》，頁 247。商務印書館，1989 年版。

“AABB”式樣的發展。

後世不少成語和多音節附音詞是以疊音形容詞作為構成要素的。 其主要構造方式有五種。

3.5.1　移位拼合

文獻語言中“浩浩湯湯”和“浩浩蕩蕩”這兩個成語，源自《虞夏書・堯典》：“湯湯洪水方割，蕩蕩懷山襄陵，浩浩滔天。”三句各取前二字移位拼合而成。 文獻中起初用“浩浩湯湯”，後慣用“浩浩蕩蕩”。

3.5.2　借用組裝

漢語成語中的“戰戰兢兢”或肇源於古文《尚書》的《仲虺之誥》“小大戰戰”句和今文《尚書》的《皋陶謨》“有邦兢兢業業”句。“小大戰戰”的“戰戰”借用“兢兢業業”的“兢兢”，組裝為成語“戰戰兢兢”。《詩經》已有“戰戰兢兢”，見《小雅》的《小旻》和《小宛》篇。

3.5.3　通假整合

漢語成語的“蒸蒸日上”是《堯典》“以孝烝烝”的“烝烝”之通假整合。《爾雅・釋訓》：“烝烝，作也。”郭璞注：“皆物盛興作之貌。”①

3.5.4　增加中心詞

漢語成語中的“孜孜不倦”語出《皋陶謨》的“予思日孜孜”。 孜孜，《孔疏》：“勤敏之意。”蔡沈《書集傳》曰：“孜孜者勉力不怠之謂。”（頁 32）《史記・夏本紀》“孜孜”作“孳孳”。“孜孜不倦”在古代文獻中亦作“孳孳不倦”。《後漢書・卷二十五・卓魯魏劉列傳》：“魯丕，字叔陵，性沈深好學，孳孳不倦。”②

3.5.5　增加詞綴

今文《尚書》疊音詞還有在前、後增加詞綴構成新詞的。 如現代漢語中的“頂呱呱”或源自《臯陶謨》“啟呱呱而泣”句之“呱呱”（象聲詞或形容

---

① （晉）郭　璞注，（宋）邢昺疏：《爾雅注疏》，頁 2589。《十三經注疏》本。 中華書局，1980 年版。

② （南朝・宋）範　曄：《後漢書》，頁 883。 中華書局，1965 年版。

詞)。“活生生”或源自《商書・盤庚中》“汝萬民乃不生生”句之“生生”(動詞)。

疊音詞不僅構成成語和以疊音詞為詞根的多音節新詞，也大量構造“詞素＋疊音音節”式的新詞。在現代漢語中，這些疊音音節主要作狀物、摹聲、繪色等詞素義詞素的後附音節，構成後附疊音音節式形容詞。這些形容詞詞素跟疊音音節有約定俗成的搭配。諸如：“白”的後附疊音音節必是“茫茫”、“花花”之類，“紅”的後附疊音音節必是“彤彤”、“通通”之類，“綠”的後附疊音音節必然是“油油”，“黃”的後附疊音音節必然是“澄澄”之類。這些形容詞有些後附疊音音節僅僅是兩個音節的重疊，沒有詞彙意義。例如：“乎乎”在“黑乎乎”中僅僅是和諧音聲，並沒有詞素意義。然而有些後附疊音音節則有詞素義，與所附著的詞素構成各種複雜的語義聯繫。諸如：“哄哄”說明“亂”的情狀，“糟糟”說明“亂”的結果；“閃閃”說明“亮”的方式，“晶晶”則說明“亮”的程度。現代漢語“詞素＋疊音音節”是一種特別能產的構詞方式。這種構詞法與今文《尚書》疊音形容詞的構詞法應該說是有因果關係的。

4. 附音形容詞特殊的構詞形式

在詞根前後附著一個音節構成的複音詞稱為附音詞。附音式構詞主要構成單純詞。在文獻語言中，前附音節附音詞和後附音節附音詞都比較豐富。

今文《尚書》中沒有後附音節的附音詞。至於前附音節，今文《尚書》也僅有一個“有”字。今文《尚書》的前附音節“有”字構成的附音詞凡 62 見。主要是“有＋名詞”，此外尚有“有＋動詞”。今文《尚書》“有＋形容詞”僅僅 2 見。

①**有指**　敢弗于從率寧人有指疆土。　　(周書・大誥)

《尚書易解》：“指，《漢書》作‘旨’，《孔疏》亦作‘旨’。旨，美也。有旨，美好也。”(頁 165)《白話尚書》：“怎敢不前去重新巡視文王美好的疆土呢？”(頁 115)“有旨”修飾“疆土”，“有旨”是形容詞。

②**有恭**　厥棐有恭，不敢自暇自逸。　　(周書・酒誥)

《尚書易解》：“厥棐有恭，謂其賦事恭敬也。”(頁 185)《白話尚書》：“他們頒佈政令很認真，不敢自己安閒逸樂。”(頁 134)“有恭”作謂語，說明主語頒佈政令時的態度。

“有”在《尚書》中僅僅表示音節，刪除“有”並不影響詞義，對於句義的理解亦無妨礙。所以史存直先生認為："加'有'的那些名稱往往又可以不加'有'。"[①]但是"有"字的存在對於調整句子的音節，和諧語調具有重要的意義，刪除"有"後句子則顯得拗口。"有"字前附音節附音詞的功能與疊音式相類似。《詩經》附音詞與疊音詞的某些語法功能相同。

③**有忡**　憂心有忡。（邶風・擊鼓）

④**忡忡**　憂心忡忡。（召南・草蟲）

⑤**其霏**　雨雪其霏。（邶風・北風）

⑥**霏霏**　雨雪霏霏。（小雅・采薇）

③④"有忡"與"忡忡"都是描寫憂愁的樣子，同樣的語法位置一用"有忡"，一用"忡忡"，可見"有忡"與"忡忡"的意義相同。《毛傳》亦解釋"憂心有忡"為"憂心忡忡"。（頁299）⑤⑥"其霏"與"霏霏"語法位置也相同，也都是描寫雪花兒漫天飛揚的樣子。可見，疊音式複音詞重疊兩個音節等於一個詞素。附音式複音詞在詞根前後附著一個音節也只有一個詞素，具有相同詞素義的疊音式複音詞和附音式複音詞可以互換。

"有"在今文《尚書》中只是詞的構成部分，本身沒有詞彙意義，也並不表示詞性。但在《詩經》中有些"有"字已具有表示詞性的作用。《小雅・菁菁者莪》："樂且有儀。"《邶風・穀風》："中心有違。"《周頌・載芟》："匹且有且。"名詞"儀"、動詞"違"、代詞"且"加"有"後詞性發生變化，都變為形容詞了。而"有＋形容詞"仍然是一個形容詞。這與今文《尚書》附音形容詞相同。趙金銘先生認為："這種附加成分'有'不是詞，不能獨立運用，它沒有具體的詞彙意義，只具有抽象的語法意義。"[②]清代王引之已經認識到"有"的這種功能，在《經傳釋詞・卷三》中云："有，狀物之詞也。"[③]另一位學者劉毓崧也持同樣的觀點："有字，訓狀物之詞者，詩中以'有蕡其實'為最先見之句……毛公《桃夭》傳云：'蕡，實貌。'貌字與狀字意本相近，皆形容之詞。凡詩中之'有'字，《傳》《箋》以'貌'字釋之者，皆當訓為狀物之詞。"（《通義堂文集・卷三》）但劉氏的觀點有片面性，只能說凡是"有"字後頭的單字，《傳》《箋》用貌字來解釋的，這個"有"就是狀物之詞。

今文《尚書》中只有一個前附音節"有"，而《詩經》中不僅有前附音節

① 史存直：《漢語語法史綱要》，頁153。華東師範大學出版社，1986年版。

② 趙金銘：《詩經中的形容詞研究・先秦漢語研究》，頁116。山東教育出版社，1982年版。

③ （清）王引之：《經傳釋詞》，頁63。岳麓書社，1984年版。

“有、其、斯、思”，還有“若、如、然”等後附音節。王顯先生研究認為“有”字式主要反映的是商邑方言。① 今文《尚書》中只有“有”字式，可能也是某種方言的反映。

清代語言學家已經注意到“有”字前附音節這種特殊的複音形式。王引之於《經傳釋詞》指出：“‘有’語助也。一字不成詞，則加‘有’字以配之。”（頁63）馬建忠也認為：“名有一字不成詞，閒加‘有’字以配之者，《詩》《書》慣用之。”② “有”字前附音節是漢語詞彙複音化的重要形式。

5. 複合形容詞的構詞方式及其特點

“漢語詞彙從以單音詞為主，過渡到以複音詞為主，是漢語發展史上的一大變化，這一變化的完成自然不是一朝一夕之功，而是經歷了一個漫長的歷史過程。”③社會的變遷，人類認識能力的提高，必然會推動漢語向精確化、豐富化發展。與此同時，漢語也在不斷地完善和改進自己的結構形式。一個很明顯的事實就是漢語詞彙在西周、東周時期產生了相當數量的複音詞和複音詞組。而今文《尚書》是那個時代處於轉型時期漢語的有力見證。楊逢彬先生研究認為：“殷墟甲骨刻辭中目前能確定的有幽、黃、黑、白、赤、大、小、多、少、新、舊等等幾個形容詞，它們都是性質形容詞。”④未見有複音形容詞，而今文《尚書》中已有54個複音形容詞。不僅數量比較多，而且已有了多種組合形式，一些複合形容詞已能表示相當複雜的意義，這與程湘清先生認為先秦詞語雙音化的發展趨向大致相似：（1）由名詞到動詞、形容詞，（2）從並列、偏正結構到其他結構，（3）從表示具體意義到表示抽象意義。⑤

① 王　顯：《詩經中跟疊音相當的有字式、其字式、斯字式、思字式》，《語言研究》，1959年，第4期。

② 馬建忠：《馬氏文通》，頁39。商務印書館，1983年版。

③ 王　力：《漢語史稿》，頁596。中華書局，1986年版。

④ 楊逢彬：《關於殷墟甲骨刻辭的形容詞》，《古漢語研究》，2001年，第1期。

⑤ 程湘清：《先秦雙音詞研究·先秦漢語研究》，頁56。山東教育出版社，1982年版。

5.1　複合形容詞的構詞方式

今文《尚書》複合形容詞的構詞方式主要是並列式、動賓式，還有少量偏正式。

5.1.1　並列式

並列式複合詞是由兩個在意義上並列的詞素構成，又稱“聯合式複合詞”，並列式複合詞是漢語詞彙史上最早出現的複合詞類型之一。在先秦漢語複合詞中也是數量最多的類型之一。在今文《尚書》形容詞中，並列式形容詞共有50例，佔複合形容詞總數的92.6%，就詞素之間的意義關係而言，兩個並列成分有同義、類義、對義三種關聯方式。

5.1.1.1　同義並列

所謂同義並列，主要指構成複合詞的兩個詞素的基本意義是相同的，至於附屬意義，如意義輕重、行為情態、感情色彩等方面則存在細微的差別。蔣紹愚先生認為：“一般說來，在古代字書中兩個詞如果能互訓的，就是同義詞。”①這裡的同義詞就是同義並列複合詞。

①**寬綽**　不永念厥辟，不寬綽厥心，亂罰之罪，殺無辜。（周書・無逸）

孫星衍《尚書今古文注疏》：“綽，亦為寬。”（頁444）《尚書易解》：“《釋言》：寬，綽也；然則綽，寬也。”（頁240）《詩經》亦有同例，《小雅・角弓》：“綽綽有裕。”朱熹《詩集傳》：“綽，寬也。”②《莊子・大宗師》：“綽乎其殺也。”成玄英亦曰：“綽，寬也。”③可知“寬”“綽”為同義複用，解釋為“放寬”。

②**勤勞**　厥父母勤勞稼穡。（周書・無逸）

《說文》：“勤，勞也。”《爾雅・釋詁下》亦有“勤，勞也”之訓，《爾雅・釋詁下》還有“勞，勤也”之訓。邢昺疏：“皆謂勤勞也。”（頁2574）可見“勤”“勞”兩詞互訓，義即相同。

③**艱難**　先知稼穡之艱難，乃逸，則知小人之依。（周書・無逸）

④**艱難**　厥子乃不知稼穡之艱難，乃逸乃諺。（周書・無逸）

---

① 蔣紹愚：《古漢語詞彙綱要》，頁43。北京大學出版社，1989年版。

② （宋）朱　熹：《詩集傳》，頁91。上海古籍出版社，1958年版。

③ 王叔岷：《莊子校詮》上，頁219。中華書局，2007年版。

⑤**艱難**　不知稼穡之艱難，不聞小人之勞，惟耽樂之從。

（周書・無逸）

⑥**艱難**　用敬保元子釗弘濟于艱難，柔遠能邇，安勸小大庶邦。

（周書・顧命）

《說文》："艱，土難治也。"《爾雅・釋詁》："艱，難也。"《詩經・王風・中谷有蓷》："嘅其歎矣，遇人之艱難矣。"《毛傳》："艱亦難也。"（頁332）

同義結構的形容詞在今文《尚書》中數量有限，一般認為，兩個並列詞素，如果能夠互訓，就是同義聯合。同義聯合的形容詞在今文《尚書》中除"寬綽"、"勤勞"、"艱難"外，還有《洪範》中"各以其敘，庶草蕃廡"中的"蕃廡"。《尚書新箋與上古文明》："蕃，茂盛。廡，通'蕪'，草長得豐盛。"（頁141）"蕃"、"廡"構成並列。《說文》："蕃，草茂也。"《說文》："蕪，薉也。"《說文》："薉，蕪也。"

5.1.1.2　類義聯合

構成複合詞的兩個詞素雖然具有不同的義位元，但卻有部分義素重合，因而帶有同類性質，這種意義同類的單音詞構成的複合詞，在今文《尚書》複音形容詞中數量比較多，約有14個。

①**丕顯**　惟乃丕顯考文王，克明德慎罰。　（周書・康誥）

②**丕顯**　公稱丕顯德，以予小子揚文武烈。　（周書・洛誥）

《白話尚書》："丕顯考，偉大光明的父母。"（頁128）管燮初於《西周金文語法研究》中統計金文中"丕顯"共出現50次。（頁198）《禹鼎》："肆禹又成，敢對揚武王丕顯耿光，用乍大寶鼎。""對揚武王丕顯耿光"大意為"頌揚武公的顯赫光榮"。金文與《尚書》"丕顯"義互為印證。說明在商周時期，"丕顯"使用的頻率已經很高，詞義融合後表示一個更加概括的意義。

③**壽耇**　今冲子嗣，則無遺壽耇。　（周書・召誥）

《說文》："壽，久也。从老省。"又"考，老也。"《牧簋》："牧其萬年壽考。"《詩經・大雅・棫樸》："周王壽考，遐不作人。"《鄭箋》："文王是時九十餘矣，故云壽考。"（頁514）《詩經・小雅・南山有臺》："遐不黃耇。"陸德明《經典釋文》："耇，音狗。"（頁47）《廣韻・厚韻》："耇，耇老，壽也。"①"壽"強調"壽命長"，而"耇"強調"人老"。"壽"、"耇"兩詞素結合後，語義泛指所有的老成人。《召誥》"無遺壽耇"句《孔疏》解為："無

① （北宋）陳彭年：《宋本廣韻》，頁306。張氏澤存堂影印本，中國書店，1982年版。

遺棄老成人之言。"（頁212）

④**正直**　無反無側，王道正直。　（周書·洪範）

⑤**正直**　平康正直，強弗友剛克，燮友柔克。　（周書·洪範）

《說文》："正，是也。"《呂氏春秋·君守》："有繩不以正。"高誘注："正，直也。"[①]又《說文》："直，正見也。"本義為眼睛直視前方。《禮記·曲禮上》："直而勿有。"鄭玄注："直，正也。"（頁1230）

類義聯合結構形容詞在今文《尚書》中比較常見，諸如：平康（洪範）、厲虐（金縢）、頗僻（洪範）、丕顯（文侯之命）、康寧（多方）。

5.1.1.3 對義聯合

對義聯合是指兩個相反相成義位合成的複合詞。從義素角度分析，對義的兩個詞的中心義素往往相同，但其限制義素都是互補的或相反的。王力先生稱這種詞為"對立語"，因為他們本來是意義相反的兩個詞，後來人們利用它們來表示一個單獨的意義，就等於把兩個詞合成一個詞看待了。[②]

①**遠邇**　乃不畏戎毒于遠邇，惰農自安，不昏勞作。　（商書·盤庚上）

②**遠邇**　無有遠邇，用罪代厥死，用德章厥惡。　（商書·盤庚上）

《爾雅·釋詁》："邇，近也"。《說文》："邇，近也。""遠"、"邇"作為一遠一近兩個空間長度，是對義聯合構成的空間形容複合詞。

③**輕重**　輕重諸罰有權。　（周書·呂刑）

《孔傳》："刑罰隨世輕重也，刑，新國用輕典，刑，亂國用重典，刑，平國用中典。"（頁250）

對義聯合結構的形容詞在今文《尚書》中比較常見。諸如：短長（盤庚上），小大（酒誥）/（多方）/（顧命）/（多士），逸勤（盤庚上）。

現代語義認為反義詞的意義並非只是相反相對，而總是同中有異，反義的兩個詞"從義素分析的角度看來，A，B兩個詞如果中心義素和一部分限定性義素都相同，只有一個義素不同，而A，B兩詞不同的義素或是互補，或是極性對立或是反向。"[③]

5.1.2 動賓式

動賓式複合詞是由一個動詞性的成分和一個意義上受其支配的成分組合而

---

① 王利器：《呂氏春秋注疏》第三册，頁1950。巴蜀書社，2002年版。

② 王　力：《王力文集》，第一卷頁367，第二卷頁395。山東教育出版社，1984年版。

③ 蔣紹愚：《古漢語詞彙綱要》，頁133。北京大學出版社，1989年。

成。動賓式複合詞早在甲骨文中就已出現了，但幾乎沒有形容詞。動賓式複合形容詞在今文《尚書》中也僅僅有3個，出現6詞次。

①**滔天**　蕩蕩懷山襄陵，浩浩滔天。（虞夏書·堯典）

②**滔天**　洪水滔天，浩浩懷山襄陵。（虞夏書·皋陶謨）

③**滔天**　靜言庸違，象恭滔天。（虞夏書·堯典）

①②《尚書易解》："滔天，彌漫接天也。"（頁10）《堯典》和《皋陶謨》的"滔天"都是形容洪水巨大，是具象的描寫。例③"滔天"用來比喻共工的為人。《尚書易解》："借水形容其性，謂其氣性滔天也。王先謙曰：'蓋謂共工為人，貌似恭謹，而有橫肆不敬之心彌漫充滿，上極於天。詞義自明，不煩曲說。'"（頁9）

④**無疆**　洪惟我幼沖人，嗣無疆大歷服。（周書·大誥）

⑤**無疆**　哲人惟刑，無疆之辭，屬于五極，咸中有慶。（周書·呂刑）

④《白話尚書》譯為："我這個幼稚的人繼承了遠大悠久的王業。"（頁113）例⑤《尚書新箋與上古文明》曰："無疆，沒有窮盡。"（頁310）"無疆"經常連用，結構上凝固得很緊，已經變為複音詞了。

⑥**傷心**　民罔不衋傷心。（周書·酒誥）

⑥《白話尚書》譯為："臣民沒有不悲痛傷心的。"（頁135）衋，《說文》："傷痛也。""衋"與"傷心"都是謂語，說明殷臣民看到商紂王好酒縱樂後的傷痛心情。

5.1.3　偏正式

偏正式複合詞由一個起修飾作用的詞素和一個詞根詞素構成。從先秦到現代，漢語構詞複合法中始終以偏正式構詞法最為能產。[①] 偏正式構詞法在漢語詞彙發展史上始終起著主導作用。

形容詞分為性質形容詞和狀態形容詞。形容詞主要是修飾性的，與名詞性和動詞性中心詞構成偏正式短語。如果形容詞本身也是偏正結構的話，偏正式短語結構及其偏正式短語結構的中心就容易模糊。雖然，偏正式構詞法是複合詞最能產的構詞法之一，但是形容詞的偏正式構詞法應該不是常見的結構方式。事實上，以形容詞為中心語構成的偏正式複合形容詞，在今文《尚書》中僅僅"馨香"一詞。

①**馨香**　弗惟德馨香祀，登聞于天。（周書·酒誥）

① 沈懷興：《漢語偏正式構詞探微》，《中國語文》，1998年，第3期。

②馨香　上帝監民，罔有馨香德，刑發聞惟腥。　　　　　（周書・呂刑）

《白話尚書》："馨香，遠聞的芳香。"全句解釋為"沒有明德芳香的祭祀升聞於上天。"（頁135）《說文》："香，芳也。"香為一切氣味的總稱。又"馨，香之遠聞者。"馨為氣味中的一種來修飾限定"香"。

偏正式複合形容詞據向熹先生統計，"《詩經》裡還找不到例子"。其中絕大多數是名詞，這跟現代漢語複音詞發展的趨勢是一致的。[①] 張雙棣對《呂氏春秋》進行研究也只發現"小心"和"不肖"兩個偏正式複合形容詞。[②] 事實證明偏正式複合詞中形容詞的匱乏是與形容詞的修飾性質有關的。

5.2　複合形容詞的特點

5.2.1　詞義的單一性

今文《尚書》複合形容詞絕大多數是單義詞，而這些複合形容詞又有不少是由單音節形容詞作詞素構成的。複音詞與單音詞相比較，單音詞大多數為多義詞。諸如：

複合形容詞"俊乂"由"俊"、"乂"兩個單音節詞構成的，"俊乂"在今文《尚書》是單義詞，僅1見，見之於《虞夏書・皋陶謨》"俊乂在官"。《尚書今古文注疏》引馬融、鄭玄注曰："才過千人為俊，百人為乂。"孫星衍亦曰："俊乂，大臣耆老也。"（頁83）"俊"作單音詞有3個義項。①才智過人。《堯典》："克明俊德。"《尚書今古文注疏》引鄭玄注："俊德，賢才兼人者；'俊'作'峻'。"（頁7）②大。《立政》："以克俊有德。"③通"駿"，長久。《文侯之命》："罔或耆壽俊在厥服。""乂"作單音詞有4個義項。①治理，安定。《堯典》："有能俾乂。"《尚書今古文注疏》："乂，為'治'。"（頁27）②輔助。《君奭》："用乂厥辟。"《白話尚書》："乂，通'艾'，輔助。"（頁191）③養。《康誥》："往敷求於殷先哲王用保乂民。"《白話尚書》："乂，養。"（頁129）④通"刈"，殺，《微子》："用乂讎斂。"《白話尚書》："乂，殺。"（頁89）

複合形容詞"高明"為複音節單義詞，凡2見，皆見於《洪範》："無虐煢

① 向　熹：《詩經語言研究》，頁223。四川人民出版社，1987年版。
② 張雙棣：《呂氏春秋詞彙研究》，頁189。山東教育出版社，1989年版。

獨而畏高明。"《尚書今古文注疏》:"以高明為顯寵者。"(頁304)"高明柔克。"《尚書今古文注疏》引馬融曰:"高明君子,亦以德懷也。"(頁308)"高明"構成義素"明"在今文《尚書》中也是一個單音節形容詞。"明"作為單音詞有4個義項。①宣佈。《酒誥》:"明大命于妹邦。"《白話尚書》:"明,昭告。"(頁137)②嚴明。《康誥》:"敬明乃罰。"《尚書今古文注疏》:"明,作'民'。"(頁363)③賢明。《堯典》:"黜陟幽明。"④努力。《皋陶謨》:"夙夜俊明有家。"《尚書今古文注疏》引《釋詁》云:"或'明'與'孟'通。""孟,勉也。"(頁82)

今文《尚書》中由"康"構成的複合詞有3個,皆為單義複音節形容詞。①康強。1見。《洪範》:"身其康強,子孫其逢。"②平康。2見。《洪範》:"平康正直。""家用平康。"③康寧。3見。《洪範》:"三曰康寧。"《多士》:"非我一人奉德不康寧。"《多方》:"非我有周秉德不康寧。"今文《尚書》中"康"也可以作單音節形容詞,有4個義項。①安康。《皋陶謨》:"惟幾惟康。"②安逸。《盤庚上》:"無傲從康。"《尚書今古文注疏》引《釋詁》云:康,"安也。"(頁225)③和悅。《洪範》:"而康而色。"④安定。《文侯之命》:"惠康小民。"

今文《尚書》中由"逸"構成的單義複音形容詞有2個。"逸勤"僅見之於《盤庚上》:"古我先王暨乃祖乃夫胥及逸勤,予敢動用非罰?"《白話尚書》:"逸勤,安樂、勤勞。(頁69)""逸豫"亦僅僅1見。《康誥》:"無康好逸豫。""逸"作單音節形容詞有5個義項:①人名。《洛誥》:"王命作冊逸祝冊。"《尚書今古文注疏》:"'逸'與'佚'通。"(頁420)②過失。《酒誥》:"不惟自息乃逸。"《尚書今古文注疏》:"逸者,《釋言》云:'過也'。"(頁381)③安樂。《無逸》:"君子所,其無逸。"④淫逸。《多士》:"上帝引逸。"《尚書今古文注疏》引鄭玄注:"逸,一作'佚'。"(頁425)⑤放蕩。《多方》:"爾乃惟逸惟頗。"《尚書今古文注疏》引《漢書注》:"臣瓚云'放也'。"(頁468)

今文《尚書》複合形容詞"仁若"僅見於《金縢》:"予仁若考能。"《白話尚書》:"仁若,柔順。"(頁111)然而在今文《尚書》中"若"作單音詞有8個義項。①順從。《梓材》:"汝若恒。"《尚書今古文注疏》引《釋言》云:"順也。"(頁385)②好像。《微子》:"若涉大水。"《白話尚書》:"若,好像。"(頁89)③善。《君奭》:"祇若茲。"《爾雅·釋詁》:"善也。"④你(的)、你們(的)。《酒誥》:"矧惟若疇。"《白話尚書》:"若疇,你的三卿。"(頁141)⑤他們的。《召誥》:"嗣若功。"《經傳釋詞》:"若,其也。"(頁153)⑥乃,才。《召誥》:"若有功。"《尚書易解》:"若,猶乃也,見《周語》：‘必有忍也，若能有濟也’韋注。”（頁 207）⑦如果。《皋陶謨》：“若不在時。”⑧及，到了。《召誥》：“若翼日乙卯。”《經傳釋詞》：“若，猶‘及’也。”（頁 152）

今文《尚書》複合形容詞“荒寧”，3 見。《無逸》：“治民祗懼，不敢荒寧。”“不敢荒寧，嘉靖殷邦。”《文侯之命》：“無荒寧。”“荒”作單音詞義項有 6 個。①荒野。《微子》：“吾家耄遜于荒。”②大。《呂刑》：“荒度作刑。”③《史記》作“亡”。《微子》：“天毒降災荒殷邦。”《文侯之命》：“柔遠能邇，惠康小民，無荒寧。”“寧”作為單音詞有 3 個義項。①安定。《文侯之命》：“寧爾邦。”②問安，問候。《洛誥》：“乃命寧予以秬鬯二卣”。③安然享受。《君奭》：“我亦不敢寧于上帝命。”

今文《尚書》複合形容詞是單義詞，構詞詞素是單音節多義詞的還有不少。諸如：短長（盤庚上 1）、遠邇（盤庚上 2）、蕩析（盤庚下 1）、勤勞（金縢 1、無逸 1）、蕃廡（洪範 1）、曲直（洪範 2）、正直（洪範 3）、吉凶（召誥 2）、輕重（呂刑 1）。

5.2.2　詞形的變易性

今文《尚書》複音詞正處於複音詞的最初階段，今文《尚書》複音詞的兩個詞素之間的次序往往與後世文獻相反。諸如：今文《尚書》用“小大”，後世多用“大小”；今文《尚書》用“短長”，後世多用“長短”。一般認為“大小”是順序形式，“小大”是逆序形式。“長短”是順序形式，“短長”是逆序形式。張博先生對先秦《尚書》、《左傳》、《論語》、《孟子》、《荀子》五書中 275 個逆序連用進行考察，發現有 50 多個在五書中有對應的順序形式。而且絕大多數順序連用出現的次數高於或等於對應的逆序連用的次數，其中有些順逆數量對比懸殊。例如，長短：短長為 6∶2，“長”為平聲，“短”為上聲。張博先生認為“先秦雙音節並列式連用中詞序的主要制約因素是調序；意義與調序雙重制約而形成的異調順序連用數量極少，絕大多數異調順序連用純然是調序制約的結果；在意義關係與調序產生矛盾時，意義制約力並不絕對起決定作用。”①但是，今文《尚書》只有“短長”，沒有“長短”；只有“小大”，沒有“大小”；值得再作深入研究。

今文《尚書》的其他詞類的詞序也有類似的情況。《商書・微子》的“草野竊盜，又為奸宄于內外”，敦煌寫本《尚書》作“草野盜竊，又為奸宄于外

① 張　博：《先秦並列式連用詞序的制約機制》，《語言研究》，1996 年，第 2 期。

內”（伯2643）。古人早就認識“內”、“外”這兩個空間概念，論事說理經常對舉使用。但先秦時期，許多並列複合結構尚未真正凝固成並列式複合詞，其語素出現的先後順序也並不固定，而是與上下語境有關。“外”與“內”尚未構成複合詞之前，詞序也不固定。諸如：《禮記・表記》：“內柔而外剛。”《禮記・表記》：“外事用剛日，內事用柔日。”《禮記・大學》：“外本內末。”而當“內”與“外”成為一個複合詞時，幾乎均以“外內”出現。《十三經》“外”“內”連用凡13次，皆為複合詞“外內”，“外內”皆指“國內外”。《堯典》的孔安國傳曰：“賊在外曰奸，在內曰宄。”（頁130）可見“奸”與“外”相對，“宄”與“內”相對，與“奸宄”對應當用“外內”。“外”是去聲，“內”為入聲，排列順序以“外內”較為順口。所以敦煌寫本《尚書》用“外內”比今傳本《尚書》用“內外”更合乎當時的構詞次序規則，當然也合乎經文語境。但是，今傳本《尚書》為什麼用“內外”逆序形式，確實可以繼續研究。

今文《尚書》以單音詞為主，有些複音詞正在形成之中。同一結構往往擔任“雙重角色”，在不同的語境中或為複合詞，或為短語。現以“小大”結構為例說明。

①**小大**　越小大邦用喪，亦罔非酒惟辜。（周書・酒誥）
②**小大**　聰聽祖考之遺訓，越小大德。（周書・酒誥）
③**小大**　凡四方小大邦喪，罔非有辭于罰。（周書・多士）
④**小大**　柔遠能邇，安勸小大庶邦。（周書・顧命）
⑤**小大**　越小大謀猷罔不率從，肆先祖懷在位。（周書・文侯之命）
⑥**小大**　殷罔不小大好草竊奸宄。卿士師師非度。（周書・微子）
⑦**小大**　至于小大，無時或怨。（周書・無逸）
⑧**小大**　乃變亂先王之正刑，至于小大。（周書・無逸）

①至⑤中的“小大”是複音詞，泛指“大大小小”的事物。①③④“小大”修飾“邦”，②“小大”修飾“德”。②《白話尚書》譯為：“我們要聽清前輩的常訓，發揚大大小小的美德。”（頁134）⑤“小大”修飾“謀”，“小大謀”即“大大小小的計謀”。⑥至⑧中的“小大”為短語。其中⑥和⑦中“小大”指代群臣與百姓。《白話尚書》：“小大，老百姓和群臣。”（頁181）⑧中的“小大”指大法與小法。《白話尚書》：“小大，指小法大法。”（頁182）

相同的雙音節在有些語境中是複合詞，在有些語境中仍是短語。這種現象在今文《尚書》中以聯合式結構為主，聯合式結構中的語素多為相同、相似或相對、相反的意義，在組合之前，他們往往有多個義項，一旦組合以後，他們的形式和意義就相對的固定了。短語義開始僅僅是兩個詞義的簡單組合，後來表示的概念逐漸的抽象產生了新的融合義，就成為了複合詞。

5.2.3　結構的多樣性和獨特性

今文《尚書》複合形容詞詞素之間的語法關係呈現多樣性，有並列結構，有動賓結構，也有偏正結構。並列結構中又分成同義並列結構、類義並列結構和對義並列結構。

今文《尚書》複合形容詞詞素之間的語法關係同時又呈現出明顯的獨特性，即主要是並列式結構。以《周書・洪範》為例，複合形容詞凡 7 見：曲直、高明、正直、康強、蕃廡、平康、康寧，都是並列式結構。複合名詞凡 41 見，主要是偏正結構，諸如：三帛、五行、五事、五紀、五福、六極、八政、百穀、庶征、庶人、庶民、俊民、正人、彝倫、王道、皇極、洪水、洪範、休征、咎征。今文《尚書》複合形容詞構詞的獨特性主要是由形容詞的詞類決定的。形容詞是修飾性的詞類，在語言結構中主要作修飾成分，主要與名詞性中心詞構成偏正式短語。形容詞的語法功能限制了形容詞的結構形式。

實際上，並列式結構在漢語複音化進程中也是特別能產的。今文《尚書》中並列式結構僅次於偏正式結構。有學者曾對先秦七部典籍的複合詞進行統計，認為至遲到戰國後期，並列複合詞的數量已躍居各類複合詞之首，到東漢時比其他複合詞的全部總和還多。① 並列複合詞的產生與聯想這一認知心理活動有著密不可分的聯繫。聯想心理學家把一切心理活動都看成各種感覺或觀念的集合。所謂聯想即各種觀念之間的聯繫或聯結。索緒爾也認為："各個有某種共同點的詞會在人們的記憶裡聯合起來構成具有各種關係的集合……我們管他們叫聯想關係。"②憑藉聯想，古人將同義、類義、對義的詞聯繫在一起，這種聯想的能力隨著人們對世界認識能力的不斷加強而強化，並列複合詞的數量隨之增加。與此同時，人們對客觀世界精確的描寫也推動了並列式複合詞的發展。

---

① 呂雲生：《論漢語並列複合詞形成的條件與原因》，《古漢語研究》，1990 年，第 4 期。

② （瑞士）費爾迪南・德・索緒爾：《普通語言學教程》，頁 171。商務印書館，2010 年版。

(三)形容詞的來源及其發展演變

1. 形容詞的來源

形容詞是表示事物性質和狀態的詞，本身並沒有外在的形體，人們只能通過它所附著的具體事物、動作來感知。 以“比類取象”為特點的漢字在表現抽象的形容詞時便無象可形，先民便用具體可感的實物、可見的動作去描繪抽象的實物。 不斷通過隱喻和借喻等方式分化出形容詞。 形容詞的創造表明了人們的認知能力由個別到一般、由具體到抽象、由已知到未知的認識事物的過程。 形容詞主要來源於名詞和動詞。

1.1 源於名詞

形容詞有很大一部分來源於名詞。 早期稱毛色蒼白相間的馬為“騅”，赤白相間的雜毛馬為“騢”，黃白色相間的馬為“騜”。 這些詞語往往名實不分，既表性質又表實物。 雖然實物兼表性質，語義明確，但卻無形中增加了人們語言的負擔，不符合語言經濟性的原則，隨著社會的不斷發展、信息量的增加，從一般詞語中分離出專表性質的詞語也就理所當然了。

今文《尚書》中的十三個顏色形容詞，很大一部分是由某種具有顏色特點的名詞轉變而來的。 因為性質和狀態都是無形的，都要借助名物才能看到他們有形的存在。 現對今文《尚書》中紅色形容詞的來源進行剖析。

赤　《說文》:“南方色也。 从大，从火。”朱駿聲《說文通訓定聲》:“從大，從火。 會意，古文從炎、土。 按：心（宿）三星亦曰大火，中一星正赤。《洪範五行傳》:‘赤者，火色也。’”（頁461）徐鍇《說文解字繫傳》亦曰:“南方之星，其中之一最赤，名大火。 會意。”①可見“大火星”的得名由於是像“火之色”。 火色在人們的視覺系統中多與紅色有關。 紅在納西象形文字中寫作。 此字原為火，可見紅色是具象的詞，而非抽象的顏色

① （南唐）徐　鍇:《說文解字繫傳》，頁203。 中華書局，1987年版。

詞，赤與紅的具象都為火，意義也就相通了。“赤”詞義的形成與人們生活中對火的使用和觀察有著密切的關係。雖然不同的語言與民族之間在風土人情、地理環境、宗教信仰、生活習慣上存在著差異性，但在紅色詞的創造過程中，不同的民族都不約而同地選擇了與人類最密切的“火”，說明人類的物質生產與思維存在著同一性。

騂　《說文》:“騂，馬赤色也。”本義為赤色馬。《詩經・小雅・信南山》:“從以騂牡。”朱熹《詩集傳》:“騂，赤色，周所尚也。”（頁 155）騂的中心義素是馬，在使用過程中，中心義素逐漸被忽略，赤色得到了突出，故成為表示紅色的顏色詞。

朱　《說文》:“赤心木。松柏屬，从木，一在其中。”《詩經・豳風・七月》:“我朱孔陽，為公子裳。”朱熹《詩集傳》:“朱，赤色。”（頁 91）《禮記・月令》:“乘朱路。”《賈疏》:“色淺曰赤，色深曰朱。”（頁 1365）按：淺於絳而深於纁曰朱。《儀禮・士冠禮》:“服纁裳。”鄭玄注:“凡染絳，一入謂之縓，再入謂之赬，三入謂之纁，朱則四入與。”（頁 950）渾言朱與赤無別，析言朱乃最紅的顏色。朱的中心義素在不斷的消亡，赤色逐漸突出，最終只留下了事物的特徵，赤色。

丹　《說文》:“巴越之赤石也。象采丹井，一象丹形。”徐鍇《說文解字繫傳》:“《史記》曰:‘寡婦清其先得丹穴而富也。’”（頁 96）穴即井也。《甲骨文》乙三三八七作“⊟”，形如采丹沙之井形。李時珍《本草綱目》:“辰州砂多出蠻峒錦州界猪獠峒老鴉井，其井深廣數十丈。”[①]丹之本義皆為采砂之井，後引申指其所產之砂為丹砂。忽略其中心義素，而使其色彩義得以突出。

彤　《說文》:“丹飾也。从丹，从彡。彡，其畫也。”段玉裁《說文解字注》:“以丹拂飾而塗之。故從丹彡。彡者，毛飾畫文也。飾拭古今字。”（頁 215）由丹色所作的圖飾亦可指紅色之義。

從紅色類形容詞的產生機制我們可以得知，人們對世界認識的不斷深入，推動了漢語詞彙的發展，一些具有顏色特徵的事物詞彙，在意義的演變過程中，其中心義素不斷的消亡，而表現事物色彩特徵的附加義素不斷突現，並逐步取代了中心義素。顏色詞便在漢語系統中產生了。

從認知語言學的角度來看，通過具體概念來理解抽象概念是人們最一般的認知方式，因而語言中的“隱喻”最常見的也就是用一個比較具體的概念隱喻

① （明）李時珍:《本草綱目》，頁 51。商務印書館，1930 年版。

另一個比較抽象的概念。 顏色詞的產生反映了隱喻機制的作用，從具象的實體域向抽象的顏色域投射。 與此同時，人們會將抽象的成果再次運用到社會中去修飾其它事物，這種由具象到抽象再到具象的過程，就是人們認知的一般過程，也是漢語詞彙演變的重要過程。

1.2 源於動詞

今文《尚書》中形容詞有一部分來源於動詞。 他們或因語義的變化而逐漸變為形容詞，或因句法位置的改變而變為形容詞。

先，在甲骨刻辭中用作一般行為動詞，可帶賓語和介賓結構，這樣的語例凡百餘見。 雖然他們在甲骨刻辭中可以作定語或狀語，但數量有限。 綜合考慮，我們認為甲骨時代的“先”仍為動詞。

①**先** 貞:勿先馬? （合 5726）

②**先** 乙酉卜,貞勿呼婦先于龐? （合 8991）

③**先** 癸卯王卜貞:其祀多先祖……餘受有祐? （合 38731）

④**先** 兄先祖曰吹。 （合 2674）

《說文》:“先，前進也。”楊樹達《積微居小學述林》:“按：古之與止為一文。 龜甲文先字多從止……止為人足。 先從兒（古人字），從止，而義為前進，猶見從人目而義為視，企從人止而義為舉踵。”①①中“先”後帶賓語“馬”。 ②中“先”後有“于”字介賓結構。 甲骨文中“先祖”2 例，見③、④，只出現在晚期的刻辭中。 所以楊逢彬認為“先祖”為動詞作定語，“但它後世成為形容詞大約以此為發軔”。②

今文《尚書》中，“先”凡 45 見，其中 31 見為形容詞作定語。

⑤**先** 乃命爾先祖成湯革夏,俊民甸四方。 （周書・多士）

⑥**先** 非先王不相我後人,惟王淫戲用自絕。 （商書・西伯戡黎）

⑦**先** 古我先后既勞乃祖乃父。 （商書・盤庚中）

⑧**先** 往敷求于殷先哲王用保乂民。 （周書・康誥）

⑨**先** 惟殷先人有冊有典,殷革夏命。 （周書・多士）

⑩**先** 相古先民有夏,天迪從子保,面稽天若。 （周書・召誥）

⑪**先** 予念我先神后之勞爾先。 （商書・盤庚中）

---

① 楊樹達:《積微居小學述林》，頁 85。 中國科學院，1954 年版。

② 楊逢彬:《滄海一粟：漢語史窺管集》，頁 9。 復旦大學出版社，2007 年版。

今文《尚書》中，“先祖”凡 2 見，一見在《多士》，另一見在《文侯之命》。“先王”凡 18 見，⑥中“先王”僅為例。此外，“先后”3 見，“先哲王”5 見，“先人”、“先民”“先神后”各 1 見。“先”在商周時期已取得了形容詞的地位。

嘉，在甲骨文中只作謂語，且可受多個副詞修飾。楊逢彬先生認為他們是狀態動詞。

①**嘉**　三旬又一日甲寅娩，允不嘉，惟女。（合 14002）

②**嘉**　貞：子不其有嘉？（合 14007）

甲骨文中形容詞主要作定語，其次作狀語，很少用作謂語，且不受副詞及其他任何詞類修飾。“嘉”與形容詞的語法功能差別很大，卻與狀態動詞的語法特徵相一致。今文《尚書》中已經出現形容詞的用法。

③**嘉**　汝多修，扞我于艱，若汝，予嘉。（周書·文侯之命）

④**嘉**　用降我凶，德嘉績于朕邦。（商書·盤庚下）

⑤**嘉**　稷降播種，農殖嘉穀。（周書·呂刑）

③中“嘉”仍為動詞，語法功能與甲骨文中“嘉”的用法相同，只作謂語，且不帶賓語。④中“嘉績”，⑤中的“嘉穀”都為形容詞作定語。形容詞的用法已經固定下來了。

好，《說文·女部》：“美也。从女、子。”《說文解字注》：“好本謂女子。引申為凡美之稱。凡物之好惡引申為人情之好惡。本無二音，而俗強別其音。”（頁 618）段玉裁認為“好”是個形容詞，謂女子美，後來詞義泛化引申為凡美之稱。但是仔細分析“好”的構形，“好”本來應該是個動詞。“好”字的字形結構從甲骨文一直到楷書，都是由“女”與“子”組成。甲骨文的“好”結構較靈活，“女”和“子”的位置不固定，可左右互易。然而不管是女左子右，還是子左女右，“女”“子”構形總是“女”大“子”小，而且“女”和“子”總是面對面的，成“女”抱“子”之態“”、“”。另外《甲骨文編》所收“好”字 34 文中，有二個“好”字並不從“女”“子”會意，而是從“母”“子”會意，寫作“前六·六·三”和“林二·一〇·一七”。“母”、“女”互易，“女”即“母”。“女”抱“子”即“母”抱“子”。“子”在上古詞義範圍大，既有男孩之義，也有女孩之義。漢字構形“近取諸身”，人們從“母”抱“子”難捨難分的喜好與依戀之態，從“母”愛“子”人類最原始最基本的感情類比聯想，從“母”從“子”，或從“女”從“子”構成“好”字。“好”字構形之初義或為“母對子的喜好”，後來泛化為“一般的喜好”，再虛化為“美好”。形容詞的“美好”是動詞“喜好”虛化的結果。傳世最早的原典“好”多作動詞。“好”在今文《尚書》中共出現

12 次，僅有《周書》的《洪範》篇有 2 次用作形容詞，餘幾乎都作動詞，而《虞夏書》和《商書》都作動詞，無一形容詞用例。

①**好** 無若丹朱傲，惟慢遊是好。（虞夏書・皋陶謨）

②**好** 朕不肩好貨，敢恭生生。（商書・盤庚下）

③**好** 殷罔不小大好草竊奸宄。（商書・微子）

④**好** 予攸好德。（《經傳釋詞》：予攸好德，"言予好德也。"（頁 14）《詞詮》："攸，語中助詞，無義。"①）（周書・洪範）

⑤**好** 汝弗能使有好于而家，時人斯其辜。（您不能使他們對國家有好處，於是臣民們就要責怪您了。）（周書・洪範）

⑥**好** 于其無好德，汝雖錫之福，其作汝用咎。（周書・洪範）

⑦**好** 無有作好，遵王之道。（不要作私好，要遵守王道。）（周書・洪範）

⑧⑨**好** 庶民惟星，星有好風，星有好雨。（周書・洪範）

⑩**好** 四曰攸好德，五曰考終命。（周書・洪範）

⑪**好** 往盡乃心，無康好逸，乃其乂民。（周書・康誥）

⑫**好** 人之彥聖，其心好之。（周書・秦誓）

根據統計，《論語》中的"好"字凡 53 見，作動詞"喜好"解的有 51 處，表示"美好"義的僅 1 處。《孟子》中的"好"字凡 56 次，皆為動詞，55 處義為"喜好"，1 處為"和好"，無一處形容詞用法。"好"的形容詞義應為動詞義虛化而來。

2. 形容詞的發展

形容詞也經歷了一個發展演變的過程。甲骨文只有十多個形容詞，商周時期形容詞數量大量增加。據向熹先生統計，《詩經》中共有單音形容詞 120 個（1986），《論語》中單音形容詞為 154 個（李運益等，1995），《左傳》中的單音形容詞有 202 個（毛遠明，1999）。形容詞數量由少變多，基本詞彙不斷擴大，新的形容詞不斷湧現。漢語形容詞詞彙逐漸豐富，這是人們認識外部世界的能力和思維水準提高的表現之一。

---

① 楊樹達：《詞詮》，頁 380。中華書局，1954 年版。

2.1　形容詞詞族的擴大化

形容詞發展最為顯著的標誌就是形容詞詞族的不斷擴大。 顏色詞是形容詞中的重要類別，考察顏色形容詞從甲骨文到今文《尚書》再到後世文獻的發展演變，我們對形容詞詞族的擴張會有更為深刻的認識。

華夏民族認為“青、赤、黃、白、黑”是五種純正的顏色，稱之為正色；其餘的各種顏色是由不同的正色調配混合的結果，稱之為間色。“青、赤、黃、白、黑”是最先產生的顏色形容詞，間色詞都是後來產生的顏色形容詞。顏色形容詞有兩個明顯的發展階段，從正色形容詞發展到間色形容詞。 至於正色形容詞何為先何為後，大概“赤、黃、白、黑”先，而“青”色產生稍後。 至於間色形容詞何為先何為後？ 大概“玄”（赤黑色）和“熏”（深紅色）早一點，“綦”（青黑色）要晚一點。

甲骨文因書寫工具和書寫材料的限制，篇幅較短小，能夠確定的顏色詞只有“幽”、“黃”、“黑”、“白”、“赤”。① “幽”是“黑”的同義詞。“幽牛”（粹五五〇），“黑牛”（合集二九五〇八），“幽牛”“黑牛”都是毛色黑的牛。《禮記・玉藻》：“一命緼韍幽衡，再命赤韍幽衡，三命赤韍葱衡。”鄭玄注：“幽讀為黝，黑謂之黝。”（頁 1481）甲骨文中有四種表示正色的形容詞。

金文的篇幅比甲骨文大，據管燮初先生《西周金文語法研究》統計，金文中顏色詞共有 8 個，在甲骨文“幽”、“黃”、“黑”、“白”、“赤”的基礎上，增加了“玄”、“朱”、“熏”。（頁 186）玄，本來是一種間色，赤黑色。《詩經・豳風・七月》：“載玄載黃，我朱孔陽。”《毛傳》：“玄，黑而有赤也。”（頁 390）後多用以指黑色。 朱熹《詩集傳》：“朱，赤色。”（頁 91）熏，也是一種間色。“熏”通“纁”，淺絳色。 絳是深紅色的顏色。 金文中也已有“青”字，但不作顏色詞。“青”通“靜”，安靜。《牆盤》：“青（靜）幽高且祖，才（在）微霝處”或作人名，《吳方鼎》：“用乍（作）青尹寶尊彝”。②

今文《尚書》中顏色詞已具有相當的規模，共有四大類 13 個表示顏色概念的形容詞：黑、玄、青、白、赤、纁、黃（禹貢）；丹（梓材）；騂（洛誥）；綦、彤、朱（顧命）；盧（文侯之命）。“青、赤、黃、白、黑”五個正

① 趙　誠：《甲骨文簡明詞典》，頁 273。 中華書局，1988 年版。

② 陳初生編纂、曾憲通審校：《金文常用字典》，頁 552。 陝西人民出版社出版，1987 年版。

色形容詞已經齊備。較之甲骨文和金文，今文《尚書》顏色詞中沒有“幽”，“青”已成為一個顏色形容詞。今文《尚書》顏色詞還增加了“赤”的同義詞“丹”、“彤”和“騂”，“黑”的同義詞“盧”。(《周書·文侯之命》：“彤弓一，彤矢百，盧弓一，盧矢百。”《孔傳》：“盧，黑也。”)“黑”中又分出了青黑色的“綦”。還出現了2個顏色詞素組合的複音顏色形容詞用作名詞。今文《尚書》23個顏色詞語例中，紅色顏色詞最多，有10見，其中幾近總數三分之二的紅色詞出現在《周書》中，周人尚紅，紅色為周人正色。

美國學者布倫特·柏林（Brent Berlin）和保羅·凱（Paul kay）研究了近一百種語言中表示顏色的詞，提出了顏色詞的普遍發生理論，認為人類語言的顏色詞雖然繽紛多彩，但也有共性所在，‘白’、‘黑’、‘紅’、‘黃’、‘綠’、‘藍’、‘棕’、‘紫’、‘粉紅’、‘橙’、‘灰’是各種語言的基本顏色範疇。各種語言中表示這些顏色具體範疇的詞，都遵循同樣的普遍發生發展序列，具體如下圖所示：

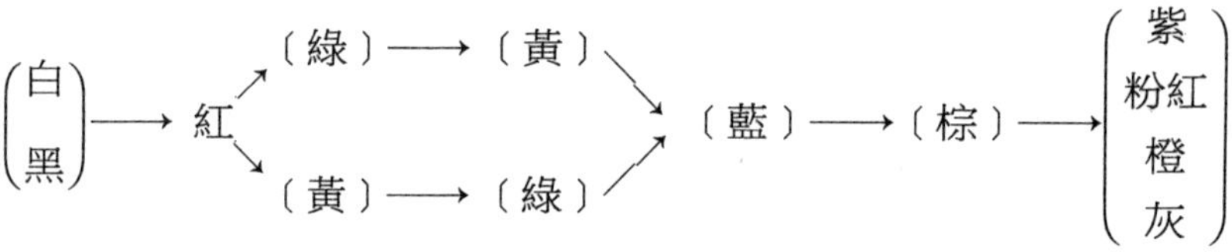

柏林和凱認為顏色詞是在不斷地發展和豐富，起始的往往是黑白兩色，經由七個階段發展成完善的十一色系統。如果知道一種語言中基本顏色詞的數目，就大約可以確定這些詞表示哪些顏色。如果某種語言只有兩個基本顏色詞，即屬於第一階段，那麼這兩個詞可能就是“黑”與“白”。如果某種語言有三個基本顏色詞，這第三個詞很可能是“紅”。在第三階段，新出現的或者是“黃”，或者是“綠”；也可以兩者同時出現，依次類推。

甲文、金文中的顏色詞大概屬於第一至第三個階段，這在一定程度上驗證了布倫特·柏林和保羅·凱提出的顏色詞普遍發生發展演變理論。按其理論所描述，今文《尚書》時代的顏色詞大概屬於第四、五個階段。今文《尚書》中表示“黑”色的顏色詞有4個，凡8見：黑（1見）、玄（4見）、盧（2見）、綦（1見）。表示白色的顏色詞只有“白”，凡3見。則表示“黑”、“白”兩色的顏色詞的出現頻次為11。今文《尚書》中表示“紅”色的顏色詞有6個，凡9見：赤（2見）、彤（3見）、丹、騂、朱、纁（各1見）。表示“黃”色的顏色詞只有“黃”一個，凡4見。表示“青”色的顏色詞僅有1見。靛青是一種從藍草中提煉出來的染料。《荀子·勸學》：“青，取之於藍而青於藍。”靛青的青色與藍草的藍色是相近的。今文《尚書》表示“白”、“黑”、“紅”、“黃”四色的顏色詞一共有25見，其中，作為顏色發生源頭的“白”、“黑”二色12見，佔48%，紅色9見，佔36%；黃色4見，佔16%。這樣的比例關係也在某些方面佐證了《尚書》可能處於顏色詞發生發展的第四、五階段，“白”、“黑”二色是顏色詞系統發生發展的豐厚基石，在此基礎上產生了“紅”色，而“黃”色和“青”色剛剛出現，因此頻次最低。今文《尚書》中尚未見“綠”色。

《詩經》與今文《尚書》是共時的語料，《詩經》中出現“綠”。《詩·衛風·淇奧》：“瞻彼淇奧，綠竹猗猗。”“瞻彼淇奧，綠竹青青。”“綠”修飾“竹”，顯然與現在的“綠色”相當。《說文》：“綠，帛青黃色也。”綠，本義為青黃色的帛，後逐漸抽象為表顏色的詞。

2.2　形容詞的同義替代

今文《尚書》中表“黑色”的詞有5個，表“紅色”的詞有6個，一定數量的同義詞群的存在是《尚書》時代語言豐富化的表現。它們各自構成了一個顏色詞的同義系統，而對於同義系統中同義替代現象，學者們向少措意。“幽”表黑色，在今文《尚書》時代被黑色詞系統中的詞語所替代。《說文》：“幽，隱也。从山，中𢆶，𢆶亦聲。”據甲骨文字體，《說文》釋形有誤。“幽”，甲骨文作、、，下為火，上為餘煙之狀，如火微微將滅之形。從火，從𢆶，𢆶亦聲。金文將火形變作山形。甲骨文山、火同形混用。幽或作𢆶，讀爲黝。張舜徽曰：“幽有暗義，今湖湘間稱火不大、燈不明皆謂之幽。自小篆改所之山為山水之山，而本義晦。”①可知“幽”引申有黑色之義。《爾雅·釋詁》：“幽，微也。”郝懿行《爾雅義疏》：“幽猶黝也，黝訓黑。”（頁209）康鼎：“命汝幽黃鋚車。”“幽”讀爲黝，黑色也。幽與黑同義，使得兩詞之間同義替代成為可能。但語言普遍的規律是，絕對的同義詞是不存在的，一旦語言中產生了同義單位，很快就會形成語義、語體和風格上的分化。當這些同義詞在共時區間內共現時，必然要經歷類化、職能明確化，進而使得語言更加精密化的過程。《說文·黑部》：“黑，火所熏之色。从炎上出囪。”王筠《說文釋例》：“囪是煙所由出，故黑字從之。”饒炯《說文解字部首訂》：“火所熏者，說其形。從炎，炎上出囪，囪為竈突，猶俗雲煙窗。然則炎即煙之借字，炎上出囪，其色變黑，物理如是。”②黑當是依

① 張舜徽：《說文解字約注·卷八》，頁4。中州書畫社，1983年版。

② 丁福保編纂：《說文解字詁林》，頁10020。中華書局，1998年版。

"煙""囮"而造的會意字。"黑"在表示黑色意義時，形象鮮明，表義突出，比"幽"具有更大的選擇度和理據性。所以在語言的運用過程中，"黑"逐漸替代了"幽"。但是隨著社會的不斷發展，人們要求語言能夠提供更加豐富準確的詞彙。黑色詞系統中又不斷增加了新的成員"玄"、"盧"、"綦"，使得黑色詞系統的表達更加完善。語言表現豐富化與語言表達簡約化永遠是一對矛盾，同義詞不斷的產生和同義詞不斷的替代在持續地進行著，語言就是在不斷地發展中尋求這兩方面的平衡點。以表黑色的詞為例。今文《尚書》中表"黑色"的四個詞《詩經》中仍存在，又出現了"烏"等，但"綦"很快退出歷史舞臺，"玄"在特定的語境中仍在使用，使用範圍較窄。眾所周之的語言事實是在歷經持續不斷的同義類化後，"黑"在漢語中成為最強勢的表黑色的顏色詞。

形容詞的同義替代說明語言系統是一個不斷演變著的複雜而龐大的系統。在一個多自由度的複雜系統中，如果有一個或幾個不穩定的自由度存在，那麼它就要把穩定的自由度拖著走，一直拖到相對空間中某個穩定目的點使各系統產生新結構。顏色詞的替代過程正是言語者對該系統進行選擇的過程。選擇的目的性在於使語言結構更加完善。

3. 形容詞實義虛化

形容詞詞義演變主要是形容詞的實義虛化，也就是形容詞的語法化。形容詞的語法化是整個漢語言實詞虛化的重要組成部分。漢語實詞虛化，即語法化，指的是語法範疇和語法成分產生過程或現象，它是語言中意義實在的詞項和結構變成無實在意義僅表語法功能的語法成分，或者一個不太虛的語法成分變成更虛的語法成分。我國學者很早就注意到實詞的虛化。元代周伯琦《六書正譌》曰："大氐古人制字多自事物始，後之修辭者每借實字為虛字，用以達其意。"①

"漢語詞彙很早就有虛實之分。所謂實詞是指那些具有實實在在詞彙意義的詞，虛詞則是指那些沒有詞彙意義而僅有語法意義的詞。考察漢語的發展歷史，虛詞一般是由實詞轉變來的。通常是某個實詞或因句法位置、組合

---

① 鄭　奠、麥梅翹編：《古漢語語法學資料彙編》，頁100。中華書局，1972年版。

功能的變化而造成詞義演變，或因詞義的變化而引起句法位置、組合功能的改變，最終使之失去原來的詞彙意義，在語句中只具有某種語法意義，變成虛詞。”①從意義上看，所謂實與虛是相對的，並不是所有的實詞都能轉化為虛詞，也不是所有的虛化成果都能在語言中保留下來。實詞的虛化是一個複雜的歷史過程，它是由語言內部的因素和語言外部的因素共同制約、影響而產生的。虛化與句法結構和語義關係密切相關。解惠全先生也認為“實詞的虛化要以意義為依據，以句法地位為途徑。也就是說，一個詞由實詞轉化為虛詞，一般是由於它經常出現的一些適於表現語法關係的位置上，從而引起語義的逐漸虛化，並進而實現句法地位的固定，轉化為虛詞”。② 我們擬從句法機制和語義機制兩個方面入手，對今文《尚書》中形容詞虛化過程進行描述。

3.1　詞義引申引發虛化

3.1.1　形容詞本義直接引申虛化為副詞

①剛　矧汝剛制于酒！　　（周書·洛誥）

《說文》：“剛，強斷也。”《說文解字注》：“強者，弓有力也，有力而斷之也，《周書》所謂凡有力曰剛。”（頁 179）《白話尚書》：“你們要強行斷絕飲酒。”（頁 135）剛，今文《尚書》凡 6 見，主要用作形容詞，副詞僅 1 見。“剛”用在動詞之前，表示動作行為是在強制下施行的。有“強行”之義。可知，“剛”在今文《尚書》中用作副詞，實為“剛”之引申義。

②善　善敹乃甲冑，敿乃幹，無敢不弔！　　（周書·費誓）

《說文》：“善，吉也。”《說文解字注·我部》：“曰：‘義’與‘善’同意；《羊部》曰：‘美’與‘善’同意。”（頁 102）善，今文《尚書》凡 5 見，用作名詞、形容詞和副詞，副詞 2 見。善本義為“好的”，是形容詞。《商書·盤庚上》：“用德彰厥善。”此“善”為形容詞，用本義。後引申虛化為副詞。《詞詮》：“表示副詞，今言‘好好的’。”（頁 232）

③殆　今天降疾，殆弗興弗悟。　　（周書·顧命）

《說文》：“殆，危也。”《說文解字注》：“危者，在高而懼也。引申之凡

① 劉　堅、曹廣順、吳福祥：《論誘發漢語詞彙語法化的若干因素》，《中國語文》，1995 年，第 3 期。

② 解惠全：《談實詞的虛化》，《語言研究論叢》第 4 輯，頁 213。南開大學出版社，1987 年版。

將然之詞皆曰‘殆’，曰‘危’。”（頁163）《白話尚書》：“如今上天降下重病，幾乎不能起床不能說話了。”（頁215）殆，今文《尚書》凡2見，分別作形容詞、副詞。“殆”作副詞表示差不多達到某一程度，可譯為“幾乎”、“差不多”。《周書·秦誓》：“亦曰殆哉。”殆，危也，形容詞。“殆”作副詞，為形容詞語義引申虛化而來。

3.1.2 形容詞引申義再引申虛化為副詞

這種實詞虛化往往是由名詞引申為形容詞，然後再由形容詞虛化為副詞，他們之間是連鎖引申的關係。

①**典** 封，勿替敬，典聽朕告，汝乃以殷民世享。（周書·康誥）

《說文》：“典，五帝之書也。”“大冊也。”甲文和金文皆象雙手捧冊之形。“五帝之書”為常寶之書，故虛化引申為“經常”。清代孫星衍《尚書今古文注疏》曰：“《釋詁》云：‘典，常也。’言往就國，勿替其敬，常聽我誥，用汝用是殷民世享其國矣。‘典’字下屬為句，《酒誥》‘典聽朕教’，又云‘汝典聽朕毖’，正與此同。”（頁372）典，今文《尚書》凡25見，多作形容詞，表“經常”義，引申為時間副詞，共3見。

②**彝** 文王誥教小子有正有事，無彝酒；越庶國飲惟祀，德將無醉。（周書·酒誥）

《說文》：“彝，宗廟常器也。”《說文解字注》：“彝本常器，故引申為彝常。”（頁662）可知“彝”作形容詞，表“經常”義，後再引申為時間副詞。《尚書正讀》亦曰：“彝，常也。《韓非子》引此文說之云：彝酒，常酒也。常酒者，天子失天下，匹夫失其身。誥教小子有正有事無彝酒，誥就庶國飲惟祀者，互文也。”（頁173）彝，今文《尚書》凡16見，可作名詞，形容詞，時間副詞僅1見。

③**常** 先王有服，恪謹天命，茲猶不常寧？不常厥邑，于今五邦！（商書·盤庚上）

《說文》：“常，下帬也。从巾，尚聲。裳，常或从衣。”《爾雅·釋詁上》：“典，常也。”郝懿行《爾雅義疏》：“常，《說文解字》以為‘裳’本字，經典借為‘久長’字。”（頁20）“常”本為名詞，後引申為形容詞，表“經常”義，後虛化為時間副詞。《助字辨略》：“常，猶‘時時’也。”①《詞詮》：“常，時間副詞，恒也。”（頁213）“常”表示動作行為的持續和經常，

---

①（清）劉淇：《助字辨略》，頁97。中華書局，1954年版。

可譯為“時時”、“時常”、“經常”。常，今文《尚書》凡14見，其中時間副詞2見。

④末　王末有成命，王亦顯。（周書・召誥）

⑤末　自一話一言，我則末惟成德之彥，以乂我受民。（周書・立政）

末，《說文》：“末，木上曰末。”末引申凡“微小”之義，由事物的末端轉化為時間上的最終。《詞詮》：“末，時間副詞，晚也。”（頁21），皆表最後時間的動作行為。可譯為“最終”、“最後”、“終於”。末，今文《尚書》凡4見，可用作形容詞和副詞。時間副詞2見。

3.2　形容詞的平行虛化

平行虛化，又稱相應虛化。指具有某種語義聚合關係的多個實詞常常發生方向一致的對應虛化，產生一組語法意義和語法功能相同的虛詞。這種虛化以人們的共同認知心理和歷史文化為基礎，通過語言的類推機制而形成。我們可以將其分為義位相同和義素相同兩種類型。

3.2.1　義位相同平行虛化

“弘”、“洪”、“皇”、“荒”這一組詞在今文《尚書》中都可作形容詞，擁有共同的義位“廣大”義。與此同時，它們平行虛化為程度副詞，表示程度之深。

①弘　爾尚明時朕言，用敬保元子釗弘濟于艱難。（周書・顧命）

《說文・弓部》：“弘，弓聲也。”《說文解字注》：“經傳多假借此等為‘宏’……《爾雅》曰：宏，大也。”（頁641）弘，今文《尚書》凡5見，其中程度副詞1見。

②洪　予其曰惟爾洪無度，我不爾動，自乃邑。（周書・多士）

《說文・水部》：“洪，洚水也。”《說文解字注》：“《釋詁》曰：‘洪，大也。’引申之義也。”（頁546）進一步引申虛化表程度之深。洪，今文《尚書》凡11見，其中程度副詞2見。

③皇　惟截截善諞言，俾君子易辭，我皇多有之！（周書・秦誓）

《說文・王部》：“皇，大也。”《說文解字注》：“皇本大君，因之凡大皆曰皇。”（頁10）《尚書易解》：“皇，大也。《公羊傳》‘皇’作‘況’，況，益也。大與益，義亦相近。”（頁313）“皇”作副詞為其本義之引申虛化。皇，今文《尚書》凡21見，可作形容詞、副詞。

④荒　荒度作刑，以詰四方。（周書・呂刑）

《尚書易解》:“荒，大也。 度，謀也。”“猶大謀作刑，以謹四方。”（頁289）荒，凡12見，可作形容詞、副詞，其中副詞1見，表程度之深。

這一組同義形容詞還具有語音上的聯繫。 弘，匣紐蒸韻；洪，匣紐東韻；皇，匣紐陽韻；荒，曉紐陽韻，其中，弘、洪、皇、雙聲；皇、荒疊韻。

3.2.2 義素相同平行虛化

義素是指詞義的構成成分，是詞義所標誌的事物現象的本質的、一般的特徵。 如果一組詞意義中有相同的義素，這些詞也有可能發生相應的虛化。 義素相同平行虛化有兩種情況。

3.2.2.1 反義類聚義素相同平行虛化

在一組反義或對義語義結構中，存在共同的義素。 這種共同的義素可以成為平行虛化的條件。

①**多** 予不惠若茲多誥，予惟用閔于天越民。 （周書・君奭）

段注本《說文》:“多，重也。 从重夕。”《說文解字注》:“重者，增益也，故為多，多者勝少者，故引申為勝之稱。”（頁316）“多”引申虛化為程度副詞，表示動作行為程度之廣厚，可譯為“多多地”。 多，今文《尚書》凡54見，可做形容詞、副詞。 其中程度副詞10見。

②**小** 天降割于我家，不少延。 （周書・大誥）

《說文・小部》:“少，不多也。”《說文解字注》:“不多則少，故古少、小互訓通用。”（頁48）甲骨文形如四小點，言其少。 後引申虛化為程度副詞，相當於“略微”、“稍稍”。 少，今文《尚書》凡4見，其中副詞1見。

多和少是一對反義詞，有極性對立關係，其語義結構可分析為多：[數量][多]；少：[數量][少]。“多”“少”共有同位義素“數量”。 這兩個詞相應虛化為程度副詞，依然保持原有的極性對立關係，“多”表程度之厚，可譯為“多多地”，“少”表輕微程度，可譯為“稍稍地”。

3.2.2.2 異形異類義素相同平行虛化

在今文《尚書》中，“古”、“昔”、“肆”、“往”的詞性並不相同，是異形異類詞，但它們都含有“過去的”這一義素。 儘管他們沒有同義或反義類聚關係，但它們依然可以平行虛化為時間副詞。

①**古** 古我先王，亦惟圖任舊人共政。 （商書・盤庚上）

古，今文《尚書》凡23見，可作名詞、形容詞和副詞。 時間副詞表示過去時，凡5見，皆見於《商書・盤庚》三篇，可譯為“過去”、“從前”，皆置於句首作狀語。

②**昔** 昔君文王、武王宣重光，奠麗陳教，則肄肄不違，用克達殷集大

命。　　　　(周書・顧命)

昔，今文《尚書》凡 12 見，可作時間名詞，也可以作時間副詞。作時間名詞時，主要作介詞賓語。作時間副詞時，主要作狀語，置於句首。作時間副詞凡 5 見，皆表示追溯往事。《詞詮》：“昔，時間副詞。《老子注》云：昔，往也。”（頁 327）後世文獻語言“昔”和“者”連用，“昔者”亦為時間副詞。

③**肆**　肆往，奸宄、殺人、曆人，宥。　　　　(周書・梓材)

肆，今文《尚書》凡 27 見，時間副詞 11 見，可以表示現在時間、過去時間以及表示時間長久。表示過去時間 2 見。《爾雅・釋詁》：“肆，故也。”管燮初《西周金文語法研究》統計西周金文“肆”做時間副詞，凡 6 見，不見於後世文獻語言，或為有周語言的一個特色。（頁 38）

④**往**　桀德，惟乃弗作往任，是惟暴德罔後。　　　　(周書・立政)

《尚書釋義》：“往，往昔。”①《尚書易解》：“往，舊也。往任，往日任人之法。”（頁 265）往，今文《尚書》凡 23 見，可用作動詞和副詞。副詞語例僅 2 見，表示過去已久的時間。

3.3　通假引起的虛化

3.3.1　同音替代的通用引起的虛化

今文《尚書》中有許多“本有其字”而借用音同音近的形容詞來替代的副詞。這種通假往往存在的時間很短，虛化的用法被固定下來的不多。

①**舊**　其在高宗，時舊勞于外，爰曁小人。　　　　(周書・無逸)

《尚書今古文注疏》引鄭玄曰：“舊，猶久也。”（頁 436）《史記・殷本紀》引“舊”亦作“久”也。《尚書易解》：“舊，久也。”（頁 123）《說文》以“舊（久）”為鳥名，或體從鳥，休聲，一說即今之貓頭鷹。舊，作副詞或“久”之假借。舊，今文《尚書》凡 9 見，時間副詞凡 3 見，可譯為“長久地、久遠地。”

②**俊**　古之人迪惟有夏，乃有室大競，籲俊尊上帝迪，知忱恂于九德之行。　　　　(周書・立政)

《說文・人部》：“俊，材千人也。”《尚書今古文注疏》：“俊乂在官。鄭玄注：‘才德過千人為俊。’”（頁 83）俊，通“駿”。《爾雅・釋詁》：“駿，長

---

① 屈萬里：《尚書釋義》，頁 131。臺灣中國文化大學出版社，1970 年版。

也。”後，今文《尚書》凡 13 見，時間副詞語例 2 見，表示“長久地、久遠地”。

③簡 柔遠能邇，惠康小民，無荒寧。簡恤爾都，用成爾顯德。（周書·文侯之命）

《說文·竹部》：“簡，牒也。”《爾雅今注》：“簡，通‘橌’。橌，大木，引申為大。”（頁 6）簡，本義為名詞，主要作形容詞，副詞用法是其通假義的用法。副詞“簡”僅見於《文侯之命》，置於謂語前作狀語，然語義指向卻是主語。

④新 今天動威以彰周公之德，惟朕小子其新逆，我國家禮亦宜之。（周書·金縢）

《尚書釋義》：“新，馬融作‘親’。（見《釋文》）逆，迎也。禮亦宜之，意謂為報周公之德，禮宜親迎於郊也。”（頁 106）新，通“親”，親自。新，今文《尚書》凡 19 見，主要用作形容詞，副詞 4 見。

⑤單 惟茲四人昭武王惟冒，丕單稱德。（周書·君奭）

《尚書易解》：“單，盡也。”（頁 248）朱駿聲《說文通訓定聲》：“假借為‘殫’。”（頁 740）《古漢語同義虛詞類釋》：“殫為‘盡’義，多作動詞、形容詞，此作副詞乃虛化。”①單，今文《尚書》凡 3 見，可作形容詞、副詞。其中形容詞 1 見。

⑥屑 爾乃屑播天命。（周書·多方）

《尚書易解》：“屑，通‘悉’，皆也。《說文》：偞，讀若‘屑’，可證。”（頁 259）屑，完全。“悉”之通假義。“屑”、“悉”上古皆為心紐質韻，二者雙聲疊韻，故可轉借。“屑”，《說文·尸部》作“屑”，本為“動作切切也”，同音假借虛化為範圍副詞“悉”。屑，今文《尚書》凡 2 見，可用作形容詞、副詞，副詞 1 見。

3.3.2 同音替代的假借引起的虛化

今文《尚書》中的一些副詞詞義抽象，無形可依，便由此相關的形容詞虛化而來。而形容詞也無形可依，便借用一個音同音近的字來記錄它，由名詞通假形容詞，再引申為副詞。

①易 惟截截善諞言，俾君子易辭，我皇多有之！（周書·秦誓）

《說文·易部》：“易，蜥易，蝘蜓，守宮也。”《說文解字注》：“易，本

① 余德泉：《古漢語同義虛詞類釋》，頁 461。湖南教育出版社，1993 年版。

‘蜥易’。語言假借而‘難易’之義出焉。”（頁459）章炳麟《新方言·釋動物》：“《爾雅》：‘蠑螈，蜥易；蜥易，蝘蜓；蝘蜓，守宮也。’今呼在壁者為壁虎，紹興謂在地者為蝘蜓。”《尚書易解》：“易辭，《公羊傳》作‘易怠’，何休注：‘易怠，猶輕惰也。’王引之曰：‘怠，疑惑也。’言使君子易為其所惑也。”（頁313）易，假借作形容詞“難易”之“易”，引申虛化而為副詞，用在動詞之前，表示容易做到的情態。易，今文《尚書》凡10見，副詞僅1見。

②**難**　遏佚前人光在家，不知天命不易，天難諶，乃其墜命，弗克經歷。（周書·君奭）

“難”爲“鸛”之或體，《說文》：“難，鳥也。”《說文解字注》：“今為‘難易’字，而本義隱矣。”（頁151）難，假借作形容詞“難易”之難，進一步引申虛化為副詞。難，今文《尚書》凡10見，其中副詞2見。

一些被假借作副詞的詞，由於假借常用而本義漸漸湮沒。諸如：易，本義為“蜥易”，虛化為情態副詞。“難”為鳥名，虛化為情態副詞。情態副詞中“剛”、“簡”、“善”、“新”、“懋”等，在今文《尚書》中都可作副詞，因為使用範圍太窄，虛化一段時間後又為其他新的虛詞所代替。在後世文獻中只有“易”保留作情態副詞，說明語言內部是一個動態的平衡體，為了表述準確，實詞虛化在不斷地進行；另一方面，為了語言內部的和諧，形容詞會限制一部分詞的虛化傾向，語言的發展就是在這兩方面尋求它的平衡點。

3.4　句法位置的改變引起虛化

實詞的虛化往往是由某一實詞句法位置改變而誘發的。漢語句中的主語、謂語、賓語和定語、狀語、補語六個成分早在商周時期就已定型。雖然六個成分語序相對固定，但它們發生虛化的可能性卻並不相同。狀語和補語位置比較容易發生虛化，因為表範圍、程度、原因、處所等關係的詞一般出現在這兩個位置上。漢語中有相當多的形容詞虛化為副詞就是由於所處的句法位置發生變化而引起的。古代漢語中形容詞往往出現在定語的位置上，當它們出現在狀語的位置上，其詞彙意義逐漸弱化並逐漸具有副詞的性質，最終虛化為副詞。張誼生也認為“就名、動、形三類實詞虛化成副詞的句法位置而言，充當狀語或者說進入狀位，無疑是一條極為重要的途徑”。①

---

① 張誼生：《論與漢語副詞相關的虛化機制》，《中國語文》，2000年版，第1期。

明，今文《尚書》凡 75 見，主要作形容詞和動詞。副詞語例凡 11 見，形容詞“明”主要出現在定語位置上修飾名詞。

①**明** 先王既勤用明德，懷為夾，庶邦享作，兄弟方來。（周書・梓材）

②**明** 予小臣敢以王之仇民百君子越友民，保受王威命明德。（周書・召誥）

《說文》：“明，照也。”古文从日、从月。徐鍇《說文解字繫傳》：“君子曰：在天者莫明於月，故於文日月為明。”（頁 307）林義光《文源》：“（金文）像月照窗牖形。”“明”構形義或即“光明”。① 為了表示動作行為的狀態或方式，形容詞“明”出現在狀語位置上，表情態義，可分為三個小類：

③**明** 我乃明致天罰，移爾遐逖，比事臣我宗多遜。（周書・多士）

④**明** 伻向即有僚，明作有功，惇大成裕，汝永有辭。（周書・洛誥）

⑤**明** 明禋，拜手稽首休享。（周書・洛誥）

③中“明”為“清楚地”、“明白地”。④中“明”為“努力地”、“勉力地”。⑤中“明”為“明潔地”。雖然“明”在今文《尚書》中做副詞有 11 次之多，但後世文獻語言中“明”主要作形容詞，所以古漢語虛詞詞典一般皆不收“明”作副詞詞條。

今文《尚書》中“明”同時兼有副詞和形容詞詞性，較難辨析。“明”修飾名詞或名詞性短語或作句子謂語皆作形容詞。修飾動詞或動詞性短語則作副詞。

3.5 形容詞虛化的特徵和原則

虛化既是共時，也是歷時發展的結果。將不同時期的虛化結果用線性序列表示出來，我們就可以大致看出這是一個單向的循環系統。由實詞到虛詞，由虛詞到更虛詞類的轉變。不同點之間的區別在於各單位之間虛化的程度不同。如果我們將整個虛化過程以圖形的模式表示出來就會非常明顯了。

虛化所反映的實詞虛化並不是突變的過程，而是一個漸變的過程。每一個詞的虛化都會經過若干的階段，相鄰兩個階段的意義往往只有細微的差別。一個詞由 A 義轉變為 B 義，一般都可以找到兩者之間的共存部分。

永，《說文》：“長也。象水巠理之長。”永，本指“水長”。《詩經・周南・漢廣》：“江之永兮，不可方思。”“永”即為本義用例。《說文解字注》：

① 林義光：《文源》，頁 266。民國九年（1920）依寫本石印，綫裝三冊。

“引申之凡長皆曰永,《釋詁》、《毛傳》曰：永，長也,《方言》曰：施於眾長謂之永。”（頁569）“永”由具象的可感知的形象而喻指半具體半抽象的時間副詞。《詞詮》：“時間副詞，長也，久也。”（頁455）

①**永**　永敬大恤，無胥絕遠！　（商書・盤庚中）

②**永**　我不敢知曰：厥基永孚于休。　（周書・君奭）

③**永**　永畏惟罰，非天不中，惟人在命。　（周書・呂刑）

永，今文《尚書》凡34見，可作形容詞、副詞。時間副詞有17見，表“長久”、“長遠”義。並在此基礎上進一步虛化為程度副詞“深深地”，共2見。

④**永**　肆予沖人永思艱，曰：嗚呼！允蠢鰥寡，哀哉！　（周書・大誥）

⑤**永**　今汝永念，則有固命，厥亂明我新造邦。　（周書・君奭）

永，表示動作行為持續程度之深長。《白話尚書》譯“永思艱”為“深深地考慮著艱難”。又譯“今汝永念”為“現在你深長地考慮這些”。（頁186）

“永”，由實詞虛化為半實半虛的副詞，由副詞中詞義較虛的小類向詞義更虛的小類轉化。這是一個漸變的過程，這個虛化的過程還會受到語言內部結構的制約，“從結構類型上看，像漢語這樣的分析型語言，實詞虛化到一定程度似乎不再繼續下去，沒有像屈折型語言那樣虛化為屈折形態。”①“永”就沒有向更虛的詞類轉化。

漢語的實詞虛化，源詞是意義實在的實詞，虛化為虛詞以後，實在的意義部分失去，但源詞的意義往往仍在控制或影響著新詞分佈的句法語義環境。

形容詞可以虛化為情態副詞、時間副詞，並不代表情態副詞、時間副詞都是由形容詞虛化而來。今文《尚書》時代，副詞各個小類的來源不同，名詞、動詞、形容詞均可直接虛化為副詞。但它們在虛化的時間以及虛化的程度並不相同。一種語法功能可能同時有幾種語法形式來表示，新舊形式共存於一個有機體中。實詞虛化的演變機制相當複雜，我們能觀察到的往往是演變的結果，具體的演變常隱藏在微小的時空變化中，需要認真地分析。如，今文《尚書》中，程度副詞凡19見，其中由名詞虛化而來，為2見：毒、極。動詞虛化：崇、誕、篤、弘、荒、欽、謠、茲。形容詞虛化：大、殆、多、洪、皇、孔、丕、少、永。

實詞的虛化是一個歷時的複雜的過程。各個詞類虛化的機制並不相同，形容詞從偶然進入狀位到專職充當狀語，並且逐漸地在功能上發生變化。詞

① 沈家煊：《“語法化”研究綜觀》，《外語教學與研究》，1994年，第4期。

義上的不斷虛化，直到最終轉變為一個典型的副詞，是一個漫長的過程。由於漢語形容詞內部各個成員之間並不是均質的，其虛化的時間和機制並不相同。致使有些形容詞已虛化變為標準（典型）的副詞。有些詞還與形容詞之間存在交叉現象、模棱兩可的現象。這也就在一定的程度上導致我們判斷的困難。但著眼於形容詞虛化的歷時過程，我們就能明白任何詞類都是一個動態的、模糊的、帶有主觀性的範疇。語法化是一個連續的漸變的過程，形容詞中大量存在一詞多義、兼類和類別不明的現象都可以從實詞虛化得到某種解釋，因為它們都是詞彙歷時演變在共時層面上的反映。

分析今文《尚書》形容詞產生和發展演變的過程，我們可以看出漢語的詞彙是一個巨大的不斷運轉的複雜系統。這個系統由許多相關分支系統構成，形容詞在這個系統中處於一個比較重要的位置。一方面，它從實詞中的其他詞類，特別是名詞中吸取能量，不斷地豐富擴大；另一方面，它又通過持續不斷的虛化向副詞提供源源不斷的詞源。狀態副詞和時間副詞主要由形容詞虛化而來。同時，形容詞也通過自身的組織功能淘汰一些使用頻率低的舊質，使得形容詞系統本身始終保持簡練有序的狀態。此外，形容詞還能夠通過自身的組織功能對實詞虛化進行控制，限制某些具有虛化趨勢的詞進一步虛化。

三　同源詞的音義關係及形成機制

詞源學是探討詞的來源和發展演變的一門學科，是詞彙學的一個重要分支。探討詞的來源必然涉及到對詞的音義關係和詞的構成理據等問題的研究。這種研究涉及到語言學研究中某些根本性的理論問題。因而，無論中國的學術界還是歐美的學術界對語言中詞的來源及音義關係的研究都開展得很早，並且形成了各自的系統的理論及研究方法。

同源詞研究是漢語詞源研究的一個重要內容。中國學術界一些著名的語言學家對漢語同源詞都作過界定。王力先生認為："凡音義皆近、音近義同、或義近音同的字叫做同源字，這些字都有同一來源。"①陸宗達先生和王寧先生認為："由同一根詞直接或間接派生出來、因而有音近義通關係的詞叫同源詞。同源詞包括根詞和同源派生詞，形成一個詞族。"②張世祿先生認為："所謂同源詞是指音近義通或音同義近，可以認為同一詞源，即表示相關音義的因素所派生出來的詞。"③蔣紹愚先生認為同源詞"讀音相同或相近"，"意義相同或相關"，"有同一來源"。④ 各位先生的表述雖不盡相同，但我們不難看出，大多是從音和義這兩個角度對同源詞進行界定的。"音近義通"是判定同源詞的傳統方法。

然而漢語詞彙的發展極其複雜，"音近義通"往往不能精確地概括同源詞的內涵和外延。例如，有些詞音近義通，但不是同源詞；而同源詞除了意義相通外，還有意義相對相反等情況；還有些同源詞讀音並不十分相近。問題在於怎樣理解"義通"，這個"義"是不是就是"詞彙意義"。學術界仍需對同源詞展開更為深入的研究。今文《尚書》是可信的商周語料，是文獻語言源頭語料之一。這一部分擬窮盡性地考察今文《尚書》中的同源詞，描寫同源詞的音義關係，探討同源詞的形成機制，以求揭示漢語詞彙發展演變的某些重要規律。

---

① 王　力：《同源字典》，頁3。商務印書館，1982年版。

② 陸宗達、王　寧：《淺論傳統字源學》，《中國語文》，1984年，第5期。

③ 張世祿：《漢語同源詞的孳乳》，《揚州師範學院學報》，1980年，第3期。

④ 蔣紹愚：《古漢語詞彙綱要》，頁185。北京大學出版社，1989年版。

(一)今文《尚書》同源詞的語音關係

從發生學的角度說，同源詞是由同一語源孳乳分化出來的語詞，同源詞在強調同出一源的同時，語音的相近或相同是一個不可缺少的重要特徵。考察今文《尚書》中109組同源詞，其語音關係可以概括為三種類型：重疊型、相交型、離合型。

1. 重疊型

重疊型的同源詞語音完全相同，如果將每個詞的語音形式看成是位於坐標軸上的圓面的話，那麼這些同源詞是同心重合的，見圖一，多個圓面重合，它們的具體語音聯繫表現為雙聲疊韻的關係。這樣的同源詞今文《尚書》中共40組。同源詞詞例為：

事：士；右：佑；材：財；知：智；鼓：瞽；盧：壚；逾：踰；家：居；側：昃；獲：穫；弘：宏；告：誥；享：饗；永：詠；蕩：簜；章：彰；揚：颺；工：功：攻；庸：用；威：畏；二：貳；宜：義；曰：越：粵；一：殪；佚：逸；昏：婚；田：畋；田：甸；集：輯；赦：釋；不：否；取：娶；孤：寡；柔：擾；道：導；受：授；波：播；皮：被；耳：刵；召：詔。

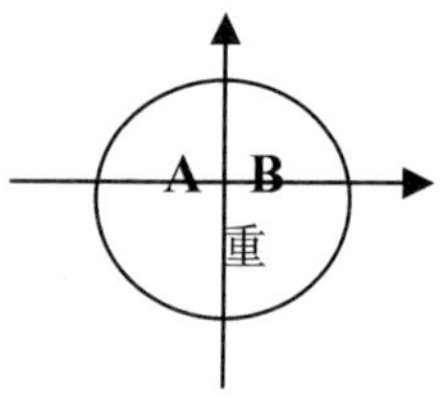

圖一

今文《尚書》中重疊型的同源詞，在書面文字形式上往往有一個為形聲字，另一個是該形聲字的聲符，聲符既表音又標源；或者皆為形聲字，聲符相同，大多既表音又標源。今文《尚書》中共39組在書面形式上有著這樣特點的同源詞，其中重疊型的同源詞中就有25組，佔總數的64.1%，該類同源詞佔重疊型同源詞總數的62.5%。例如：

永、詠，匣紐陽韻，同音。永，《說文》："永，長也。"《虞夏書·堯典》："日永星火。"《孔傳》："永，長也。"①詠，《說文》："詠，歌也，或从口。"《說文解字注》："《堯典》曰：'歌永言。'《樂記》曰：'歌之為言也，長言之也。說之，故言之；言之不足，故長言之。'"②《虞夏書·皋陶謨》："搏拊、琴、瑟，以詠。""永"是"詠"的聲符，在"長"的意義上二者同源，"永"既表音又標源。

材、財，從紐之韻，同音。王力先生云："木有用叫做'材'，物有用叫做'財'，人有用叫做'才'。故'材''財''才'三字同源。人才的'才'常寫作'材'。"（頁99）材，《說文》："材，木梃也。"《說文解字注》："梃，一枚也。材謂可用也。""引申之義凡可用之具皆曰材。"（頁252）《周書·金縢》："予仁若考能，多材多藝，能事鬼神。"材，人之有才。財，《說文》："人所寶也。"今文《尚書》僅1見。《虞夏書·禹貢》："庶土交正，厎慎財賦，咸則三壤成賦。"財，財物。"才"是"材""財"的聲符，在"有用"的意義上同源，"才"既表音又標源。

索緒爾曾提出著名的"語言符號任意性原則"，一般認為這一原則是世界上所有語言符號音義聯繫的總體規律，但是漢字是世界上唯一表義體系的文字，因之漢語與世界上其他語言既具有相同的特點又具有個性特點，我們仍然可以在"語言符號任意性原則"的基礎上進行更深入的思考。譬如漢語同源詞的源詞是完全符合任意性原則的話，那麼，由此孳生出來的詞呢？其聲音和意義從一開始就有了某種聯繫，具體表現在漢語有些表示聲音的聲符同時表義。因此，同源詞的孳生詞從某種程度上來說是具有可論證性的，即具有一定的理據性。如：

盧、壚，來紐魚韻，同音。與黑色的意義有關，故得同源。《周書·文侯之命》："盧弓一，盧矢百。"《孔傳》："盧，黑也。"③《虞夏書·禹貢》："下土墳壚。"《釋文》引《說文》："壚，黑剛土也。"④《說文解字注》："《釋名》曰：土黑曰壚。"（頁683）《說文》："壚，从土，盧聲。"《釋文》："壚，音'盧'。"⑤從"盧"聲的字，多與黑色有關。王念孫曰："《說文》：'齊

---

① （漢）孔安國傳，（唐）孔穎達疏：《尚書正義》，頁119。《十三經注疏》本。中華書局，1980年版。

② （清）段玉裁：《說文解字注》，頁95。經韻樓藏版影印本，上海古籍出版社，1981年版。

③（漢）孔安國傳，（唐）孔穎達疏：《尚書正義》，頁254。《十三經注疏》本。中華書局，1980年版。

④⑤ （唐）陸德明：《經典釋文》，頁40。中華書局，1983年版。

謂黑為黸。’字通作‘盧’。黑土謂之壚，黑犬謂之盧（獹），目童子謂之盧（矑），黑弓謂之旅矢，黑水謂之瀘水，黑橘謂之盧橘，義並同也。”①

2. 相交型

相交型的同源詞之間語音有一定的差異，但是它們有一部分是重合的，或者雙聲韻異但相通，或者疊韻聲異但相通。它們的關係見圖二。今文《尚書》中凡57組，佔今文《尚書》中同源詞總數的一半以上。

2.1 疊韻聲紐相通

同源詞韻部相同，聲紐不同，但有通轉關係的凡24組，詞例為：事：使；史：事；是：此；耽：沈；土：社；朝：朝；遯：遜；幹：扞；中：仲；至：致；於：於；剛：強；呼：籲；高：喬；登：升；合：翕；子：字；此：斯；乃：而；定：寧；並：竝；棼：紊；顯：見；趨：走。例如：

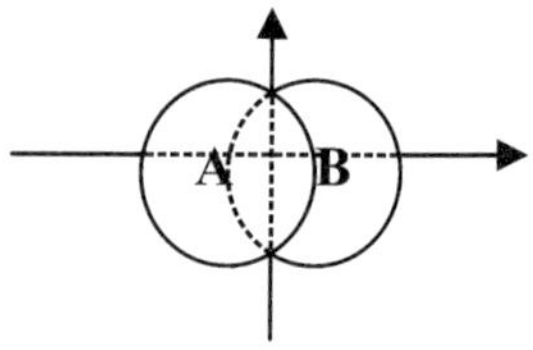

圖二

並：竝。並，幫紐耕韻；竝，並紐陽韻，幫並旁紐。並，《說文·从部》：“並，相從也。”《廣雅·釋言》：“並，兼也。”②《周書·金縢》：“啟籥見書，乃並是吉。”並，都，全。《韓非子·初見秦》：“軍乃引而複，並於孚下，大王又並軍而至。”《世說新語·政事》：“江左造創，豪族並兼。”③《說文·竝部》：“竝，併也。”“竝”“从二立”，其構形義是二人並立，後引申為兩者共同發出或接受某一動作行為。《周書·立政》：“以竝受此丕丕基。”竝，共同。

顯，曉紐元韻；見（現），匣紐元韻，曉匣旁紐。《爾雅·釋詁》：“顯，見也。”《詩·周頌·敬之》：“天維顯思。”《孔傳》：“顯，見也。”④“見”即物有所顯現。《周書·康誥》：“矧曰其尚顯聞于天？”顯，明顯之意。見，《周

---

① （清）王念孫：《廣雅疏證》，頁1078－1079。上海古籍出版社，1983年版。

② （清）王念孫：《廣雅疏證》，頁625。上海古籍出版社，1983年版。

③ 李天華：《世說新語新校》，頁92。岳麓書社，2004年版。

④ （漢）毛 亨傳，鄭 玄箋，（唐）孔穎達疏：《毛詩正義》，頁598。《十三經注疏》本，中華書局，1980年版。

書・梓材》："肆亦見厥君事。"《尚書易解》："見，《廣韻》：露也。"①《集韻・霰韻》："見，顯也。"②

這一類同源詞聲紐雖不同，但多是唇舌齒牙喉音五音中間各自的旁紐通轉，發音部位都相近。其字形上的特點是其中一字為另一字的聲符，如：土：社；幹：扞；中：仲；至：致；合：翕；子：字；趨：走。或者更換聲符或形符，如：耽：沈；遯：遜；呼：籲。這些詞可以互訓。例如：遯，《說文》："遯，逃也。"《商書・微子》："我不顧行遯。"《尚書易解》："遯，逃去也。"（頁 123）遜，《說文》："遜，遯。"《爾雅・釋言》："遜，遯也。"《商書・微子》："吾家耄遜于荒？"《尚書易解》："遜，遯也。"（頁 120）此外，還有同形同源詞，今文《尚書》中僅 1 見，朝（早晨）；朝（朝見）。同形同源詞現代漢語中還有，如長（長短）；長（長大）。

2.2　雙聲韻部相通

同源詞雙聲韻部不同，但有通轉關係的，凡 33 組，詞例為：熙：興；謀：謨；吾：卬；汝：爾；馨：香；定：奠；享：饗：獻；諧：和；頗：偏；內：納；遏：抑；延：施；執：贄；長：冢；答：對；不：弗；我：吾；如：若；汝：而；豫：懌；舍：赦：釋；無：罔；柔：弱；克：戡；陟：登；亡：滅；勉：勸；開：啟；何：曷；謂：云；曰：云；大：誕；改：革。例如：

長：冢。長，端紐陽韻；冢，端紐東韻。陽韻東韻都是陽聲韻，韻尾相同，陽、東鄰韻旁轉相通。《周書・牧誓》："千夫長百夫長。"《尚書易解》："千夫長，師帥；百夫長，旅帥。"（頁 127）《呂氏春秋》："萬夫之長。"注："長，大也。"③冢，《周書・牧誓》："我友邦冢君御事。"《尚書易解》："冢，馬融曰：大也。"（頁 126）

大：誕。大，定紐月韻；誕，定紐元韻。元韻是陰聲韻，月韻是入聲韻，二韻主要母音相同，月、元對轉相通。大，《廣韻》："大，小大也。"④《虞夏書・禹貢》："奠高山大川。"誕，《說文解字注》："《釋詁》、《毛傳》

---

① 周秉鈞：《尚書易解》，頁 193。岳麓書社，1984 年版。

② （宋）丁　度等：《集韻》，頁 568。上海古籍出版社，1985 年版。

③ （戰國）呂不韋等著，（漢）高誘注：《呂氏春秋》，頁 135。世界書局《諸子集成》影印本，上海書店出版，1986 年版。

④ （宋）陳彭年：《宋本廣韻》，頁 360。張氏澤存堂影印本，中國書店，1982 年版。

皆云：誕，大也。”①《周書・酒誥》：“誕惟民怨。”《孔疏》：“誕訓為大。”（頁207）

中國是一個詩歌的國度，宋以前的中國文學史莫不若一部詩歌史。詩歌無論是有意識的還是無意識的，都努力協韻，以達到一種韻律的美感。韻母在漢語音節中佔有舉足輕重的作用，漢語是一種很富韻律感的優雅的語言，嚴格意義上的協韻是一方面，另一方面，韻母發生細微變化，形成音韻協調的平列結構複音詞，增加了語言的修辭美感。

今文《尚書》同源詞中有一批這樣的詞：馨：香；家：居；剛：強；奠：定；偏：頗；和：諧；對：答；柔：弱；滅：亡；開：啟；斷：絕；改：革；孤：寡。這些同源詞聲母大多相同，個別聲母發生了極細微的變化。在聲母相同的情況下，韻母進行轉換，訓詁學上所謂的雙聲音義遞衍的字，就是屬於這種模式。這一類同源詞形成後借助實體表達時往往又考慮到話語的口頭表現與發音器官位置或位移的便捷，漢語由此產生一些雙音節詞，因為比單音節詞有較長的音值、較強的搭配趨勢，因此在數量上逐漸比單音節詞多，由上古漢語單音節為主的局面發展到中古複音節詞的大量出現亦在常理之中。漢語中有一種特殊的複合詞，即同源複合詞，它的兩個音節聲音相同、相近或相通，意義相同、相近或相關，是具有族屬關係的複合詞。同源複合詞產生的基礎是已經產生的大量單音節同源詞。今文《尚書》中提供了這樣的基礎，但尚未出現同源複合詞，戰國至東漢是同源複合詞急劇產生的時期。②既然兩個詞素同出一源，自然意義相關，故同義連用在組合中佔有超強勢的地位。這些由單音節同源詞聯合而成的同源複合詞，具有極強的生命力，諸如上述由《尚書》中的單音節同源詞構成的同源複合詞“馨香、家居、剛強、奠定、偏頗、和諧、對答、柔弱、滅亡、開啟、斷絕、改革、孤寡”，直至現代漢語中仍是高頻詞。

3. 離合型

離合型的同源詞聲紐和韻部都不相同，但聲紐和韻部之間均有通轉關係，貌似相離，實則暗合，有“離”有“合”，是謂“離合”。它們聲紐、韻部縱

① （清）段玉裁：《說文解字注》，頁98。上海古籍出版社，1981年版。

② 劉又辛、張　博：《漢語同族複合詞的構成規律及特點》，《語言研究》，2002年，第1期。

橫坐標軸通過語音的通轉又有了聯繫。見圖三。

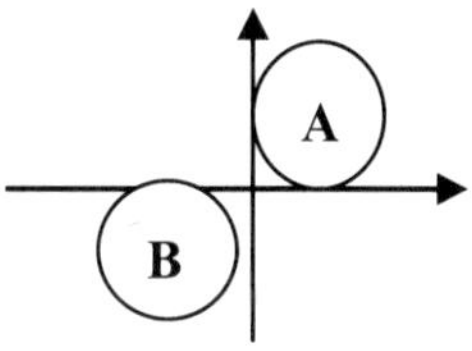

圖三

離合型的同源詞今文《尚書》中並不多，只有12組，約佔全部同源詞的11%。詞例為：州：島；內：入；殄：盡；合：協；起：興；如：奈；早：夙；報：復；至：臻；率：遵；斷：絕；此：茲。例如：

殄：盡。殄，定紐文韻；盡，從紐真韻，定從鄰紐，文真旁轉。殄，《說文》："殄，盡也。"《爾雅・釋詁》："殄，盡也。"《商書・盤庚中》："我乃劓殄滅之。"《尚書易解》："殄，絕也。"（頁105）絕，盡也。盡，《說文》："盡，器中空也。"引申而有竭盡、全部之義。《周書・康誥》："往盡乃心。"

報：復。報，幫紐幽韻；復，並紐覺韻，幫並旁紐，幽覺對轉。在報復、報告的意義上，"報"和"復"同源。《周書・洛誥》："朕復子明辟。"《尚書易解》："復，白也。"（頁209）"報告"之意。《戰國策・秦策五》："借臣車五乘，請為張唐先報趙，見趙王。"高誘注："報，白也。"①《戰國策・秦策三》："穰侯出使不報。"（頁193）鮑彪注："報，猶白也。"（頁195）《周書・顧命》："惟予一人釗報誥。"《尚書今古文注疏》："報者，鄭注《周禮》云：'復之言報也。'"②

相交型同源詞語音關係反映了同一語源的初步分化。語音具有載義功能，又有別義功能。從漢語史的事實來看，大多數同源詞中的孳生詞，當它的孳生詞詞義分化出來以後，語音很快發生相應的變化。適應以語音形式區分源詞和孳生詞的需要，同一語源開始分化、裂變，載義音節以原音為坐標點在其聲紐、韻部的縱橫坐標軸上作有規律的調整，或者聲紐變化，或者韻部變化，或者聲韻俱變即離合型同源詞，形成一組有差異的音節，這樣的差異是有一定的規定性的。需要強調的是，同源詞由源詞孳生的詞均為新詞。由孳生而形成新詞的這種方式，在上古是非常能產的方式，到中古以後，就逐漸讓位給合成這種方式了。

---

① （西漢）劉　向輯錄：《戰國策》，頁284。上海古籍出版社，1985年版。

② （清）孫星衍：《尚書今古文注疏》，頁508。中華書局，1986年版。

(二)今文《尚書》同源詞的語義關係

我們認同同源詞“是由同一語源孳乳分化出來的語詞，在語音上具有相同或相通之特徵，而在語義上則有相同、相反或相對、相通之特徵。”①因此，“詞源意義相同，古音相同或相近，是判定同源詞的標準，詞彙意義可以作為同源詞判定的輔助手段。”②同源詞在語義上存在相同、相通或相反相對的密切關係，這是同源詞同出一源的基礎。今文《尚書》中同源詞語義相同或同中有異，其同中有異的關係主要表現在詞彙意義和語法意義兩個方面，有些同源詞語法意義相同，差異主要表現在詞彙意義上；有些同源詞詞彙意義和語法意義均微殊。

1. 詞彙意義有異，語法意義亦有異

1.1 詞彙意義間具有工具關係

2見。詞例為：右（右手）：佑（用右手幫助人）；幹（盾）：扞（用盾護衛）。其語法性質的典型形式是名動相對。

右、佑，匣紐之韻，同音，在“佑助”的意義上二者同源。右，原始詞義為右手，引申指右邊，名詞，“又”是右手的本字，甲骨文已出現，《周書・牧誓》：“王左杖黃鉞，右秉白旄以麾。”右，右手。其孳生詞義為“從旁協助，幫助”。佑，《廣雅・釋詁二》：“佑，助也。”（頁190）字本作“右”，“佑”為“右”的後起字，已見於古陶文，但未見於《說文》。《周書・多士》：“我有周佑命，將天明威，致王罰。”《尚書易解》：“佑，助也。”（頁225）

① 殷寄明：《語源學概論》，頁131。上海教育出版社，2000年版。

② 鄭振峰、李冬鴿：《關於同源詞的判定問題》，《語文研究》，2005年，第1期。

1.2　詞彙意義具有物件關係

7見。詞例為：執：贄；子：字；皮：被；耳：刵；內（裡面）：入（入裡面）；事（使命）：使（施行）；道：導。其語法性質的典型形式多是名動相對。例如：

皮、被，並紐歌韻，二者雙聲疊韻。《說文》："皮，剝取獸革者謂之皮。"《說文解字注》："析言則去毛曰革，統言則不別也。……取獸革者謂之皮，……因之所取謂之皮。引申凡物之表皆曰皮，凡去物之表亦皆曰皮。"①《虞夏書・禹貢》："島夷皮服。"《釋名・釋形體》："皮，被也，被覆體也。"②而古"披"，披在身上的意義，只作"被"。《周書・顧命》："相被冕服，憑玉幾。"被，披也。

1.3　詞彙意義表具體和抽象關係

3見。詞例為：二：貳；一：殪；工（手工）：功（工作）：攻（進行某種工作）。第一例是數詞與副詞相對，第二例是數詞和動詞相對，第三例是名動相對。例如：

二、貳。日母脂韻，二者同音。二，《說文》："二，地之數也。"《虞夏書・堯典》："釐降二女于嬀汭。"貳，《說文》："副、益也。"意即"居於次要地位者、增益"。③ 朱駿聲《說文通訓定聲》"二"字條解："後世官書數目以貳為之，為防奸易。"④《廣雅・釋詁四》："貳，二也。"（頁444）上古文獻裡"貳"一般不用作數詞，而是"二"的抽象意義，如不專一、有二心、兩屬等，如《左傳・僖公三十年》："九月甲午，晉侯秦伯圍鄭，以其無禮於晉，且貳於楚也。"這裡"貳"是兩屬的意思。今文《尚書》"貳"凡1見，《周書・多士》："惟我事不貳適。"《孔疏》："惟我天下之事不有二處之適。"（頁220）

---

①　（清）段玉裁：《說文解字注》，頁122。上海古籍出版社，1981年版。

②　（漢）劉　熙：《釋名》，頁27。《叢書集成初編》本，中華書局，1985年版。

③　湯可敬：《說文解字今釋》，頁855。岳麓書社，1997年版。

④　（清）朱駿聲：《說文通訓定聲》，頁615。武漢市古籍書店，1983年版。

1.4 詞彙意義表因果關係

3見。詞例為：昏：婚；朝：朝；見：顯。前兩例為名動之別，“見：顯”為動形之別。例如：

朝：朝。前一“朝”，端紐宵韻，後一“朝”，定紐宵韻，端定旁紐。有學者認為“朝”詞義的變化為詞義引申，但“朝”詞義變化的同時，語音也發生了變化，王力先生認為它們為同形同源詞是很有道理的。朝，《說文》：“朝，旦也。”《爾雅·釋詁》：“朝，早也。”《周書·牧誓》：“王朝至于商郊牧野。”朝，早晨。《白虎通義·朝聘》：“朝者，見也。……因用朝時見，故謂之朝。”①《虞夏書·禹貢》：“江、漢朝宗于海。”《尚書易解》：“朝宗者，諸侯朝見天子，春見曰朝，夏見曰宗。此借喻江、漢赴海之狀。”（頁57）

1.5 詞彙意義具有性質和作用的關係

2見。詞例為：家：居；永：詠。前者有名動之別，後者則為形動之別。

家、居，見紐魚韻。“家是給人居住的，故‘家’‘居’同源。”②家，《說文》：“家，居也。”《虞夏書·皋陶謨》：“日宣三德，夙夜浚明有家。”凥，《說文》：“處也。从尸得幾而止。”居，《說文》：“居，蹲也。”《說文解字注》：“《說文》有‘凥’，有‘居’，凥，處也……今字用蹲居字為凥字，而凥字廢矣，有別制踞字為蹲居字，而居字本義廢矣。”③《周書·金縢》：“周公居東二年，則罪人斯得。”所以，在“居住”義上“家”和“居”同源。

1.6 詞彙意義表示的是同樣一種行為動作，但有自動、使動的區別

4見。詞例為：至：致；內：納；受：授；勱：勉。例如：

勱：勉。《說文》：“勉，強也。”《小爾雅·廣詁》：“勉，力也。”④《一

① （清）陳　立：《白虎通疏證》，頁581。中華書局，1994年版。
② 王　力：《同源字典》，頁127。商務印書館，1982年版。
③ （清）段玉裁：《說文解字注》，頁399。上海古籍出版社，1981年版。
④ 楊　琳：《小爾雅今注》，頁68。世紀出版集團、漢語大詞典出版社，2002年版。

切經音義》:“勉，古文‘勱’同。”①今文《尚書》“勉”1見,《商書·盤庚上》: “各長于厥居，勉出乃力。”勉，努力。《說文》:“勱，勉力也。”《一切經音義》引《埤蒼》:“勱，強也，勉也，勤也。”(頁378)《周書·立政》:“用勱相我國家。”《孔傳》:“用勉治我國家。”《孔疏》:“使勉力治我國家。”(頁232)

2. 詞彙意義有異，語法意義基本無別

2.1　詞彙意義表示具有共性的事物、動作或者性質狀態，以此為聯想的基礎，產生新詞

12見。詞例為: 材: 財; 鼓: 瞽; 盧: 壚; 獲: 穫; 告: 誥; 中: 仲; 召: 詔; 剛: 強; 高: 喬; 蕩: 簜; 趨: 走; 知: 智。例如:

獲、穫，匣紐鐸韻，同音。“在漁獵時代，獲得禽獸叫‘獲’; 在農業時代，獲得穀物叫‘穫’。二者都是生產所得，故二字同源。”(頁281)獲，《說文》:“獲，獵所獲也。”原義為獵獲，由此詞義擴大，泛指獲得，得到。《周書·顧命》:“既彌留，恐不獲誓言嗣。”獲，獲得(機會)。穫，《說文》:“穫，刈穀也。”今文《尚書》凡2見，均為收穫糧食之本義。《周書·金縢》:“秋，大熟，未穫。”《周書·大誥》:“厥子乃弗肯播，矧肯穫?”

走，精紐侯韻; 趨，清紐侯韻，精清旁紐。“‘走’是跑，‘趨’是快走，故得同源。”(頁196)走，《說文》:“走，趨也。”《釋名·釋姿容》:“疾趨曰走。”(頁36)《周書·酒誥》:“純其藝黍稷，奔走事厥考厥長。”“奔走”連稱，表示一種謙遜臣服的態度。趨，《說文》:“趨，走也。”今文《尚書》1見，《周書·顧命》:“群公既皆聽命，相揖，趨出。”“趨出”，快步走出。《詩經·大雅·緜》:“來朝走馬。”《玉篇·走部》“趣”條引作“來朝趣馬”。②趨，字又作“趣”。

---

① (唐)釋玄應:《一切經音義》，頁285。《叢書集成初編》本。中華書局，1985年版。

② (南朝)顧野王:《宋本玉篇》，頁191。張氏澤存堂影印本，中國書店，1983年版。

2.2 詞彙意義存在特指與泛指關係

4見。詞例為：獻：享；揚：颺；土：社；田：甸。例如：

土：社。土，透紐魚韻；社，禪紐魚韻，透禪鄰紐。土，《說文》："土，地之吐生物者也。"土，今文《尚書》43見，有兩義。一是"國家"之義，如《周書·多士》："爾乃尚有爾土。"二是"土地"之義，《虞夏書·禹貢》："厥土惟白壤。"社，《說文》："社，地主也，从示、土。"土亦聲。《白虎通義·社稷》："不謂之'土'何？封土立社，故變名謂之'社'，別於眾土也。"（頁89）又："社者，土地之神也。"（頁91）今文《尚書》"社"2見，均為"社神"義，《虞夏書·甘誓》："弗用命，戮于社。"

3. 詞彙意義空虛，語法意義相通

今文《尚書》中同源詞不僅有實詞，還有許多虛詞，如介詞、連詞、語助詞、嘆詞等，以及半實半虛的副詞、代詞。這些詞由於詞彙意義空虛，語法意義相通，凡15組。

介詞：于：於；如：若

連詞：乃：而

語助詞：曰：越：粵

副詞：不：弗；無：罔；不：否；何：曷

代詞：吾：卬；汝：爾；我：吾；汝：而；是：此；此：茲；此：斯

例如：曰、越、粵，匣紐月韻，三者同音，用作語助詞時相通。《虞夏書·堯典》："曰若稽古，帝堯曰放勳。"《說文》："粵，于也，審慎之詞者。《周書》曰：'粵三日丁亥。'"今本《周書·召誥》作"越三日丁巳"。蔡沈《書集傳》："曰、越、粵通。古文作'粵'，曰若者，發語辭。《周書》：'越若來三月。'亦此例也。"①《尚書正讀》："曰若，審慎之詞。曰，亦作粵，或作越。"②

---

① （宋）蔡 沈，錢宗武、錢忠弼整理：《書集傳》，頁1。鳳凰出版社，2010年版。

② 曾運乾：《尚書正讀》，頁2。中華書局，1964年版。

于，影紐魚韻；於，匣紐魚韻，影匣旁紐。“于、於”今文《尚書》中均可用作介詞，介引時間、地點、對象等。“於”作為介詞比“于”晚起。《周書・金縢》：“為壇于南方。”“于”介引動作的處所。“于”是漢語介詞系統中最古老的介詞之一，今文《尚書》中“于”也是使用頻率最高的介詞，凡 353 見，例如，《虞夏書・堯典》：“厘降二女于嬀汭。”，“于”介引動作行為的處所。

4. 詞彙意義相近或相同，語法意義基本相同

除上述提及的 52 組同源詞外，其餘的 57 組同源詞詞彙意義基本相同或僅有略微差別，語法意義相同。例如，側：昃；章：彰；登：升；熙：興；謀：謨；和：諧；起：興；柔：弱等等，這些詞在古代訓詁著作中常同訓互訓，意義上基本可以通用。例如：

逾、踰，喻紐侯韻，同音。逾，《說文》：“逾，越進也。”義為“超越前進”。《虞夏書・禹貢》：“逾于洛。”《孔傳》：“逾，越也。”（頁 149）《周書・顧命》：“無敢昏逾。”《孔傳》：“無敢昏亂逾越。”（頁 238）踰，《說文》：“踰，越也。”“越”即“越過”。《說文解字注》：“越，度也。‘踰’與‘逾’音義略同。”（頁 81）今文《尚書》“踰”凡 1 見，《周書・費誓》：“無敢寇攘，踰垣牆。”《孔傳》：“君人無敢暴劫人，踰越人垣牆。”（頁 255）二者在“越過”義上同源。

棼：紊。棼，並紐文韻；紊，明紐文韻，疊韻並明旁紐。棼，《周書・呂刑》：“民興胥漸，泯泯棼棼，罔中于信。”《尚書今古文注疏》：“《周書祭公解》云：‘汝無泯泯芬芬。’孔晁云：‘泯、芬，亂也。’”（頁 523）棼棼，紛亂。紊，《說文》：“紊，亂也。”《商書・盤庚上》：“有條而不紊。”《孔傳》：“紊，亂也。”（頁 169）

（三）今文《尚書》同源詞形成的機制

為什麼上古漢語中產生了若干音義有著種種聯繫的同源詞呢？新詞的產生，蓋先有詞義，即欲表達的概念——所指，東西方語言有一個共同的認知趨勢，即認知新的、未知的抽象事物，都是從已知的知識圖式中尋找可用於投射

的語詞，使所指範疇化、系統化，表現在漢語孳生新詞上，是其意義本於一源，形成同源詞族，詞源意義相同是同源詞構詞的內在理據。而這些新產生的意義必然要有承載它的物質外殼——能指，語音相同或相近，表現出了語音變換時話語的最優經濟節省原則，要求語音變換發音用力最小，因而同源詞的聲音總是相同相近或相通的。

1. 話語經濟機制

今文《尚書》中同源詞語音有三種關係：重疊型、相交型、離合型。它們的聲韻相同或相通，語音相同或相近是同源詞構詞的外在理據。在美學與實用的取捨上，人類總是傾向於後者。在語言的發展過程中，堅持發音省力的經濟原則一直在起作用。

今文《尚書》重疊型同源詞即語音相同的有 40 組，佔 36.7%，這反映了上古詞彙發展演變之初時語用者的一種選擇。社會生活發生急劇變化，出現許多新的事物，相應地需要產生許多新詞。語用者從同一詞源分化演變其他的語詞，為了資訊生發的方便、省時和記憶牢固的便利等，便仍採用相同的語音，以便交際時產生最便利和最快捷的反應。此外，根據上文的研究，重疊型同源詞在書面形式上有一個特點，就是此作彼之聲符或者彼此聲符相同，聲符既表音又標源。文字上表現出相似性，諸如：右：佑；材：財；知：智；鼓：瞽；盧：壚；告：誥；永：詠；蕩：簜；章：彰；揚：颺；工：功：攻；庸：用；昏：婚；田：畋；田：甸；不：否；取：娶；道：導；受：授；皮：被；耳：珥；召：詔。"漢語方塊字有豐富的圖文意象信息，若干方塊字線性排序可以構成組合圖式，組合構圖信息含量會遵循 1 + 1 〉2 的規律。"①這種在語音上的相同，語義上的同源，文字形式上的相似，使得話語交際在文字與物態意象間建立起了明晰的關係，這樣就最大限度地建立了一個明白並且易於為人理解的信息系統。

今文《尚書》中相交型、離合型同源詞佔很大比重，即大多同源詞語音並不完全相同。考察今文《尚書》中這些同源詞，從其聲母的變化來看，其發音部位大多相同。下表看似錯綜的連線反映了今文《尚書》中聲紐全部的通

① 劉源甫：《論隱喻的圖文信息理據及話語節省原則》，《山東外語教學》，2003 年，第 5 期。

轉關係，主要有兩種：旁紐和鄰紐。

紐　表

喉		影						
牙		見	溪	群	疑		曉	匣
舌	舌頭	端	透	定	泥	來		
	舌面	照	穿	神	日	喻	審	禪
齒	正齒	莊	初	床			山	俟
	齒頭	精	清	從			心	邪
唇		幫	滂	並	明			

牙音旁紐（8 組）：高：喬（見群）；呼：籲（匣曉）；幹：扞（見匣）；合：翕（匣曉）；剛：強（見群）；合：協（匣曉）；起：興（溪曉）；顯：見（曉匣）

舌音旁紐（11 組）：土：社（透禪）；登：升（端審）；朝：朝（端定）；耽：沈（端定）；中：仲（端定）；至：致（照端）；州：島（照端）；內：入（泥日）；乃：而（泥日）；定：寧（定泥）；如：奈（日泥）

齒音旁紐（8 組）：事：使（床山）；史：事（山床）；早：夙（精心）；率：遵（山精）；此：玆（清精）；子：字（精從）；此：斯（清心）；趨：走（清精）

唇音旁紐（3 組）：報：復（幫並）；並：竝（幫並）；棼：紊（並明）

喉牙鄰紐（1 組）：于：於（影匣）

舌齒鄰紐（5 組）：是：此（禪清）；遯：遜（定心）；殄：盡（定從）；至：臻（照莊）；斷：絕（定從）

其中旁紐 30 組佔八成以上。從表格的連線來看，鄰紐亦嚴格地遵循著其內在的規定性——發音部位的鄰近。譬如喉牙間可以通轉，而喉舌、喉齒等絕無通轉之例；舌齒間可以通轉，而舌唇、齒唇間絕無通轉之例。這些完全符合話語的經濟原則。

從韻母的變化來看，韻母變化很細微，往往就在舌位的前後、高低、唇形的圓展以及輔音韻尾的通轉之間。下表中的連線主要反映了今文《尚書》同源詞韻母之間的變化關係，主要有兩種：對轉和旁轉。

韻　表

陰聲	脂　微　歌	支　魚　侯　幽　覺　宵　之	
入聲	質　物　月	錫　鐸　屋　藥　職	緝　葉
	[t]	[k]	[p]
陽聲	真　文　元	耕　陽　東　東　蒸	侵　談
	[n]	[ŋ]	[m]

陰陽對轉（5 組）：熙：興（之蒸）；吾：印（魚陽）；延：施（元歌）；起：興（之蒸）；無：罔（魚陽）

陰入對轉（6 組）：如：若（魚鐸）；豫：懌（魚鐸）；舍：赦：釋（魚鐸）；柔：弱（幽藥）；何：曷（歌月）；改：革（之職）

陽入對轉（8 組）：至：臻（質真）；率：遵（物文）；斷：絕（元月）；陟：登（職蒸）；勉：勱（元月）；謂：云（物文）；曰：云（月元）；大：誕（月元）

陰聲韻旁轉（10 組）：州：島（幽宵）；謀：謨（之魚）；汝：爾（魚歌）；諧：和（脂歌）；早：夙（幽覺）；報：復（幽覺）；此：茲（支之）；我：吾（歌魚）；汝：而（魚之）；開：啟（微支）

入聲韻旁轉（6 組）：內：入（物緝）；合：協（緝葉）；內：納（物緝）；遏：抑（月質）；執：贄（緝質）；答：對（緝物）

陽聲韻旁轉（5 組）：殄：盡（文真）；馨：香（耕陽）；定：奠（耕真）；享饗：獻（陽元）；長：冢（陽東）

今文《尚書》同源詞語音結構聲韻之間的密切聯繫，無形中為話語的經濟表達創造了條件。漢語產生人們熟悉的語用詞彙，一定會考慮到語詞口頭運用時語音位移的便捷，表現為有相同的音位或具有發音部位相近的便利。結果是既保證了詞彙彼此相區別的特徵，又滿足了發音省力的要求。此外，同源詞在音位的使用上，較廣泛地體現在最便捷的音位上有多個詞共用同一個音位，從而形成一個高頻音位，在最優化的限度內實現語音信息共生的便利。譬如，以“盧”為聲符的字，多與黑色有關。從 [i] [an] 組合得聲的字，多與“白色”有關，由此孳生了許多詞。《爾雅》：“鳥之白頸者為燕，馬之白竅者為驠，白魚為鰋，蟲之白為蝘。”

英語中也有這樣的例證，gl–與“閃光”、“發光”概念有關的詞彙，拼寫和結構會很便捷地採用輔音組合 gl–構詞：glance，glare，glaze，gleam， glimmer，glint，glisten，glitter，gloss，glow 等等。

2. 聯想心理機制

任何一種語言現象的產生都有多方面的因素，同源詞的產生也是如此。“詞源意義是同源詞在滋生過程中由詞根（或稱語根）帶給同族詞或由源詞直接帶給派生詞的構詞理據。”①何為“意義”？ 英國語義學家利奇（Geoffrey Leech）曾把“意義”劃分為七類：理性意義、內涵意義、社會意義、情感意義、反映意義、搭配意義、主題意義。 其中除了理性意義和主題意義外的其他五種意義稱為“聯想意義”。② 聯想意義是隱含在詞內部的意義，同源詞的詞源意義“是‘內部形式’，是隱性的，它居於詞彙意義的下一個層次而不直接出現在具體語境的言語裡，它的基本意義單位不是‘義項’，完全不等同於詞彙學範疇的義項，特別是，它與依文字形體而言的本義不同”。“同源詞詞源意義之間的關係，是理據的相同、相通，而不是‘義項’的差異問題”。③ “它是詞語所指物件的一些表象特徵或由表象特徵喚起人們的一種情感、心理上的感受。”④

同源詞的產生與聯想這一認知心理活動有著密不可分的聯繫。 聯想心理學家把一切心理活動都看成是各種感覺或觀念的集合。 所謂聯想即各種觀念之間的聯繫或聯結。 聯想的形成遵循兩條原則：相似律、聯繫律。 相似的觀念、互相聯繫的觀念易形成聯結。

2.1　相似聯想

從語義角度來看，同源詞由語源相同的不同詞語因為在音義關係上表現出

① 王　寧、黃易青：《詞源意義與詞彙意義論析》，《北京師範大學學報》，2002年，第4期。

② （英）傑佛瑞·N·利奇著，李瑞華、王彤福、楊自儉、穆國豪譯：《語義學》，頁33。 上海外語教育出版社，1987年版。

③ 王　寧、黃易青：《詞源意義與詞彙意義論析》，《北京師範大學學報》，2002年，第4期。

④ 任　曄：《論同源詞的語義特徵》，《新疆師範大學學報》，2004年10月，第4期。

"家族相似性"而聚集在一起組成。基於相似聯想進行語言編碼，形成大量的同源詞。上文所述及的"意義表示具有共性的事物或動作"，以及大量表現在意義上無明顯區別的同源詞，均具有相似聯想的基礎，譬如，材：財；鼓：瞽；盧：壚；獲：穫；告：誥；中：仲；召：詔；剛：強；高：喬；蕩：簜；登：升；熙：興；謀：謨；和：諧；起：興；柔：弱等等。試舉例簡析之。

蕩、簜，定紐陽韻，二者同音。蕩，《廣韻》："蕩，大也。"（頁293）蕩蕩，廣大貌。《虞夏書・堯典》："湯湯洪水方割，蕩蕩懷山襄陵，浩浩滔天。"《尚書易解》："蕩蕩，大水奔突也。"（頁10）簜，《說文》："簜，大竹也。"《虞夏書・禹貢》："篠簜既敷。"大水謂之"蕩"，"大竹"謂之"簜"時，一種相似聯想便很自然地發生了，在"大"的意義上，二字同源。

鼓、瞽，見紐魚韻，同音。《說文》："鼓，郭也。春分之音。"《釋名・釋樂器》："鼓，廓也。張皮以冒之，其中空廓也。"（頁106）《虞夏書・皋陶謨》："下管鞀鼓。"瞽，《說文》："瞽，目但有朕也。"朕，段玉裁認為是"舟之縫理也"。"目但有朕"，即眼睛只有一條縫，沒有視覺功能。（頁135）《虞夏書・堯典》："瞽子，父頑，母嚚，象傲，克諧。"《孔傳》："無目曰瞽。"（頁123）《釋名》："瞽，鼓也，瞑瞑然目平合如鼓皮也。"（頁126）《莊子・逍遙遊》："瞽者無以平文章之觀。"《經典釋文》："瞽，盲者無目如鼓皮也。"（頁361）"鼓"和"瞽"似乎是兩種完全不相干的事物，分屬兩個不同的認知域，但"盲者無目如鼓皮"這樣細緻入微的體察，使得兩個詞在特定的認知心理的作用下，二者有了一種隱約的相似性，因此構成了同源關係。

這樣的相似是一種認知結構，不等於是客觀事物的相似。這種因相似聯想而產生的同源詞反映了先民認識世界的認知心理特點。他們不是從本質上、從理性上去認識事物，而是對某些細微的表像特徵較為敏感，將其抽象類別化為構造新詞的理據。在這樣的一種認知模式下，新詞和舊詞之間就具有了某種表像或意象的相似性。

2.2 聯繫聯想

世間的萬事萬物都不可能孤立地存在，它們之間具有各種各樣的聯繫，由此及彼地發散式聯想同樣是一種非常重要的思維方式。這在同源詞的產生過程中必然得到反映，詞義植根於人與客觀世界互動的認知。在同源詞的認知活動中，人們會自覺地以詞源意義為核心，將一組具有各種關聯的同源詞聚集到一起。今文《尚書》中促使聯繫聯想產生的關係根據上文的研究，主要有：工具關係；物件關係；因果關係；具體和抽象關係；性質和作用關係；自動使動關係即行為和發生者的關係；泛指和特指關係。譬如：

幹，見紐元韻；扞，匣紐元韻，見匣旁紐。《方言·卷九》："盾，自關而東或謂之幹。"①《周書·牧誓》："稱爾戈，比爾幹，立爾矛。"《尚書易解》："幹，盾也。"（頁127）扞，《廣韻》："扞，以手扞，又衛也。"（頁380）《周書·文侯之命》："汝多修，扞我于艱，若汝，予嘉。"《尚書今古文注疏》："扞者，杜預注《左傳》云：'衛也。'"（頁547）"幹"和"扞"一是兵器盾，一是以盾護衛。幹、扞實為器具與動作的關係。

昏、婚，曉紐文韻，同音。昏，《說文》："昏，日冥也。"婚，《說文》："婚，婦家（嫁）也。禮，娶婦以昏時。从女，从昏，昏亦聲。"《白虎通·嫁娶》："婚者，昏時行禮，故曰婚。"（頁491）《商書·盤庚上》："至于婚友。"《孔傳》："至于婚姻僚友。"（頁169）因為先民多在黃昏時舉行婚禮，所以在此意義上表時間的"昏"與"婚"有了聯繫。從認知心理的角度來看，是由時間域向文化域投射。

受、授，禪紐幽韻。《說文》："受，相付也。"又"授，予也。""受"是接受，"授"是使接受（授予），故二字同源。《虞夏書·皋陶謨》："翕受敷施。"受，接受。《儀禮·士喪禮》："降衣于前，受用篋。"②《虞夏書·堯典》："歷象日月星辰，敬授人時。"《國語·魯語上》："為我予之邑，今日必授。"授，授予。"受"和"授"，行為的發生者不一樣，"受"，行為的發生者是別人；"授"行為的發生者為自身，這樣一種相對的聯想將它們聯繫到了一起。

圖四　相似聯想

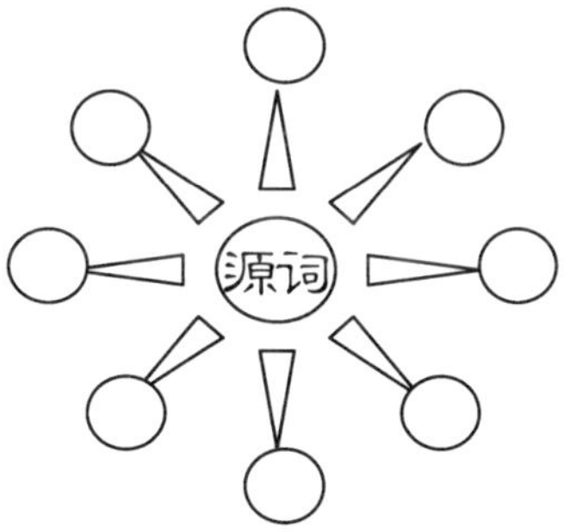

圖五　聯繫聯想

①　（清）錢　繹：《方言箋疏》，頁511。上海古籍出版社，1984年版。

②　（漢）鄭玄注，（唐）賈公彥疏：《儀禮注疏》，頁1128－1129。《十三經注疏》本，中華書局，1980年版。

據上圖所示，相似聯想反映了人們思維的一維性特徵，思維活動按照一個方向延續，串聯起了許多具有相似性關係的同源詞。而聯繫聯想的思維活動是多維的，詞源意義仿佛是個軸心，向多個方向發散輻射聯結起若干意義相關的同源詞。通過人為的積極聯想思維活動，以詞源意義作為構詞理據，源詞開始孳乳分化，在系聯同源詞的過程中遵循話語的最優經濟節省原則，建立起了一個易於掌握、易於理解的同源詞認知系統。

今文《尚書》中已存在大量的同源詞，這從一個側面反映了漢語是一種很有理據的語言。而有些外國學者，如烏爾曼（Stephen Ullmam）在他所著的《語義學》（Semantics，An Introduction to the Science of Meaning）一書中曾說漢語是理據性最缺乏的語言，這是不符合漢語語言實際的。徐通鏘先生《語言論》認為漢語的語言編碼是理據性的編碼，這是符合漢語語言實際的。所謂理據性編碼是指人們依據事物與語言符號之間的自然關係來進行編碼。這種內在自然關係是文化自然，並不等於是邏輯的、實在的普遍關係。語言編碼中的文化自然關係是一種基於文化心理想像、類推（analogy）、隱喻（metaphor）、辯證聯想上的關係。漢語是比較典型的以理據性原則對文化現實進行語言編碼的語言。研究漢語的理據性可以使我們認識漢語深厚的文化底蘊，指導我們從更高的層次上理解和運用語言。漢語中較為發達的同源詞系統是研究漢語理據性的一個重要的部分。

四　成語的結構類型、音律節奏和演變規律

漢語成語言簡意賅，凝練雋永，具有鮮明的民族色彩，是漢民族語言獨特的語言形式。語言交際中運用成語有助於説明道理，增強語言的内部張力。成語是漢語中使用頻率非常高的一類特殊詞彙。正因如此，語言學界越來越重視對成語的研究，關於成語理論研究的論著、論述不斷出現，各種類型的成語詞典也在不斷出版。但是對成語的標準這個基本問題，學術界卻始終沒有達成一致的結論。衆多成語詞典的收詞在音節數目上的不一致性又繼續模糊了成語的界限。分歧主要集中在成語的形式標準上，一般認為成語就是語言中慣用的定型的短語或句子，四個音節組成的“四字格”是成語的主要語言形式①。然而非四字格成語與諺語、俗語、格言等習語在語言形式上卻又很難區别。何定生先生最早研究《尚書》的成語，《尚書的文法及其年代》的第四章即為成語，收集的《尚書》成語幾乎都是兩個音節的複音詞或複音詞組，諸如：“奸宄、小腆、哲迪、格知、受命、圖功”等等②。當然，根據“慣用”和“定型”的標準亦無不可，然而成語與複音詞或複音詞組似乎就沒有什麼區别了。成語應該如何準確定義，成語有沒有獨特的形態特徵？對於成語的研究尚待繼續。

漢語成語一般都有來源。源自古代謠諺的成語已無可稽考，而源自經傳的成語最早可以追溯到今文《尚書》。因而，分析今文《尚書》成語的結構類型、音律節奏、語義分類、表達效果，探究其發展變化的規律，對於漢語成語的研究具有重要價值。

① 《中國語言學大辭典》編委會：《中國語言學大辭典》，頁 280。江西教育出版社，1991 年版。

② 何定生：《尚書的文法及其年代》，頁 131－174。國立中山大學語言歷史學研究所週刊，1928 年版。

（一） 成語的原型結構與非原型結構

《漢語成語詞典》(上海教育出版社，1982)、《漢語成語考釋詞典》(商務印書館，1989)和《漢語成語大詞典》(河南人民出版社，1987)，是上世紀八十年代收詞較全、影響也比較大的三部詞典。逐一考證三部詞典的詞條，我們發現，現代漢語成語源自今古文《尚書》的約有172個。其中，源自今文《尚書》的約有70個。這些成語在今古文《尚書》中的原始形式多數是不整齊的。現行通行的形式較之原始形式或多幾個字，或少兩個字，或是對原始形式的緊縮、截取乃至概括大意。現行通行形式沿用原始形式，兩種完全相同的是少數。以《尚書》中的原始形式為分析物件，大致可以分為兩類。一類稱為原型結構，一類稱為非原型結構。

所謂原型結構即現代通行的形式沿用了《尚書》中的原始形式，沒有任何改動。

所謂非原型結構即現代通行形式改造了《尚書》中的原始形式。改造是多方面的，有增減字詞，有改換字詞，有相關句子語詞的拼合，也有節義段義的概括引申。

現在，我們著重分析今文《尚書》成語的原型結構和非原型結構，同時為了便於對比與分析，我們也簡單分析一下古文《尚書》的原型結構和非原型結構。輯錄的語例根據《尚書》原文的篇目及行文次第排序。

1. 原型結構

(1) **光被四表**

光被四表，格于上下。 (虞夏書・堯典)

按：被，及。四表，四海之外。鄭玄曰："言堯德光耀及四海之外，至於天地。"①光被四表，指光輝普照四方，多形容恩德遍施於四方。《古文觀止・蘇軾〈潮州韓文公廟碑〉》："草木衣被朝回光。"吳楚材等注："此言公

① 周秉鈞：《尚書易解》，頁2。岳麓書社，1984年版。

光被四表，而為民物（民眾）之所景仰。”①

（2）**懷山襄陵**

蕩蕩懷山襄陵，浩浩滔天。（虞夏書・堯典）

按：《尚書易解》：“懷，包也。”（頁10）懷，包圍。襄，上。洪水包圍了山嶺，淹沒了丘陵。形容洪水氾濫。《太平廣記》卷四二《靈應傳》：“頃者，涇陽君與洞庭外祖世為姻戚，以後琴瑟不調，棄擲少婦。遭錢塘之一怒，傷生害稼，懷山襄陵。”②

（3）**方命圮族**

帝曰：“吁！咈哉，方命圮族。”（虞夏書・堯典）

按：《史記・五帝本紀》引作：“鯀負命毀族。”③方命，不遵守命令。鄭玄說：“方，放。謂放棄教命。”④圮，毀壞。方命圮族，特指違抗法紀命令，危害同族的人。後來也用來指民族敗類。章炳麟《終制》：“是時唯欲神州寧恤，漢族全制，誠不意狂狡據之以方命圮族也。”⑤又作“放命圮族”，見《漢書・傅喜傳》。

（4）**撲作教刑**

“鞭作官刑，撲作教刑。”（虞夏書・堯典）

按：撲，或作“樸”。《說文》本義為“木皮也”。後引申為學校的刑罰工具。鄭玄曰：“樸，櫝楚也。”樸為教官為刑者。《孔疏》：“官刑鞭撲（樸）俱用，教刑惟撲（樸）而已。”⑥義借為“撲”，擊、打。後又泛指為進行教育而施行的體罰。《孽海花》第十四回：“因此就有輕視丈夫之意，起先不過口角嘲笑，後來慢慢地竟要撲作教刑起來。”⑦

（5）**如喪考妣**

二十八載，帝乃殂落，百姓如喪考妣。（虞夏書・堯典）

按：《爾雅・釋親》：“父為考，母為妣。”《孔傳》：“考妣，父母。言百官感德思慕。”（頁129）《史記・五帝本紀》引作：“堯辟位凡二十八年而崩。

---

① （清）吳楚材、吳調侯選編：《古文觀止》，頁373。浙江古籍出版社，1998年版。

② （宋）李　昉等：《太平廣記》，頁4040。中華書局，1961年版。

③ （漢）司馬遷：《史記》，頁3。中華書局，1959年版。

④ 周秉鈞：《白話尚書》，頁15。岳麓書社，1990年版。

⑤ 湯志鈞編：《章太炎政論選集》，頁730。中華書局，1977年版。

⑥ （漢）孔安國傳、（唐）孔穎達疏：《尚書正義》，頁129。《十三經注疏》本，中華書局，1980年版。

⑦ （清）曾　樸：《孽海花》，頁151。解放軍文藝出版社，2000年版。

百姓悲哀，如喪父母。"（頁 30）如喪考妣，本義為好象死了父母一樣的傷心著急，引申形容為某事廢寢忘食，苦思竭慮。《景德傳燈錄·一八·福州玄沙師備禪師》："若有智慧，即今便得出脫；若是根機遲鈍，直須勤苦忍耐，日夜忘疲失食，如喪考妣相似。"①

（6）**遏密八音**

帝乃殂落……三載，四海遏密八音。（虞夏書·堯典）

按：《史記·五帝本紀》引作"四方莫舉樂。"（頁 30）遏，停止。密，靜止。八音，指金、石、絲、竹、匏、土、革、木八種樂器。金為鐘，石為磬，絲為琴瑟，竹為蕭管，匏為笙竽，土為塤，革為鼓，木為柷敔。這裡泛指音樂。本指古代帝王死後全國停止舉樂。後也用來指國家元首之死。清代梁紹壬《兩般秋雨庵隨筆》卷三："京師梨園四大名班……餘壬午年至京，當遏密八音之際，未得耳聆目賞。"②又作"八音遏密"。柳亞子《中山先生奉安大典志哀》："奉梓南歸四載遲，八音遏密寄哀思。"③

（7）**百獸率舞**

予擊石拊石，百獸率舞。（虞夏書·堯典）

按：率，相率，情態副詞。原指扮演各種獸類的舞隊依著音樂一起婆娑起舞。舊時多用來形容政治清明，連鳥獸也受到感化。《民國通俗演義》第三回："國樂以外，祭以軍樂，仿佛有鳳皇來儀、百獸率舞景象。"④又作"鳥獸率舞"，見韓愈《賀冊尊號表》。⑤

（8）**巧言令色**

何畏乎巧言令色孔壬。（虞夏書·皋陶謨）

按：《史記·夏本紀》引作："何畏乎巧言善色佞人。"（頁 77）巧言，表面上好聽而實際虛偽的話。《詩經·小雅·巧言》："巧言如簧，顏之厚矣。"令，《爾雅·釋詁》"善也。"巧言令色，形容用花言巧語媚態偽情迷惑取悅人。《論語·學而》："巧言令色，鮮矣仁。"何晏《集解》引包咸曰："巧言，

① （宋）釋道元：《景德傳燈錄》卷二，頁 157。普慧大藏經刊行會校印，1944 年版。

② （清）梁紹壬：《兩般秋雨庵隨筆》，頁 124。上海古籍出版社，1982 年版。

③ 柳亞子著，柳無非、柳無垢選輯：《柳亞子詩詞選》，頁 59。人民文學出版社，1981 年版。

④ 蔡東藩、許廑父：《民國通俗演義》，頁 281。中華書局，1980 年版。

⑤ （唐）韓　愈：《韓愈集》，頁 412。岳麓書社，2000 年版。

好其言語；令色，善其顏色。皆欲令人說之。”①《管子·任法》：“美者以巧言令色請其主，主因離法而聽之，此所謂美而淫之也。”又作“令色巧言”。瞿佑《剪燈新話·三·愛卿傳》：“令色巧言，迎新送舊，東家食而西家宿。”②

(9)**兢兢業業**

兢兢業業，一日二日萬幾。（虞夏書·皋陶謨）

按：兢兢，《爾雅·釋訓》：“戒也。”指小心謹慎。業業，畏懼。兢兢業業，形容工作小心謹慎，勤懇負責。宋代宗澤《上乞毋割地與金人疏》：“陛下為天眷佑，為民擁戴，入紹大統，固當兢兢業業，思傳之億萬世。”③又作“矜矜業業”，見《三國志·魏志·高堂隆傳》。又作“業業兢兢”，見《晉書·潘尼傳》。

(10)**股肱耳目**

臣作朕股肱耳目。（虞夏書·皋陶謨）

按：股肱，大腿和胳膊。《孔疏》：“君為元首，臣為股肱耳目，大體如一身也。”（頁142）耳目，比喻輔佐君王的大臣，後也用來比喻辦事得力的親信人員。明代歸有光《論御倭書（代）》：“明公以股肱耳目之重臣，膺茲簡命。”④又作“耳目股肱”、“耳目心腹”。

(11)**予違汝弼**

予違，汝弼，汝無面從，退有後言。（虞夏書·皋陶謨）

按：《史記·夏本紀》引作：“予即辟，女匡拂予。女無面諛，退而謗予。”（頁80）《尚書今古文注疏》：“違者，《說文》：‘韋，相背也。’‘違’與‘韋’通。弼者，《大戴禮·保傅篇》云：‘弼者，拂天子之過者也。’”⑤予違汝弼，我有過失，你就幫助我改正。這是虞舜勉勵夏禹說明自己改正錯誤的話。唐代吳兢《貞觀政要·公平》：“然自古聖哲之君，功成事立，未有不資同心，予違汝弼者也。”⑥

---

① （清）劉寶楠：《論語正義》，頁5。《諸子集成》本，中華書局，1954年版。

② （明）瞿　佑著，周楞伽校注：《剪燈新話》，頁72。上海古籍出版社，1981年版。

③ （宋）楊　時：《龜山集》，頁127。《四庫全書·集部·六四·別集類》，1125冊。文淵閣影印本，臺灣商務印書館發行，1986年版。

④ （明）歸有光著，周本淳校點：《震川先生集》，頁172。中國古典文學叢書。上海古籍出版社，1981年版。

⑤ （清）孫星衍：《尚書今古文注疏》，頁106。中華書局，1986年版。

⑥ （唐）吳　兢：《貞觀政要》，頁175。上海古籍出版社，1999年版。

(12)**退有後言**

予違,汝弼,汝無面從,退有後言。 (虞夏書・皋陶謨)

按：後言，背後議論。退有後言，指當面順從，背後又有別論。清代方苞《與吳見山書》："每見今之為交者，多面相悅而退有後言。"①

(13)**罔水行舟**

惟漫遊是好……罔水行舟,朋淫于家,用殄厥世。 (虞夏書・皋陶謨)

按：《史記・夏本紀》引作"毋水行舟。"(頁80)《孔傳》："丹朱乃習於無水陸地行舟，言其所為惡事無節度也。"(頁143)洪水已退，猶乘舟遊玩。形容行為違背常理。宋代周去非《嶺外代答・靈渠》："竊歎始皇之猜忍，其餘威能罔水行舟。"②

(14)**呱呱而泣**

啟呱呱而泣,予弗子,惟荒度土功。 (虞夏書・皋陶謨)

按：指嬰兒剛生下來呱呱地啼哭。明代歸有光《項脊軒志》："汝姊在我懷，呱呱而泣。"③

(15)**簫韶九成**

簫韶九成,鳳凰來儀。 (虞夏書・皋陶謨)

按：簫韶，舜時的樂曲名。又稱韶、箾韶。九成，鄭玄說："成，猶終也。每曲一終，必變更奏。若樂九變，人鬼可得而禮。"見《尚書正義》之《孔疏》(頁144)。意思是演奏樂曲，每曲一終，要變更九次才結束。本義指韶樂已經演奏了九次。後也用來比喻美妙典雅的樂曲。《元曲選・馬致遠〈漢宮秋〉》第四折："猛聽得仙音院鳳管鳴，更說甚簫韶九成。"④

(16)**鳳凰來儀**

簫韶九成,鳳凰來儀。 (虞夏書・皋陶謨)

按："鳳凰"或作"鳳皇"，是古代傳說中的神鳥，雄鳥叫做"鳳"，雌鳥叫做"凰"，通稱"鳳凰"。《詩經・大雅・卷阿》："鳳凰於飛，翽翽其羽。"

---

① (清)方苞著，劉季高校點：《方苞集》，頁169。上海古籍出版社，1983年版。

② (宋)周去非：《嶺外代答》，頁16。上海遠東出版社，1996年版。

③ (明)歸有光著，周本淳校點：《震川先生集》，頁430。中國古典文學叢書。上海古籍出版社，1981年版。

④ (明)臧晉叔編：《元曲選》，頁12。文學古籍刊行社出版，1955年版。

《毛傳》:“鳳皇,靈鳥仁瑞也。雄曰鳳,雌曰凰。”①儀,《廣雅·釋詁》:“見也。”②鳳凰來儀,本義為鳳凰飛來相間起舞,古代相傳的吉祥徵兆。《漢書·王莽傳上》:“甘露從天下,醴泉自地出,鳳皇(凰)來儀,神爵(雀)降集。”③

(17)**江漢朝宗**

江漢朝宗于海。(虞夏書·禹貢)

按:江,指長江。漢,指漢江。朝宗,《詩經·小雅·沔水》:“沔彼流水,朝宗於海。”《鄭箋》:“諸侯春見天子曰朝,諸侯夏見天子曰宗。”(頁374)鄭玄注《禹貢》:“江水、漢水,其流遄疾,又合為一,共赴海也。猶諸侯之同心,尊天子而朝事之。”(頁149)。江漢朝宗,原義為長江和漢水流入大海,就像諸侯臣服天子一樣。後來轉用以比喻小德服從大德,小道理服從大道理。《藝文類聚·卷六·州部》:“杳杳巫山,在荊之陽,江漢朝宗,其流湯湯,”④

(18)**時日曷喪**

有眾率怠,弗協,曰:“時日曷喪,予及汝皆亡!”(商書·湯誓)

按:時,是,這個。曷,何,什麼時候。《孔傳》:“眾下相率為怠情,不與上和合,不肯每事順從也,比桀於日,曰:‘是日何時喪亡。’欲令早傷喪桀命也。”(頁160)時日曷喪,本是殷民的怨憤之語,意為這個太陽(指桀)什麼時候消失啊?表示痛恨到極點,誓不與其共存。明代張岱《石匱書後集》:“遂使江東父老有時日曷喪之悲。”⑤

(19)**不可向邇**

若火之燎于原,不可向邇,其猶可撲滅?(商書·盤庚上)

按:向,面向,朝向。邇,接近。不可向邇,本義為燎原烈火,不能接近。後狀人或事物氣焰囂張。宋代摟鑰《攻媿集·九五·寶謨閣待制贈通議

---

① (漢)毛　亨傳,(漢)鄭　玄箋;(唐)孔穎達疏:《毛詩正義》,頁546。《十三經注疏》本,中華書局,1980年版。

② (清)王念孫:《廣雅疏證》,頁319。上海古籍出版社,1983年版。

③ (漢)班　固,(唐)顏師古注:《漢書》,頁4077。中華書局,1962年版。

④ (唐)歐陽詢編,汪紹楹校:《藝文類聚》,頁112。上海古籍出版社,1965年版。

⑤ (明)張　岱:《石匱書後集》,頁523。《續修四庫全書·史部·別史集》,320冊。上海古籍出版社,2002年版。

大夫陳公神道碑》："黨與兇焰，不可向邇，而公獨當之。"①向，或作"鄉"。《左傳·隱公六年》、《左傳·莊公十四年》引《書》"向"皆作"鄉"。鄉，通"向"。

（20）**有為有守**

凡厥庶民，有猷有為有守。（周書·洪範）

按：猷，計謀。有為有守，意謂既有作為，又有操守。《清史稿·志七十三》："亮天工，庶績咸熙。須將器識先文藝。有為有守，汝翼汝為。"②

（21）**無偏無黨**

無偏無黨，王道蕩蕩。（周書·洪範）

按：據《尚書易解》黨，鄭玄注為"朋黨"。（頁 139）《白話尚書》："不要行偏，不要結黨，王道坦蕩。"（頁 96）《舊五代史·唐書·莊宗紀七》："朕聞古先哲王臨禦天下，上則以無偏無黨為至治，次則以足食足兵為遠謀，緬為前修，誠可師範。"③

（22）**多材多藝**

予仁若考能，多材多藝，能事鬼神。（周書·金縢）

按：多材多藝，具有多方面的才能和技藝。郭沫若《反正前後》第一篇六："他多材多藝。據我所知，他會做詩，會填詞……筆下也很能寫一手的好字。"④"材"多作"才"。柳永《玉女搖仙佩·佳人》："且恁相偎依。未消得，憐我多才多藝。"⑤《二十年目睹之怪現狀》第三七回："我暗想此公也可算得多才多藝了。"⑥亦作"多藝多才"。《南史·梁紀下·敬帝》："高祖固天攸縱，聰明稽古，道亞生知，學為博物，允文允武，多藝多才。"⑦

（23）**遺大投艱**

予造天役，遺大投艱于朕身。（周書·大誥）

---

① （宋）樓　鑰：《攻媿集》，頁 425。《四庫全書·集部·九二·別集類》，1153 冊，文淵閣影印本，臺灣商務印書館發刊，1986 年版。

② 趙爾巽等：《清史稿》，頁 2893。中華書局，1977 年版。

③ （宋）薛居正等：《舊五代史》，頁 319。中華書局，1999 年版。

④ 郭沫若：《郭沫若全集·文學卷》，第 11 冊，頁 206。人民文學出版社，1992 年版。

⑤ （宋）柳　永著，孫光貴、徐靜校注：《柳永集》，頁 196。岳麓書社，2003 年版。

⑥ （清）吳趼人著，張友鶴校注：《二十年目睹之怪現狀》，頁 282。人民文學出版社，1957 年版。

⑦ （唐）李延壽：《南史》，頁 165。中華書局，1999 年版。

按：遺，給予。投，擲，這裡是委任、託付的意思。艱，難事。《孔傳》："我周家為天下役事，遺我甚大，投此艱難於我身。言不得已。"（頁199）遺大投艱，指付予重大艱難的事。清代王夫之《宋論·度宗》："且夫拔起而登天位，遺大投艱於眇躬，亦甚難矣。"①又作"投大遺艱"，見清代閻爾梅《白耷山人文集·上·用人論》。②

(24)**元惡大憝**

元惡大憝，矧惟不孝不友。（周書·康誥）

按：元，首。憝，怨恨。本指首惡最為招人怨恨。後也用來指罪魁禍首。東漢陳琳《檄吳將校部曲文》："丞相銜奉國威，為民除害，元惡大憝，必當梟夷。"③又作"元惡大奸"，見《後漢書·陳蕃傳》。

(25)**腥聞在上**

腥聞在上，故天降喪于殷。（周書·酒誥）

按：上，《說文》："丄，高也。"此處指上天。《孔疏》："紂眾群臣集聚，用酒荒淫，腥穢聞在上天。"（頁207）本指飲酒的腥氣升聞於上天。後多比喻臭名遠揚。

(26)**子子孫孫**

惟王子子孫孫永保民。（周書·梓材）

按：指子孫後代。《列子·湯問》："子子孫孫，無窮匱也。"

(27)**譸張為幻**

民無或胥譸張為幻。（周書·無逸）

按：譸張，欺詐。譸，《爾雅·釋訓》作"侜"。"侜張，誑也。"譸，又作"輈"、"舟"。幻，互相詐惑。《說文》："幻，相詐惑也。"譸張為幻，指用欺騙手法詐惑別人。清代王士禛《池北偶談·六·魏尚書格言》："骨肉手足，譸張為幻，人而異情，犬豕之豢。"④

(28)**多歷年所**

率惟茲有陳，保乂有殷，故殷禮陟配天，多歷年所。（周書·君奭）

按：所，猶"時"。見《公羊傳·文公十三年》注。多歷年所，經歷的年數多。本指殷王朝的時間長。後泛指經歷的時間很長。丘遲《與陳伯之

---

① （清）王夫之：《宋論》，頁257。中華書局，2003年版。

② （清）閻爾梅：《白耷山人文集》，頁509。《續修四庫全書·集部·別集類》，第1394冊。上海古籍出版社，2002年版。

③ （南朝·梁）蕭　統編：《文選》，頁1981。上海古籍出版社，2007年版。

④ （清）王士禛：《池北偶談》，頁37。學苑出版社，1999年版。

書》:“北虜僭盜中原，多歷年所，惡積禍盈，理至焦爛。”①

(29)**燮和天下**

燮和天下,用答揚文武之光訓。（周書・顧命）

按:燮,《爾雅・釋詁》:“和也。”燮和天下,《漢語成語大詞典》:“使國家協調和平。”又有“燮和之任”，使國家協和的責任，指宰相的職務。韓愈《為裴相公讓官表》:“委臣以燮和之任。”②

(30)**予末小子**

眇眇予末小子,其能而亂四方,以敬忌天威。（周書・顧命）

按:末，微末。予末小子，自謙之稱，意思是我這個微末的小子。古代帝王對先王指稱自己。《後漢書・明帝紀》:“詔曰:‘予末小子，奉承聖業，夙夜震畏，不敢荒寧。’”③後來也經常用作普通人的自謙之辭。

(31)**世輕世重**

刑罰世輕世重,惟齊非齊,有倫有要。（周書・呂刑）

按:《孔傳》曰:“言刑罰隨世輕重也，刑新國用輕典，刑平國用中典，刑亂國用重典。”（頁250）世輕世重，指必須根據不同的時勢確定刑罰輕重。《梁書・本紀第二》:“又世輕世重，隨時約法，前以劓墨，用代重辟，猶念改悔，其路已壅，並可省除。”④

(32)**馬牛其風**

馬牛其風,臣妾逋逃,勿敢越逐,祗複之。（周書・費誓）

按:《白話尚書》引鄭玄說:“風，走逸也。”（頁247）原意為牛馬走失。《孔疏》:“僖四年《左傳》云:‘唯是風馬牛不相及也。’賈逵云:‘風，放也，牝牡相誘謂之風。’然則馬牛風佚，因牝牡相逐而遂至放佚遠去也。”（頁255）後用以表示互不相干。明代俞弁《逸老堂詩話》下:“為之贊曰:‘永之法，妍以婉；芾之體，峭以健。馬牛其風，神合志通；彼妍我峭，唯妙唯肖。’”⑤

---

① 鄧紹基、李玟主編:《尺牘精華》，頁181。巴蜀出版社，1998年版。

② 郭預衡主編:《唐宋八大家散文總集》卷一，頁222。河北人民出版社，1996年版。

③（南朝・宋）範　曄:《後漢書》，頁95。中華書局，1965年版。

④（唐）姚思廉:《梁書》，頁37。中華書局，1999年版。

⑤（明）俞　弁:《逸老堂詩話》，頁254。《續修四庫全書・集部，別集類》，1394冊。上海古籍出版社，2002年版。

(33)**日月逾邁**

我心之憂，日月逾邁，若弗云來。　　　　　　　(周書・秦誓)

按：逾，過。邁，往。日月逾邁，形容歲月消逝，不可複來。唐代張說《唐玉泉寺大通禪師銘序》："日月逾邁，榮落相推，於戲法子，永戀宗極。"①

古文《尚書》的原型結構成語有55例，比今文《尚書》多22例。

(1)**舍己從人**

按：語出《虞夏書・大禹謨》："稽于眾，舍己從人，不虐無告，不廢困窮，惟帝時克。"意為放棄自己的看法，服從別人的意見。《孟子・公孫丑上》："大舜有大焉，善與人同，舍己從人，樂取於人以為善。"又作"舍己循人"、"舍己就人"。後作"捨己為人"。朱熹《論語集注》："初無捨己為人之意。"②

(2)**乃武乃文**

按：語出《虞夏書・大禹謨》："乃聖乃神，乃武乃文。"乃，如此，見《詞詮》③。義為這樣英武這樣華美。（頁69）唐代王勃《倬彼我系》："乃武乃文，或公或侯。"④又作"乃文乃武"，見王勃《九成宮頌》。⑤

(3)**利用厚生**

按：語出《虞夏書・大禹謨》："正德、利用、厚生惟和。"利用厚生，意謂充分發揮各種物質資料的作用，使百姓豐衣足食。清代袁枚《隨園詩話補遺》卷九："伊小尹太守到任後，寄詩來云：'利用厚生當務急，就中俗吏恐難論。'"⑥

(4)**地平天成**

按：語出《虞夏書・大禹謨》："地平天成，六府三事允治，萬事永賴，時乃功。"《孔傳》："水土治曰平，五行敘曰成。"（頁135）地平天成，原意為夏禹治理水土取得成功，天地都得以平靜。後泛指安排周到，萬事順遂。《晉書・列傳第三十六・陶侃傳》："（上表遜位曰）獻替疇諮，敷融政道，地平天

① （清）董　誥等編：《全唐文》卷二三一，頁2335。中華書局，1983年版。
② （宋）朱　熹：《四書章句集注》，頁130。中華書局，1983年版。
③ 楊樹達：《詞詮》，頁69。中華書局，1954年版。
④ 彭定求、楊中訥等編：《全唐詩》卷五五，頁671。中華書局，1979年版。
⑤ （清）董　誥等編：《全唐文》卷一七八，頁1815。中華書局，1983年版。
⑥ （清）袁　枚：《隨園詩話補遺》，頁2176。吉林人民出版社，1996年版。

成，四海幸賴。"①

（5）**念茲在茲**

按：語出《虞夏書·大禹謨》："帝念哉，念茲在茲。"《詞詮》："茲，指示代名詞，此也。"（頁265）前一"茲"字指代"德"，後一"茲"字指代"皋陶"。原意為念德的人在於皋陶，是禹稱讚皋陶之辭。後多用來指對某件事情念念不忘。《陶淵明集·一·命子》："名汝曰嚴，字汝求思；聞恭朝夕，念茲在茲。"②

（6）**罪疑惟輕**

按：語出《虞夏書·大禹謨》："罪疑惟輕，功疑惟重。"罪行可疑時應從輕懲處。清代黃宗羲《明司馬澹若張公傳》："罪疑惟輕，則冥途有重返之魄；罰當其咎，則單門無連染之人。"③又作"罪疑從輕"，見《漢書·于定國傳》。

（7）**好生之德**

按：語出《虞夏書·大禹謨》："好生之德洽于民心，茲用不犯于有司。"好生之德，特仁愛萬物的德行。《元曲選外編·無名氏〈猿聽經〉第二折》："本當殺壞了你，上天尚有好生之德，且饒過你罪，再不許你在此作戲也。"④

（8）**人心惟危**

按：語出《虞夏書·大禹謨》："人心惟危，道心惟微，惟精惟一，允執厥中。"蔡沈《書集傳》："人心易私而難公，故危。"⑤人心惟危，本指人心險惡。《晉書·列傳第四十五·王湛》："夫自足者寡，故理懸於羲農；徇教者眾，故義申於三代。道心惟微，人心惟危，吹萬不同，孰知正是！"（頁1965）

（9）**惟精惟一**

按：語出《虞夏書·大禹謨》。惟精惟一，形容用功精深，專心一意。宋代朱熹《寄陳同甫書·九》："但古之聖賢從根本上便有惟精惟一功夫，所以

---

① （唐）房玄齡等：《晉書》，頁1777。中華書局，1974年版。

② （晉）陶淵明著，逯欽立校注：《陶淵明集》，頁29。中華書局，1979年版。

③ （清）黃宗羲著，沈洪善主編：《黃宗羲全集》卷十，頁590。浙江古籍出版社，2005年版。

④ 隋樹森編：《元曲選外編》，頁953。中華書局，1959年版。

⑤ （宋）蔡沈注，錢宗武、錢忠弼整理：《書集傳》，頁24。鳳凰出版社，2010年版。

能執其中，徹頭徹尾無不盡善。”①

(10)**允執厥中**

按：語出《虞夏書·大禹謨》。允，誠信。中，適中。允執厥中，《孔疏》：“信執其中正之道。”(頁136)意謂言行不偏不倚，堅持中正之道。魯迅《二心集·非革命的急進革命論者》：“因為別的一切，無一相合，於是永遠覺得自己是‘允執厥中’，永遠得到自己滿足。”②亦作“允執其中”。《後漢書·列傳第三十六·陳寵傳》：“陛下探幽析微，允執其中，革百載之失，建永年之功。”③

(11)**民惟邦本**

按：語出《虞夏書·五子之歌》：“民惟邦本，本固邦寧。”民惟邦本，意指人民是國家的根本。《唐會要》卷六十二《御史臺下·諫諍》：“且民惟邦本，食乃民天，牛之不存，民將安寄？河北百姓，尤少牛犢，賤市抑養，奪取無異。”④

(12)**甘酒嗜音**

按：語出《虞夏書·五子之歌》：“內作色荒，外作禽荒，甘酒嗜音，峻宇雕牆。有一于此，未或不亡。”甘、嗜，互文見義，“耽迷”之義。沉迷於喝酒和聽音樂。形容生活腐化，追求享樂。《全唐文》卷一百七十：“或問曰：‘夏桀無道……此即甘酒嗜音之談，蓋成虛論；三風十愆之說，並是高談。’”(頁1741)

(13)**玉石俱焚**

按：語出《虞夏書·胤征》：“火焚昆岡，玉石俱焚。”本指美玉和石頭一同燒毀，比喻好的壞的一同毀滅。多指戰爭殘酷無情。《南齊書·高帝(蕭道成)紀上》：“玉石俱焚，黥首相悲，朝不謀夕。”⑤又作“玉石俱碎”，見東漢陳琳《檄吳將校部曲文》。⑥又作“玉石俱摧”，《晉書·列傳第三十·索綝傳》：“孤恐霜威一震，玉石俱摧。”(頁1652)

---

① (宋)朱熹著，朱傑人、嚴佐之、劉永翔主編：《朱子全書·晦庵先生朱文公文集·二》，頁1590。上海古籍出版社、安徽教育出版社，2002年版。

② 魯　迅：《魯迅全集》(第四卷)，頁233。人民文學出版社，1973年版。

③ (南朝·宋)范　曄：《後漢書》，頁1551。中華書局，1965年版。

④ (宋)王　溥：《唐會要》，頁1076。中華書局，1998年版。

⑤ (梁)蕭子顯：《南齊書》，頁11。中華書局，1999年版。

⑥ (南朝·梁)蕭　統編：《文選》，頁985。上海古籍出版社，2007年版。

（14）**咸與惟新**

按：語出《虞夏書・胤征》："舊染汙俗，咸與惟新。"與：允許。惟：或作"維"，語氣助詞，無義。本指染有汙舊習俗的人都允許更新。後也指大家都來參加革新。《全唐文》載陸贄《誅李懷光後原宥河中將吏詔》："究其本末，情有足矜，況能協力同謀，舉城歸順，錄其成效，咸與惟新。"（頁4728）

（15）**實繁有徒**

按：語出《商書・仲虺之誥》："簡賢附勢，實繁有徒。"實繁有徒，實在有不少這樣的人。多用於貶義。《左傳・召公二十八年》："惡直醜正，實蕃（通"繁"）有徒；無道立矣，子懼不免。"[1]又作"實蕃其徒"，見唐代劉知己《史通・因習》。[2]

（16）**兼弱攻昧**

按：語出《商書・仲虺之誥》："兼弱攻昧，取亂侮亡。"兼弱攻昧，指兼併弱小的國家，討伐昏亂的政權。《左傳・宣公十二年》："見可而進，知難而退，軍之善政也。兼弱攻昧，武之善經也。"（頁725）

（17）**好問則裕**

按：語出《商書・仲虺之誥》："好問則裕，自用則小。"裕，豐富。《孔傳》："問則有得，所以足；不問專固，所以小。"（頁162）意為愛好提問，知識就會充裕。《全唐文》卷八百七十八："既賞興王之諫，亦訪百官之箴。故曰生民在勤，好問則裕。"（頁9180）

（18）**自用則小**

按：語出《商書・仲虺之誥》。自用，憑自己。只憑自己見聞就狹小。《全唐文》卷七百四十八："忠告不倦，爾當奉職，自用則小，予不吝過。"（頁7751）

（19）**福善禍淫**

按：語出《商書・湯誥》："天道福善禍淫，降災于夏，以彰厥罪。"福善禍淫，意謂使好人得福，使壞人遭禍。唐劉知幾《史通・雜說上》："班固稱項羽賊義帝，自取滅亡，如固斯言，則深信夫天怨神怒，福善禍淫者矣。"（頁589）

---

① 楊伯峻：《春秋左傳注》，頁1491。中華書局，1981年版。

② （唐）劉知己著，張振佩箋注：《史通箋注》，頁176。貴州人民出版社，1985年版。

(20)**慄慄危懼**

按：語出《商書·湯誥》："慄慄危懼，若將隕于深淵。"慄慄，危懼的樣子。慄慄危懼，形容非常害怕。《明史演義》第七十回："瑞又力摧豪強，厚撫窮弱，下令雷厲風行，有司皆慄慄危懼，不敢延誤。"①

(21)**坐以待旦**

按：語出《商書·太甲上》："先王昧爽丕顯，坐以待旦，旁求俊彥，啟迪後人，無越厥命以自覆。"坐以待旦，坐著等待天亮。原意為伊尹稱殷先王在天還沒有亮的時刻，就思考國事。後多狀兢兢業業，常用以表示勤謹。《孟子·離婁下》："周公思兼三王，以施四事；其有不合者，仰而思之，夜以繼日；幸而得之，坐以待旦。"唐柳宗元《與楊誨之第二書》："惟此文王，小心翼翼，日昃不暇食，坐以待旦。"②《紅樓夢》第九七回："停了片時，寶玉便昏沉睡去，賈母等才得略略放心，只好坐以待旦，叫鳳姐去請寶釵安歇。"③又作"坐而待旦"，見《三國志·王基傳》、《後漢書·陳蕃傳》。

(22)**習與性成**

按：語出《商書·太甲上》："茲乃不義，習與性成。"習與性成，意指環境影響甚至決定人的性格。《梁書·王昀傳》(自序云)："習與性成，不覺筆倦。"(頁336)又作"習以成性"。《劉子·風俗》："人居此地，習以成性，謂之俗焉。"④

(23)**慎終於始**

按：語出《商書·太甲下》："無安厥位，惟危，慎終于始！"《孔疏》："欲慎其終，於始即須慎之。"(頁165)慎終於始，強調自始至終要謹慎從事。清西周生《醒世姻緣傳》第三十六回："有那等婦人心口如一，不願守節，開口明白說道：'守節事難，與其有始無終，不若慎終於始。'"⑤

(24)**匹夫匹婦**

按：語出《商書·咸有一德》："無自廣以狹人，匹夫匹婦不獲自盡，民主罔與成厥功。"匹夫匹婦，泛指普通老百姓。《論語·憲問》："豈若匹夫匹婦之為諒也，自經於溝瀆而莫之知也。"

---

① (清)蔡東藩：《明史演義》，頁534。北京古籍出版社，1996年版。
② (唐)柳宗元：《柳宗元全集》，頁268。上海古籍出版社，1997年。
③ (清)曹雪芹、高　鶚：《紅樓夢》，頁1272。人民文學出版社，1957年版。
④ 傅亞庶：《劉子校釋》，頁443。中華書局，1998年版。
⑤ (清)西周生輯著：《醒世姻緣傳》，頁461。齊魯書社，1980年版。

(25)惟口起羞

按：語出《商書·說命中》："惟口起羞，惟甲冑起戎。"惟口起羞，意指由於言語不當而招致羞辱。《全唐文》卷四百六十六："惟口起羞，諒非細故，為國聚釁，實由斯人。"（頁4765）

(26)有備無患

按：語出《商書·說命中》："惟事事，乃其有備，有備無患。"《漢語成語大詞典》："事先有所準備，就可以免除禍患。"諸葛亮《將苑·戒備》："無備，雖眾不可恃也。故曰，有備無患。"①

(27)事不師古

按：語出《商書·說命下》："事不師古，以克永世，匪說攸文。"事不師古，意謂不依據古人的規矩作法行事。"《史記·李斯列傳》："齊人淳於越進諫曰：'……事不師古而能長久者，非所聞也。今青臣等又面諛以重陛下過，非忠臣也。'"（頁2546）

(28)萬物之靈

按：語出《周書·泰誓上》："惟天地萬物父母，惟人萬物之靈。"人為"萬物之靈"，因人在世間萬物中智慧最高。宋代陳亮《問答上》："然人為萬物之靈，而仁義智數蓋不可以雜而行也。"②

(29)惟日不足

按：語出《周書·泰誓中》："我聞吉人為善惟日不足，凶人為不善亦惟日不足。"惟日不足，意謂整日地做某件事情還覺得時間不夠。《梁書·武帝紀下》："朕思利兆民，惟日不足。"（頁47）

(30)穢德彰聞

按：語出《周書·泰誓中》："無辜籲天，穢德彰聞。"穢德彰聞，指醜惡的行為大家都知道。《兒女英雄傳》第三十七回："這等的穢德彰聞，焉得不人皆掩鼻。"③

(31)離心離德

按：語出《周書·泰誓中》："受有億兆夷人，離心離德。"受，商王紂。夷，平。《孔傳》："平人，凡人也。"（頁181）原指商紂雖有億兆平民，卻皆懷二心，離心離德。後泛指各存異心，行動不一。《封神演義》："臣等日夕焦

① （三國·蜀）諸葛亮：《諸葛亮集》，頁86。中華書局，1974年版。
② （宋）陳　亮：《陳亮集》，頁34。中華書局，1974年版。
③ （清）文　康：《兒女英雄傳》，頁470。岳麓書社，1992年版。

心，不忍陛下淪於昏暗，黎民離心離德，禍生不測。”[①]

(32)**同心同德**

按：語出《周書・泰誓中》：“予有亂臣十人，同心同德。”《爾雅・釋詁》：“亂，治也。”《孔疏》：“謂我治理之臣有十人也，十人皆是上智，咸識周是殷非，故人數雖少而心能同，同佐武王，欲共滅紂也。”(頁181)同心同德，後泛指同一意志，統一行動。明代焦竑《玉堂叢語・卷二・籌策》：“今吾三人，可謂同心同德。”[②]又作“一心一德”，見《周書・泰誓中》。又作“同心合意”，見《漢書・匡衡傳》。又作“同心一意”，見《漢書・翟方進傳》。又作“協心同德”，見《渭南文集・德勳廟碑》。[③]

(33)**我武惟揚**

按：語出《周書・泰誓中》：“我武惟揚，侵于之疆，取彼兇殘；我伐用張，于湯有光。”意為我們的武力要發揚。本是武王鼓動舉兵伐紂之辭。後多形容威武昂揚，意氣風發的樣子。《封神演義》第七十一回：“正是：子牙東進兵戈日，我武惟揚在此行。”(頁615)

(34)**奇技淫巧**

按：語出《周書・泰誓下》：“郊社不修，宗廟不享，作奇技淫巧以悅婦人。”奇技淫巧，指奇巧的技藝或者過度精緻的器物。《黃宗羲全集・明夷待訪錄・財計三》：“有為奇技淫巧而貨者，皆不切於民用。”(頁41)

(35)**恭行天罰**

按：語出《周書・泰誓下》：“爾其孜孜，奉予一人，恭行天罰。”恭行天罰，原指征討無道之君，後泛用為攻伐別人的藉口。《全唐文》載陸贄《平朱泚後車駕還京大赦制》：“諸帥勠力，恭行天罰。”(頁4701)

(36)**偃武修文**

按：語出《周書・武成》：“乃偃武修文，歸馬于華山之陽，放牛于桃林之野，視天下弗服。”偃武修文，意指停止武備，提倡文教。《古今小說・汪信之一死救全家》：“四郊安靜，偃武修文，與民同樂。”[④]又作“偃武行文”，見《史記・留侯世家》。又作“偃武興文”，見《漢書・黃霸傳》。

---

① (明)許仲琳編著：《封神演義》，頁141。上海古籍出版社，2000年版。

② (明)焦　竑：《玉堂叢語》，頁57。中華書局，1997年版。

③ (宋)陸　遊：《渭南文集》，頁431。《四庫全書・集部一〇二・別集類》，1163冊。文淵閣影印本，臺灣商務印書館發刊，1986年版。

④ (明)馮夢龍編，許政楊校注：《古今小說》，頁587。人民文學出版社，1979年版。

(37)**皇天后土**

按：語出《周書・武成》："底商之罪，告于皇天后土，所過名山大川。"指天和地。古人認為天地有靈，常對之禱告。《左傳・僖公十五年》："晉大夫三拜稽首曰：'君履后土而戴皇天，皇天后土實聞君之言，群臣敢在下風。'"（頁358）

(38)**名山大川**

按：語出《周書・武成》。《孔疏》："山川大乃有名，名、大，互言之耳。"（頁184）指著名的山嶽和河流。《禮記・王制》："天子祭天下名山大川……諸侯祭名山大川之在其地者。"①又作"名山勝川"。《晉書・列傳第二十六・孫統傳》："居職不留心碎務，縱意遊肆，名山勝川，靡不窮究。"（頁1543）

(39)**暴殄天物**

按：語出《周書・武成》："今商王受無道，暴殄天物，害虐烝民。"原指商王受殘暴無道，滅絕自然萬物，虐待眾民，後泛指任意殺戮生靈，糟蹋物品。《全唐文》載常袞《李采訪賀收西京表》："頃者，胡羯亂常，崤、函失守，暴殄天物，憑陵帝京。"（頁4252）

(40)**血流漂杵**

按：語出《周書・武成》："前徒倒戈，攻于後以北，血流漂杵。"杵，通"櫓"。櫓，盾牌。血流漂杵，形容殺人極多。漢代賈誼《新書・益壤》："炎帝無道，黃帝伐之涿鹿之野，血流漂杵。"②又作"流血飄鹵"，見《史記・秦始皇本紀》。賈誼《新書・過秦上》"鹵"又作"櫓"。（頁2）

(41)**崇德報功**

按：語出《周書・武成》："惇信明義，崇德報功，垂拱而天下治。"《漢語成語大詞典》："尊崇有德行的人，酬報有功勞的人。"《民國通俗演義》："所有喪葬典禮，應由國務院轉飭辦理人員，參酌中外典章，詳加擬議，務極優隆，用符國家崇德報功之至意。"（頁645）

(42)**玩物喪志**

按：語出《周書・旅獒》："玩人喪德，玩物喪志。"戲弄人就喪德，戲弄物就喪志。玩物喪志，後多指沉迷於喜愛的事物，喪失進取的志氣。朱熹

---

① （漢）鄭　玄注，（唐）孔穎達疏：《禮記注疏》，頁1336。《十三經注疏》本，中華書局，1980年版。

② （漢）賈　誼著，閻振益、仲夏校注：《新書校注》，頁57。中華書局，2000年版。

《朱文公文集・答王欽之》："玩物喪志之戒，乃為求多聞而不切己者發。"①

（43）**不矜細行**

按：語出《周書・旅獒》："不矜細行，終累大德。"矜，慎。《孔傳》："輕忽小物，積害毀大，故君子慎其微行。"（頁 195）指不注重細小的行為。明代徐複祚《曲論・附錄》："山東解元王化，發解時年甚少，不矜細行，綢繆二娼，遂不娶。"②又作"不拘細行"，見《太平廣記・李邕》引《譚賓錄》。（頁 1510）又作"脫略細行"，見《晉書・謝尚傳》。

（44）**功虧一簣**

按：語出《周書・旅獒》："為山九仞，功虧一簣。"簣，盛土的筐子，意指堆積九仞高的山，只差一筐土而不能完成。後多喻僅差最後一點努力而前功盡棄。《晉書・列傳第二十九・東海王越傳》："長沙奉國，如終靡慝；功虧一簣，奄罹殘賊。"（頁 1628）

（45）**民心無常**

按：語出《周書・蔡仲之命》："皇天無親，惟德是輔；民心無常，惟惠之懷。"常，恒也。《孔傳》："民之於上，無有常主，惟愛己者則歸之。"（頁 227）《漢語成語大詞典》："人民的心沒有長久不變的。意思是民心將隨著政治的清明與昏亂而有所變化。"《陳亮集》載《上孝宗皇帝第一書》一文，云："民心無常，惟惠之懷。自三代聖人皆知其為甚可畏也。"（頁 3）

（46）**論道經邦**

按：語出《周書・周官》："茲惟三公，論道經邦，燮理陰陽。"講論治國之道，用來治理國家。《初學記》卷十一引摯虞《隴西王泰為太尉冊》："惟君行為時表，親則宗臣，論道經邦，保乂皇家。"③

（47）**燮理陰陽**

按：語出《周書・周官》。燮理，協調治理。古代稱世間一切相對或相反的現象為陰陽。此處借指國事。燮理陰陽，指大臣輔助天子治理國事。唐代元稹《連昌宮詞》："姚崇宋璟作相公，勸諫上皇言語切。燮理陰陽禾黍

---

① （宋）朱熹著，朱傑人、嚴佐之、劉永翔主編：《朱子全書・晦庵先生朱文公文集・四》，頁 2760－2761。上海古籍出版社、安徽教育出版社，2002 年版。

② 中國戲曲研究院編著：《中國古典戲曲論著集成》，頁 245。中國戲曲出版社，1959 年版。

③ （唐）徐　堅等著：《初學記》，頁 255。中華書局，2004 年版。

豐，調和中外無兵戎。”①

(48)**心勞日拙**

按：語出《周書・周官》：“作德心逸日休，作僞心勞日拙。”《孔傳》：“為德直道而行，於心逸豫而名且美；為僞飾巧百端，於心勞苦而事日拙不可為。”（頁 236）明代李贄《續焚書・一・覆李士龍》：“欲名而又狥利，與好利而兼狥名……均為心勞日拙也。”②《舊五代史・職官志》：“守程式者心逸日休，率胸臆者心勞日拙。”（頁 1389）

(49)**推賢讓能**

按：語出《周書・周官》：“推賢讓能，庶官乃和。”《漢語成語大詞典》：“推舉賢德的人，讓位給有才能的人。”《晉書・列傳第十一・劉寔傳》：“在朝之士相讓於上，草廬之人咸皆化之，推賢讓能之風從此生矣。”（頁 1191）

(50)**明德惟馨**

按：語出《周書・君陳》：“至治馨香，感于神明；黍稷非馨，明德惟馨。”《漢語成語大詞典》：“完美的德性才是芳香清醇的。”《世說新語・規箴》：“知幾其神乎！古人以為難。交疏吐誠，今人以為難。今君一面盡二難之道，可謂明德惟馨。”③

(51)**彰善癉惡**

按：語出《周書・畢命》：“彰善癉惡，樹之風聲。”癉，憎恨。表彰美善，憎恨邪惡。《孔傳》：“言當識別頑民之善惡，表異其居裡，明其為善，病其為惡，立其善風，揚其善聲。”（頁 244）唐劉知幾《史通・曲筆》：“蓋史之為用也，記功司過，彰善癉惡，得失一朝，榮辱千載。”（頁 268）清代戴名世《論說・史論》：“夫史者，所以紀政治典章，因革損益之故，與夫事之成敗得失，人之邪正，用以彰善癉惡，而為法戒於萬世。”④亦省作“癉惡彰善”，隋薛道衡《隋高祖文皇帝頌》：“赫矣高祖，人靈攸贊。聖德迴生，神謀獨斷。彰善癉惡，夷凶靖難。”⑤

---

① 楊 軍、文 笙、呂燕芳選注：《元稹詩文選》，頁 216。人民文學出版社，2002 年版。

② （明）李贄著，張建業主編：《李贄文集》第三册，頁 44。社會科學文獻出版社，2000 年版。

③ （南朝・宋）劉義慶：《世說新語》，頁 302。上海古籍出版社，1982 年版。

④ （清）戴名世著，王樹民編校：《戴名世集》，頁 403。中華書局，1986 年版。

⑤ （清）嚴可均輯：《全隋文・先唐文》，頁 212。商務印書館，1999 年版。

(52)**樹之風聲**

按：語出《周書・畢命》。 意為建立好的教化，宣揚好的風氣。《左傳・文公六年》："古之王者知命之不長，是以並建聖哲，樹之風聲，分之採物，著之話言，為之律度，陳之藝極，引之表儀，予之法制，告之訓典，教之防利，委之常秩，道之禮則。"（頁548–549）

(53)**乃祖乃父**

按：語出《周書・君牙》："惟乃祖乃父，世篤忠貞。" 你的祖父和你的父親。 後泛指祖父和父親。《晉書・帝紀第三》："惟王乃祖乃父，服膺明哲，輔亮我皇家，勳德光於四海。"（頁50）

(54)**發號施令**

按：語出《周書・冏命》："發號施令罔有不臧。"《隋書・文學傳序》："高祖初統萬機，每念斲雕為樸，發號施令，咸去浮華。"①又作"發號出令"，見《禮記・經解》。 又作"發號布令"，見《吳子・勵士》。②

(55)**繩愆糾繆**

按：語出《周書・冏命》："匡其不及，繩愆糾繆，格其非心，俾克紹先烈。" 愆，過失。 指糾正過失和錯誤。 明代王世貞《鳴鳳記・封贈忠臣》："繩愆糾繆，臣道為先；罰罪賞功，幹綱不替。"③

2. 非原型結構

《尚書》中的非原型結構可以分為兩類。 一類為分取式，即現代成語的通行形式是從《尚書》不同篇章摘用的或從同一篇章幾個句子摘用的，也有從《尚書》和先秦別的傳世典籍中分別摘用組合而成的。 這類分取式成語在非原型結構中佔有一定比例，且絕大多數是聯合結構。 另一類是變體式，即這條成語的現代通用形式是對原始形式的增刪概括。

① （唐）魏　徵：《隋書》，頁1164。 中華書局，1999年版。

② （戰國）吳　起：《吳子》，頁10。 中華書局，1985年版。

③ （明）王世貞：《鳴鳳記》，頁148。 中華書局，1959年版。

2.1 分取式

(1)**典謨訓誥**

按：原指《尚書》中的文章體式，諸如《堯典》、《皋陶謨》、《湯誥》、《伊訓》諸篇。漢代孔安國《尚書序》："典、謨、訓、誥、誓、命之文凡百篇。"（頁114）清代劉大櫆《論文偶記》："典謨訓誥，何等簡奧。"[①]後也用來泛指古老的、被視為經典的信條。

(2)**浩浩蕩蕩**

湯湯洪水方割，蕩蕩懷山襄陵，浩浩滔天。 （虞夏書・堯典）

按：《尚書易解》釋"湯湯"為"水盛貌"，"蕩蕩"為"水大奔突也"，"浩浩"為"水盛大貌"。（頁10）湯湯、浩浩、蕩蕩皆形容水勢洶湧浩大。分別組合為文獻典籍的成語"浩浩湯湯"和"浩浩蕩蕩"。現代漢語定型為"浩浩蕩蕩"。初僅狀水勢浩大，亦有空曠寥闊之義。《淮南子・精神訓》："茫然仿佯於塵垢之外，而消搖於無事之業，浩浩蕩蕩，機械之巧，弗載於心。"[②]後狀聲勢浩大。《水滸全傳・第五十五回・高太尉大興三路兵・呼延灼擺佈連環馬》："馬步三軍人等，浩浩蕩蕩，殺奔梁山泊來。"[③]

(3)**明目達聰**

辟四門，明四目，達四聰。 （虞夏書・堯典）

按：《孔傳》："廣視聽於四方，使天下無壅塞。"（頁130）《漢語成語大詞典》："明目：使眼睛看得清楚。達聰：使耳朵靈通。指掌權者廣泛地觀察民情，多方地聽取意見。"唐代陸贄《冬至大禮大赦制》："夫明目達聰，務廣聞見。"[④]

(4)**安民告示**

知人則哲，能官人；安民則惠，黎民懷之。 （虞夏書・皋陶謨）

故曰仁者好告示人。告之示之……則夫塞者俄而通也。

（荀子・榮辱）

---

① 郭紹虞、羅根澤主編：《中國古典文學理論批評專著選輯》，頁8。人民文學出版社，1959年版。

② （西漢）劉安著，何寧集釋：《淮南子集釋》，頁521。中華書局，1998年版。

③ （明）施耐庵、羅貫中：《水滸全傳》，頁453。岳麓書社，1988年版。

④ （唐）陸　贄：《冬至大禮大赦制》，《四庫全書・集部一一・別集類》，1072冊，頁588。文淵閣影印本。臺灣商務印書館發行，1986年版。

按：安民，安撫人民。告示，通知，佈告。安民告示，安定民心的佈告。毛澤東《黨委會的工作方法》：“開會要事先通知，像出安民告示一樣。”①《洪秀全演義》二五回：“李秀成全不費力，已拔了南康城。……先出安民告示，次第收復汝寧、饒州各郡縣。”②

(5)**和衷共濟**

同寅協恭和衷哉！　　(虞夏書·皋陶謨)

夫苦匏不材于人，共濟而已。　　(國語·魯語下)

按：和衷，同心協力。《魯語》韋昭注：“材，若裁也。不裁於人，言不可食也。共濟而已，佩匏可以渡水也。”③和衷共濟，本義為同心協力渡過江河。多喻同心協力，克服困難。清代林則徐《林文忠公政書·丙集·七·覆奏保山匪案並無劣員調處片》：“惟其於倉卒遇事之時，猶能竭力籌維，和衷共濟，俾城池倉庫，諸獲安全。”④又作“和衷相濟”。明代瞿式耜《謝犒師疏》：“即日出師，共圖克復，務和衷相濟。”⑤

(6)**都俞籲咈**

禹曰；“都！帝，慎乃在位。”　　(虞夏書·皋陶謨)

帝曰：“俞！”　　(虞夏書·皋陶謨)

帝曰：“吁！咈哉！方命圮族。”　　(虞夏書·堯典)

按：都，表示呼告的嘆詞。俞，表示應答贊許的嘆詞。吁，表示否定的嘆詞。咈，違背。都、俞、吁、咈本為描繪堯、舜、禹議論政事時的各種語氣，聚合為成語多用以美化君臣間言談和洽。明代海瑞《海忠介公文集·治安疏》：“陛下誤舉，群臣誤順，無一人為陛下正言焉。都俞吁咈之風，陳善閉邪之義，邈無聞矣。”⑥

(7)**秉旄仗鉞**

王左杖黃鉞，右秉白旄以麾。　　(周書·牧誓)

按：仗，原作“杖”，拿著。《說文》：“杖，持也。”旄，古代用旄牛尾裝飾的旗子。鉞，一種象斧的兵器。《漢語成語大詞典》：“手執指揮全軍的白旄

---

① 毛澤東：《毛澤東選集》，頁 1137。人民出版社，1991 年版。

② 黃小配：《洪秀全演義》，頁 230。江蘇人民出版社，1981 年版。

③ (春秋)左丘明：《國語》，頁 190。上海古籍出版社，1978 年版。

④ (清)林則徐著，沈雲龍主編：《林文忠公政書》，頁 1456。《近代中國史料叢刊》第六輯，文海出版社，1967 年版。

⑤ (明)瞿式耜：《瞿式耜集》，頁 136。上海古籍出版社，1981 年版。

⑥ (明)海瑞著，陳義鐘編校：《海瑞集》，頁 218。中華書局，1962 年版。

和受命出征的黃鉞。形容大將受命出征的威儀。比喻掌握著軍事大權。"《三國演義·第九十八回·追漢軍王雙受誅·襲陳倉武侯取勝》:"昔姜尚父年九十,秉旄仗鉞,未嘗言老。"①又有"白旄黃鉞"。唐代白居易《七德舞》:"太宗十八舉義兵,白旄黃鉞定兩京。"②

(8)**正人君子**

凡厥正人,既富方穀。 (周書·洪範)

人不知,而不慍,不亦君子乎? (論語·學而)

按:正人,原指官員之長。《尚書今古文注疏》"正謂在位之正長。"(頁304)君子,有才德的人。正人君子,現用來泛指品行端正、道德高尚的人。《舊唐書·崔胤傳》:"胤所悶者闒茸下輩,所惡者正人君子,人人悚懼,朝不保夕。"③

(9)**作威作福**

惟辟作福,惟辟作威,惟辟玉食,臣無有作福作威玉食。(周書·洪範)

按:作威作福,原指統治者專行賞罰,獨攬威權,後多用來形容妄自尊大,濫用權勢,橫行霸道。《晉書·列傳第十五·劉暾傳》:"暾勃然謂彰曰:'君何敢恃寵作威作福!'"(頁1280)《儒林外史·六》:"平日嫌趙氏裝尊,作威作福。"④

(10)**康強逢吉**

身其康強,子孫其逢。吉。 (周書·洪範)

按:康強,安樂強健。據《白話尚書》逢,馬融:"大也。"(頁105。)興旺。子孫其逢,《尚書易解》引王引之說:"猶言其後必大耳。"(頁143)"身其康強"和"子孫其逢"兩句的後四字構成成語,成為祝賀老年人身體康健、子孫昌盛的吉祥話。《藝風堂友朋書劄·鄧嘉緝·一》:"比承杖履時宜,康強逢吉,上頌無量。"⑤

(11)**福壽康寧**

五福:一曰壽,二曰富,三曰康寧,四曰攸好德,五曰考終命。

(周書·洪範)

---

① (明)羅貫中:《三國演義》,頁847。人民文學出版社,1953年版。

② (唐)白居易著,顧學頡編:《白居易集》,頁54。中華書局,1979年版。

③ (後晉)沈昫等著:《舊唐書》,頁3121。中華書局,1999年版。

④ (清)吳敬梓:《儒林外史》,頁54。上海古籍出版社,2000年版。

⑤ (清)繆荃孫等著,顧廷龍校閱:《藝風堂友朋書劄》,頁809。上海古籍出版社,1981年版。

按：《爾雅・釋詁》："康，樂也。"寧，安。福壽康寧，人之所欲，舊多用於為老人祝福。《紅樓夢》第二十九回："老祖宗一向福壽康寧，眾位奶奶姑娘納福！"（頁347）

（12）**流言蜚語**

武王既喪，管叔及其群弟乃流言于國曰："公將不利于孺子。"

（周書・金縢）

乃有蜚語為惡言聞上。（史記・魏其武安侯列傳）

按：流言，無根據的壞話。蜚語，原作"飛語"，義同流言。《漢語成語大詞典》："多指背後議論、誣衊或挑撥離間的話。"《明史・馬孟楨傳》："雌黃信口，流言蜚語，騰入禁庭，此士習可慮也。"①又作"流言飛文"，見《漢書・楚元王傳》。

（13）**肯堂肯構**

若考作室，既底法，厥子乃弗肯堂，矧肯構？（周書・大誥）

按：堂，基，打基礎。構，蓋，蓋屋。《白話尚書》："好象父親建屋，已經確定了辦法，他的兒子卻不願意打地基，況且願意蓋屋嗎？"（頁115）肯堂肯構，後多比喻兒孫能繼承父志祖業。清代查慎行《敬業堂詩集・四・傳經堂歌卓次厚屬賦》："祖父遺書讀未成，肯堂肯構夫何有？詩成對君三太息，獨抱殘經莽回首。"②

（14）**開釋左右**

要囚殄戮多罪，亦克用勸；開釋無辜，亦克用勸。（周書・多方）

是僕終已不得舒憤懣以曉左右。（報任少卿書）

按：開釋，本指釋放。後也指開導解釋。左右，古人寫信時尊稱對方的詞。開釋左右，主要用於信劄，指開導對方消除煩惱憂愁。宋代孫覿《內簡尺牘・與信安郡王孟少傅》："自聞問便當馳慰，顧以老生常談之言，未必能開釋左右。"③

---

① （清）張廷玉等：《明史》，頁3667。中華書局，1999年版。

② （清）查慎行著，周邵標點：《敬業堂詩集》，頁102。上海古籍出版社，1986年版。

③ （宋）孫　覿：《內簡尺牘》，頁473。《四庫全書・集部・七四・別集類》。1135冊，文淵閣影印本，臺灣商務印書館發行，1986年版。

（15）**大漸彌留**

疾大漸，惟幾，病日臻，既彌留。（周書・顧命）

按：大漸，病情加重。《白話尚書》：“彌：終。彌留：最終留於人世。”（頁 221）大漸彌留，特指人病危將死的臨終時刻。《文選・王仲寶褚淵碑文一首》：“景命不永，大漸彌留。”（頁 2520）

（16）**乃心王室**

雖爾身在外，乃心罔不在王室。（周書・顧命）

按：乃心王室，意謂人在外面，心在朝廷。後多指忠於朝廷。《三國志・魏書・高柔傳》：“知卿忠允，乃心王室，輒克昌言。”①又作“盡心王室”。《後漢書・劉虞傳》：“諸君各據州郡，宜共戮力，盡心王室。”（頁 2355）

（17）**休休有容**

其心休休焉，其如有容。（周書・秦誓）

按：《尚書易解》引鄭玄說：“休休，寬容貌。”（頁 314）能夠寬容忍讓別人。形容一個人胸懷寬廣。明代周楫《西湖二集・劉伯溫薦賢平浙中》：“何必親身上陣，捉賊擒王，方算是你的功勞。從來‘休休有容’之相都是如此。”②

分取式非原型結構成語，古文《尚書》亦有 17 例。

（1）**嘉言懿行**

按：語出《虞夏書・大禹謨》和《舊唐書・柳玭傳》。《大禹謨》：“允若茲，嘉言罔攸伏，野無遺賢，萬邦咸寧。”《柳玭傳》：“玭嘗著書誡其子弟曰：‘……實藝懿行，人未必信。’”（頁 2934）《爾雅・釋詁》：“嘉：善也。”“懿：美也。”嘉言懿行，指美好的、能使人從中得到教益的言語和行為。《方苞集》載方苞《先母行略》：“默默銜悲憂，遂成心疾，六十後，患此幾二十年。每作，晝夜語不休，然皆幼所聞古嘉言懿行，及侍父母時事，無涉鄙倍者。”（頁 494）亦作“嘉言善行”，宋曾鞏《元豐類稿・目錄序》：“蓋向之序此書，於今為最近古，雖不能無失，然遠至舜禹，而次及於周秦以來，古人之嘉言善行，亦往往而在也。”③元關漢卿《謝天香》第一折：“老夫在此為理，

① （晉）陳 壽：《三國志》，頁 686。中華書局，1959 年版。

② （明）周楫著，劉耀林、徐元校注：《西湖二集》，頁 321。浙江人民出版社，1981 年版。

③ （宋）曾鞏著，陳杏珍、晁繼周點校：《曾鞏全集》，頁 177。中華書局，1984 年版。

多有見不到處，我料賢弟必有嘉言善行教訓老夫咱。”①

(2)**明刑弼教**

按：語出《虞夏書・大禹謨》：“明于五刑，以弼五教，期于予治。”五刑，墨、劓、剕、宮、大辟五種刑罰。五教，五常之教，指父義、母慈、兄友、弟恭、子孝。明刑弼教，意謂使大家知法守法，以此輔助教化。唐代張説《起義堂頌》：“明刑弼教，道尊老氏。”②

(3)**克勤克儉**

按：語出《虞夏書・大禹謨》：“克勤于邦，克儉于家”。克勤克儉，意謂既能勤勞，又能節儉。後來多用來指勤儉持家。《舊唐書・張允伸傳》：“允伸領鎮凡二十三年，克勤克儉，比歲豐登。”（頁 3185）《娛目醒心編》：“長姑自當家後，早起夜眠，克勤克儉。”③

(4)**不矜不伐**

按：語出《虞夏書・大禹謨》：“汝惟不矜，天下莫與汝爭能；汝惟不伐，天下莫與汝爭功。”《孔傳》：“自賢曰矜，自功曰伐。”（頁 136）不矜不伐，意謂不自大不自誇。又派生有成語“伐功矜能”，意謂誇耀自己的功勞和才能。《史記・太史公自序》：“奉法循理之吏，不伐功矜能，百姓無稱，亦無過行。”（頁 3317）

(5)**尸位素餐**

按：語出《虞夏書・五子之歌》和《詩經・魏風・伐檀》。《五子之歌》：“太康尸位，以逸豫滅厥德。”《伐檀》：“彼君子兮，不素餐兮。”尸，古代祭祀時代表死者受祭的人。素，《毛傳》：“空也。”清代陳奐《詩毛氏傳疏》：“空以盛食，與白可受采同義，故素謂之白，又謂之空也。今俗以徒食為白。”④尸位素餐，原意空占受祭的尸位，白吃飯不幹事，後來比喻佔有職位卻不盡職守。《漢書・朱雲傳》：“今朝廷大臣上不能匡主，下亡以益民，皆尸位素餐。”（頁 2915）

(6)**克愛克威**

按：語出《虞夏書・胤征》：“威克厥愛允濟，愛克厥威允罔功。”克愛克威，意謂恩威得當能使人心悅誠服。

---

① 王學奇主編：《元曲選校注》，頁 522。河北教育出版社，1994 年版。

② （唐）張　說：《張燕公集》卷一，頁 76。中華書局，1985 年版。

③ （清）草亭老人編，汪原放標點：《娛目醒心編》，頁 22。上海古籍出版社，1988 年版。

④ （清）陳　奐：《詩毛氏傳疏》上册卷九，頁 9。中國書店，1933 年版。

（7）**聲色狗馬**

按：成語分別出自《商書・仲虺之誥》和《戰國策・齊策四》。《仲虺之誥》："惟王不邇聲色，不殖貨利。"《齊策四》："君宮中積珍寶，狗馬實外廄，美人充下陳。"①聲色，歌舞和女色。狗，或作"犬"。狗馬並用，泛指供玩樂的動物。聲色狗馬，形容沉醉在享樂之中，生活荒淫無恥。《白居易集・悲哉行》："平封還酒債，堆金選蛾眉，聲色狗馬外，其餘一無知。"（頁17）

（8）**酣歌恒舞**

按：語出《商書・伊訓》："恒舞于宮，酣歌于室。"酣，樂酒，嗜酒行樂。《孔傳》："常舞則荒淫；樂酒曰酣，酣歌則廢德。"（頁163）指經常縱情於歌舞。形容生活追求享樂，不思進取。《民國通俗演義》第四十四回："恬嬉如故，厝火積薪之下，而寢處其上，酣歌恒舞，民怨沸騰，卒至魚爛土崩，不可收拾。"（頁374）

（9）**遜志時敏**

按：語出《商書・說命下》："惟學遜志，務時敏，厥修乃來。"遜志時敏，意指謙虛好學，時自策勵。南宋陸九淵《陸九淵集》卷一《與侄孫濬》："於此有志，於此有勇，於此有立，然後能克己復禮，遜志時敏，真地中有山，'謙'也。"②

（10）**呼天搶地**

按：成語分別出自《周書・泰誓中》和《戰國策・魏策四》。《泰誓中》："無辜吁天，穢德彰聞。"《魏策四・秦王使人謂安陵君》："布衣之怒，亦免冠徒跣，以頭搶地爾。"（頁922）呼天，呼喊蒼天。搶地，以頭撞地。呼天搶地，形容極為悲苦或十分著急。《儒林外史》："蕭雲仙呼天搶地，盡哀盡禮，治辦喪事，十分盡心。"（頁324）又作"呼天號地"，《太平經》："臨時呼天號地，自言冤。"③號，一作"喚"。《敦煌變文集・韓朋賦》："朋母於後，呼天喚地，號咷大哭。"④亦作"呼天叩地"，《警世通言・宿香亭張浩遇鶯

---

① （西漢）劉　向：《戰國策・齊策四》，頁398。上海古籍出版社，1985年版。

② （南宋）陸九淵著，鐘哲點校：《陸九淵集》，頁13。中華書局，1980年版。

③ 羅熾主編：《太平經注釋》，頁272。西南師範大學出版社，1996年版。

④ 王重民、王慶菽、向　達、周一良、啓　功、曾毅公編：《敦煌變文集》，頁138。人民文學出版社，1957年版。

鴦》:"今張浩忽背前約,使妾呼天叩地,無所告投。"①

(11)**獨夫民賊**

按:成語分別出自《周書·泰誓下》和《孟子·告子下》。《泰誓下》:"獨夫受洪惟作威。"《告子下》:"古之所謂民賊也。"獨夫民賊,指暴虐無道、眾叛親離、禍國殃民的統治者。《毛澤東選集·蔣介石在挑動內戰》:"無怪中國法西斯頭子獨夫民賊蔣介石,在敵人尚未真正接受投降之前,敢於'命令'解放區抗日軍隊'應就原地駐防待命',束手讓敵人來打。"(頁1137)譚嗣同《仁學》:"獨夫民賊,固甚樂三綱之名。"②

(12)**歸馬放牛**

按:語出《周書·武成》:"歸馬于華山之陽,放牛于桃林之野。"《孔疏》:"此是戰時牛馬,故放之,示天下不復乘用。"(頁184)歸馬放牛,意指解除武備,不再用兵。宋曾慥《高齋漫錄》:"周王伐商,一戎衣而天下大定。歸馬放牛,偃武修文,是識'武'字者也。"③元辛文房《唐才子傳·劉駕》:"時國家複河湟,故地有歸馬放牛之象。"④亦省作"歸馬"。清顧炎武《覆遲明府書》:"渭水春耕,但見哀鴻之羽,桃林夜雪,未逢歸馬之時。"⑤

(13)**逋逃淵藪**

按:語出《周書·武成》:"(受)為天下逋逃主、萃淵藪。"逋逃,逃亡者。萃,聚集。淵,深水。藪,無水之澤。二者分別是魚和獸聚居之地。意為紂是天下逃亡者的庇護所。後泛指逃亡者聚集藏身的地方。蘇軾《徐州上皇帝書》:"沂州山谷重阻,為逋逃淵藪。"⑥又作"逋逃之藪",見《北史·李安世傳》。

(14)**列爵分土**

按:語出《周書·武成》:"列爵惟五,分土惟三。"五,指公、侯、伯、

---

①　(明)馮夢龍纂輯,錢伯城評點:《新評警世通言》,頁477。上海古籍出版社,1992年版。

②　(清)譚嗣同著,羅炳良主編:《仁學》,頁125。華夏出版社,2002年版。

③　(宋)曾　慥:《高齋漫錄》,頁320。《四庫全書·子部·三四四·小說家類》,1038冊,上海古籍出版社,1989年版。

④　(元)辛文房著,舒寶章校注:《唐才子傳》,頁324。中州古籍出版社,1987年版。

⑤　(清)顧炎武:《顧亭林詩文集》,頁207。中國古典文學基本叢書。中華書局,1959年版。

⑥　佘冠英、周振甫、啓　功、傅璇宗主編:《唐宋八大家全集·蘇軾文集》,頁3276。國際文化出版公司,1997年版。

子、男五等爵位。三，《孔傳》："列地分國：公、侯方百里，伯七十里，子、男五十里，為三品。"（頁185）列爵分土，文獻中指分封諸侯。《宋史·志第一百一十四》："至於列爵分土，此封建諸侯之制也，亦未聞以爵以土，如後世虛稱以備恩數者也。"①

（15）**利口捷給**

按：成語分別出自《周書·周官》和《管子·大匡》。《周官》："無以利口亂厥官。"《大匡》："隰朋聰明捷給，可令為東國。"利口，巧言，辯言。捷給，應對敏捷。利口捷給，特指能言善辯，對答如流。《史記·張釋之傳》："夫絳侯、東陽侯稱為長者，此兩人言事曾不能出口，豈斅此嗇夫諜諜利口捷給哉！"（頁2752）

（16）**虎尾春冰**

按：語出《周書·君牙》"若蹈虎尾，涉于春冰。"《孔傳》："（蹈）虎尾，畏噬；（涉）春冰，畏陷。"（頁246）比喻處境極其險惡，心情非常憂懼。又作"春冰虎尾"，見宋代孫光憲《北夢瑣言·二十》。②

（17）**祁寒盛暑**

按：成語分別出自《周書·君牙》和《北齊書·封子繪傳》。《君牙》："冬祁寒，小民亦惟曰怨諮。"《封子繪傳》："但以時既盛暑，方為後圖，遂命班師。"祁，盛大。祁寒，嚴寒。盛暑，大熱天。祁寒盛暑，特指冬夏兩季中最嚴寒和最酷熱的天氣。《元史·石抹明安傳》："雖祁寒盛暑，未嘗不與士卒均勞逸，同甘苦。"③又作"祁寒溽暑"、"祁寒酷暑"、"盛暑祁寒"。

2.2 變體式

（1）**明揚仄陋**

曰："明明揚側陋。"（虞夏書·堯典）

按：明，明察。揚，推舉。側陋，疏遠隱匿之人。"側"又作"仄"。發現和推舉疏遠隱匿的賢人。漢代曹操《求賢令》："二三子其佐我明揚仄

① （元）脫　脫等：《宋史》，頁2523。中華書局，1999年版。

② （宋）孫光憲著，林青、賀軍平校注：《北夢瑣言》，頁305。三秦出版社，2003年版。

③ （明）宋　濂等：《元史》，頁2368。中華書局，1976年版。

陋，唯才是舉，吾得而用之。”①

(2)**知人之明**

知人則哲，能官人；安民則惠，黎民懷之。　　(虞夏書・皋陶謨)

按：哲，明智。知人之明，指具有識别人的品行才能的智慧眼力。《後漢書・吳佑傳》：“太守曰：‘吳季英有知人之明，卿且勿言。”（頁 2100）《明史・戚賢傳》：“陛下有堯舜知人之明，輔臣負伯鯀方命之罪。”（頁 3667）又作“知人之鑒”，見《藝文類聚・晉中興書》。（頁 119）

(3)**日理萬機**

無教逸豫，有邦兢業業，一日二日萬幾。　　(虞夏書・皋陶謨)

按：一日二日，馬融注：“猶日日也。”②幾，《易經・繫辭》：“動之微。”萬幾，變化萬端。幾，後作“機”。日理萬機，原指帝王每天處理紛繁的政務。現多形容工作繁重。明代余繼登《典故紀聞》卷二：“朕日理萬機，不敢斯須自逸。”③又作“一日萬幾（機）”。《晉書・列傳第二十一・摯虞傳》：“今帝者一日萬機，太子監撫之重，以宜奪禮。”（頁 1426）

(4)**面從背違**

予違，汝弼，汝無面從，退有後言。　　(虞夏書・皋陶謨)

按：當面聽從，背後違反。形容當面一套，背後一套。《三國志・蜀志・蔣琬傳》：“人心不同，各如其面；面從後言，古人之所誡也。”（頁 1058）

(5)**光天化日**

帝光天之下，至于海隅蒼生。　　(虞夏書・皋陶謨)

按：光，廣。化日，原作“治日”，指太平時日。唐人避高宗李治諱而改。原來是形容社會政治清明，壞人壞事無容身之地。後來也用來指大天白日。宋代葛勝仲《丹陽集・郡齋書懷》：“不持黃卷來遮眼，可惜光天化日舒。”④

(6)**分茅列土**

厥貢惟土五色。　　(虞夏書・禹貢)

---

① （晉）陳壽著，（宋）裴松之注：《三國志・魏書》，頁 32。中華書局，1959 年版。

② （清）孫星衍：《尚書今古文注疏》，頁 84。中華書局，1986 年版。

③ （明）余繼登：《典故紀聞》，頁 37。《元明史料筆記叢刊》，中華書局，1981 年版。

④ （宋）葛勝仲：《丹陽集》，頁 1127－620。《四庫全書・集部・六六・別集類》，文淵閣影印本，臺灣商務印書館，1986 年版。

按：列，同“裂”。《孔疏》：“王者封五色土以為社，若封建諸侯，則各割其方色土與之，……其割土與之時，苴以白茅，用白茅裹土與之。”（頁148）分茅列土，象徵授予土地和權力，指分封諸侯。元代陶宗儀《南村輟耕錄·卷八·聶碧窗詩》：“分茅列土將軍志，問舍求田父老心。”①又作“分茅錫（賜）土”、“分茅胙土”、“祚土分茅”、“裂土分茅”。

（7）**洞若觀火**

予若觀火，予亦拙謀作，乃逸。（商書·盤庚上）

按：洞，透徹，深入。洞若觀火，比喻觀察事物明白透徹。唐浩明《曾國藩·黑雨》第五章：“曾國藩對鄭敦謹的用心洞若觀火，但這對他也有利。”②原作“燎如觀火”。宋代洪諮夔《平齋文集·一〇》：“亮負王佐之才，得失勝負，燎如觀火。”③又作“明若觀火”。

（8）**有條不紊**

若網在綱，有條而不紊。（商書·盤庚上）

按：《孔傳》：“紊，亂也。”（頁169）有條不紊，有條理，有次序，一點不亂。多指做事或寫文章。唐代王勃《梓州玄武縣福會寺碑》：“有條不紊，施緩政於繁繩。斷訟有神，下高鋒於錯節。”④清魏源《〈禮記別錄〉考》：“劉向《別録》，類聚方分，有條不紊。”⑤

（9）**悔之無及**

乃既先惡于民，乃奉其恫，汝悔身何及？（商書·盤庚上）

按：悔之無及，意謂歎息後悔也來不及。《漢書·晁錯傳》：“夫以人之死爭勝，跌而不振，則悔之亡及矣。”（頁2282）.

（10）**如火燎原**

若火之燎于原，不可向邇，其猶可撲滅？（商書·盤庚上）

按：原作“若火燎原”。如火燎原，象熊熊烈火焚燒原野，比喻危急情勢

---

① （元）陶宗儀：《南村輟耕錄》，頁102。《元代史料筆記叢刊》，中華書局，1959年版。

② 唐浩明：《曾國藩·黑雨》，頁400。湖南文藝出版社，1991年版。

③ （宋）洪諮夔：《平齋文集》，頁190。《四庫全書·集部·一一四·別集類》，1175冊。文淵閣影印本，臺灣商務印書館發行，1986年版。

④ （唐）王　勃著，（清）蔣清翊注：《王子安集注》，頁561。上海古籍出版社，1995年版。

⑤ （清）魏　源：《魏源集》，頁324。中國近代人物文集叢書。中華書局，1976年版。

的擴展十分兇猛。《白居易集·唐故湖州長城縣令、贈戶部侍郎、博陵崔府君神道銘序》："時天寶末，盜起燕薊，毒流梁宋，屠城殺吏，如火燎原。"（頁1459）如火燎原，也比喻不斷壯大不可抗拒的力量。又作"燎原烈火"。

（11）**牝雞司晨**

牝雞無晨。牝雞之晨，惟家之索。　　（周書·牧誓）

按：《孔傳》："喻婦人知外事，雌代雄鳴則家盡，婦奪夫政則國亡。"（頁183）牝雞司晨，多比喻婦人干預朝政或篡奪政權。《舊唐書·列傳第一·太宗文德皇后長孫氏》："太宗彌加禮待，常與后論及賞罰之事，對曰：'牝雞司晨，惟家之索。妾以婦人，豈敢預聞政事。'太宗故與之言，竟不知答。"（頁1459）

（12）**三占從二**

三人占，則從二人之言。　　（周書·洪範）

按：《說文·卜部》："占，視兆問也。"《史記·宋微子世家》："三人占則從二人之言。"（頁1617）《史記集解》引鄭玄注："從其多者，蓍龜之道幽微難明，慎之深。"（頁1620）三占從二，比喻聽從多數人意見。魏源《海國圖志》（百卷本）卷五十九《外大西洋墨加利洲總敘》："眾可哥之，眾否否之，眾好好之，眾惡惡之，三占從二，舍獨洵同。"①

（13）**箕風畢雨**

庶民惟星，星有好風，星有好雨。　　（周書·洪範）

按：《史記·宋微子世家》："星有好風，星有好雨。"（頁1618）《史記集解》引馬融注："箕星好風，畢星好雨。"（頁1617）箕、畢，星宿名。《詩經·小雅·漸漸之石》疏引鄭玄注："月離於箕，風揚沙。""月離於畢，俾滂沱。"（頁500）箕風畢雨，比喻人們的好惡各有不同，施政需要順應民情。南朝梁代吳均《八公山賦》："箕風畢雨，育嶺生峨。"②

（14）**恫瘝在抱**

小子封，恫瘝乃身，敬哉！　　（周書·康誥）

按：《爾雅·釋言》："恫，痛也。"《爾雅·釋詁》："瘝，病也。"恫瘝在抱，意謂把人民的痛苦放在心上。《二十年目睹之怪現狀》："前回一個大善士，專誠到揚州去勸捐，做得那種恫瘝在抱、愁眉苦目的樣子。"（頁549－

---

①　（清）魏　源：《海國圖志》，頁197。《續修四庫全書·史部·地理類》，744冊。上海古籍出版社，2002年版。

②　（南朝·梁）吳　均：《八公山賦》，《四庫全書·集部·總集類》，1415冊。頁440。上海古籍出版社，2002年版。

550）

（15）**殺人越貨**

寇攘奸宄，殺越人于貨，暋不畏死。罔弗憝。（周書・康誥）

按：歷代訓詁紛紜，越，《廣雅・釋詁》："遠也。"（頁33）于，《尚書易解》："猶取也。"（頁174）一說"越"或通"敚"。《說文・支部》："敚，強取也。"于，連詞。《孔傳》："殺人顛越人於是以取貨利。"（頁204）殺人越貨，意指殺人搶劫的匪盜行為。《清史稿・列傳五十三》："禹州盜倚竹園為巢，殺人越貨，荃遣吏卒收捕，發土得屍十餘，悉按誅之。"（頁9944）

（16）**奔相走告**

純其藝黍稷，奔走事厥考厥長。（周書・酒誥）

按：奔走，急走，加快腳步走。奔相走告，奔跑著遞相傳告，形容遇到使人振奮或震驚的事情時，把消息迅速傳開。《毛澤東選集・向國民黨的十點要求》："於是群情驚疑，奔相走告，以為又將重演十年前之慘劇。"（頁527）

（17）**馨香禱祝**

弗惟德馨香祀，登聞于天。（周書・酒誥）

按：本指向神燒香祈禱。現也用來指真誠地期望。又作"馨香禱之"。譚嗣同《書簡・致鄒嶽生》："依依天末，住去兩點，惟有馨香禱之而已。"①

（18）**稼穡艱難**

生則逸，不知稼穡之艱難。（周書・無逸）

按：稼穡，種植和收穫，用作農業勞動的總稱。種莊稼是艱難的，有同情、愛惜之意。明代馮夢龍《醒世恒言・張孝基陳留認舅》："自以為上等之人，習成一身輕薄，稼穡艱難，全然不知。"②

（19）**日昃之勞**

自朝至于日中昃，不遑暇食，用咸和萬民。（周書・無逸）

按：昃，一作"仄"，日西斜。言文王自朝至於日中，自日中至於日昃，沒有閒暇吃飯，要使萬民和諧。日昃之勞，形容工作勤奮。《後漢書・陳元傳》："文王有日昃（昊）之勞，周公執吐握之恭。"（頁1233）

（20）**日月重光**

昔君文王、武王宣重光。（周書・顧命）

---

①（清）譚嗣同著，蔡尚思、方行編：《譚嗣同全集》，頁177～178。上海古籍出版社，1998年版。

②（明）馮夢龍編著，顧學頡校點：《醒世恒言》，頁332。人民文學出版社，1956年。

按：清代孫星衍《尚書今古文注疏》："重光者，言文武化成之德，比於日月也。"（頁 483）太陽月亮又放出光芒。多比喻政治重新清明。《宋書・孝武帝紀》："皇家造宋，日月重光，璿璣得序，五星順命。"①

變體式非原型結構成語，古文《尚書》亦有 30 例。

（1）**罰不及嗣**

按：語出《虞夏書・大禹謨》："臨下以簡，禦眾以寬，罰弗及嗣，賞延于世。"指刑罰不株連子孫。《新五代史・唐臣傳・任圜》："以子先人，固難容貸，然罰不及嗣，子可從輕。"②

（2）**無稽之談**

按：語出《虞夏書・大禹謨》"無稽之言勿聽"句。後"言"作"談"。無稽之談，指毫無根據的話。又作"無稽之論"。朱熹《朱子語類・一三〇》："此似今之聚場相樸相戲一般，可謂無稽之論。"③又謂"無稽之說"。宋代范成大《論虜使生事劄子》："使正使沿路於瑣瑣末節，多欲少病舊例，皆非國體重輕，特出一時無稽之說。"④

（3）**惟口興戎**

按：語出《虞夏書・大禹謨》："惟口出好興戎，朕言不再。"《孔傳》："好謂賞善，戎謂伐惡。"（頁 136）本指口舌興起討伐之事，後泛指言語惹出事端。勸誡別人說話要當心。《九尾龜》："從來惟口興戎，以後還是收斂些兒為是。"⑤

（4）**人才濟濟**

按：語出《虞夏書・大禹謨》："濟濟有眾，咸聽朕命。"人才濟濟，形容人才很多。劉鶚《老殘遊記》："宮保談起幕府人才濟濟，凡有所聞的，無不羅致於此了。"⑥又有"濟濟一堂"，形容眾多的人聚會在一起。清初歸莊

---

① （梁）沈　約：《宋書》，頁 89。中華書局，1999 年版。

② （宋）歐陽修：《新五代史》，頁 202。中華書局，1999 年版。

③ （宋）朱熹著，黎靖德、楊繩其、周嫻君編：《朱子語類》，頁 2810。岳麓書社，1997 年版。

④ （宋）範成大著，孔凡禮輯：《范成大佚著輯存》，頁 12。中華書局，1983 年版。

⑤ （清）張春帆著，唐世民校點：《九尾龜》，頁 191。上海古籍出版社，1994 年版。

⑥ （清）劉　鶚：《老殘遊記》，頁 14。岳麓書社，1993 年版。

《靜觀樓講義序》："今也名賢秀士，濟濟一堂，大義正言，洋洋盈耳。"①

（5）**朽索馭馬**

按：語出《虞夏書·五子之歌》："自臨兆民，懔乎若朽索之馭六馬，為人上者，奈何不敬？"朽索馭馬，用腐爛的馬韁繩駕馭奔跑的馬，比喻情勢危急。又作"腐索御馬"。《新序·四》："夫執國之柄，履民之上，懔乎如以腐索御奔馬。"②

（6）**厚顏無恥**

按：語出《虞夏書·五子之歌》："鬱陶乎予心，顏厚有忸怩。"《孔疏》："羞愧之情見於面貌，似如面皮厚然，故以'顏厚'為色愧。"（頁157）厚顏無恥，《漢語成語考釋詞典》："形容臉皮厚，不知羞恥。"又作"顏厚無慚"，見《資治通鑒·唐德宗貞元元年》。③

（7）**貽人口實**

按：語出《商書·仲虺之誥》"予恐來世以台為口實"句。貽人口實，意謂給人抓住話柄。晚清李伯元《南亭筆記》：卷二"父功之，子罪之，未免貽人口實。"④

（8）**生靈塗炭**

按：語出《商書·仲虺之誥》"有夏昏德，民墜塗炭"句。生靈，指人民。塗炭，爛泥和炭火，比喻極端困苦的境地。生靈塗炭，形容政治混亂時期，人民陷於困苦不堪的境地。又作"生民塗炭"，見張可久《賣花聲·懷古二首》："生民塗炭，讀書人一聲歎息。"⑤

（9）**光前裕後**

按：語出《商書·仲虺之誥》："以禮制心，垂裕後昆。"光前裕後，光耀祖先，造福後代，形容功績偉大。明李贄《答耿司寇》："世人之所以光前裕後者，無時刻而不繫念。"⑥又作"光前垂後"，見李曾伯《水龍吟·庚子壽史

---

① （明）歸　莊：《歸莊集》，頁179。中華書局，1962年版。

② （漢）劉　向：《新序》，頁63。中華書局，1985年版。

③ （宋）司馬光編著，（元）胡三省音注：《資治通鑒》，第16冊，頁7463。中華書局，1956年版。

④ （清）李伯元：《南亭筆記》卷二，頁9。上海古籍書店，1983年版。

⑤ 徐　征、張　舯、張聖潔、奚海主編：《全元曲》，頁7961。河北教育出版社，1996年版。

⑥ （明）李　贄：《李贄文集·焚書》，第一册，頁76。社會科學出版社，2000年版。

丞相》。①

(10)**假手於人**

按：語出《商書·伊訓》："于其子孫弗率，皇天降災，假手于我。"假手，借手。指利用別人來達到自己的目的。《後漢書·呂布傳》："諸將謂布曰：'將軍常欲殺劉備，今可假手於（袁）術。'"（頁2447–2448）又作"假手他人"，見司空圖《馮燕歌》。②

(11)**作善降祥**

按：語出《商書·伊訓》："惟上帝不常，作善，降之百祥；作不善，降之百殃。"意為做好事的人，上帝就會給他降下吉祥。魯迅《論睜了眼看》："'作善降祥'的古訓，六朝人本已有些懷疑了，他們作墓誌，竟會說'積善不報，終自欺人'的話。"（頁333）

(12)**昧旦丕顯**

按：語出《商書·太甲上》："先王昧爽丕顯，坐以待旦。"昧，昏暗。旦，早晨。昧旦，指天將明未明的時刻。丕，乃。顯，通憲，思也。天還沒亮，就起床思考國事，形容勤於政務。《左傳·昭公三年》："《讒鼎之銘》曰：'昧旦丕顯，後世猶怠。'"（頁1237）

(13)**二三其德**

按：語出《商書·咸有一德》："德二三，動罔不凶。"《孔傳》："二三，言不一。"（頁166）二三其德，意謂三心二意，沒有確定的心志和操守。《詩經·衛風·氓》："士也罔極，二三其德。"

(14)**任人惟賢**

按：語出《商書·咸有一德》："任官惟賢材，左右惟其人。""惟"今作"唯"。任人唯賢，指任用人只挑選德才兼備的人。與"任人唯親"相對。《毛澤東選集·中國共產黨在民族戰爭中的地位》："在這個使用幹部的問題上，我們民族歷史中從來就有兩個對立的路線，一個是'任人唯賢'的路線，一個是'任人唯親'的路線。"（頁723）

(15)**惟妙惟肖**

按：語出《商書·說命上》："說築傅巖之野，惟肖，爰立作相，王置諸其左右。"肖，相似。惟，語助。又作"維"或"唯"。形容描繪或模仿得非

---

① （南宋）李曾伯：《水龍吟·庚子壽史丞相》，《四庫全書·集部·一一八·別集類》，1179冊，頁479。文淵閣影印本。臺灣商務印書館發行，1986年版。

② （晚唐）司空圖：《馮燕歌》，《司空表聖詩卷第三》，頁13。光緒乙巳吳興劉氏嘉業堂刊。

常相似、巧妙。明代俞弁《逸老堂詩話》:“為之贊曰:‘永之法,妍以婉;芾之體,峭以健。馬牛其風,神合志通;彼妍我峭,唯(惟)妙唯(惟)肖。’”(頁254)

(16)**調劑鹽梅**

按:語出《商書·說命下》:“若作和羹,爾惟鹽梅。”《孔傳》:“鹽,鹹;梅,酷。羹須鹹醋以和之。”(頁175)調劑鹽梅,比喻協調處理政務,也指調解矛盾。《歧路燈》七十九回:“我調劑鹽梅,燮理陰陽,平白添了許多大學問。”①

(17)**惡貫滿盈**

按:語出《周書·泰誓》:“商罪貫盈,天命誅之。”貫,錢串。盈,滿。惡貫滿盈,罪惡極多,好象穿銅錢一樣,已經穿滿了一根錢串子,形容罪大惡極。《元曲選校注》載無名氏《朱砂擔滴水浮漚記·第四折》:“你今日惡貫滿盈,有理何說!”(頁1120)又作“罪惡滿盈”,見歐陽修《歐陽文忠公文集·奏議集·論呂夷簡劄子》。② 又作“惡盈釁滿”,見《宋書·劉義恭傳》。

(18)**天從人願**

按:語出《周書·泰誓上》:“天矜于民,民之所欲,天必從之。”上天依從人民的意願。多指事情順遂。又作“天隨人願”。嚴忠濟《越調·天淨沙》:“有朝一日天隨人願,賽田文養客三千。”③

(19)**時不可失**

按:語出《周書·泰誓上》:“時哉弗可失”句。時不可失,意謂緊緊抓住有利時機,不能隨便錯過。《國語·晉語二》:“時不可失,喪不可久,公子其圖之。”(頁310)《北史·陳元康傳》:“時不可失,必須乘勝追之。”④又作“機不可失”,見《宋書·范曄傳》。

(20)**自絕於民**

按:語出《周書·泰誓下》:“自絕于天,結怨于民。”因為做了違背人民利益之事而為人民所棄絕。宋代唐庚《眉山文集·存舊論》:“自非不得已者,不宜輕有改易變制,以自絕於民也。”⑤

---

① (清)李綠園著,欒 星校注:《歧路燈》,頁764。中州書畫社出版,1980年版。

② (宋)歐陽永叔:《歐陽修文集》,頁800。中國書店,1986年版。

③ 張國榮編著:《元曲三百首譯解》,頁43。中國文聯出版社,2000年版。

④ (唐)李延壽:《北史》,頁1313。中華書局,1999年版。

⑤ (宋)唐 庚:《眉山文集·存舊論》,頁324。《四庫全書·集部·六三·別集類》,1124冊。上海古籍出版社,1989年版。

(21)**除惡務盡**

按：語出《周書・泰誓下》："樹德務滋，除惡務本。"《戰國策・秦策三》引作"樹德莫如滋，除害莫如盡。"(頁172)《漢語成語考釋詞典》："清除壞人壞事一定要徹底。"

(22)**反戈一擊**

按：語出《周書・武成》："前徒倒戈，攻于後以北，血流飄杵。"蔡沈《書集傳》云："紂眾離心離德，特劫於勢而未敢動耳。一旦因武王吊伐之師，始乘機投隙，奮其怨怒，反戈相戮。"(頁71)反戈一擊，意指掉轉矛頭，進攻自己原屬的陣營。魯迅《墳・寫在〈墳〉後面》："又因為從舊壘中來，情形看得較為分明，反戈一擊，易制強敵的死命。"①

(23)**垂拱而治**

按：語出《周書・武成》："惇信明義，崇德報功，垂拱而天下治。"垂拱，垂衣拱手。《孔傳》："言武王所修皆是，所任得人，故垂拱而天下治。"(頁185)垂拱而治，形容統治者善於用人，不需親自做事便使國家得到安治。《元史・成宗紀》："成宗承天下混一之後，垂拱而治，可謂善於守成者矣。"(頁319)

(24)**一簣之功**

按：語出《周書・旅獒》："為山九仞，功虧一簣。"一簣之功，比喻成功前的最後一次努力。明代王守仁《王陽明全集》卷十六："罪惡未稔，可招納者，還與招納，毋縱貪功，一概屠戮；務收一簣之功，勿為九仞之棄。"②

(25)**不齒於人**

按：語出《周書・蔡仲之命》："降霍叔于庶人，三年不齒。"不齒，因為鄙視而不願意提及。不齒於人，指為人所鄙棄。《續資治通鑒・卷九十一・徽宗政和元年辛卯》："燕人馬植，本遼大族，仕至光祿卿，行汙而內亂，不齒於人。"③又作"人所不齒"、"不屑與齒"。

(26)**自作聰明**

按：語出《周書・蔡仲之命》："率自中，無作聰明亂舊章。"《孔傳》："循用大中之道，無敢為小聰明作異辨，以變亂舊典文章。"(頁226)自作聰明，自以為聰明而擅作主張。明余繼登《典故紀聞》卷四："苟自作聰明，而

---

① 魯　迅：《魯迅全集》(第一卷)，頁264。人民文學出版社，1973年版。

② (明)王守仁著，吳　光、錢　明、董　平、姚延福編校：《王陽明全集》，頁537。上海古籍出版社，1992年版。

③ (清)畢沅編著：《續資治通鑒》，頁2341。中華書局，1957年版。

不取眾長，欲治通之成，不可得也。”（頁60）清陳田《明詩紀事辛籤·曹學佺》：“作詩如書者、畫者……必藉師承指教而後當家，若自作聰明，雖極奇別，終是外道。”①又作“私作聰明”，見章學誠《文史通義·答客問下》。②

（27）**面牆而立**

按：語出《周書·周官》：“不學牆面，蒞事惟煩。”《孔疏》：“人而不學，如面向牆，無所睹見。”（頁236）面牆而立，比喻不學習，不實踐，如同面牆站立，一無所見。《晉書·列傳第五十七·涼武昭王李玄盛傳》：“面牆而立，不成人也。”（頁1508）

（28）**孜孜不倦**

按：語出《周書·君陳》：“惟曰孜孜，無敢逸豫。”孜孜不倦，形容非常勤奮努力，不知疲倦。《三國志·蜀志·向朗傳》：“自去長史，優遊無事垂三十年。乃更潛心典籍，孜孜不倦。年踰八十，猶手自校書。”（頁1010）《北史·楊津傳》：“出除岐州刺史，津巨細躬親，孜孜不倦。”（頁989）又作“孜孜不怠”，見《漢書·平當傳》。又作“亹亹不倦”，見宋代蘇舜欽《大理評事杜君墓誌》。③

（29）**風行草偃**

按：語出《周書·君陳》：“爾其戒哉！爾惟風，下民惟草。”《孔傳》：“汝戒勿為，凡人之行，民從上教而變，猶草應風而偃，不可不慎。”（頁237）《論語·顏淵》：“君子之德，風；小人之德，草。草上之風，必偃。”風行草偃，比喻施行德政，感化百姓。也泛指力量強大使人順從。《三國志·吳書·張紘傳》裴松之注引《吳書》：“紘至，與在朝公卿及知舊述策才略絕異，平定三郡，風行草偃。”（頁1244）又作“風行草靡”，見《南齊書·高帝紀上》。又作“草偃風行”，見《官場現形記·二〇》。④

（30）**被髮左衽**

按：語出《周書·畢命》：“四夷左衽，罔不咸賴。”衽，衣襟。《孔傳》：“言東夷西戎，南蠻北狄，被髮左衽之人。”（頁245）被髮左衽，指披散著頭髮，衣襟向左掩。是我國古代少數民族的裝束。也用來指代某些少數民族。《論語·憲問》：“微管仲，吾其被髮左衽矣。”

---

① （清）陳田輯著：《明詩紀事》，頁2820。上海古籍出版社，1993年版。

② （清）章學誠著，劉公純標點：《文史通義》，頁141。中華書局，1956年版。

③ （宋）蘇舜欽著，傅平驤、胡問陶校注：《蘇舜欽集編年校注》，頁568。巴蜀書社，1991年版。

④ （清）李寶嘉：《官場現形記》，頁324。人民文學出版社，1957年版。

成語的原型結構，今古文《尚書》凡88見。今文《尚書》33見，古文《尚書》55見。成語的非原型結構，今古文《尚書》凡84見，今文《尚書》37見，古文《尚書》47見。成語的原型結構和非原型結構在《尚書》各部分的分佈如下表。表中每一結構類型的成語分兩排。上排為今文《尚書》成語數，下排為古文《尚書》成語數。

書名／成語類型	虞夏書	商書	周書	總計
原型結構	17	2	14	33
	14	13	28	55
分取式非原型結構	6	0	11	17
	6	3	8	17
變體式非原型結構	6	4	10	20
	6	10	14	30
總計	55	32	85	172

如圖所示，今文《尚書》成語70見，古文《尚書》102見，二者之比約為1∶1.46。原型結構成語，今文《尚書》33見，古文《尚書》55見，二者之比約為1∶1.67。而分取式非原型結構成語，今文《尚書》和古文《尚書》的比為1∶1。變體式非原型結構成語，今文《尚書》和古文《尚書》的比約為1∶1.5。這從另外一個側面反映了今文《尚書》的語料價值。漢語言在遼闊的空間和悠久的時間裡延續，其成語約定俗成的定型期是漫長的，越是古老的文獻，成語的原型結構當越少，而非原型結構當越多，今文《尚書》正是如此。今文《尚書》的原型結構與非原型結構之比是33∶37。另一方面，成語的原型結構比非原型結構起源早，因而今文《尚書》的原型結構應比古文《尚書》多，文獻上的實際情況並非如此，成語的原型結構前者僅為後者的約五分之三。

(二)成語的語法結構與語義關係

四字格成語的四個音節，絕大多數就是四個語素，語素和語素結合、詞和詞的搭配構成各種各樣的語法關係。《尚書》四字格成語的語法結構不是簡單的單層面，大都是雙層面的，也有多層面的，如果根據第一層面詞語間的語法關係確定整個成語的語法構造，大致可以分成主謂、偏正、述賓和聯合四種語法結構。 現分述如下：

1. 成語的語法結構

1.1 主謂結構

(1)主述賓式

天 從 人 願
主　謂
述　賓
偏正

撲 作 教 刑
主　謂
述　賓
偏正

(2)偏正+述賓

朽 索 馭 馬
主　謂
偏正　述賓

牝 雞 司 晨
主　謂
偏正　述賓

(3)聯合+聯合

日 月 逾 邁
主　謂
聯合　聯合

江 漢 朝 宗
主　謂
聯合　聯合

(4)聯合+偏正

玉 石 俱 焚
主　謂
聯合　偏正

日 月 重 光
主　謂
聯合　偏正

(5)偏正+偏正

百 獸 率 舞
主　謂
偏正　偏正

元 惡 大 憝
主　謂
偏正　偏正

1.2　偏正結構

(1)**疊音詞＋聯合**

慄 慄 危 懼

偏　正

疊音詞　聯合

(2)**疊音詞＋而＋中心詞**

呱 呱 而 泣

偏　正

疊音詞　中心詞

(3)**偏正＋聯合**

不 可 向 邇

偏　正

偏正　聯合

(4)**述賓＋之＋中心詞**

好 生 之 德

偏　正

述賓

知 人 之 明

偏　正

述賓

(5)**偏正＋之＋中心詞**

萬 物 之 靈

偏　正

偏正

一 簣 之 功

偏　正

偏正

(6)**聯合＋而＋中心詞**

垂 拱 而 治

偏　正

聯合

(7)**述賓＋而＋中心詞**

面 牆 而 立

偏　正

述賓

(8)**聯合＋聯合**

馨香	禱祝
偏	正
聯合	聯合

逋逃	淵藪
偏	正
聯合	聯合

1.3 述賓結構

(1)**聯合＋偏正**

暴殄	天物
述	賓
聯合	偏正

遏密	八音
述	賓
聯合	偏正

(2)**偏正＋偏正**

恭行	天罰
述	賓
偏正	偏正

允執	厥中
述	賓
偏正	偏正

(3)**聯合＋聯合**

燮理	陰陽
述	賓
聯合	聯合

明揚	仄陋
述	賓
聯合	聯合

(4)**動詞＋之＋偏正**

樹之	風聲
述	賓
	偏正

(5)**述賓＋介賓**

假手	於人
述	賓
述賓	介賓

1.4 聯合結構

聯合結構在定型結構中所佔的比例較大，不僅數量多，而且語法結構頗有特色，表示的語法關係和語義關係頗為複雜。

1.4.1　單層的聯合結構

惟 精 惟 一

聯合	
惟	惟

兢 兢 業 業

聯合	
疊音詞	疊音詞

1.4.2　雙層的聯合結構

(1)**主謂+主謂**

地 平 天 成

聯合	
主謂	主謂

世 輕 世 重

聯合	
主謂	主謂

(2)**偏正+偏正**

巧 言 令 色

聯合	
偏正	偏正

名 山 大 川

聯合	
偏正	偏正

(3)**述賓+述賓**

偃 武 修 文

聯合	
述賓	述賓

彰 善 癉 惡

聯合	
述賓	述賓

(4)**聯合+聯合**

股 肱 耳 目

聯合	
聯合	聯合

聲 色 狗 馬

聯合	
聯合	聯合

(5)**疊音詞+述賓/偏正**

休 休 有 容

聯合	
疊音詞	述賓

孜 孜 不 倦

聯合	
疊音詞	偏正

述賓+述賓式聯合結構中有些動詞是使動用法，因而構成特殊的述賓關係。例如:

同 心 同 德

聯合	
使動	使動

"同心"即"使心同"，"同德"即"使德同"。

另外，有些賓語是詞類的活用，也構成特殊的述賓關係。 例如：

遺 大 投 艱

聯　　合

活用　活用

"大"、"艱"互文，形容詞用作名詞，指重大艱難的事。

2. 成語的語義關係

《尚書》中無論是單層的還是雙層的聯合結構的成語，大部分是對稱的，其前後兩部分語義又構成各不相同的關係，粗略分析，大致可以分為四種：

2.1 並列關係

前後兩部分並無主次、輕重之分，實際上是把兩個語義相同相近的短語合在一起，用重複的方法加強語義的表達效果。 這類成語諸如：地平天成、巧言令色、匹夫匹婦、同心同德、離心離德、無偏無黨。

2.2 對比關係

兩部分相應位置上的詞語相同相對或相反，語義具有互補性，只有把兩部分組合起來，才能表達一個完整的含義。 這類成語諸如：世輕世重、偃武修文、福善禍淫、彰善癉惡。

2.3 因果關係

按因果關係組成的成語，前一部分是因，後一部分是果。 這類成語諸如：玩物喪志、風行草偃、好問則裕、自用則小。

2.4 目的關係

按目的關係組成的成語，前一部分只是手段，後一部分才是目的。 這類成語諸如：明刑弼教、和衷共濟、有備無患、坐以待旦。

分析《尚書》四字格成語的語法結構，聯合式表示的語法關係和語義聯繫最為複雜。當然還有不同於上述語法結構和語義關係的四字格成語，試舉兩例：

事 不 師 古

主 謂

偏 正

述賓

惟 口 起 羞

主 謂

述賓

綜上所述，《尚書》成語充分體現了漢語非形態語言的特點，語法形式多種多樣。

(三)成語的音律節奏

《尚書》四字格成語近似四言詩，平仄相間，節奏鮮明。每兩個字一個停頓單位，一個停頓單位稱為一小節，每小節的第二個字代表這個小節的平仄。平仄，仄平是平聲小節，仄仄，平仄則算仄聲小節。《尚書》四字格成語的平仄格式可分平仄相對和平仄相替兩大類八小類。由於語音的歷史演變，用今音分析《尚書》成語，多數不符合平仄規律。我們分析平仄格式，同時羅列今古音兩種平仄，以便比較對照。

1. 平仄相對

(1) — — | | 古音

安民告示
— — | | 今音

方命圮族
— | | — 今音

和衷共濟
— — | | 今音

競競業業
— — | | 今音

明揚仄陋
— — | | 今音

分茅列土
——｜｜　今音

箕風畢雨
——｜｜　今音

馨香禱祝
——｜｜　今音

如喪考妣
—｜｜｜　今音

功虧一簣
——｜｜　今音

心勞日拙
——｜｜　今音

（2）｜｜——　古音

罔水行舟
｜｜——　今音

子子孫孫
｜｜——　今音

福壽康寧
—｜——　今音

大漸彌留
｜｜——　今音

稼穡艱難
｜｜——　今音

日昃之勞
｜｜——　今音

日月重光
｜｜——　今音

玉石俱焚
｜—｜—　今音

穢德彰聞
｜———　今音

習與性成
—｜｜—　今音

舍己從人
｜｜——　今音

萬物之靈
｜｜——　今音

偃武修文
｜｜——　今音

2. 平仄相替

（1）———｜　古音

呱呱而泣
———｜　今音

多才多藝
———｜　今音

譸張為幻
———｜　今音

都俞籲咈
———｜　今音

正人君子
｜——｜　今音

康強逢吉
— — — —　　今音

流言蜚語
— — — |　　今音

光天化日
— — | |　　今音

三占從二
— — — |　　今音

恭行天罰
— — — —　　今音

同心同德
— — — —　　今音

離心離德
— — — —　　今音

惟精惟一
— — — —　　今音

人心惟危
— — — —　　今音

無偏無黨
— — — |　　今音

民為邦本
— — — |　　今音

（2）| | | —　　古音

撲作教刑
— | | —　　今音

遏密八音
| | — —　　今音

退有後言
| | | —　　今音

日理萬機
| | | —　　今音

一心一德
— — — |　　今音

福善禍淫
— | | —　　今音

（3）— | — —　　古音

江漢朝宗
— | — —　　今音

遺大投艱
— | — —　　今音

如火燎原
— | — —　　今音

（4）| — | |　　古音

股肱耳目
| — | |　　今音

有為有守
| — | |　　今音

秉旄仗鉞
| — | |　　今音

作威作福
| — | —　　今音

肯堂肯構
| — | |　　今音

恫瘝在抱
丨—丨丨　今音

殺人越貨
——丨丨　今音

匹夫匹婦
丨—丨丨　今音

世輕世重
丨—丨丨　今音

予違汝弼
——丨丨　今音

（5）—丨丨—　古音

時日曷喪
—丨—丨　今音

元惡大憝
—丨丨丨　今音

明目達聰
—丨——　今音

惟口起羞
—丨丨—　今音

（6）丨——丨　古音

巧言令色
丨—丨丨　今音

燮和天下
丨——丨　今音

典謨訓誥
丨—丨丨　今音

有條不紊
丨—丨丨　今音

乃心王室
丨——丨　今音

事不師古
丨丨—丨　今音

好生之德
丨———　今音

血流飄杵
丨——丨　今音

《尚書》四字格成語還有兩種平仄格式不同於四言詩，上下小節平仄相同，同一小節平仄相對。我們把這兩種平仄格式作為“平仄相對”的變式。

（1）—丨—丨　古音

嗟悔無及
—丨——　今音

奔相走告
—丨—丨　今音

玩物喪志
—丨丨丨　今音

多歷年所
—丨—丨　今音

兼弱攻昧
—丨—丨　今音

不可向邇
丨丨丨丨　今音

(2) 丨一丨一　古音

面從背違
丨一丨一　今音

實繁有徒
一一丨一　今音

《尚書》四字格成語也有少數不講究平仄。古音平仄不協，今音平仄亦多不協。凡六式，例舉如次。

(1) 丨丨丨丨　古音

百獸率舞
丨丨丨丨　今音

予末小子
一丨丨丨　今音

浩浩蕩蕩
丨丨丨丨　今音

生以待旦
丨丨丨丨　今音

(2) 丨丨一丨　古音

洞若觀火
丨丨一丨　今音

暴殄天物
丨丨一丨　今音

日月逾邁
丨丨一丨　今音

慄慄危懼
丨丨一丨　今音

(3) 丨一一一　古音

馬牛其風
丨一一一　今音

牝雞司晨
丨一一一　今音

樹之風聲
丨一一一　今音

(4) 一丨丨丨　古音

光被四表
一丨丨丨　今音

開釋左右
一丨丨丨　今音

彰善癉惡
一丨丨丨　今音

(5) 一一丨一　古音

腥聞在上
一一丨丨　今音

簫韶九成
一一丨一　今音

休休有容
一一丨一　今音

（6）— — — —　古音

懷山襄陵　　　　知人之明

— — — —　今音　　　　— — — —　今音

鳳凰來儀　　　　地平天成

| — — —　今音　　　　| — — —　今音

統計和對比分析證明：1.上古漢語比現代漢語更為講究成語的平仄。上文列舉的100個四字格成語有79個符合《尚書》的平仄規律。不符合規律的21個成語，古今平仄基本相同，84個音節僅“予”“上”“鳳”“地”4個音節聲調微疏。除“腥聞在上”今音合乎平仄外，僅有3個古音不合平仄規律，今音亦不合。古音學家對上古聲調的擬測並無定論，爭議頗大。也許實際上古音合於平仄規律的《尚書》成語還會多些。2.成語的平仄規律並非完全等同四言古詩的平仄規律。我們習慣上用四言古詩的平仄格式依葫蘆畫瓢地分析成語，實際上古成語應該有古成語的平仄規律。《尚書》成語就有上下小節平仄相同，同一小節平仄相反的平仄格式。

《尚書》的四字格成語也比較講究對仗，特別是那些語法結構是聯合結構的成語，不僅前面兩個音節和後面兩個音節語法結構相似，而且相對應的詞的類屬也相近，有些就是同義同形，諸如：同心同德、一心一德、離心離德。從語法結構上分析，可以分成主謂對，如：地平天成。偏正對，如：（巧）言（令）色。述賓對，如：兼弱攻昧。從語義上分析，有同義對，如：發號施令。有近義對，如：兼弱攻昧。有對義對，如：匹夫匹婦。有反義對，如：彰善癉德。

（四）成語的語義分類和語義構成方式

《尚書》乃群經之首，是我國最早的歷史文獻彙編。它上自原始社會末期，下至封建社會初期，橫跨整個奴隸社會，記載了這一時期重要的歷史人物、歷史傳說和歷史事件，內容涉及政治、軍事、天文、地理、官制、禮儀、刑法等諸多領域。《尚書》如同一面多棱鏡，折射出中國古代文明豐富多彩的不同側面。作為《尚書》文本的一部分，其四字格成語也形成豐富多彩的語義類型和嚴密工整的語義構成方式。

1. 成語的語義分類

分析《尚書》成語的語境意義，我們大致可以把《尚書》成語分為7個語義類型。

1.1　個人品行修養類

這類成語根據其感情色彩的不同，又可分為兩類：

①褒揚類。這類成語有：有為有守、多才多藝、乃武乃文、克勤克儉、兢兢業業、孜孜不倦、遜志時敏、休休有容、不矜不伐、舍己從人。

②貶斥類。這類成語有：方命圮族、巧言令色、面從背違、退有後言、罔水行舟、厚顏無恥、二三其德、不矜細行、甘酒嗜音、酣歌恒舞、聲色狗馬、暴殄天物、譸張為幻、穢德彰聞、腥聞在上、作威作福、尸位素餐、自作聰明、惡貫滿盈。

1.2　經邦治國類

這類成語有：予違汝弼、繩愆糾繆、燮理陰陽、明目達聰、燮和天下、分茅裂土、列爵分土、垂拱而治、民為邦本、克愛克威、崇德報功、明揚仄陋、咸與惟新、偃武修文、論道經邦、安民告示、利用厚生、日理萬機、恫瘝在抱、三占從二、無偏無黨、推賢讓能、任人惟賢、彰善癉惡、樹之風聲、風行草偃、惟精惟一、允執厥中。

1.3　刑罰類

這類成語有：世輕世重、罰弗及嗣、罪疑惟輕、明刑弼教、撲作教刑。

1.4　戰爭類

這類成語有：恭行天罰、我武惟揚、兼弱攻昧、秉旄仗鉞、反戈一擊、血流漂杵、慄慄危懼、假手於人。

1.5 禮樂類

這類成語有：如喪考妣、遏密八音、百獸率舞、簫韶九成、鳳凰來儀。

1.6 經驗、哲理類

這類成語蘊含著先民豐富的人生體驗和生存智慧，具有極高的思想價值，至今仍未失其勃勃生命力。這類成語有：人心惟危、好問則裕、自用則小、福善禍淫、習與性成、慎終於始、民心無常、惟口起羞、有備無患、玩物喪志、功虧一簣、和衷共濟、稼穡艱難、作善降祥、除惡務盡、時不可失、日月逾邁、惟口興戎。

1.7 自然現象類

這類成語有：箕風畢雨、祁寒盛暑、懷山襄陵、江漢朝宗、名山大川。

2. 成語的語義構成方式

《尚書》成語來源久遠，內涵豐富，常為後人引用。後代運用《尚書》成語就是用典。用典的修辭目的在於強化語言的說服力，而語言的說服力在於語言本身的簡明和形象，《尚書》成語的語義構成正反映了簡明形象的語言特點。根據其語義構成方式，我們可以將《尚書》成語分成下列兩大類。

2.1 組合義成語

這類成語的整體意義是由各個組成部分的意義組合而成的，具有視而可識，見語明義的語用效果。隸屬這類成語的諸如：

光被四表、撲作教刑、遏密八音、不可向邇、腥聞在上、舍己從人、民惟邦本、慄慄危懼、任人惟賢、人心惟危、樹之風聲、坐以待旦、有條不紊、予違汝弼、實繁有徒、惟口起羞、心勞日拙、推賢讓能、正人君子、嘉言懿行、面從背違、嗟悔無及、時不可失、厚顏無恥、自作聰明、三占從二、奔相走告、稼穡艱難、馨香禱祝、光前裕後、二三其德、天從人願、自絕於民、除惡務盡、罪疑惟輕、罰弗及嗣、福壽康寧、退有後言、好生之德、好問則裕、自用則小、有備無患、事不師古、恭行天罰、民心無常、發號施令、大漸彌留、不齒於人、知人之明。

2.2　隱含義成語

這類成語的整體意義不能由各個組成部分意義合成，有些理據模糊甚至消失，但這類成語的整體意義具有形象化特徵，可由各部分組成的表層意義推導出隱含義。事實上，這是人們遵循語法常規和邏輯常規對語言運用進行理性思維的結果，我們可以用修辭分析的方法進行語義分析。根據這類成語使用的修辭格，我們可以把它們分為下列幾類。

2.2.1　比喻性成語　如喪考妣、功虧一簣、股肱耳目、江漢朝宗、時日曷喪、洞若觀火、如火燎原、日月重光、惡貫滿盈、風行草偃。

2.2.2　誇張性成語　血流漂杵。

2.2.3　白描式成語　呱呱而泣、朽索馭馬、反戈一擊、面牆而立、被髮左衽。

2.2.4　對偶式成語

這類成語又可分為"義同義近對偶"和"對義反義對偶"兩個類型。

義同義近對偶：巧言令色、繩愆糾繆、秉旄仗鉞、流言蜚語、明目達聰、歸馬放牛、箕風畢雨、地平天成。

反義對義對偶：福善禍淫、呼天搶地、皇天后土、偃武修文、彰善癉惡、祁寒盛暑。

2.2.5　對舉式成語

這類成語又可分為三類：

疊音詞對舉（AABB 式）：浩浩蕩蕩、兢兢業業、子子孫孫。

同字間隔對舉（ABAC 式）：多才多藝、離心離德、同心同德、世輕世重、乃武乃文、惟精惟一、匹夫匹婦、肯堂肯構、克勤克儉、惟妙惟肖、不矜不伐、有為有守、無偏無黨、作威作福、念兹在兹、克愛克威。

同字連用對舉（AABC 式）：休休有容、孜孜不倦。

2.2.6　借代類成語　分茅列土、聲色狗馬、典謨訓誥、都俞籲咈、生靈塗炭、玉石俱焚。

2.2.7　擬人類成語　百獸率舞、鳳凰來儀、日月逾邁。

2.2.8　互文類成語　名山大川、遺大投艱、推賢讓能、酣歌恒舞。

綜上所述，我們可以看出《尚書》成語語義類型豐富，其表達方式也生動多樣。總體上《尚書》的組合義成語多於隱含義成語。這是《尚書》成語語義表達的特點，也與《尚書》的文體特點相一致。上古漢語文約意豐，素樸顯豁，組合性成語是上古漢語的真實鏡像。現代漢語成語的語義類型大致亦分為組合義和隱含義兩大類。《尚書》成語的語義分類構造了現代漢語成語的基本框架。

（五）成語的演變規律

《尚書》成語的原型結構88例，佔《尚書》成語總量的一半略多。在動態語言中，《尚書》非原型結構成語的原始形式比照定型結構在不斷的發展變化，其演變方法約有八種：

1. 增加

這種方法是在原句主要詞語的基礎上，通過加字構成四字格的定型結構。定型結構一般保留原型結構的原意。諸如：

人才濟濟，原型結構為“濟濟有眾”，保留“濟濟”作定型結構的謂語，增加“人才”作主語。

戰戰兢兢，原型結構為《商書・仲虺之誥》的“小大戰戰”。《孔傳》：“言商家小大憂危，恐其非罪見滅。”（頁161）《詩經・小雅・小旻》：“戰戰兢兢。”《毛傳》：“戰戰，恐也。”（頁449）《詩經・大雅・雲漢》：“兢兢業業。”《毛傳》：“兢兢，恐也。”（頁562）可見，“戰戰”增加同義疊音詞“兢兢”，原意不變。

2. 刪減

這種方法一般以《尚書》的短句和短語為基礎，通過刪減虛詞組成四字格定型結構。諸如：恭行天罰，語出《虞夏書・甘誓》“今予惟恭行天之罰”句和《周書・牧誓》“今予發惟恭行天之罰”句。晚出《周書・泰誓下》已出現省略結構助詞“之”的定型結構，見“爾其孜孜，奉予一人，恭行天罰”句，刪減定型之跡昭然可循。

時不可失，成語源自《周書・泰誓上》“時哉弗可失”句，刪減語氣助詞“哉”，再通過改換“弗”的同義副詞“不”組成定型結構。

《尚書》成語的原型結構通過刪減，輔以改換、移位等方法組成的定型結構還有“朽索馭馬”、“殺人越貨”。

3. 改換

原型結構本來就是一個四字格式成語，通過更換更為準確的字詞組成定型結構。諸如：

無稽之談，源自“無稽之言”。“談”為白話，“言”為文言。“言”易為“談”，以求通用。

多才多藝，源自“多材多藝”，“材”為異體，“才”為正字。“材”易為“才”，以求明確。

此類還有“予若觀火”、“生靈塗炭”。

4. 緊縮

把《尚書》兩個並列短語，一個或兩個單句乃至一個複句緊縮為四字格成語，諸如：

利用厚生，源出《虞夏書・大禹謨》：“正德、利用、厚生，惟和。”緊縮“利用、厚生”兩個並列短語為一個四字格成語。

一日萬機，源自《虞夏書・皋陶謨》：“一日二日萬幾。”緊縮一個單句為四字格成語。

明刑弼教，源出《虞夏書・大禹謨》：“明于五刑，從弼五教。”緊縮兩個分句為一個四字格成語。

克愛克威，源自《虞夏書・胤征》，是“威克厥愛允濟；愛克厥威允罔功”這個複句的緊縮。

此類還有“垂拱而治”、“三占兩從”、“乃心王室”。

5. 移位

這種方法通過調換語序組成定型結構。諸如：

作威作福，源自《周書・洪範》：“臣無有作福作威。”“作福作威”顛倒語序即為“作威作福”。

燎原之火，源出《商書・盤庚上》“若火之燎于原”句。調換語序，輔以刪減的方法，即為四字格定型結構。

6. 分取

這種方法主要以《尚書》的並列句和複合句為基礎，在相同的語法位置上分別摘取相應的字詞組成四字格成語。諸如：

克勤克儉，《虞夏書・大禹謨》的“克勤于家，克儉于邦”是一個並列句，“克勤”“克儉”在句中的語法位置相同，本身的語法結構也相同。

不矜不伐，《虞夏書・大禹謨》的“汝惟不矜，天下莫與汝爭能；汝惟不伐，天下莫與汝爭功”句，是一個二重複句。“不矜”“不伐”皆為前後兩個分句相應語法位置上的相應短語。

這種方法組成的成語定型結構較多，還有“遜志時敏”、“列爵分土”、“福壽康寧”、“肯堂肯構”、“虎尾春冰”。

7. 組合

這種方法是從《尚書》的不同篇章中摘取字詞組成四字格成語；或者以《尚書》的字詞為基礎，再摘取別的典籍中的字詞組合成四字格成語，諸如：

都俞籲咈，這個四字格成語是分別摘取《虞夏書》的《堯典》和《皋陶謨》中呼喚應答的感歎詞而組成的。

尸位素餐，這個四字格成語組成方法是保留《虞夏書・五子之歌》"太康尸位"之"尸位"一詞，摘取《詩・魏風・伐檀》"不素餐兮"的"素餐"組合而成的。

此類還有"和衷共濟"、"獨夫民賊"。

8. 概括引申

這種方法主要根據《尚書》原句進行局部或整體的概括引申，組成的定型結構保存原意或意有引申。例如：

《商書・仲虺之誥》："予恐來世以台為口實。"保留"留下話柄"的原意，概括為"貽人口實"。

《周書・無逸》："自朝至于日中昃，不遑暇食。"這句話的意思是"從早晨忙到太陽西斜，沒有閒暇吃飯"，概括成"日昃之勞"。

這種方法組成的定型結構較多，還有：日理萬機、光前裕後、嗟悔無及、惡貫滿盈、牝雞司晨、反戈一擊、箕風畢雨、功虧一簣、恫瘝在抱、自作聰明、孜孜不倦、風行草偃。

《尚書》成語的原始結構儘管形態各異，演變的方式也多種多樣，然而殊途同歸，最終全部演變為四字格。這一語言現象並非偶然。這是漢語特點和成語特點對成語語言形式的雙重選擇。漢語成語的特點是言簡意賅。言簡當有限度，簡到四言，已不能再簡，四字格是成語"言簡"和"意賅"對立統一較為完美的表現形式。漢語是一種非形態語言，成語多來源於古代，古漢語單音節詞多，單音節詞組合靈活，自由度大，能夠形成多種多樣的語法結構和語義類型，這又正好適應了漢語成語語用特點對語言形式的選擇。

長期以來，成語的界定言人人殊，缺乏易於操作的標準，層出不窮的成語詞典又繼續模糊了成語與俗語、諺語、格言、慣用語的界限。語言形式可否成為成語與之區別的主要標準之一?《尚書》成語的歷時演變啟迪我們應該確定這一條標準。

(六)漢語成語的形態標準應限於四字格

對《尚書》成語的演變規律進行分析後，我們已初步確定四字格是《尚書》成語發展的定型模式。下文我們結合成語研究的有關理論，再次討論漢語成語的語言形態標準。

“成語”一詞，最早可能見於明代載籍。明代王驥德在《曲律・卷第三・論用事第二十一》中說：“用古人成語恰好，亦是快事。然只許單用一句；要雙句，須別處另尋一句對之。如《琵琶》《月雲高》曲末二句，第一調‘正是西出陽關無故人，須信家貧不是貧’，第二調‘他須記一夜夫妻百夜恩，怎做得區區陌路人’，第三調‘他不到得非親卻是親，我自須防人不仁’。”①分析該書引例，“成語”正是其字面意思，即現成的詩文語句。到了清代，人們已開始對成語進行搜集和整理，乾隆七年（1742 年）鴻遠堂本《六部成語》的刊刻，標誌著我國第一部成語詞典的問世。但是，該書所收 2500 餘詞條皆是跟清廷刑、戶、吏、禮、工、兵六部有關的一些專門性語詞。其後，趙翼的《陔余叢考・卷四十三》和錢大昕《恒言錄・成語類》都收錄了一些成語，但收詞也較為寬泛，把一些普通詞彙、俗語、詩文語句等都收錄在內。應當說，早期人們對成語的界定大致同於成語的字面義。早期成語實際等同於今天所謂“熟語”，其概念的內涵外延涵括了今天我們所謂的“成語”、“俗語”、“諺語”、“格言”等概念的內涵和外延。

1915 年出版的《辭源》對成語的定義開成語理論研究的先河。自茲以後，對成語的研究日益引起學者的重視。粗略統計，截至目前為止，各類期刊上關於成語理論研究的文章達 2000 多篇，各種類型的成語詞典已出版了 300 多部。但是對“什麼是成語”這個基本概念問題，卻始終是眾說紛紜，難成共識，誠如《中國成語大辭典》出版說明所云：“成語的界說以及成語詞典的收錄標準自來異說紛呈，寬嚴不一。”不過，仔細研析諸家成說，多數學者認同三點見解：（1）成語具有形式的定型性；（2）成語具有意義的約定性；（3）四個音節組成的“四字格”是漢語成語的主要語言形式。然而，成語與

① （明）王驥德著，陳　多、葉長海注：《曲律》，頁 131。湖南人民出版社，1983 年版。

俗語、諺語、格言等界限模糊，區別性特徵仍不明確。很多成語詞典的收詞也並無統一的形態標準，從兩個音節到十四個音節的幾乎都有。這種現象極不利於人們對漢語成語的科學認識和研究。

學者們一般都認為，成語以四字格形態為主。劉潔修編著的《漢語成語考釋詞典》（商務印書館，1989）、北大中文系編寫的《漢語成語小詞典》（商務印書館，1981）、湖北大學語言研究室編纂的《漢語成語大詞典》（河南人民出版社，1985）等收詞絕大部分都是四字格的。劉玉凱，喬雲霞編著的《中國俗成語》（上海文藝出版社，1991）所收8000餘詞條全部是四字格的。呂叔湘先生曾經說過："四音節好像一直都是漢語使用者非常愛好的語音段落。最早的詩集《詩經》裡的詩以四言為主。啟蒙的課本《千字文》、《百家姓》、《李氏蒙求》、《龍文鞭形》等等都是四言。亭臺樓閣常常有四言的橫額。品評詩文和人物也多用四個字（或八個字）的評語。流傳最廣的成語也是四言為多。"①劉潔修先生認為漢語成語四字格化的趨向"跟漢語詞彙的構造規律、聲調規則以及傳統的詩文形式密切相關。"②四字格之所以備受喜愛，這其中有諸多原因。首先，現代漢語雙音節詞彙居多，雙音節化是現代漢語詞彙的主要發展趨勢，雙音同雙音組合，也就成了漢語成語最主要的節奏形式，也使得成語的四字格形式有了堅實的基礎。我們對《尚書》成語進行窮盡性的語法分析後發現，聯合式是《尚書》成語的主要語法結構。這與漢語的語音特點相一致。漢語是屬於漢藏語系有聲調的語言，聲調的抑揚頓挫，加強了語言的音樂感和動態感。四字格前兩個音節和後兩個音節相同的語言結構利於平仄配合，形成平仄相對相替的鮮明節奏。同時，四字格形式工整，利於對仗。成語講究平仄和對仗。平仄和對仗使成語琅琅上口，生動形象，更富感染力和穿透力。其次，成語選用四字格，除了上述的漢語自身的原因外，還有深刻的社會歷史和傳統文化原因。我國最早的詩歌總集《詩經》多數採用四言的形式。這種四言的詩歌形式對後世文學藝術影響甚大，被認為是最正統、最莊重典雅的語言樣式。成語選用四字格的形式，可以說正是對這一民族文化傳統的繼承。

在對非四字格固定語的看法上，人們歷來有較大的分歧。上世紀70年代的成語研究中，多有把"定型短句"也看作成語的。如《現代漢語詞典》（商

---

① 呂叔湘：《現代漢語單雙音節問題初探》，《現代漢語參考資料》中冊，頁309。胡裕樹主編。上海教育出版社，1981年版。

② 劉潔修：《成語》，頁7。商務印書館，1985年版。

務印書館，1978）對成語的定義是："人們長期以來慣用的、形式簡潔而意思精闢的、定型的短語或短句。"史式《漢語成語研究》（四川人民出版社，1979）、《辭海·語詞分冊》（上海辭書出版社，1979）等也持相類似的看法。事實上，"定型短句"（包括諺語、俗語、名言、警句等）和"定型短語"有著本質的不同。"定型短句"屬於言語單位，表達的是人們對現實的某種認識或判斷，作用上相當於獨立的句子。而"定型短語"屬於語言詞彙單位，是詞與詞的組合，表達的都是概念的意義，功能上仍相當於一個詞。成語是一種特殊詞彙單位，因而，能夠進入成語的只能是屬於語言詞彙單位的"固定短語"。現在，隨著人們對成語認識的深入，在這個問題上人們的看法已漸趨一致，眾多成語定義中已很少再有"固定短句"的一席之地。80年代出版的幾本高校現代漢語教材（諸如張靜主編的《新編現代漢語》，上海教育出版社，1980年12月第1版；黃伯榮、廖序東主編的《現代漢語》，甘肅人民出版社，1981年2月第2版；胡裕樹主編的《現代漢語》，上海教育出版社，1981年7月第2版）、一些較有影響的辭書（例如1979年9月修訂的《辭海》）、研究成語的專著（例如倪寶元、姚鵬慈《成語九章》，浙江教育出版社，1990）等都把成語限定在"固定短語"或"定型短語"中。張靜主編的《新編現代漢語》認為："成語是具有定型性、整體性、古語性、慣用性的固定短語。"①遺憾的是，很多成語詞典在收詞上卻沒有注意到這一點。如李一華、呂德申《漢語成語詞典》（四川辭書出版社，1992）就把一些諺語、名言、俚句都收錄在內，如"一朝權在手，便把令來行"、"寧為玉碎，不為瓦全"、"一陰一陽謂之道"等。《漢語成語小詞典》的收詞範圍則從三言到十四言的幾乎都有。把"定型短句"劃入成語，必然會模糊成語的界限。

有的成語詞典把一些雙音節的語言形式也收錄在內，如劉潔修《漢語成語考釋詞典》（商務印書館，1989）就收錄了"垂涎"、"嚼蛆"、"解頤"、"題鳳"等。其"凡例"云："二字成語暫且僅收少量含有典故、比較常見的，例如[頂缸][爛柯][埋輪][推敲][投醪]等。"可見，劉先生之所以把它們歸入成語，只是因為內含典故罷了。但是，有無典故並不是界定成語的絕對標準。誠然，成語有很多都含有典故，但含有典故的語言形式卻不一定都是成語。典故即是指有來歷出處，慣用語、諺語、歇後語、格言等也都可以有典故。比如，慣用語"露馬腳"，諺語"豬婆龍為殃，癩頭黿頂缸"，歇後語"劉備借荊州，有借無還"，格言"有志者事竟成"，還有古人的詩句中

① 張　靜：《新編現代漢語》，頁294。上海教育出版社，1986年版。

也多有用典。若把這些都歸入成語，成語的範疇未免過大。筆者翻檢了一些成語詞典和成語理論著作，其中除了極少數收集了一些“二字成語”外，多數都不承認“二字成語”的存在。比如《漢語成語小詞典》、《漢語成語大詞典》、《中國成語大詞典》都沒有收錄“二字成語”。呂叔湘先生在《漢語語法分析問題》中指出:“從詞彙角度看，雙語素的組合多半可以算一個詞，即使兩個成分都可以單說，如電燈，黃豆。……不妨說，拿到一個雙語素的組合，比較省事的辦法是暫時不尋找有無作為一個詞的特點，而是先假定它是詞，然後看是否有別的理由認為是短語。同樣，拿到一個四語素的組合，可以先假定它是兩個詞，然後看是否有別的理由該認為是一個詞。在這裡，語素組合的長短這個因素起了很大的作用。”①因此，筆者認為，所謂的“二字成語”只是一些含有典故的雙音節詞，不能算作成語。胡裕樹主編的《現代漢語》中指出:“‘自相矛盾’是個成語，而‘矛盾’是個詞;‘一字推敲’是個成語，而‘推敲’是個詞。因為成語雖然結構緊密，在實際運用上作為詞的等價物來看待，但是還沒有凝結成為詞，還是一種固定短語。”②在區別典故性的語言形式是否是成語時，四字格的形態標準起了關鍵作用。

在熟語的其它類型中，一般認為與成語最難區分的是慣用語。例如甘肅師大中文系編的《漢語成語詞典》(上海教育出版社，1978)就把“下馬威”、“露馬腳”、“想當然”、“破天荒”等慣用語收作成語。之所以難以區分，是因為兩者性質有相似之處。有些慣用語同樣具備形式的定型性和意義的整體性或約定俗成性，比如我們上文所舉的“下馬威”、“破天荒”，從字面上就很難看出其真實意義，在結構上也不好再插入其它語言成分。要在理論上將它們區分開來，我們必須找出兩者明顯的區別性特徵。其實，以語言形式是否是四字格為標準，我們就可以輕易地將大部分慣用語排除出成語之外。本來，成語就是一個約定俗成的認知概念，把三字格的語言形式說成成語，是不符合大部分人的認知心理和語用習慣的。當然，四字格熟語內部也並不一定全是成語，慣用語也有四字格的，例如:打退堂鼓，唱對臺戲，打馬虎眼，等等。對四字格內部進行仔細分析，我們就會發現，成語都具有強烈的書面語色彩。周薦先生在《成語規範問題談略》一文中說:“成語是雅言的代表，而諺語、歇後語、慣用語等都可歸入俗語。”③這“雅”“俗”二字可謂指出了成

① 呂叔湘:《漢語語法分析問題》，頁22。商務印書館，1979年版。
② 胡裕樹:《現代漢語》，頁294。上海教育出版社，1981年版。
③ 周 薦:《成語規範問題談略》，《漢語學習》，1998年，第3期。

語與熟語其它類型在形態標記之外的又一重要區別性特徵。成語的“雅”表現在兩個方面：一是成語中帶有古漢語語素。如“呼天搶地”中的“搶”，“尸位素餐”中的“尸”，“明刑弼教”中的“弼”，“不可向邇”中的“邇”。二是成語中體現了一些古漢語語法現象。比如使動用法，痛心疾首，閉月羞花；詞類的活用，如兼弱攻昧，福善禍淫；意動用法，如不遠萬里，不恥下問；還有一些特殊的語序，如時不我待，惟利是圖。古漢語語素和語法規則使得成語文約意豐，典雅含蓄。

劉叔新先生在《固定語及其類別》一文中曾提出以有無“表意的雙層性”①作為區別成語與所有其它固定語的重要特徵。表意的雙層性是指除了表層意義或字面意義之外，還有一層隱含的深層意義，這層隱含的深層意義才是成語要表達的確切意義。隱含的深層意義通過字面意義的形象比喻作用或聯想作用曲折地表現出來。例如“功虧一簣”，表層意義是說“只差一筐土而不能完成某一工程”，其隱含的確切意義是“比喻做事僅差最後一點努力而前功盡棄”。再如“股肱耳目”，其真實意義不是字面的“大腿、胳膊、耳朵、眼睛”，而是“比喻輔佐君王的大臣或辦事得力的親信人員”。誠然，很多成語都具有表意的雙層性，但這並不是成語所獨有的特徵，也不是所有成語都具有的特徵。《尚書》成語語義構造的組合義成語就比隱含義成語多。再說很多慣用語也具有表意的雙層性，比如穿小鞋、戴高帽、打小算盤、打退堂鼓等。又如，歇後語分為前後兩個部分，意義重點在後一部分，如“飛蛾撲火——自取滅亡”，“鷸蚌相爭——漁人得利”，其表意的雙層性更是顯而易見。另外，很多四字格的固定語雖然不具備表意的雙層性，但卻是大家公認的成語，例如：風和日麗、家喻戶曉、身不由己、舍己從人、有條不紊、推賢讓能、有備無患、嗟悔無及，等等。很多成語詞典都收錄了這些詞目。因此，我們認為，表意的雙層性不宜作為區分成語與非成語的標準，但可作為成語內部更細類別劃分的依據，李行鍵先生在《成語規範問題》中說：“可以把有雙層含義的成語叫‘典型成語’，沒有的叫‘非典型成語’”②。我們認同這樣的觀點。

綜上所述，成語與非成語的固定詞組或固定短語並不是那麼難以區分的，是有區別標準的。成語的形態標準就是其主要標準。當然我們也不否認要準

① 劉叔新：《固定語及其類別》，《語言研究論叢》第 2 輯，頁 167。天津人民出版社，1982 年版。

② 李行鍵：《成語規範問題》，《辭書研究》，2001 年，第 2 期。

確地區分它們還需要輔以其他標準。把成語的形態標準限定於四字格，並非一家之言。如前所述，呂叔湘先生曾認為“成語可限制在四字格內”①。筆者在 1996 年出版的《今文尚書語言研究》中亦曾提及②。徐耀民先生則明確提出成語的“外在形式”“應定於四字格”③，可惜或未遑專論，或後無嗣響。我們認為成語是一個歷史概念，早期成語的內涵實際等同於我們今天所謂“熟語”的內涵，其外延則涵括我們今天所謂的慣用語、成語、諺語、俗語、歇後語、格言，只不過當時“成語”並未從慣用語、諺語、俗語、歇後語、格言中分化出來，成為與它們並列的概念。我們用圖表表述如下：

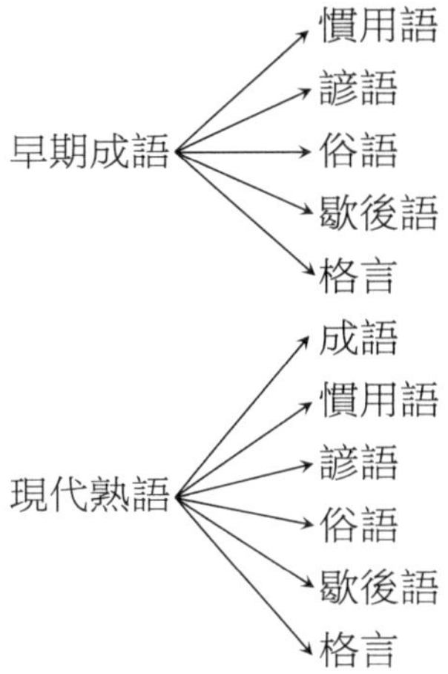

早期的“成語”實際上是一個上位概念，今天的“成語”實際上是早期成語的下位概念，是從早期成語中逐漸分化出來的一個部分，但卻借用了早期“成語”概念的名稱，成為現代熟語中的一個類別。長期以來，成語與慣用語、諺語、俗語、歇後語、格言等概念糾纏在一起，難以區分，就是因為人們沒有認識到成語概念的歷時發展變化的緣故。今天的“成語”是個與慣用語、諺語、俗語、歇後語、格言相並列的概念，在形式和內容上都應該有其獨特的特徵。我們現在可以對成語作出明確的界定：成語是由四個字組成的具有書面語色彩的定型性慣用性固定短語。

---

① 李行鍵：《成語規範問題》，《辭書研究》，2001 年，第 2 期。

② 錢宗武：《今文尚書語言研究》，頁 189。岳麓書社，1996 年版。

③ 徐耀民：《成語的劃界、定型和釋義問題》，《中國語文》，1997 年，第 1 期。

五 通假的特徵、原則方法和通假的成因

“假借”和“通假”是屬於文字學範疇的概念，還是屬於詞彙學範疇的概念？是異名同實的概念，還是異名異實的概念？長期以來人們並不十分明瞭。實際上這是兩個不同的概念，既屬文字學範疇，又與詞彙學範疇有關。在詞彙學範疇裡，周秉鈞先生認為：“假借和通假不同。前者是造字的方法，後者是用字的方法。前者是本無其字，假借同音字來替代，又叫造字的假借；後者是本有其字，偏偏不用，假借一個同音字來替代，又叫用字的假借。它們之間有很大的區別。章太炎把前者叫做六書之假借，後者叫借聲。”①造字的假借叫“假借”，用假借法造的新字叫假借字。用字的假借叫“通假”，借用的字叫通假字。造字的假借產生的意義實際是一種字義，而不是詞義。用字的假借產生的通假義和本義基本義之間沒有聯繫，與詞形也沒有形義之間的必然聯繫，只是代表與之音同音近另一個詞的意義。上古漢語以單音詞為主，多數單音節既是字又是詞。因此，我們把有通假義的單音節既可稱為通假字，亦可稱為通假詞，把借用的音同音近的單音節既可稱為本字，亦可稱為被借詞。本節主要討論詞彙學範疇的通假。

通假是古代文獻語言中常見的語言現象，甲骨文中就有通假，先秦兩漢文獻較為普遍。通假，清代學者常稱為“假借”。朱駿聲說：“假借者，亦訓詁之事，亦實音聲之事。”②“不知假借者，不可與讀古書。”（頁4）王念孫也說：“詁訓之旨，存乎聲音。字之聲同聲近者，經傳往往假借。學者以聲求義，破其假借之字而讀以本字，則渙然冰釋；如其假借之字而強為之解，則詰鞫為病矣。”③歷代訓詁學家都注重破讀通假，傳注古書，然而對詞之通假的界定、通假的原則和方式、通假的發生演變機制等仍缺乏準確而系統的闡釋，以致不少教科書和工具書論及通假，或概念不清，語焉不詳；或見仁見智，歧說紛紜，學者莫衷一是。本節試圖通過窮盡性地整理今文《尚書》的通假語

① 周秉鈞：《古漢語綱要》，頁64。湖南教育出版社，1981年版。

② （清）朱駿聲：《說文通訓定聲》，頁10。武漢古籍書店影印，1983年版。

③ （清）王引之：《經義述聞·自序》引王念孫說，頁2。江蘇古籍出版社，1985年版。

例，系統分析今文《尚書》通假詞和被借詞的諸種關係，演繹其形態和音義特徵，探尋古代文獻語言中通假的真正成因，為古代文獻語言通假的研究提供新的理論依據和語言材料。

(一)實詞通假的早期特徵

古代文獻語言中的通假現象大約以唐宋為界。唐宋以前通假現象很普遍，唐宋以後則日趨減少。今文《尚書》的通假詞數量多，幾乎篇篇都有通假詞，甚至一篇有二三十個。今文《尚書》開篇《堯典》記敘堯的事蹟部分（即古文《尚書》的《堯典》），凡440詞，歷代傳注以為是通假詞的就有26個，約佔記敘堯事蹟部分總詞數的百分之六。多數通假詞為今文《尚書》所特有，有的通假詞本身就是冷僻詞，後代文獻罕見用例。諸如："厥民因，鳥獸希革。"革，通"翮"。革、翮雙聲疊韻，古音同屬見紐職韻。"象恭滔天。"滔，通"慆"。滔、慆雙聲疊韻，古音透紐幽韻。"否德忝帝位。"否，通"鄙"。否、鄙雙聲疊韻，古音幫紐之韻。"女于時，觀厥刑于二女。"時，通"是"。時、是是雙聲通假，古音禪紐之韻。

仔細分析今文《尚書》被借詞與通假詞、本義與通假義之間的各種聯繫。今文《尚書》的通假具有顯著的特徵，主要表現在六個方面。

1. 一個被借詞，有幾個通假詞

(1)事　載　采

舜曰："諮，四岳！有能奮庸熙帝之載，使宅百揆亮采，惠疇？"

(虞夏書・堯典)

《尚書易解》："載，事也。""采，事也。""此言有能進言推廣帝堯之事業，使之居百揆之官領導政事者，誰乎？"①《說文・車部》："載，乘也。从車，𢦏聲。"《說文・木部》："采，捋取也。从木，从爪。"載，精紐之韻；采，清紐之韻；事，崇紐之韻。載、采、事疊韻。"載"、"采"是"事"的通

① 周秉鈞:《尚書易解》，頁21。岳麓書社，1984年版。

假詞，“事”是被借詞。

(2)**糾 鳩 匭 收**

共工方鳩僝功。（虞夏書・堯典）

包匭菁茅。（虞夏書・禹貢）

誕無我責收。（周書・君奭）

《左傳・襄公二十五年》：“鳩藪澤。”杜預注：“鳩，聚也。”①《堯典》：“共工方鳩僝功。”《史記・五帝本紀》引作“共工旁聚布功”，“鳩”作“聚”。②《今古文尚書全譯》：“鳩，通‘糾’。聚集的意思。”③鳩，通“糾”。鳩、糾雙聲疊韻，古音同屬見紐幽韻。

《尚書今古文注疏》：“江氏聲云鄭（玄）讀‘匭’為‘糾’，‘匭’從‘九’得聲，與‘糾’音近。’劉逵注《吳都賦》云‘匭猶結也’。引此文，云‘生桂陽，可以縮酒，給宗廟異物也。重之，故既包而又纏結之’。”④“匭”從“九”得聲，與“九”雙聲疊韻。匭，通“糾”。匭、糾古音同屬見紐幽韻。

收，當讀為“糾”。《周禮・卷二十九・大司馬》：“制軍詰禁，以糾邦國。”鄭注：“糾，猶正也。”⑤《史記・商君列傳》：“令民為什伍，而相牧司連坐。”《史記索隱》云：“牧司謂相糾發也。一家有罪而九家連舉發，若不糾舉，則十家連坐。”（頁2230）收，書紐幽韻。收、糾疊韻，收，通“糾”。

《說文・丩部》：“糾，繩三合也。从糸、丩。”聚集、糾結、糾正是“糾”的引申義。可見，“鳩”、“匭”、“收”皆為“糾”的通假詞。

2. 一個通假詞可以作幾個詞的通假詞

今文《尚書》不僅一個被借詞有幾個通假詞，同時，幾個被借詞可以共一個通假詞。

---

① （晉）杜預注、（唐）孔穎達等正義：《春秋左傳正義》，頁1985。《十三經注疏》本，中華書局，1980年版。

② （漢）司馬遷：《史記》，頁20。中華書局，1959年版。

③ 江灝、錢宗武：《今古文尚書全譯》，頁19。貴州人民出版社，1990年版。

④ （清）孫星衍：《尚書今古文注疏》，頁167。中華書局，1986年版。

⑤ （漢）鄭玄注、（唐）賈公彥疏：《周禮注疏》，頁834。《十三經注疏》本。中華書局，1980年版。

(1)**嗣**

①舜讓于德，弗嗣。（虞夏書・堯典）

②有殷嗣，天滅威。（周書・君奭）

③王義嗣，德達拜。（周書・顧命）

①嗣，通“怡”；②嗣，通“怠”；③嗣，通“辭”。

《尚書今古文注疏》：“《集解》引徐廣曰：今文《尚書》作‘不怡’。怡，懌也。《釋詁》云：怡、懌，樂也。言德不足以悅服人也。”（頁 34、246）《尚書易解》：“嗣，當讀為‘怠’。”（頁 246）“有殷怠慢之，故天滅其威。”黃式三《尚書啟蒙》：“義嗣，禮辭也。經傳言禮辭者，以禮辭之，不堅辭也。‘辭’、‘詞’古通用，轉寫為‘嗣’。”①可知，“怡”、“怠”、“辭”三個詞共一個通假詞“嗣”。

(2)**時**

①女于時。（虞夏書・堯典）

②百揆時敘。（虞夏書・堯典）

③時我。（周書・君奭）

①時，通“是”；②時，通“承”；③時，通“恃”。

《今古文尚書全譯》：“時，通‘是’，代詞。這裡指舜。”（頁 21）《經義述聞》：“時敘，猶‘承敘’也。承敘者，承順也。”“承，時一聲之轉。”（頁 70–71）《尚書易解》：“時，借為‘恃’，《呂覽・恃君覽》，《史記索隱》作《時君覽》，‘時’與‘恃’古通用。”（頁 243）可知，“時”是“是”、“承”、“恃””三個詞的通假詞。

此外，還有迪、逢、祇、格、考、率、辭、平等等都是有幾個被借詞的通假詞。

3. 被借詞和通假詞雙向通假

今文《尚書》的通假詞和被借詞之間可以相互雙向通假，即通假詞可以通假為被借詞，被借詞也可以通假為通假詞。

(1)**問⟷聞**

---

① （清）黃式三：《尚書啟幪》卷五，頁 804。《續修四庫全書・經部・書類》，48 冊。上海古籍出版社，2002 年版。

惟時天罔令聞。　　　　　　　　　　　　　　　　　(周書・多士)

《經義述聞》:"'聞'與'問'通。"(頁 130)《今古文尚書全譯》:"聞，通'問'，恤問。"(頁 330)

皇帝清問下民，鰥寡有辭于苗。　　　　　　　　　(周書・呂刑)

《說文・口部》:"問，訊也。从口、門聲。"《說文・耳部》:"聞，知聞也。从耳，門聲。䎽，古文从'昏'。"《尚書易解》:"問，猶'聞'也，聞、問古通。清問，明問也。"(頁 291)

問、聞互相雙向通假。

(2) **和⟷宣**

汝不和吉言于百姓。　　　　　　　　　　　　　　(商書・盤庚上)

《尚書易解》:"和，俞樾讀為'宣'，是也。'和吉言'即'宣布吉言'。"(頁 94)

汝不憂朕心之攸困，乃咸大不宣乃心，欽念以忱動予一人。

(商書・盤庚中)

《尚書今古文注疏》:"宣，讀為'和'。"(頁 233)

和、宣相互雙向通假。

這類例子還有《虞夏書・堯典》的:"舜讓于德弗嗣"句，今文"弗嗣"作"弗台"。《虞夏書・禹貢》的"祇台德先"句，章太炎注"台"借為"嗣"。知"嗣""台"互相通假。類似的例子還有"塞"和"思"、"攸"和"迪"等。通假詞和被借詞互相雙向通假在後代文獻中罕見用例。

4. 只用通假詞通假義，不用被借詞本義

通假詞和被借詞存在於一個共時語言系統中，一般說來在同一部典籍中，我們既可以看到通假詞通假義，亦可以看到被借詞本義。

(1) **鳥獸希革**。　　　　　　　　　　　　　　　(虞夏書・堯典)

鄭玄注:"夏時鳥獸毛羽希少。"[①]《尚書易解》:"革，當讀為'翮'。"(頁 5)"希"即"稀"，"希革"即"稀翮"，就是"羽毛稀疏"。《說文・羽

① (漢)孔安國注、(唐)孔穎達等疏:《尚書正義》，頁 119。《十三經注疏》本。中華書局，1980 年版。

部》:“翺，翅也。从羽，革聲。古翮切。”《玉篇》:“翺，羽也。”①“革”的本義卻是經過加工的獸皮。《說文・革部》:“獸皮治去其毛，革更之，象古文革之形。”今文《尚書》未出現“翺”這一被借詞，自然也就沒有本義；既出現“革”這個通假詞，也就只用通假義。

(2) **番番良士，旅力既愆**。　　(周書・秦誓)

《尚書易解》:“番，讀為‘皤’。”(頁313)“番”的本義是“獸足”。《說文・采部》:“番，獸足謂之番。从采，田象其掌。”“皤”的本義是“老人發白貌”。《說文・白部》:“皤，老人白也。从白，番聲。《易》曰：賁如皤如。”《孔疏》曰：“賁如皤如者，皤是素白之色。”②“番番良士”之“番番”的被借詞為“皤皤”，本義當為“白髮蒼蒼”。今文《尚書》只有“番番”，不見“皤皤”，只用“番”的通假義，不用“皤”的本義。

5. 既用被借詞詞義，又用通假詞通假義

(1) **采←→事**

《虞夏書・堯典》:“疇諮若予采？”《尚書今古文注疏》:“采，事也。”(頁24)采，通“事”。《堯典》又有用被借詞例，見“詢事考言”句。今文《尚書》“事”62見，是個常用詞，“采”僅9見。《虞夏書・皋陶謨》的“以五采彰施于五色”的“采”作“色”解。《周書・康誥》的“侯甸男邦，采衛百工”的“采”作九服之一的“采服”解。《周書・酒誥》:“服休、服采”的“服采”作“朝祭之近臣”(頁207)。餘六例皆為“采”通“事”。

(2) **司←→嗣**

《商書・高宗肜日》:“王司敬民。”《尚書易解》:“司，讀為‘嗣’，《史記》作‘嗣’。”(頁113)司，通“嗣”，繼承，繼位。嗣，今文《尚書》21見，僅三例為通假詞，餘皆用被借詞詞義。司，今文《尚書》21見，除《商書・高宗肜日》一例為通假詞外，《周書・康誥》“汝陳時臬司師”的“司”用本義，《周書・酒誥》“勿辯乃司民湎于酒”的“司”作“治”解，僅二例，餘皆作專有名詞。

---

① (南朝)顧野王:《宋本玉篇》，頁476。張氏澤存堂影印本。中國書店，1983年版。

② (魏)王　弼、韓康伯注，(唐)孔穎達等正義:《周易正義》，頁38。《十三經注疏》本。中華書局，1980年版。

6. 同一詞，既有本義，又有通假義

同一詞，既有本義，又有通假義。例如：訓，《說文·言部》："說教也。""訓"之本義見於《周書·洪範》"是彝是訓"句。"訓"又通"順"，依循，見於《周書·立政》的"不訓于德"句。這類詞還有"從、正、功、司、克、忌、靈、陳、時、典、賓、綏、辟、慫"等。

今文《尚書》中的通假詞與被借詞、通假義與本義呈現出多樣性的聯繫，多樣性可以說成是不規則性。不規則性是通假現象的早期形態特徵。唐宋以降受古文運動的影響，用詞通假並非"倉卒無其字，或以音類比方假借為之"，①而是有意仿古，通假詞主要是秦漢文獻中的常見通假詞，通假詞與本義，通假義與本義的聯繫亦日趨單一。我們現在對通假詞的認識，主要通過分析這些常見通假現象演繹產生出來的，缺乏對通假早期形態的研究，不夠全面準確。

古漢語教材一般都認為通假具有單向性。朱星先生主編的《古代漢語》指出："通假詞只能單方向通假，如'信'可通假為'伸'，'伸'不能通假為'信'；'錫'通假為'賜'，'賜'不能通假為'錫'；'財'可以通假為'裁'，'裁'不能通假'財'；'錯'可以通假為'措'，'措'不能通假為'錯'。"②今文《尚書》則有相當數量的被借詞通假詞雙向通假。通假詞與被借詞一般是一對一的關係，王寧先生等編的《古代漢語通論》就指出："從對應詞數上看，通假詞與被通假詞一般是一對一的關係，即一個詞僅被另一個詞借用，但也有不少的詞可被兩個或兩個以上的詞借用，形成一對幾的關係。"③今文《尚書》的通假關係除了一對一，一對幾的形式外，還有幾對一等對應形式，而且在在數量上並不少於一對一和一對幾的形式。一般認為通假詞與被借詞共存於一部文獻一個語言系統中，《尚書》則有不用被借詞詞義，只用通假詞通假義的語言現象。分析通假詞和被借詞、通假義和本義兩者聯繫的歷時變化，可以為深入研究文字通假產生、發展及其衰減消亡的演變機制提供新的途徑。

---

① （唐）陸德明：《經典釋文》，頁2。中華書局，1983年版。

② 朱　星：《古代漢語》，頁84。天津人民出版社，1980年版。

③ 王　寧等：《古代漢語通論》，頁59。北京師範大學出版社，1996年版。

(二)虛詞通假的語例分析和界定標準

文獻語言中的實詞同音通假已為常識，然而文言虛詞有沒有通假現象，對於這一問題，古漢語教材幾乎皆未涉及，學者們的專題論著幾乎也未曾措意。研究今文《尚書》的語言材料，虛詞之間多見通假現象。高郵王氏父子於《經傳釋詞》中經常引用《尚書》語例解說虛詞的異形通用。岳麓版《經傳釋詞》天頭上刊佈黃季剛先生和楊樹達先生的批語三百七十余條，黃先生批語亦多“通以聲音”，申說王說。試以例明之。

1. 連詞通假的語例分析

(1)惟　與　雖

“惟”作連詞，今文《尚書》凡22見。下面列舉表示並列關係的語例。

①厥貢惟金三品，瑤、琨、篠、簜、齒、革、羽、毛惟木。（虞夏書·禹貢）

②厥貢羽、毛、齒、革惟金三品。（虞夏書·禹貢）

③礪、砥、砮、丹惟箘、簵、楛。（虞夏書·禹貢）

④矧惟外庶子、訓人惟厥正人越小臣、諸節。（周書·康誥）

⑤越在內服，百僚庶尹，惟亞惟服、宗工越百姓里居，罔敢湎于酒。（周書·酒誥）

⑥又惟殷之迪諸臣惟工，乃湎于酒，勿庸殺之。（周書·酒誥）

⑦以厥臣達王惟邦君，汝若恒。（周書·梓材）

⑧告爾四國多方惟爾殷侯尹民。（周書·多方）

⑨俾我一日，非終惟終，在人。（周書·呂刑）

《經傳釋詞》：“惟，猶‘與’也；‘及’也。”黃侃注：“此‘惟’即‘與’之借。”①《詞詮》：“惟，等立連詞，與也。”②周秉鈞先生《尚書易解》注《周書·多方》亦曰：“惟，與也。此呼四國庶邦之諸侯與諸侯長民之官而告

① （清）王引之：《經傳釋詞》，頁56。岳麓書社，1984年版。

② 楊樹達：《詞詮》，頁418。中華書局，1954年版。

之。”（頁254）

“惟”從心，構形義表示的是個動詞義。《說文·心部》：“惟，凡思也。”今文《尚書》“惟”凡396見，也有不少動詞語例。“惟”用作連詞通“與”。惟，喻紐微韻；與，喻紐魚韻。“惟”“與”雙聲通假。

“惟”還可以作轉折連詞，通“雖”。今文《尚書》僅有一個語例，見《尚書·湯誓》：“予惟聞汝眾言，夏氏有罪，予畏上帝，不敢不正。”《尚書正讀》：“言予雖聞汝眾言，然有夏多罪，天命殛之。予畏上帝，不敢不正也。”①惟，《詞詮》：“推拓連詞，用與‘雖’同。”（頁418）惟，上古喻紐微韻；雖，心紐微韻。惟、雖，疊韻通假。西周金文“惟”寫作“隹”就有做連詞的語例，凡5見，還有1見表示讓步關係。

（2）**如 與 若**

“如”作連詞，在今文《尚書》有2見。

修五禮，五玉，三帛，二牲，一死贄，如五器，卒乃復。（虞夏書·堯典）

《經傳釋詞》：“如，猶‘與’也。五器，蓋即五等諸侯朝聘之禮器。自五玉以下，皆蒙上‘修’詞言之。言五玉、三帛、二牲、一死贄及所用之五器，皆因五禮而並修之也。”黃侃注：“此‘如’為‘與’之借。”（頁148）《詞詮》：“如，等立連詞，與也。”（頁262）《白話尚書》：“如，而，連詞。”②

如，還可以表示假設關係。見《周書·秦誓》：“昧昧我思之，如有一介臣，斷斷猗無他技，其心休休焉，其如有容。”《經傳釋詞》：“《廣雅》曰‘如，若也。’常語。”（頁144）《詞詮》：“假設連詞，若也，今言‘假如’。”（頁263）

《說文·女部》：“如，从隨也。从女，从口。”“如”之構形義是個動詞。“如”之作並列連詞“與”和作假設連詞“若”都是“如”之假借義。如，日紐魚韻；與，喻紐魚韻；若，日紐鐸韻。“如”“與”為疊韻通假，“如”“若”為雙聲通假，“如”在今文《尚書》裡是個兼類詞，但作連詞表示假設關係這一用法一直延續到現代漢語。後世“如”還和使令動詞構成複音連詞“假使”、“假令”之類，也一直延續到現代漢語。

（3）**越 與**

大誥爾多邦越爾御事。（周書·大誥）

---

① 曾運乾：《尚書正讀》，頁92。中華書局，1964年版。

② 周秉鈞：《白話尚書》，頁17。岳麓書社，1990年版。

越在內服，百僚庶尹惟亞惟服、宗工越百姓里居，罔敢湎于酒。

（周書・酒誥）

黃季剛先生《經傳釋詞》批語云："此'越'即'與'之借。"（頁28）上古"越"匣紐月韻；與，喻紐魚韻。"越""與"皆為喉音詞，"月""魚"二韻亦可旁轉相通。今文《尚書》"越"作連詞凡21見，均表示並列關係，多連接前後兩部分作句子的主語和賓語。

（4）**之　與**

"之"在今文《尚書》中凡233見，連詞語例僅2見，皆表並列關係。

庶獄庶慎，惟有司之牧夫是訓用違。　　（周書・立政）

其勿誤于庶獄，惟有司之牧夫。　　（周書・立政）

《詞詮》："之，連詞，與也。"（頁183）《說文・之部》："之，出也。"《說文解字注》："引申之義為往。"[①]之，之韻；與，魚韻，之、魚鄰韻旁轉相通。"之"作連詞用是"與"之假借。

2. 介詞通假的語例分析

（1）**允　以**

允釐百工。　　（虞夏書・堯典）

《尚書易解》：允釐百工，"言以此規定百官職事"（頁8）。"允"通"以"。允，上古喻紐文韻；以，喻紐之韻。允、以雙聲通假。《經傳釋詞》引王念孫云："允，猶'用'也。"（頁18）又黃季剛先生云："此'允'為'以'之借。'以'訓'用'，故'允'訓'用'。"（頁18）。

（2）**庸　用**

帝庸作歌。　　（虞夏書・皋陶謨）

"庸"通"用"。庸、用上古皆喻紐東韻，音同通假。《經傳釋詞》："庸，詞之用也。"黃季剛先生曰："此'庸'即'用'之借。"（頁75）《尚書易解》："庸，用也，因也。帝因此作歌。"（頁45）"用"作介詞介引動作行為的原因，"用＋賓語"構成的介賓短語皆作行為狀語，今文《尚書》凡4見，《商書・盤庚下》1見，《商書・微子》2見，《周書・酒誥》1見。

---

① （清）段玉裁：《說文解字注》，頁272。上海古籍出版社，1981年版。

(3)**作　曾**

作其即位，乃或亮陰，三年不言。　　(周書・無逸)

作其即位，爰知小人之依。　　(周書・無逸)

今文《尚書》"作"做介詞凡2見。《今文尚書語法研究》："表示事物發展到了某一時間，位於句前作狀語。"①《經傳釋詞》："作，猶'及'也。"黃侃注曰："此'作'亦'曾'之借。"(頁178)作，精紐鐸韻；曾，精紐蒸韻。"作"通"曾"，雙聲通假。

《說文・人部》："作，起也，从人从乍。"《今文尚書語法研究》："作，本義為動詞，虛化為介詞。在後世文獻中，'作'之介詞用法又為'及'等常用介詞所替代。"(頁207)

3. 語助詞通假的語例分析

(1)**惟　維　唯**

惟十有三祀。　　(周書・洪範)

"惟"在今文《尚書》中有396見，是一個兼類詞，作語助詞多為句首語助詞。異文或作"維""唯"。惟、維、唯皆上古喻紐微韻。惟，《說文》構形義"从心"，本義為"凡思也"。《說文・糸部》："維，車蓋維也。从糸，隹聲。"《說文・口部》："唯，諾也。从口，隹聲。""唯、維"皆通"唯"。

《經傳釋詞》："惟，發語詞也。"黃季剛先生云："唯，《說文》：諾也。蓋但取聲氣，故亦引申為發語詞。作'惟'、作'維'、作'雖'，皆假借。"(頁54)

惟，甲金文中作"隹"，多用於帝王名、時間名、地點名等前作句首語助詞。"隹"作句首語助詞和數詞、時間名詞組成的"隹＋某＋祀"式在甲金文中已凝固成一個固定結構，今文《尚書》的《周書》部分保留了這一時間表示形式。

"惟"也可以作句中語助詞。例如，《周書・康誥》："汝惟小子，未其有若汝封之心。"《詞詮》："惟，句中語助詞，無義。"(頁419)"惟"作句中語助詞亦假"唯"為之。

① 錢宗武：《今文尚書語法研究》，頁207。商務印書館，2004年版。

（2）**遺　唯**

予造天役，遺大投艱于朕身，越予沖人，不卬自恤。　　（周書・大誥）

《尚書易解》："遺，當讀為'惟'。《詩》：'其魚唯唯。'《韓詩》作'遺遺'，知'遺'與'惟'古代相通也。"（頁 160）"惟"亦假"唯"。

（3）**若　乃**

予若籲懷茲新邑。　　（商書・盤庚中）

《詞詮》："若，句中助詞，無義。"（頁 253）

《說文・艸部》："若，擇菜也。"劉興隆《新編甲骨文詞典》："若，像女子跪著雙手理髮，示順從之意。"①後者之說解當為本義。"若"作語助，"乃"之通假。若，日紐鐸韻；乃，泥紐之韻。上古娘日二紐歸泥紐，"若"、"乃"二詞，當為雙聲通假。

若古有訓。　　（周書・呂刑）

《經傳釋詞》："家大人曰：若，詞之'惟'也。"黃侃注："此'若'亦'乃'之借，'乃'本曳詞，與'唯'義近。"（頁 155）《詞詮》："若，句首助詞，無義。"（頁 252）

（4）**誕　焉**

殷小腆，誕敢紀其敘。　　（周書・大誥）

《詞詮》："誕，語首助詞，無義。"（頁 49）"誕"通"焉"。誕，上古定紐元韻；焉，影紐元韻。《經傳釋詞》："誕，發語詞也。……說者用《爾雅》'誕，大也'之訓，則詰鞫為病矣。"黃季剛先生批語云："'誕'從延聲。《爾雅》：'延，間也。'實當作'焉'，即'於'詞借。"（頁 134）

"誕"作語助詞，今文《尚書》有 7 見，可作句首語助詞，也可作句中語助詞。《詞詮》也引證了兩例。（頁 49）或以為"誕"即源於甲金文中的"延"，說詳《太炎文錄・續編》卷一②和郭沫若先生的《兩周金文辭大系圖錄考釋》。

（5）**爰　曰　聿**

金曰從革，土爰稼穡。　　（周書・洪範）

《史記・宋微子世家》作："金曰從革，土曰稼穡"。《尚書》引《史記》"爰"作"曰"。（頁 1612）《爾雅・釋詁》："粵、于、爰，曰也。"《經傳釋詞》中黃季剛先生云："此'爰'即'曰''欥'之借。"（頁 27）"爰"通

---

① 劉興隆：《新編甲骨文詞典》，頁 31。國際文化出版公司，1993 年版。

② 章太炎：《太炎文錄續編》，頁 59。章氏國學講習會編印，1928 年版。

“曰”。爰，上古匣紐元韻；曰，匣紐月韻。爰、曰雙聲通假。《助詞辨略》：“土曰稼穡，則‘爰’詞為語助。”①

在今文《尚書》中“爰”、“曰”還可作句首語助詞。

爰始淫為劓刵椓黥。（周書·呂刑）

《尚書易解》：“爰，語助詞。”（頁290）

曰休征：曰肅，時雨若；曰乂，時暘若；曰晰，時燠若；曰謀，時寒若；曰聖，時風若。（周書·洪範）

《詞詮》：“曰，語首助詞，無義。”（頁447）曰，古同“聿”。《詩經·大雅·抑》：“天方艱難，曰喪厥國。”《經典釋文》引《韓詩》“曰”作“聿”。

(6)**洪　乎**

洪惟我幼沖人。（周書·大誥）

洪惟圖天之命。（周書·多方）

《經傳釋詞》：“洪，發聲也。”黃侃注曰：“‘洪’與‘侯’同，本皆‘乎’詞。‘乎’本語之餘，引申而為發聲。”（頁75）《詞詮》：“洪，語首助詞，無義。”（頁128）洪，今文《尚書》11見，9例可訓為“大”，2例“洪”與“惟”連文，無義。《尚書易解》：“洪惟，發語詞。”（頁254）《經傳釋詞》：“解者訓‘洪’為‘大’，則失之矣。”（頁75）

《說文·水部》：“洪，洚水也。从水，共聲。”《說文·兮部》：“乎，語之餘也。从兮，象聲上越揚之形也。”洪，匣紐東韻；乎，匣紐魚韻。“洪”“乎”雙聲通假。

(7)**猗　兮**

斷斷猗無他技。（周書·秦誓）

《助詞辨略》：“猗，猶‘兮’，語已辭也。”（頁29）《經傳釋詞》：“猗，兮也。《書·秦誓》曰‘斷斷猗’。《禮記·大學》‘猗’作‘兮’。《詩經·伐檀》曰：‘坎坎伐檀兮，寘之河之幹兮，河水清且漣猗。’猗，猶‘兮’也，故漢《魯詩殘碑》‘猗’作‘兮’。”黃季剛先生批語云“‘猗’即‘兮’之借。”（頁94）“猗”通“兮”。猗，上古影紐歌韻；兮，匣紐支韻。《詞詮》：“‘猗’古音在歌部，讀如‘阿’，即今語之‘呵’詞。”（頁344）今文《尚書》“猗”用作語助詞猶“兮”，僅1見，位於句中。

(8)**猷　惟**

“猷”在今文《尚書》中有13見。語助詞有2見，皆位於句中。

---

① （清）劉　淇：《助詞辨略》，頁63。中華書局，1954年版。

汝猷黜乃心。　　　　　　　　　　　　　　（商書・盤庚上）

汝萬民乃不生生，暨予一人猷乃心。　　　　（商書・盤庚中）

“汝猷黜乃心”根據《尚書正讀》的句讀。《白話尚書》“汝”屬上句，“汝”後點斷。楊遇夫同曾說。猷，《詞詮》：“語中助詞。”（頁384）《尚書易解》訓為“謀”，可備考（頁92）。

猷，或通“惟”。猷，喻紐幽韻；惟，喻紐微韻。“猷”與“惟”都是古音喻紐的詞，雙聲通假。“猷”金文或作“猶”，多作動詞和副詞。今文《尚書》用法基本相同。猷，今文《尚書》有4見用作嘆詞，表示呼告，“猷”語助詞的用法或受“猷”嘆詞用法的影響。

4. 語氣詞通假的語例分析

茲　哉

爾無以釗冒貢于非幾茲。　　　　　　　　（周書・顧命）

《尚書正讀》：“‘茲’讀為‘哉’，言之間也。《詩・下武》：昭茲來許。《續漢書・祭祀志》注引作‘昭哉來許’。《禮・中庸》：故栽者培之。鄭注：‘栽’或為‘茲’。是‘茲’‘哉’通讀之理。”①茲，精紐之韻；哉，精紐之韻。茲、哉，音同通假。

“哉”在今文《尚書》中凡84見，“初始”義2見，作句中語助詞8見，餘74見皆作語氣詞，用於句末可助成各種語氣。詳見《今文尚書語法研究》頁309–313。

5. 嘆詞通假的語例分析

（1）**俞　唯**

帝曰：“俞！”　　　　　　　　　　　　（虞夏書・堯典）

《經傳釋詞》引《爾雅》曰：“俞，然也。”黃侃注：“此‘俞’為‘唯’之借。”（頁93）馬建忠《馬氏文通》：“《書》之‘都’、‘俞’，《禮》之

① 曾運乾：《尚書正讀》，頁262。中華書局，1964年版。

‘唯’、‘俞’、‘然’、‘諾’，並是應答之聲。”①黃承吉曰：“俞，唯皆應詞。今人作‘唯’，但聲出喉中而不言，其詞若嗄，則喻之聲也。”②《白話尚書》將此句“俞”翻譯為“啊”，作為嘆詞。（頁6）

《說文·舟部》：“俞，空中木為舟也。”《說文·口部》：“唯，諾也。”俞，喻紐侯韻；唯，喻紐微韻。“俞”、“唯”兩詞雙聲通假。

（2）**都　者**

驩兜曰：“都！”　（虞夏書·堯典）

皋陶曰：“都！”　（虞夏書·皋陶謨）

《尚書今古文注疏》：“注曰：‘史遷都作於。’”（頁59）《經傳釋詞》：“都，嘆詞也。……某氏《傳》曰：‘都，於，歎美之辭’。”黃侃先生在此注曰：“‘都’為嘆詞，為‘者’之借。‘者’別事詞也，引申為嘆詞。”（頁132）《詞詮》：“都，嘆詞。”（頁56）

《說文·邑部》：“都，有先君之舊宗廟曰都。从邑，者聲。”邑為義符，本義當為大城市。“都”假“者”，“者”之《說文》釋義亦為通假。左民安《細說漢字》：“《說文》：‘者，別事詞也。’許慎所言並非‘者’的本義，而是假借義。”③

“都”以“者”為聲符，“都”“者”音近。都，端紐魚韻；者，章紐魚韻。“都”，假“者”嘆詞之意。兩詞為疊韻通假。

6. 副詞通假的語例分析

（1）**亦　又**

怨不在大，亦不在小。　（周書·康誥）

《經傳釋詞》：“亦，承上之詞也。”黃侃注曰：“此‘亦’乃‘又’之借。”（頁72）“亦，表示事理性狀的並列相似關係。”今文《尚書》另有17見。

①帝曰：“來，禹！汝亦昌言。”　（虞夏書·皋陶謨）

---

① 馬建忠：《馬氏文通》，頁383。商務印書館，1983年版。

② （清）黃　生著，（清）黃承吉合按：《字詁義府合按》，頁39。中華書局，1984年版。

③ 左民安：《細說漢字》，頁307。九州出版社，2005年版。

②今天動威以彰周公之德，惟朕小子其新逆，我國家禮亦宜之。
（周書·金縢）

③艱大，民不靜，亦惟在王宮邦君室。（周書·大誥）

④于弟弗念天顯，乃弗克恭厥兄；兄亦不念鞠子哀。（周書·康誥）

⑤惟厥罪無在大，亦無在多，矧曰其尚顯聞于天？（周書·康誥）

⑥茲亦惟天若元德，永不忘在王家。（周書·酒誥）

⑦我聞亦惟曰。（周書·酒誥）

⑧肆亦見厥君事、戕敗人，宥。（周書·梓材）

⑨惟王受命，無疆惟休，亦無疆惟恤。（周書·召誥）

⑩我不可不監于有夏，亦不可不監于有殷。（周書·召誥）

⑪其惟王勿以小民淫用非彝，亦敢殄戮用乂民，若有功。
（周書·召誥）

⑫我又卜瀍水東，亦惟洛食。（周書·洛誥）

⑬汝其敬識百辟享，亦識其有不享。（周書·洛誥）

⑭四方迪亂未定，于宗禮亦未克敉，公功迪將。（周書·洛誥）

⑮殷王亦罔敢失帝，罔不配天其澤。（周書·多士）

⑯若天棐忱，我亦不敢知曰：其終出于不祥。（周書·君奭）

⑰我受命無疆惟休，亦大惟艱。（周書·君奭）

亦，是一個代表性的指事詞。《說文》："亦，人之臂亦也，象兩亦之形。"高鴻縉《中國字例》："（亦）即古腋詞。從大（大即人），而以八指明其部位，正指其處，故為指事詞，名詞，後世假借為副詞，有重覆之意，久而為借意所專，乃另造'腋'詞。"①亦，喻紐鐸韻；又，匣紐之韻。"亦""又"音變通假。

（2）**則　曾**

王出郊，天乃雨，反風，禾則盡起。（周書·金縢）

《白話尚書》翻譯"禾則盡起"句為"倒伏的莊稼又全部伸起來"。（頁109）這裡"則"是副詞，表示順承的語義關聯。"則"的構形義是個動詞。《說文·刀部》："則，等畫物也。从刀，从貝。"《細說漢字》："金文的形體，左為'鼎'，右為'刀'，表示在鼎上刻畫。"（頁66）《經傳釋詞》："則，猶'乃'也。"黃侃先生注曰："此'則'亦'曾'之借。"（頁184）則，精紐職韻；曾，精紐蒸韻。"則""曾"雙聲通假。

① 高鴻縉：《中國字例》，頁374。臺北三民書局，1960年版。

“則”作副詞表示順承的語義關聯，今文《尚書》還有17見。

①知人則哲，能官人。（虞夏書・皋陶謨）

②安民則惠，黎民懷之。（虞夏書・皋陶謨）

③鯀則殛死，禹乃嗣興。（周書・洪範）

④不協于極，不罹于咎，皇則受之。（周書・洪範）

⑤王朝步自周，則至于豐。（周書・召誥）

⑥厥既得卜，則經營。（周書・召誥）

⑦周公朝至于洛，則達觀于新邑營。（周書・召誥）

⑧自是厥後，立王生則逸。（周書・無逸）

⑨生則逸，不知稼穡之艱難。（周書・無逸）

⑩我聞在昔成湯既受命，時則有若伊尹，格于皇天。（周書・君奭）

⑪在太甲，時則有若保衡。（周書・君奭）

⑫在太戊，時則有若伊陟、臣扈，格于上帝；巫咸乂王家。（周書・君奭）

⑬在祖乙，時則有若巫賢。（周書・君奭）

⑭在武丁，時則有若甘盤。（周書・君奭）

⑮爾尚不忌于凶德，亦則以穆穆在乃位，克閲于乃邑謀介。（周書・多方）

⑯相我受民，和我庶獄庶慎，時則勿有間之。（周書・多方）

⑰茲乃俾乂，國則罔有。（周書・多方）

在今文《尚書》中“則”作副詞還可以表示轉折的語義關聯、假設的語義關聯和條件的語義關聯。

(3)**即　遂**

殷之即喪。（商書・西伯戡黎）

“即”在金甲文中的詞形是一個人跪坐在裝滿食物的食器旁，就要進餐。《說文》：“即，就也。”“即”是動詞。《白話尚書》譯此句為“殷商行將滅亡”。（頁83）即，是時間副詞。“即”作時間副詞或為“遂”之借。《經傳釋詞》：“即，猶‘遂’也。《書・西伯戡黎》曰‘殷之即喪。’是也。常語也。”（頁186）“即”作時間副詞表示所修飾的動作行為必定很快發生。可譯為“馬上”、“將要”、“便”、“隨即”。今文《尚書》還有1例“即”通“遂”作時間副詞，見《周書・文侯之命》：“即我御事，罔或耆壽俊在厥服，予則罔克。”《經傳釋詞》：“即，猶今人言‘即今’也。”（頁186）《尚書易解》：“即，猶‘今’也。”“言今我治事之臣，無有老成長在其位，予則不勝其任。”（頁304）

即，精紐質韻；遂，邪紐物韻。“即”“遂”二詞音變通假。

(4)**茲　則／作**

厥誥毖庶邦庶士越少正御事朝夕曰：“祀茲酒。”　　　　(周書・酒誥)

《經傳釋詞》：“茲，猶‘斯’也。《書・酒誥》曰：‘朝夕曰：祀茲酒。’言朝夕戒之曰：惟祭祀斯用酒也。故下文曰：‘飲惟祀。’昭七年《左傳》曰：‘三命茲益共。’二十六年《傳》曰：‘若可，師有濟也；君而之繼之，茲無敵矣。’‘茲’詞亦與‘斯’同。”（頁168）《尚書正讀》：“茲，則也，聲之轉。祀茲酒，猶云‘祀則酒’，即下文誥教小子飲惟祀也。”（頁173）《詞詮》作“承接連詞”。（頁266）茲，精紐之韻；則，精紐職韻，茲、則雙聲。“祀茲酒”之“茲”，《古漢語同義虛詞類釋》：“副詞。表示事情在一定條件下發生，可譯為‘才’之類。”“為‘作’之借。茲酒，即‘才酒’，（茲）精紐之部。與‘作’（精紐鐸韻）精精雙聲。”①“茲”當作關聯副詞。《立政》還有一見：周公曰：“嗚呼！休茲知恤，鮮哉！”

文獻語言中的虛詞意義抽象，無形可依，不易造詞，多為假借詞，僅僅有很少一部分形義相應。因而，文獻語言中的虛詞通假和實詞通假雖然方法相同，然被借詞多不同。尋求其被借詞，有兩個標準。一是形義相應的標準。這適用於尋找少數形義相應的被借詞。諸如：“猗”何為通“兮”？《說文・兮部》：“兮，語所稽也。从丂、八，象氣虧也。”兮，是語氣助詞。《說文・犬部》：“猗，犗犬也。从犬，奇聲。”猗，是名詞。當以“兮”為被借詞。“惟、維”何為通“唯”？“唯”從口，作發語詞，蓋“諾也”之引申義。維、惟卻分別從“糸”、從“心”，故當以“唯”為被借詞。二是詞頻標準。這適用於尋找大部分形義不相應的被借詞。文獻語言中表示動作行為憑藉的介詞多用“以”，故《堯典》“允厘百工”之“允”作介詞表憑藉，通“以”。且今古文《尚書》“以”有232見，是個高頻詞，多用作介詞；而“允”僅33見，多用作副詞。文獻語言中連接兩個並列的連詞或名詞性結構的連詞，主要是“與”。故《大誥》中“越”置於“爾多邦”“爾御事”之間通“與”。另外，“越”在後代文獻中倘或用於句首助詞或介詞。諸如：《詩經・陳風・東門之枌》：“谷旦於逝，越以鬷邁。”越，用作句首語氣詞。《韓昌黎全集・汴州東西水門記》：“越三月辛巳朔，水門成。”②越，用作介詞，可譯為“到”。“越”通“與”用作等列連詞或僅見於《尚書》。

---

① 余德泉：《古漢語同義虛詞類釋》，頁631。湖南教育出版社，1993年版。

② （唐）韓　愈：《韓昌黎全集》，頁203。世界書局，1935年版。

(三)通假的原則和方式

清代著名學者王筠說:“古人用詞,惟以聲為主,故於有是語無是詞者借之,即有是詞者亦借之,取其可通而已。”文言通假“以聲為主”,原則是被借詞和通假詞兩者聲音相同或相近,聲音沒有聯繫是不能通假的。今文《尚書》的所有通假現象也符合文詞通假聲音相同或相近的一般原則。

通假依於聲音,分析今文《尚書》被借詞和通假詞的聲音聯繫,主要有兩種情況。一是聲音相同;二是聲音稍變。前者稱之“音同通假”,後者稱為“變音通假”。音同通假,又可分為聲音符號相同的音同通假和聲音符號不同的音同通假。音變通假可以分為雙聲關係的音變通假和疊韻關係的音變通假,還有少數聲近韻近的音變通假。

1. 通假詞和被借詞的聲音聯繫

1.1 音同通假

1.1.1 聲音符號相同

(1)**正 征**

夏氏有罪,予畏上帝,不敢不正。(商書·湯誓)

《說文·正部》:“正,是也。”《說文·辵部》:“延,正行也。从辵,正聲。征,或从彳。”(頁39)《說文解字注》:“《釋言》、《毛傳》皆曰:征,行也。許分別之。‘征’為正行。‘邁’為遠行。形聲包會意。《廴部》又有‘延’詞,‘行也’。引伸為‘征伐’,孟子曰‘征’之為言‘正’也。”(頁70)楊遇夫先生《尚書易解·序》曰:“正,讀‘征’。”(頁84)“正”通“征”。正,征同音,“正”為“征”之聲符,“正”“征”二詞古隸章紐耕韻。

(2)**方 放**

帝曰:“籲,咈哉,方命圮族。”(虞夏書·堯典)

《說文·方部》:“方,並船也。象兩舟省總頭形。”許慎的說解是依

“方”詞篆書形體解釋的，不妥。《新編甲骨文詞典》：“方，象古農具耒耜，古者秉耒而耕，刺土曰推，起土曰方。卜辭中用作方國或方向。”（頁534）此說當是。《說文・放部》：“放，逐也。从攴，方聲。”《尚書易解》：“方命，鄭玄曰：‘方，放。謂放棄教命。’”（頁10）《尚書正義》：“馬云：‘方，放也。’徐云：‘鄭王音放。’”①“方”通“放”。方，放，雙聲疊韻，“方”為“放”之聲符，“方”“放”二詞同為幫紐陽韻。

（3）**求　逑**

用康乂民作求。（周書・康誥）

《說文・裘部》：“裘，皮衣也。象形。求，古本省。”《今古文尚書全譯》：“求，同‘逑’，匹配。《詩・周南・關雎》：‘窈窕淑女，君子好逑。’《毛傳》：‘求，匹也。’”（頁284）“求”、“逑”同為群紐幽韻，“求”、“逑”雙聲疊韻，“求”為“逑”之聲符，二詞音同通假。

1.1.2　聲音符號不相同

（1）**義　宜　我**

義爾邦君，越爾多士。（周書・大誥）

《經傳釋詞》：“宜，助語詞也。……又通作‘義’……義，助語詞。”黃侃注曰：“此‘宜’、‘義’，皆‘我’之借。‘我’本施身自謂，引申以為語助。”（頁101）

義、宜，疑紐歌韻；我，疑紐歌韻。“義”、“宜”、“我”沒有相同的聲音符號，但三詞雙聲疊韻，音同通假。

（2）**燕　宴**

誕惟厥重，淫泆于非彝，用燕喪威儀。（周書・酒誥）

“燕”本義則為玄鳥。《今古文尚書全譯》：“燕，通‘宴’，宴飲。《尚書集注音疏》：‘紂為酒池肉林，使男女裸而相逐其間，故言大放縱淫泆於非法，以燕飲喪其威儀。’”（頁291）“《說文》：‘宴，安也。’《易・需卦》：‘飲食宴樂。’《釋文》：‘宴，安也。’”②“燕”、“宴”沒有相同的聲音符號，但二詞雙聲疊韻，古音同隸影紐元韻。

---

①（漢）孔安國注、（唐）孔穎達等疏：《尚書正義》，頁122。《十三經注疏》本。中華書局，1980年版。

② 王　力：《同源字典》，頁543。商務印書館，1982年版。

(3)**伯　賦**

越惟有胥伯小大多正。（周書・多方）

《白話尚書》："《大傳》'伯'作'賦'，賦稅。"（頁 202）《尚書易解》："《尚書大傳》引作'胥賦小大多政'……'伯'讀為'賦'，賦稅也。"（頁 260）《尚書正讀》："'伯'當為'賦'，聲之誤也。"（頁 243）伯，幫紐鐸韻；賦，幫紐魚韻。"伯"、"賦"雙聲通假。

(4)**靈　令**

苗民弗用靈，制以刑。（周書・呂刑）

《白話尚書》："靈，通'令'，政令。《禮記・緇衣》引作'命'，鄭注：'命，謂政令也。'"（頁 235）《說文・卩部》："令，發號也。"《尚書易解》："言苗民不用政令，則制服之以刑罰。"（頁 290）"令"與"靈（靈）"雙聲疊韻，二字古音同隸來紐耕韻。

1.2　音變通假

1.2.1　雙聲關係

雙聲關係的音變通假在今文《尚書》裡數量比較多，舉數例以明之。

(1)**衣　殷**

今民將在祗遹乃文考，紹聞衣德言。（周書・康誥）

《禮記正義》卷五十二《中庸》："壹戎衣而有天下。"鄭玄注："衣讀為殷，聲之誤也。齊人言殷聲如衣。"①衣，通"殷"。衣、殷雙聲，同隸古影紐。衣，微韻；殷，文韻。

(2)**夫　凡**

夫知保攜持厥婦子。（周書・召誥）

思夫人自亂于威儀。（周書・顧命）

《經傳釋詞》："夫，猶凡也；眾也。"黃侃注曰："此'夫'即'凡'之借。"（頁 241）《尚書易解》："夫人，《淮南・本經》注：'眾人也'。"（頁 276）

"夫"、"凡"雙聲，同隸古並紐。夫，魚韻；凡，侵韻。夫、凡兩詞為

① （漢）鄭玄注，（唐）孔穎達等正義：《禮記正義》，頁 1629。《十三經注疏》本。中華書局，1980 年版。

雙聲通假。

（3）**猶　攸　用**

彭蠡既豬，陽鳥攸居。（虞夏書・禹貢）

先王有服，恪謹天命，茲猶不常寧。（商書・盤庚上）

人猶胥相告，胥保惠，胥教誨。（周書・無逸）

"猶"本為動物之稱。《說文・犬部》："猶，玃屬也。从犬，酋聲。一曰隴西謂犬子為猶。"《經傳釋詞》："'猶'，猶'用'也。言先王敬謹天命，茲用不敢常安也。……言古之人用相訓告。"（頁11）

"攸"原為實詞。《說文・攴部》："攸，行水也。从攴，从人，水省。"《經傳釋詞》："攸，猶'用'也。言陽鳥之地，用是安居也。"（頁11）

猶、攸，古音都是喻紐幽韻；用，古音是喻紐東韻。上古"猷（猶）""攸""繇""由"通用。《經傳釋詞》："'由'、'以'、'用'一聲之轉。"（頁11）"猶""攸"是"用"的通假詞，為雙聲通假。

1.2.2　疊韻關係

疊韻關係的音變通假在今文《尚書》裡亦有一定數量，亦舉數例。

（1）**如　與**

修五禮，五玉，三帛，二牲，一死贄，如五器。（虞夏書・堯典）

《經傳釋詞》："如，猶'與'也。"黃侃注："此'如'為'與'之借。"（頁148）《詞詮》："如，等立連詞，與也。"（頁262）

《說文・女部》："如，从隨也。从女，从口。"如，日紐魚韻；與，喻紐魚韻。如，通"與"，"如""與"為疊韻音變通假。

（2）**典　腆**

曰："惟天監下民，典厥義。"（商書・高宗肜日）

《說文・丌部》："典，五帝之書也。从冊在丌上，尊閣之也。"《白話尚書》："'典'通'腆'，善，以為善。"（頁81）《尚書易解》："典，與'腆'通，善也，用作動詞。"（頁111）《今古文尚書全譯》："《禮記・郊特牲》：'幣必誠，辭無不腆。'鄭玄說：'腆，善也。'"（頁189）典，端紐文韻；腆，透紐文韻。"典"通"腆"，疊韻通假。

（3）**乘　承**

汝明勖偶王，在亶乘茲大命。（周書・君奭）

《尚書易解》："乘，與'承'通，荘述祖說。"（頁250）乘，通"承"，承受。乘，船紐；承，禪紐，但"乘"、"承"都是古蒸部的詞，"乘"、"承"疊韻音變通假。

1.2.3 聲近韻近

今文《尚書》虛詞通假的音變通假，有些並非同一聲母，但聲紐的發音部位必須相同；有些亦非同一韻母，但要求必須是鄰韻。岳麓版《經傳釋詞》天頭上黃季剛先生"通以聲音"的虛詞通假批語，可見這些用例。

(1)**惕 施**

惟汝含德，不惕予一人。（商書・盤庚上）

《說文・心部》："惕，敬也。从心，易聲。"《說文・㫃部》："施，旗貌。从㫃，也聲。"《白話尚書》："惕，通'施'。《白虎通》引作'施'。俞樾說。"(頁67)《尚書易解》："惕，當讀為施。……言非我廢棄任用舊人之德，乃汝懷藏其德不施及於一人也。"(頁93)惕，透紐錫韻；施，書紐歌韻。透紐和書紐於上古同為舌音，聲紐發音近似，"惕"通"施"為音變通假。

(2)**冒 勖**

惟茲四人昭武王惟冒。（周書・君奭）

《說文・冃部》："冒，冡而前也。从冃，从目。"《白話尚書》："冒，通勖，勉力。"(頁192)《尚書易解》："冒，讀為'勖'，勉也。"(頁248)冒，明紐幽韻；勖，曉紐覺韻。王力先生的古韻三十部，幽、覺鄰韻；黃季剛先生的古韻二十八部，"幽"、"覺"同為蕭韻。

(3)**式 代**

式商受命，奄甸萬姓。（周書・立政）

《說文・工部》："式，法也。从工，弋聲。"《說文・人部》："代，更也。从人，弋聲。"《白話尚書》："式，讀為'代'，代替。曾運乾說。"(頁210)《尚書今古文全譯》引《尚書正讀》："讀為'代'。"(頁376)代，定紐月韻；式，書紐職韻。"式""代"聲符同為"弋"，且書紐和定紐上古同為舌音，"月韻"和"職韻"鄰韻，所以"式""代"聲韻皆近，音近相通。

通假詞與被借詞除聲音的聯繫以外，有些詞形也有聯繫。詞形的聯繫主要是那些聲音符號相同的音同通假和音變通假。仔細分析今文《尚書》那些聲音符號相同的通假詞和被借詞，其形體結構的差異有三種情況。一是增加意符，通假詞以被借詞為聲符，增加意符，通假詞是被借詞的增形詞。二是減少意符，通假詞是被借詞的聲符，減少意符，通假詞是被借詞的減形詞。三是變換意符，通假詞被借詞同聲符，不同意符，通假詞是被借詞的易形詞。

2. 通假詞和被借詞的詞形聯繫

2.1　增加意符

①湯湯洪水方割。　　(虞夏書・堯典)

《說文・宀部》："害，傷也。从宀，从口。从宀口，言从家起也。丯聲。"《說文・刀部》："割，剝也。从刀，害聲。"《說文解字注》："蓋割裂也。《尚書》多假借'割'為'害'，古二詞同音。"（頁 180）《尚書今古文注疏》："割者，《大誥》：天降割于我家。《釋文》云：割，馬本作'害'。'方割'者，言普遍為害。"（頁 10）割，通"害"。"割"以被借詞"害"為聲符，是"害"的增形詞。

②亂為四方新辟，作周恭先。　　(周書・洛誥)

《說文・共部》："共，同也。从廿，从廾。"《尚書易解》："恭，讀為'共'，法也。訓見《詩・長髮》'小共大共'傳及《書序》'九共'馬融注。作周恭先，謂作周法之先。"（頁 219）《說文・心部》："恭，肅也。从心，共聲。""恭"以被借詞"共"為聲符，是"共"的增形詞。

2.2　減少意符

①共工方鳩僝功。　　(虞夏書・堯典)

《尚書今古文注疏》："史公說'方'為'旁'者，《皋陶謨》'方施象刑'，《白虎通・聖人篇》以'方'為'旁'。《說文》云：'旁，溥也。'"（頁 24－25）方，通"旁"。通假詞"方"是被借詞"旁"的聲符。

②亦行有九德。　　(虞夏書・皋陶謨)

《尚書易解》："亦，當讀為'迹'，動詞，猶檢驗也。《墨子・尚賢中》：'聖人聽其言，迹其行'，《楚辭・惜誦》：'言與行其可迹兮'，此迹行、迹言連文之證。《論衡》說此二語曰'以九德檢其行，以事效考其言'。然則'亦'字訓檢驗，漢儒之舊詁也。"（頁 30）《說文・辵部》："迹，步處也。从辵，亦聲。"可見，亦，通"迹"。通假詞"亦"是被借詞"迹"的聲符。

2.3 變換意符

①夏王率遏眾力,率割夏邑。　　(商書·湯誓)

楊筠如《尚書覈詁》:"遏,當讀為'竭',《詩·文王》《釋文》'遏'或作'竭',是'遏'、'竭'可通也。……《周語》'其竭也無日矣',韋注:竭,盡也,……此文'率遏眾力',謂盡竭民之力也。"①《說文·立部》:"竭,負舉也。从立,曷聲。"《說文·辵部》:"遏,微止也。从辵,曷聲。""遏"通"竭",聲符相同,變換意符。

②惟我事不貳適,惟爾王家我適。　　(周書·多士)

《說文·辵部》:"適,之也。从辵,啻聲。適宋,魯語。"《說文·支部》:"敵,讀為'敵',《論語·里仁篇》《釋文》:'適,鄭本作敵',是古者'適'、'敵'同詞通用;江聲說。""適"通"敵",聲符相同,改換意符。

今文《尚書》詞形有聯繫的通假現象比較少見,沒有詞形聯繫的通假現象佔大多數,二者之間的比約為1:5。統計《今古文尚書全譯》一書有詞形聯繫的通假現象約74見。增加意符、減少意符和變換意符三者之比是14:31:29。曾有學者認為"通假"源於古人用詞避繁就簡,借用筆劃少的詞代替筆劃多的音同音近詞,並非毫無根據。同時,我們也應該認識到這種見解是片面的。減少意符的通假詞在《尚書》中雖有31見,但在詞形有聯繫的74見通假詞中是少數。況且,詞形沒有聯繫的通假現象又是詞形有聯繫通假現象的五倍,減少意符的通假詞在通假詞總數中所佔的比例就越發少了。通假詞的產生與詞形的繁簡應該說是沒有必然聯繫的。通假以聲為主,義不相涉。通假致使書面語易生歧意,違反了語言表達必須準確的原則,漸漸難以適應語言交際的要求,逐漸衰減,到了現代漢語就沒有通假了,通假詞就成了別詞了。然而,音同音近替代的通假原則卻是簡化漢詞的重要方法。比如"只"原義是"語已詞",代替"衹、隻",就是同音替代。研究今文《尚書》通假的原則和方式,既有重要的文獻訓詁價值,也有語言交際的實際運用價值。

---

① 楊筠如:《尚書覈詁》,頁93。陝西人民出版社,1959年版。

(四)通假詞與多義詞、區別詞、同源詞、異形詞的辨析

歷代訓詁學家對今文《尚書》的通假認識是不一致的。經文中同一個詞，或以為是被借詞，或以為是通假詞；都認為是通假詞的，或以為被借詞是甲，或以為被借詞是乙。認識的差異既有對經文理解的差異，也有對“通假”界定的差異。後者是主要的。“通假”一詞晚出，自漢迄清，多稱“假借”。造詞的假借“本無其詞”，用詞的假借“本有其詞”。造字的假借，本義與假借義有的有引申關係。用字的假借，被借詞與假借詞意義有無聯繫，訓詁學專著均未專題論及，歷代《書》傳中通假詞與多義詞、區別詞、同源詞、異形詞常糾纏不清。識今文《尚書》通假必先辨析今文《尚書》通假。

1. 通假詞與多義詞

今文《尚書》文詞古僻，詞義深奧。有些詞雖然在現代漢語中也是常見詞，但在今文《尚書》卻用的是最古老的引申義。這些古老的引申義在現代漢語中多已完全消失。古人常把這類多義詞誤為通假詞。諸如：

①欽明文思安安。　　（虞夏書・堯典）

從漢儒到清儒皆以為“安安”是通假詞，被借詞是“晏晏”。《爾雅・釋訓》：“晏晏、溫溫，柔也。”各種注釋本皆取是說。然“安”的詞形構造是“从女在宀下”。“宀”是房屋，女人在房屋裡就安全、安靜。所以，《說文・宀部》：“安，靜也。”本義當為“安靜”，引申義可為“安定”、“溫和”。“安安”不必借“晏晏”表“溫和”義。今文《尚書》“安”另外還有7見，皆用“安定”這個引申義。“在知人，在安民”、“安民則惠”、“安汝止，惟幾惟康”（《皋陶謨》）、“惰農自安”、“安定厥邦”（《盤庚》）、“安勸小大庶邦”（《顧命》）、“在今爾安百姓”（《呂刑》）。

②其在高宗，時舊勞于外，爰暨小人，作其即位，乃或亮陰，三年不言。其惟不言，言乃雍。　　（周書・無逸）

漢代伏勝《尚書大傳》和裴駰《史記集解》引鄭玄皆以為“亮陰”即“梁闇”之借。先師周秉鈞先生著《〈無逸〉“亮陰”解》一文，認為“亮”有“明曉”的意思，“陰”可以引申為“幽隱”。《大戴禮記・文王官人》“考其陰

陽”注“陰陽，猶隱顯也”。可證“陰”有“幽隱”義。“亮陰”即“瞭解幽隱”。聯繫上文當為瞭解小人的隱情，“小人”二詞承上文“爰暨小人”省略。這篇開頭說：“先知稼穡之難，乃逸，則知小人之依。”王引之解釋說：“依，隱也，謂小人之隱也。”這幾句的大意為：等到高宗即位，就又瞭解民隱，多年不言，以考慮治民的方法，正因為他不輕易說話，一旦說出來，就得到萬民的歡心，高宗三年無言，原為瞭解民情，考慮治道。這樣的訓釋與周公列舉殷、周先王保民治民的上下文意前後呼應，密合無間。①

2. 通假詞與區別詞

上古詞少，詞的兼職多。伴隨社會的發展，詞義引申日見其繁，而語言的表達日見精確，就出現了不少區別詞。區別詞是給詞的某一意義另造一個新詞。區別詞不是通假詞。古人常把區別詞視為通假詞。試舉兩例：

①祖尹反曰:“嗚呼！乃罪多,參在上,乃能責命于天?”

（商書・西伯戡黎）

《孔傳》：“反，反報紂也。”（頁177）《說文》引《商書》易“反”為“返”，後代多是許說，已成定論。先師周秉鈞先生撰《〈西伯戡黎〉舊注質疑》提出兩個疑點。（頁82–83）一是上文“祖尹恐，奔告于王”，極寫祖尹憂國情懷。祖尹見了紂王，亦敢列舉紂的過失，犯言直諫。但商紂王僅僅反問了“我生不有命在天”一句，即垂頭喪氣，悻悻而歸，說幾句責備紂王的話了事，既不合情理，也不符合祖尹的性格。二是下文“乃罪多”、“指乃功”、“戮于爾邦”等句。“乃”、“爾”均為對稱代詞，歷代注家也是如此解釋的。假如祖尹是“返而言曰”，何為使用對稱代詞？“乃”、“爾”明明當面稱代紂王的，絕不應是祖尹回去責罵紂王的。“反”當為“反對”之反。《周書・大誥》有“罔不反曰”句，鄭玄解釋為“無不反我之意”，就是“反對”的意思。反，《說文》在《又部》，甲骨文字之構形從又從厂，本義為攀登山崖。引申有“翻轉、反面、反對、返回”。“返回”這個意義後來寫成“返”。返，是區別詞。

②歲二月,東巡守,至于岱宗,柴。（虞夏書・堯典）

《說文》引《堯典》“柴”作“祡”，後人多從之。其實，“柴”不必通

① 《古漢語研究》編輯部編：《周秉鈞先生紀念文集》，頁85。1994年版。

“祡”，馬融說：“柴，祭時積柴，加牲其上而燔之。”[1]鄭玄說：“柴者，考績燎也。”（頁 42）可見，燒柴祭天的祭祀與“柴薪”有關，本來就叫“柴”。《漢書・郊祀志上》：“柴，望秩於山川。”[2]柴、祡，音義同源，易“木”為“示”的“祡”是後起區別詞。這類區別詞後人多誤為通假詞。

3. 通假詞與同源詞

音同義近、音近義同或音義皆近的詞稱為同源詞。在秦漢文獻中同源詞經常通用。後來，受語言社會性原則的制約，某一同源詞為常用詞，另外的同源詞就不再通用了。同源通用現象使用皆為同源詞的本義和引申義，無需借助某詞表示某義。音義相同或音義相近的同源通用現象與音同音近義別的通假現象不能混為一體。歷代傳注義疏中卻常有混同。

①既月乃日，覲四岳群牧，班瑞于群后。　　（虞夏書・堯典）

今文《尚書》的今注今譯本多以“班”通“頒”。《說文・玨部》：“班，分瑞玉。从玨，从刀。”《廣雅疏證・釋詁三》：“班，布也。”[3]可見，“班”無需通假為義。《周禮・天官・宮伯》：宮伯“月終則均秩，歲終則均敘，以時頒其衣裘，掌其誅賞。”注：“頒，布也。”（頁 658）頒，班同音，在“布”這一義項上，“頒”實為“班”之同源詞。

②王播告之修，不匿厥指，王用丕欽。　　（周書・盤庚上）

清代孫星衍以“指”通“恉”。《說文》：“恉，意也。”“恉”通“旨”。（頁 225）王力先生認為：“手指的‘指’與意旨的‘旨’同源，手之所指也就是意之所指。”（頁 421）

聲訓是一種探求語源的訓詁方法。被釋的詞和聲訓詞音義相關，是同源詞。聲訓不是通假。然而，在訓詁實踐中，聲訓詞也常誤為通假詞。《虞夏書・堯典》“疇諮若時登庸”句的“庸”多以為通“用”。“用”實為“庸”，“庸”“用”是同音同義詞。《說文》、《廣雅・釋詁》及歷代經傳皆釋“庸，用也”。

---

① （清）孫星衍：《尚書今古文注疏》，頁 42。中華書局，1986 年版。

② （漢）班　固：《漢書》，頁 1191。中華書局，1962 年版。

③ （清）王念孫：《廣雅疏證》，頁 386。上海古籍出版社，1983 年版。

4. 通假詞與異形詞

今文《尚書》多異文（異形詞），異形詞詞形不同，音義皆同。異形詞與通假詞絕不相通。然古代典籍常混同。《虞夏書・禹貢》“逾于洛”的“逾”。逾、踰，不是通假詞。《虞夏書・禹貢》“厥土為塗泥。”然塗、涂，也不是通假詞。其它諸如“哲、喆”、“岳、嶽”、“云、雲”、“和、龢”，不勝枚舉。

清代學者對通假的認識和研究，以及運用同音通假的訓詁方式決難解疑，取得了超邁前人的傑出成就，在漢語史上寫下了極其輝煌的一頁。然而，囿於時代的局限，清代學者還不能運用科學的語言學理論給“通假”以明確界定，常誤用通假，像錢大昕這樣著名的學者都認為同音注音也是通假，他在《古同音假借說》一文中曾說：“漢人言‘讀若’者，皆文詞假借之例。”①錢大昕尚且如此，一般學者概念的模糊導致實踐中的誤用可想而知。今文《尚書》素稱難讀，韓愈曾說：“周誥殷盤，詰屈聱牙。”②王國維也曾說：“於《書》所不能解者殆十之五。”③今文《尚書》本身存在大量的通假是一個原因，前修時賢對通假的歧解誤用也是一個原因。要真正讀懂今文《尚書》，需要真正認識今文《尚書》的通假，辨析今文《尚書》的通假。

（五）通假的形成機制

《尚書》的通假特別是虛詞通假，被借詞形義多不相應，啟發我們進一步探討文獻語言通假的成因。這是一個仍未定論的問題。歷來眾說紛紜，大致可以歸納為四種主要說法。一是訛誤說，二是就簡說，三是詞少兼職說，四是表意制漢字與其基本職能矛盾說。以“訛誤說”和“兼職說”影響最大。

“訛誤說”源於漢代著名學者鄭玄。唐代陸德明《經典釋文・敘錄》引鄭玄語云：“其始書之也，倉卒無其字，或以音類比方假借為之，趣於近之而

---

① （清）錢大昕：《潛研堂集》，頁 44。上海古籍出版社，1989 年版。

② （唐）韓愈：《韓愈選集・進學解》，頁 332。上海古籍出版社，1996 年版。

③ 王國維：《與友人論〈詩〉〈書〉中成語書》，《觀堂集林》第一冊，頁 75。中華書局，1959 年版。

已。受之者非一邦之人，人用其鄉，同言異字，同字異言，於茲遂生矣。”（頁2）意思是說語言中本來有某個詞，古人寫書或抄書時倉卒間忘記那個詞的寫法，臨時用一個音同或音近的詞來代替。

“兼職說”是說上古詞少，古人仿“六書”假借造詞法，遂為通假。對此，清代著名文字學家段玉裁和王筠都有論述。段云：“大抵假借之始，始於本無其字；及其後也，既有其字矣，而多為假借。”（頁757）王氏亦云：“古人用詞，惟以聲為主，故於有是語無是詞借之，即有是詞亦借之，取其可通而已。”

古代學者著書立說，用力勤劬，治學嚴謹，“訛誤說”似不合史實。“詞少兼職說”亦不合語言社會性原則。時人皆有非議，專論具在，茲不贅引。我們認為文言通假成因於上古用詞不規範。上古沒有規定詞的正體，漢代又存在大量的同義近義詞和音同音近詞，時異地異人異自然就會出現詞的異體，兼之上古尚未發明造紙術和印刷術，傳道授業，完全依賴口耳相傳，方音俗語導致耳誤筆誤亦在情理之中。一義數形，音義皆同者，後人名之異形詞；音近義同或義通音同者，後人名之為同源詞；義同音異或義近音異者，後人名之為同義詞或近義詞；義異音同音近者，後人則名之為通假詞。前人並非先有語言規則再進行語言實踐，通假詞實為後人通過研究前人的語言材料分析演繹而成名。通假成因的“用詞不規範說”可以說明為什麼文言實詞之間有通假現象，為什麼文言通假現象於唐宋以後漸趨消亡，以致現代漢語倘偶一為之則被視為“別詞”。通假造成文詞混亂，語言表達橫生歧義，破壞了古代文獻語言的純潔性。文言通假的發生發展以致衰減消亡與漢詞使用的不規範、漸趨規範以致必須規範幾乎是同步的。這不是偶然的巧合。這綜合了歷史文化諸因素。通假演變機制本身詮釋了通假成因的“用詞不規範說”，《尚書》的虛詞通假則提供了最有力的佐證。

六　詞義研究的傳統方法述論

文獻語言詞彙的系統研究上一個世紀的下半葉才為越來越多的學者關注，但是對文獻語言的訓詁研究，早在漢代就已展開。訓詁的主要研究物件就是文獻語言的詞彙，因而，一般認為文獻語言的訓詁研究就是文獻語言的詞彙研究。千百年來，訓詁學研究的成果是非常豐厚的，主要成果體現於歷代的專書訓詁和隨文釋義的傳箋注疏。訓詁學始於對先秦典籍的詮釋，古代學者對《尚書》的詞義分析也始於對《尚書》的詮釋。

《尚書》是我國最早的政史資料彙編。《尚書》上至原始社會末期，下至封建社會初期，橫跨整個奴隸社會，記載了這一時期重要的歷史傳說、歷史人物和歷史事件，涉及政治、思想、禮制、刑律、曆法、軍事等範圍廣泛的領域，是整個封建社會最重要的政治教科書。前漢時期，學者們對《尚書》的詮釋已蔚為風氣，解《書》為史鑒，釋《書》為訓誡，授《書》為教化，引《書》以立論，援《書》以贊治，是整個上層社會的行為準則和知識份子階層的普遍風尚。劉漢以降，《尚書》作為儒家正統政治觀和正統歷史觀的的理論依據，在不斷被詮釋的過程中不斷地被經典化，同時也產生了不同的詮釋形態，創立了不同的詮釋方法。

西漢時期，《尚書》有兩個傳本，一個是今文《尚書》本，一個是古文《尚書》本。傳授今文《尚書》本的學者形成今文《尚書》學派，傳授古文《尚書》本的學者形成古文《尚書》學派。西漢今文《尚書》學家大多數在政治上擁有一定的勢力而今文《尚書》長期被立於學官。今文《尚書》學家因為本身就是統治階級的成員，他們對《尚書》的訓詁嚴守師法，解說繁瑣，注重闡述微言大義，以求滿足統治階級政治教化的需要。到了東漢，經過杜林、賈逵、馬融等著名學者的相繼努力，古文《尚書》學派終於確立了在學界的優勢。古文《尚書》學派對《尚書》的訓詁則注重文字訓詁，考訂制度、名物。東漢末年，馬融、鄭玄為古文《尚書》作了新的詮釋，他們以淵博的學術素養、顯赫的學術地位和廣泛的學術影響，使今古文《尚書》學得到統一，他們的注解流行於世，各家的注解逐漸消亡。後來歷代權威的《尚書》訓詁學著作多引為圭臬。

西晉永嘉五年，發生了“永嘉之亂”，官方藏書遭到嚴重破壞，今、古文

《尚書》相繼失傳。東晉元帝時，相傳有個叫做梅賾的人向朝廷進獻漢代孔安國的《孔傳古文尚書》，後不久就立於學官。從東晉至隋唐，大多數學者都相信這就是孔壁本《古文尚書》和漢孔安國為之作的“傳”。陳朝大學者陸德明著《經典釋文》取《孔傳古文尚書》為底本作音注，隋初大學者劉炫補進南齊姚方興所獻的《舜典孔傳》編定《孔傳古文尚書》，並以此為底本撰《尚書述議》。唐貞觀四年，唐太宗詔令大學者顏師古考訂五經，顏師古即以《孔傳古文尚書》為《尚書》的標準讀本，貞觀七年頒行天下。貞觀十二年，唐太宗又詔令國子祭酒孔穎達領銜撰集五經的標準注本，孔穎達亦以顏師古考訂的《孔傳古文尚書》為底本，以劉焯《尚書義疏》和劉炫《尚書述議》為主要參考撰成《尚書正義》，作為官方定本公開頒行，科舉考試的“明經科”必須遵照顏師古考訂的《孔傳古文尚書》和孔穎達領銜撰集的《尚書正義》。

《尚書正義》比較煩瑣，到了宋代朱熹的學生蔡沈發揚朱熹的解經學說撰寫了《書集傳》一書，簡明扼要，明、清兩代成為欽定的科舉必讀書，在封建社會的科舉制度中產生了很大的影響。

宋人學術思想活躍，對經典的詮釋有一個顯明特徵，就是開一代疑古之風尚，敢於“懷疑傳世典籍，攻駁漢唐舊注，勇於創發新義，長於闡發義理”①。宋人最先正式考辨《孔傳古文尚書》之偽的是南宋初年的學者吳棫，他撰《書裨傳》從分析《孔傳古文尚書》內部的文體差異和語言難易等方面立論。後來朱熹對吳氏的疑辨精神大加讚譽，同時也提出許多對《孔傳古文尚書》經文、《書序》及偽《孔傳》（包括《孔傳序》）的獨到見解。宋代還有鄭樵、陳振孫、金履祥等學者都在不同程度上對《尚書》進行了辨偽。

元代的統治者在馬背上奪得天下，崇尚武功，黜貶儒學；明代學風空疏，儒生“大半墨守程、朱理學，淺陋空疏，很少創造”。② 訓詁學走向衰微，在大的學術背景下的《尚書》研究亦日見式微，雖然在《尚書》的辨偽方面取得一些重要的成果，但總體上較之前朝著述不多。

清代是中國封建文化的鼎盛時期，《尚書》的詮釋也進入一個史無前例的繁榮時期。清代幾乎所有重要的學者都研究過《尚書》，研究範圍幾乎涉及《尚書》研究的所有領域，著述宏富，勝義繽紛。清代學者治《書》一般都具有實事求是的治學態度。戴震、段玉裁、王念孫、王引之、阮元、俞樾、孫詒讓等學者漢宋兼綜，博聞廣識，實事求是，既不盲從舊說，也不妄立新

① 馮浩菲:《中國訓詁學》，頁48。山東大學出版社，1995年版。

② 周大璞主編:《訓詁學初稿》（修訂版），頁404。武漢大學出版社，2002年版。

義，每有見解，必定詳列充分的佐證材料，不主臆說。清代學者也非常注重繼承和發揚歷代《尚書》訓詁的豐富成果，注重運用新的材料。尤為重要的是清代學者特別注重研究方法，注重創造新的研究方法，注重運用新的研究方法，解決了《尚書》中許多歷代不能解決的疑難問題。

自漢至今,《尚書》訓詁的方法與理論已形成系統，主要包括五個方面的內容：因聲求義、據形索義、正形尋義、依文繹義、語法定義。一般認為這也就是傳統《尚書》詞義研究的方法和理論。

(一)"因聲求義"的理論和實踐

文字有形有音有義，形音義關係如何，何先何後，古代學者很早就注意這些問題了。古代學者一般認為音義先而形體後。訓詁學產生於解經，古代學者詮釋經典，強調由聲音文字以求訓詁，由訓詁以尋義理。用語言學方法研究經學，用經學研究推動語言學研究，二者互為因果，相輔相成。因聲求義，用訓詁術語來講，就是聲訓。"因聲求義"的理論探索經過一個較長的學術發展階段，清人做出的貢獻比較大。當然，清人"因聲求義"的大量訓詁實踐是卓越理論貢獻的前提條件。

1."因聲求義"的理論根據

因聲求義，是用音同音近詞解釋詞義，循著聲音的線索推求詞義聯繫及被釋詞的語源。解釋詞與被解釋詞之間，或音同，或音近，或音轉。所謂音同，是指兩者聲母與韻母均同。所謂音近，指的是聲母不同，韻母相同。所謂音轉，是指聲母相同，韻母有異。黃季剛先生說："小學徒識字形，不足以究語言文字之根本。""文字之訓詁，必以聲音為之綱領"，而"完全之訓詁，必義與聲皆相應"。① 這些說明"因聲求義"方法的重要性。

因聲求義的方法有其理論根據。聲音相同或相近，其義往往可以相通。

① 黃侃述，黃焯編次：《文字音韻訓詁筆記》，頁 190。上海古籍出版社，1983 年版。

眾所周知，語音是語言的物質外殼，語義是語言的精神內容，它們之間是形式與內容的關係。字形只是書寫符號的形式而不是語言本身的形式，語義的發展變化從本質上是依託於聲音而不是依託於字形。劉師培《左盦集·字義起於字音說》認為；"古無文字，先有語言。造字之次，獨體先而合體後，即《說文序》所謂'其後形聲相益'也。古人觀察事物，以義象區，不以質體別。複援義象制名，故數物義象相同，命名亦同。及本語言制文字，即以名物之音為字音。故義象既同，所從之聲亦同；所從之聲既同，在偏旁未益以前，僅為一字，即假所從得聲之字以為用。試觀殷周吉金所著諸字，恒省偏旁。""夫'祖'字作'且'，'作'字作'乍'，'惟'字作'隹'，'貨'字作'化'，則為諸器所同。由是而推，則古字偏旁未增，一字實該數字。故'持'字之義該於'寺'，用'寺'猶之用'持'也；'純'字之義該於'屯'，用'屯'猶之用'純'也；'諸'、'都'二字之義均該於'者'，既可用'者'為'都'，亦可用'者'為'諸'也。"①劉師培認為古人觀察事物重"義象"輕"質體"。"意象"大概就是指事物的"範疇意義"，"質體"大概就是指"具體事物"。劉師培先生的認識符合古人創制合體字的認知思維。根據黃季剛先生對上古音研究的成果，上古音有十九個聲紐二十八個韻部，可知上古音的音節是有限的，上古世界雖然比較質樸，但是語言中需要表達的事物卻是千差萬別的，有限的音節不可能配合無限的事物使之一事一物一音，"範疇意義"相同或相近的事物則以一形一音兼之，即"一字實該數字"。後來為了語言表達的精確，避免歧義誤解，人們再添加表示事物類屬"質體"的偏旁以區別，這樣雖然形異，但形聲字之間的意義和語音卻具有相同性和相似性。因之聲音也就成了認識異形"範疇意義"相同或相近事物的重要紐帶。

另外，語言形成之初，用什麼聲音表示什麼意義，是沒有必然性的。《荀子·正名篇》曰："名無固宜，約之以命，約定俗成謂之宜，異於約則謂之不宜。"但"約定俗成"以後，某一具體語言中語音和語義形成的實際關係就不再是任意性的了，它已有嚴格的規定性。在歷史的前進過程中，社會不斷發展，新事物不斷出現，人們需要創造大量新詞以適應表達需要，但語言作為社會的重要交際工具，不能有片刻的中斷，因此人們創造新的詞語必須利用原有的音義關係。就漢語而言，往往是通過聯想，在原有詞語的基礎上用相同的或相近的語音形式，來表示一組關係密切、特點相似的新概念。人們通過聯想造詞，促使詞義的引申和發展，其結果在語音方面有兩種情況：一是語音不

① 劉師培：《左盦集》，卷四，頁 15–16。中國書店，2008 年版。

變，在一個詞內增加新義項；一是語音稍變，由一個詞派生出新詞，即派生詞。這說明，詞的發展總是以聲音為紐帶的。不論是詞本身的詞義系統還是一組詞組成的詞族，都由語音聯繫著，詞與詞之間、義項與義項之間不是一盤散沙，而是有它的系統性。抓住聲音這一線索，就有可能探求出詞的本義、引申義、假借義以及命名由來、所屬詞族等；而就同一詞族來說，音同、音近、音轉的詞，意義往往是相通的。

2.“因聲求義”的理論探索

傳統訓詁學中的“因聲求義”是建立在對聲音與意義關係的模糊認識基礎上的。不僅字形中寓有字義，字音中也寓有字義，而字形、字義都源於字音。詞義的演變，新詞的孳生，往往受字音的制約。“因聲求義”的訓詁方法很早就被訓詁家們所重視，從先秦起，人們就用聲音相同或相近的字解釋被釋字。諸如:《論語・顏淵》:“政者，正也。”《孟子・滕文公上》:“庠者，養也；校者，教也；序者，射也。”可以看出古人有意識地利用音同音近的同源詞來訓釋詞的語源義。這說明，“因聲求義”在先秦時期就已產生萌芽。漢代班固的《白虎通義》有大量的聲訓材料，劉熙《釋名》、揚雄《方言》是大量運用聲訓的代表作，不過，劉熙對音義關係的探討流於片面，多有主觀臆斷。東漢許慎《說文解字》雖以分析字形結構為主，但亦常用聲訓的方法說義。宋代王聖美的“右文說”已開始探討漢字的音義關係，然而王聖美拘泥於聲訓和形聲字聲旁的表意作用，多穿鑿附會之論。至宋元之際，戴侗對音義關係理論有了較為明確而系統的認識。在《六書故・六書通釋》中，戴侗說:“夫文，生於聲者也。有聲而後形之以文，義與聲俱立，非生於文也。”①因此，他主張“因聲以求義”，“夫文字之用，莫博於諧聲，莫變於假借，因文以求義而不知因聲以求義，吾未見其能盡文字之情也”。(頁 12)此後，明末方以智及清初黃承吉的“右音說”等，都在“因聲求義”的理論上有所發揮，並提出“以古音通古義之原”的主張，使這一理論更加趨於成熟。黃承吉《字義起於右旁之聲說》是右文說史上傳世的第一篇長篇專論，說理詳盡透闢。黃承吉認為:“古人制字之義必起於聲音，何也？蓋語源自性生，而字本從言起。嬰兒甫通人語，未識字而已解言，而所解之言即是字，可見

① (宋)戴　侗:《六書故》，頁 10。上海社會科學院出版社，2006 年版。

字從言制也。”“蓋凡字之同聲者，皆為同義。聲在是，則義在是。”①沈兼士認同黃承吉所說的“不必舉其右旁為聲之本字，而任舉其同聲之字即可用為同義者”（頁751）。但黃承吉的認識還是局限於形聲字範圍內，在研究語音語義時，仍然不能徹底排除文字形體的束縛。

皖派“漢學”創始人戴震，極力提倡“因聲求義”的訓詁方法。他繼承了戴侗以來的音義觀，更加強調聲音對於訓詁的意義。戴震說：“故訓聲音，相為表裡。”主張以聲音貫穿文字訓詁。《論韻書中字義答秦尚書蕙田》闡述的音義關係，實際上已開闢了訓詁的新途徑。戴震認為：“字書主於故訓，韻書主於音聲，然二者恒相因。音聲有不隨故訓變者，則一音或數義；音聲有隨故訓而變者，則一字或數音。大致一字定其本義，則外此音義引申咸六書之假借。”因此他強調從聲音的角度來解決文獻中的假借問題。他說：“夫六經字多假借，音聲失而假借之義何以得?”②戴震注意探討漢字的音義關係，強調漢字音義關係的複雜性，明確指出必須尋著字音而識假借。戴震的理論和實踐推進了“因聲求義”訓詁方法的研究和應用。

戴震的學術傳人高郵王氏父子深得師門真諦，嫺熟地運用“因聲求義”的訓詁方法，解決了文獻典籍中許多訓詁疑難問題，同時，在訓詁實踐中對“因聲求義”的理論研究也有很大貢獻。

《經義述聞・自序》王引之引述王念孫一些重要論述，反映了王氏父子的訓詁學思想，要而言之，則有三點：一是“訓詁之指（旨），存乎聲音”。王氏正確認識到語言中的音、義是聯繫在一起的，主張訓詁學家應當“以聲求義”。二是“參之他經，證以成訓”。片面強調“以聲求義”，則易滋生臆必之說，王氏主張由聲音求訓詁是有條件的，就是“參之他經，證以成訓”，即要有古代文獻語言的材料作根據，這樣“雖別為之說，亦無不可”。三是反對“專守一家”，“囿於漢學之藩籬”，而主張“諸說並列，則求其是”。③正因為他們有這樣通達的科學態度和嚴謹的治學方法，才得以在清代訓詁大家如林的情況下，取得了最為傑出的研究成果。王引之《經義述聞》的《通說》具有較強的理論色彩。郭在貽先生《訓詁學》認為：“《通說》上下兩卷，發明訓詁通例，糾正舊注謬誤，極精彩。”“王引之的訓詁理論，集中地表現在《經義述聞・通說》所收各篇論文中，其中批評前人望文生訓和增字解經的弊病以

① （清）黃　生著，黃承吉合按：《字詁義府合按》，頁75－77。中華書局，1984年版。

② （清）戴　震：《戴震文集》，頁48。中華書局，1980年版。

③ （清）王引之：《經義述聞・自序》，頁2。江蘇古籍出版社，1985年版。

及論經文假借各條，尤為明白剴切，為研究訓詁學和注釋學（學）者所不可不反復細讀的重要文獻。”①王引之《經傳釋詞·自序》云；“蓋古今異語、別國方言，類多助語之文。凡其散見於經傳者，皆可比例而知，觸類長之，斯善式古訓者也。”②即要充分佔有語料，加以分析比較，概括出語法規律，再進一步去推廣，去解釋更多的語言現象，這正是歸納——演繹——再歸納——再演繹的科學訓詁方法。

揚州學派的中堅阮元也十分重視文字形音義之間的關係。阮元在《與赫蘭皋戶部論〈爾雅〉書》指出：“古人字從音出”，“言由音聯，音在字前，聯音以為言，造字以赴音”。③《揅經室集》亦云：“義以音生，字以音造。”阮氏從這一基本認識出發，認為訓詁的基本方法應當是“以聲音為主而通其訓詁。”因為無論方音方言多麼紛歧，文字多麼紛繁，而“喉舌之間音之所通者簡”，所以“得其簡者以通之”，就抓住了文字、聲韻、訓詁的關鍵。很顯然，阮氏從語言的觀點出發，把傳統訓詁學裡所謂“音訓”和“義訓’結合起來，貫穿起來，聯繫語言實際，突破“以形辨義”的舊習慣，開拓了古義研究探索的新途徑。

3.“因聲求義”在《尚書》訓詁中的實踐

清人在訓詁研究方面所取得的成就，超越了以往任何一個時代，“因聲求義”的科學運用即是原因之一。這種訓詁方法在清人研究《尚書》過程中的運用也是極為廣泛的，現試從解經旨、明連語、破假借三個方面進行具體闡釋。

3.1 因聲索求詞的正形確解

在《尚書》的訓詁實踐中，清代不少學者能嫻熟地運用詞的聲音關係索求詞的正形確解，正確地詮釋經義。

①庶頑讒說，若不在時，侯以明之，撻以記之，書用識哉，欲並生哉！

（虞夏書·皋陶謨）

① 郭在貽：《訓詁學》（修訂本），頁205。中華書局，2005年版。

② （清）王引之，頁1。《經傳釋詞》，岳麓書社，1984年版。

③ 華學誠：《中國歷代訓詁學文選》，頁132。江蘇文藝出版社，1994年版。

孫詒讓《尚書駢枝》："孔云：'笞撻不是者，使記識其故。'案'撻'即《舜典》之'鞭作官刑'，'撲作教刑'，然與記識事無涉，下文'書用識哉'乃正是記識之事爾，此'記'疑當為'諅'，《說文·言部》云：'諅，誡也。'笞撻並是警誡過誤之刑，'諅'、'記'形聲並相近，故經通作'記'，它篇則多作'忌'，如《康誥》、《呂刑》之'敬忌'，《多方》之'不忌於凶德'，並'諅戒'之義。此篇獨假用'記'字，故孔不得其解也。"①

漢代孔安國以為"撻以記之"之"記"，是"記識"之義。孫詒讓認為下句"書用識哉"已有"記識"之義，當不繁複用。古人寫經"記"與"忌"形聲相近，經常通用。字當作"諅"。《說文·言部》："諅，誡也。从言，忌聲。"而"撻"正是警戒過誤。《白話尚書》譯"撻以記之"為"用鞭打警戒他們"②，譯"書用識哉"為"用刑書記錄他們的罪過"（頁24），文通字順。記，上古見紐之韻；忌、諅，上古群紐之韻。記、諅，旁紐疊韻，聲近義通。孫詒讓正是循著聲音的線索，突破字形的束縛，糾正孔安國對"記"詞義的誤解，尋求確詁。

②日月逾邁，若弗云來。　　　　（周書·秦誓）

王引之《經傳釋詞》："家大人曰：云，猶'或'也；'或'與'有'古同聲而通用，故'云'訓為'有'又訓為'或'。《書·秦誓》曰：'日月逾邁，若弗員來。'言'若弗或來'也。"黃侃批註："'云'之訓'或'，亦'又'之引申誼。"（頁58）

若，關聯副詞，置於謂語之前，表示與動作行為的某種因果承接，可譯為"就"、"才"。《小爾雅》："若，乃也。"弗，《詞詮》："否定副詞，不也。"③又，頻率副詞。日月逾邁，若弗云來。義為：時間過去，就不會又回來。有學者認為"云來"是一個不及物動詞的並列短語。云，《漢書·韋賢傳》引作"員"，員，旋也，"返回"之義。

或、有，《經傳釋詞》："二聲相近，故曰：'或'之言'有'也。聲義相通，則字亦相通。"（頁65）云，上古屬匣紐文韻；或，上古匣紐職韻；有、又，匣紐之韻。云、又雙聲，聲近義通。唐天寶三年（744），唐玄宗昭令衛包把《孔傳古文尚書》全部改成楷書，衛包改'員'為'云'。員，上古匣紐文韻，與"云"、"或"、"有"、"又"皆雙聲，聲同相通。

---

① （清）孫詒讓：《尚書駢枝》，頁32。《續修四庫全書·經部·小學類》，第51冊。上海古籍出版社，2002年版。

② 周秉鈞：《白話尚書》，頁24。岳麓書社，1990年版。

③ 楊樹達：《詞詮》，頁39。中華書局，1954年版。

③猷！告爾多士，予惟時其遷居西爾，非我一人奉德不康寧，時惟天命。無違，朕不敢有後，無我怨。（周書·多士）

《經傳釋詞》："'朕不敢有後'，言我奉天之命，遷爾於洛邑，不敢或後也。某氏《傳》曰：'不敢有後誅。'失之。"（頁61）或、有，匣紐雙聲，之職對轉，聲近義通。《商書·盤庚中》："乃有不吉不迪，顛越不恭，暫遇奸宄。""乃有"之"有"亦"或"也。《經傳釋詞》："有，猶'或'也。""《書·盤庚》：'乃有不吉不迪，顛越不恭，暫遇奸宄。'乃有，乃或也。""'有'與'或'古同聲而義相通。"（頁61）

④其在高宗時，舊勞于外，爰暨小人，作其即位，乃或亮陰，三年不言。（周書·無逸）

⑤其在祖甲，不義惟王，舊為小人，作其即位，爰知小人之依。（周書·無逸）

《經傳釋詞》："作，猶'及'也"。（頁179）《周書·無逸》："作其即位。"王引之以為"皆謂及其即位也。某氏《傳》訓'作'為'起'，失之。'作'與'徂'聲相近，（《廣韻》："作"字又臧祚切，聲近徂。）故二者皆可訓為'及'"。（頁179）作，上古音屬從紐鐸韻；徂，從紐魚韻，雙聲魚鐸對轉，聲近義通，可信。

作，等到，介詞，主要語法功能是表示事物發展到某一時間，位於句前作狀語。"作"的介詞用法是"作"的動詞用法虛化的結果。《說文·人部》："作，起也。从人，乍聲。""作"訓"起"，或為以實誤虛。在後世文獻中，"作"的介詞用法為"及"等常用介詞所代替，"作"多用作動詞。後人說《書》，很容易以實誤虛。

⑥肆類于上帝。（虞夏書·堯典）

⑦肆覲東后。（虞夏書·堯典）

《經傳釋詞》："肆，遂也。《書·堯典》曰：'肆類于上帝。'又曰：'肆覲東后。'《史記·五帝紀》'肆'並作'遂'。'遂''肆'聲相近，方俗語有侈弇耳。"（頁167）

肆，遂，於是就，副詞，表示動作行為和前一事件的承接關係。類，祭名，通"禷"。《說文》："禷，以事類祭天也。"這裡用作動詞，報告天帝（繼承帝位的事）。下文"禋于六宗"、"望于山川"之"禋""望"亦皆為祭名，亦皆用作動詞。肆，心紐質韻；遂，邪紐物韻；心、邪同為齒音，肆、遂旁紐；物、質同為入聲韻，肆、遂旁轉相通。

⑧予欲左右有民，汝翼。（虞夏書·皋陶謨）

馬融曰："我欲左右助我民，汝當翼成我也。"孫星衍《尚書今古文注疏》:“左右者,《釋詁》云:‘導也。’又與‘助’轉訓。《易·泰象》曰:‘以左右民。’鄭注云:‘左右,助也。’有者,撫也。《釋詁》‘有’、‘撫’轉相訓,又作‘憮’,同。”“以‘有’為‘助’者,《說文》云:‘𠂇,𠂇手也。’‘右,手也。’‘右,手口相助也。’‘有’、‘右’聲相近。《詩·大明》《傳》云:‘右,助也。’知馬(融)‘又’為‘右’,以‘右’釋‘有’。”①

有、右,上古匣紐之韻,二字雙聲疊韻。朱駿聲《說文通訓定聲》:“有,假借為友,為右。”②以“右”為“有”,因“右”、“有”兩字聲音相同,故為同音假借。

清儒治《尚書》多採用語音學方法,即運用“因聲求義”的理論和方法。王念孫在《廣雅疏證·序》和《說文解字注·序》中就闡明了以下觀點:一、從語音求語義,即從語言內部形式求語義,這是更直接更科學的途徑;二、聲音是通假借、明語源的綱領,是貫通訓詁的支柱;三、離開聲音這一主線,訓詁必然要誤入歧途;四、以聲音為紐帶,不局限於字形,引申詞義,觸類旁通。③ 陸宗達先生和王寧先生在《訓詁方法論》中對“因聲求義”這一訓詁方法也作了精闢的闡釋:“隨著社會的發展和人類認識的發展,詞彙要不斷豐富,在原有語詞的基礎上要產生新詞。新詞產生的一條重要的途徑,就是在舊詞引申到距離本義較遠之後,在一定條件下脫離原詞而獨立。有的音雖無變,已成他詞,也有的音有稍變,更為異語。這就是語詞的分化,也就是派生詞。同一語根的派生詞——同根詞——往往音相近,義相通。在同一詞族中,派生詞的音和義是從其語根的早已約定俗成而結合在一起的音和義發展而來的,因此帶有了歷史的可以追索的必然性。這就是所謂的‘音近義通’現象。”④語言在時空中發展延續,詞的形音義相互的組合關係自然會發生許多複雜的變化,人們觀察到的往往是變化的結果,變化過程往往是不易感知的,然而,循著聲音的線索人們可以演繹變化的過程,闡釋音義聯繫的邏輯。

3.2　因聲求義明連語

這裡所說的連語,宋人張有把它叫作“聯綿字”,清代大多學者稱其為“連語”,近代學者從語言出發將它們稱作“聯綿詞”。聯綿詞即漢語複音化

① (清)孫星衍:《尚書今古文注疏》,頁96。中華書局,1986年版。

② (清)朱駿聲:《說文通訓定聲》,頁198。武漢市古籍書店影印,1983年版。

③ 趙航:《揚州學派概論》,頁32。廣陵書社,2003年版。

④ 陸宗達、王寧:《訓詁方法論》,頁80。中國社會科學出版社,1983年版。

用兩個異形音節連音的方法構成的單純詞。聯綿詞的表義特點是連音為義，任何一個單獨的音節僅僅是構詞的原料，只表音不表義。在漢語的發展進程中，聯綿詞的詞義演變常常伴隨著有規律的聲韻流轉，往往有多種書寫符號。但是，由於古代的許多訓詁學家缺乏對聯綿詞性質的認識，常常望文生訓，把聯綿詞釋為二義，失之穿鑿。王念孫在《廣雅疏證》中常常根據"義存乎聲"的道理，運用"因聲求義"的方法，不但對聯綿詞的性質給予了新的認識，而且還對聯綿詞進行了認真而細緻的形音義分析。

漢語聯綿詞最主要的特點是單純性。清儒王念孫解說聯綿詞的最大功績也在於洞察到聯綿詞的單純性特點，指出聯綿詞"義存乎聲"，主張"因聲求義"，反對望文生訓。他說："夫雙聲之字，本因聲以見義，不求諸聲而求諸字，固宜其說之多鑿也。"① "大氐雙聲疊韻之字，其義即存乎聲，求諸其聲則得，求諸其文則惑矣。"（頁199）

王念孫正是在這一理論的指導下，糾正了前人的許多誤訓。同時，也主張聯綿詞"不可分訓"，即反對把聯綿詞釋為二義。王氏在《讀書雜志》"漢書第十六""連語"條下也說："凡連語之字，皆上下同義，不可分訓。"②這個主張既反映出王念孫對聯綿詞單純性的深刻認識，也為他在解說中糾正前人分訓聯綿詞的錯誤提供了理論依據。以下列舉幾例加以說明：

①有扈氏威侮五行。（虞夏書·甘誓）

王引之《經義述聞》："威、侮二字，義不相屬。'威'為'暴虐'，'侮'為'輕慢'，不得合言虐慢也。且人於天地之五行，何暴虐之有乎？威，疑當作'烕'，'烕'者，'蔑'之假借也。蔑，輕也。蔑侮五行，言輕慢五行也。《逸周書·克殷篇》'侮滅神祇不祀'，《史記·周本紀》'滅'作'蔑'。倒言之則曰'蔑侮'，《說苑·指武篇》'崇侯虎蔑侮父兄，不敬長老'是也，'烕'與'威'形極相似，世人多見'威'，少見'烕，故'烕'字訛而為'威'矣，《墨子·明鬼篇》引此作'威侮五行'，亦'烕侮'之誤。"（頁79）威侮，古訓多以"威侮"分訓，以"威"為"虐"。《史記·夏本紀》之《集解》引鄭玄曰："威侮，暴逆之。"③然"暴逆五行"與經義不協。威侮，或作"侮烕"，或作"蔑侮"，皆以音尋形，連文為義。威，明紐曷末韻；烕，明紐曷末韻；侮，明紐侯韻。威、烕雙聲疊韻，威、烕、侮皆為雙

---

① （清）王念孫：《廣雅疏證》，頁752。上海古籍出版社，1983年版。

② （清）王念孫：《讀書雜志》，頁407。江蘇古籍出版社，1985年版。

③ （漢）司馬遷：《史記》，頁84。中華書局，1959年版。

聲字。“威侮”、“侮威”、“蔑侮”皆為雙聲通假。① 王引之這裡以“威”為“威”之形訛，‘威’為‘蔑’之借，演繹了同音通假的語源關係。

②奪攘矯虔。（周書・呂刑）

王念孫《讀書雜誌》：“諸說分‘矯虔’為二義，皆非也。《呂刑》‘奪攘矯虔’。《周官・司刑》疏引鄭注曰：‘矯虔，謂撓擾。’《春秋傳》曰‘虔劉我邊垂’，謂劫奪人物以相撓擾也。如鄭君說，是‘矯虔’為‘撓擾’之義，故與‘奪攘’連文。”（頁 407）

矯虔，舊說皆分之為二義。顧炎武曾曰：“《說文》：矯，从矢，揉箭也。故有用力之義。《漢書・孝武帝》注引韋昭：‘稱詐為矯，強取為虔。’《國語注》曰：‘以詐用法曰矯。’”②矯，見紐宵韻；虔，群紐元韻。見群旁紐，宵元對轉，例得相通。矯虔，亦作“撟虔”。矯、虔依聲托形，連音為義。

③民無或胥譸張為幻。（周書・無逸）

皮錫瑞《今文尚書考證》：“《大傳》云‘舟張辟雍’，‘舟’即‘侜’之省字。蓋伏生本作‘舟’，三家作‘侜’，或作‘輈’也。”③

《爾雅・釋詁》“譸”作“侜”。侜張，誑也。郭璞《注》曰：“《書》‘無或侜張為幻。’”《經典釋文》：“譸，馬本作‘輈’，《爾雅》及《詩》作‘侜’，同。侜張，誑也。”《後漢書・皇后紀》：“皇后忿恚詈言曰：‘汝今輈張，怙汝兄耶？’”（頁 447）“譸”或又作“舟”。侜、輈，以“舟”為聲符，侜、輈、舟，音同。侜、輈、舟，同音異形，以音托形。譸張，上古雙聲。譸，端紐宵韻；張，端紐唐韻。“譸張”二字連語為詞，複音見義。

清儒利用古音學的成果，成功地解決了聯綿字的問題。高郵王氏父子成就最大，王氏父子對聯綿詞構形特點及其詞義特徵有較為深刻的認識。“不可分訓”、“因聲見義”是聯綿詞的詞義特徵。王氏父子聯綿詞研究的重要貢獻，“啟發人們認識‘連語’”的“構形特點和詞義特徵，無疑是隸屬於聯綿詞範疇的，或許可以看成是一個下位概念”④。

---

① 錢宗武：《漢語論叢》，頁 68。21 世紀中國國際網絡出版有限公司，2002 年版。

② （清）顧炎武著，黄汝成集釋：《日知録集釋》，頁 202。上海古籍出版社，1985 年版。

③ （清）皮錫瑞著，盛冬鈴、陳抗點校：《今文尚書考證》，頁 377。中華書局，1989 年版。

④ 錢宗武：《王氏父子〈尚書〉研究的語音學方法》，頁 285－286。中央研究院中國文哲研究所，2005 年版。

3.3 因聲求義識通假

因聲求義是解決詞形通假的一把鑰匙。本來漢字尚形，但先秦乃至兩漢典籍中，假借字不少，以致造成了形義分離。研究通假，就是要“排除通假造成的形、義分離現象，求得本字，以便更好地運用以形說義的原則”①。王念孫在他的《廣雅疏證》中對本字與通假字有深刻認識。《釋訓》卷六上：“堤封，都凡也。”王念孫疏證：“凡假借之字，依聲托事，本無定體，古今異讀，未可執一。”（頁198）王引之《經義述聞·自序》：“大人曰：‘訓詁之指（旨），存乎聲音，字之聲同聲近者，經傳往往假借。學者以聲求義，破其假借之字而讀以本字，則渙然冰釋；如其假借之字而強為之解，則詰𥳑為病矣。’”（頁2）

王念孫十分成功地解決了辨識古音通假的重大問題，明確提出了有關同音通假的概念以及本字與借字的概念；分析了假借字形成的原因；說明通假的性質是同音替代，通假的條件是聲同聲近；指出明通假的方法是不拘泥於字形，因聲求義，破借字而求本字。

阮元提出“義由音生，字由音造”，並將此理論運用於實踐。《釋門》是運用“因聲求義”的很好的例子。《釋門》：“凡事物有間可進，進而靡已者，其音皆讀若門，或轉若免若敏若孟，而其義皆同。其字則輾轉相假，或假之於同部之疊韻，或假之於同紐之雙聲。……《書》‘懋哉懋哉’，即‘勉哉勉哉’。‘勱’與‘邁’同音，又‘懋’之轉也。《尚書》‘勖哉夫子’之‘勖’，其音當讀與‘目’同，‘冒’從‘目’，‘目’亦聲。《說文》：‘冒，冡（冡即同蒙）而前也。’‘冡’與‘門’同。故《荀子》之‘蜂門’，《孟子》為‘逢蒙’。‘勖’之‘從力，從冒’，冒為聲，而義即寓焉。‘勖哉’即‘懋哉’也。”②

辨識古音通假的前提條件是古音學的建立。清代是古音學昌明的時代，清代的重要學者都能自覺不自覺地運用古音學知識辨識假借以解經旨，新見確解，勝義紛呈。

①烝民乃粒，萬邦作乂。　　　　（虞夏書·皋陶謨）

王引之《經義述聞》：“‘粒’當讀為《周頌·思文》‘立我烝民’之

① 陸宗達：《訓詁簡論》，頁106。北京出版社，1980年版。

② （清）阮元：《揅經室集》，頁22–23。中華書局，1993年版。

‘立’。立者，成也，定也。(《廣雅》曰：立，成也。鄭康成注《小司徒》、韋昭注《周語》並曰：“成，定也。”)《管子・七法篇》：‘不明於則而欲出號令，猶立朝夕於運均之上，搖竿而欲定其末。’(“搖”與“搖”同，今本誤作“簷”)立，亦定也。言均運則不能定朝夕，竿搖則不能定其末也。‘烝民乃立’即承上文言之。決九川，濬畎澮，平土可得而居矣。奏庶艱食，五穀可得而食矣。奏庶鮮食，鳥獸可得而食矣。懋遷有無化居，百貨可得而用矣。於時眾民皆有安居和味宜服利用備器，昔也昏墊而今也安定矣。故《史記・夏本紀》作‘眾民乃定’也。烝民乃立，非專指艱食言之，則非米粒之粒可知，作粒者，字之假借耳。鄭訓‘粒’為‘米’，丞烝民乃米，為不辭矣。”(頁76–77)

鄭玄把“粒”解釋為“米粒”之“粒”，是“如其假借之字而強為之解”。王引之不同意這種解釋。他認為“粒”就是“立”字。王引之這段辯駁指明“粒”是借字，本字是“立”，意為安定。粒，來紐緝韻；立，來紐緝韻，兩字聲韻相同，雙聲疊韻。王說是為確詁。

②象恭滔天。　　　　(虞夏書・堯典)

孫詒讓《尚書駢枝》：“‘滔’當‘謟’之借字。”“《釋文》亦云：‘謟，本又作滔。’是謟、慆、滔聲同字通，象恭滔天，亦謂貌為恭敬而不信天命！”又謂《史記》作‘漫天’，或本作‘慢天’。此說與《孫疏》同。”(頁32)

《爾雅・釋詁》：“蠱、謟、貳，疑也。”《爾雅義疏》引《釋文》“‘謟’本又作‘滔’，皆聲同假借字也。”①

滔，或通“慆”，怠慢之義。《詩經・大雅・蕩》：“天降滔德，女興是力。”《毛傳》：“滔，慢也。”②滔、慆聲符相同，例得相通。象恭滔天，義即：象外表恭敬，實際上怠慢上天。與上句“靜言庸違”，花言巧語，陽奉陰違，上下文意密合。

③湯湯洪水方割。　　　　(虞夏書・堯典)

④小民方興。　　　　(商書・微子)

⑤方興沈醉于酒。　　　　(商書・微子)

⑥方行天下。　　　　(周書・立政)

---

①　(清)郝懿行：《爾雅義疏》，頁238。上海古籍出版社，1983年版。

②　(漢)毛亨傳、鄭　玄箋，(唐)孔穎達疏：《毛詩正義》，頁553。《十三經注疏》本。中華書局，1980年版。

⑦方告無辜于上。（周書・呂刑）

王引之《經義述聞》："家大人曰：'方'，皆讀為'旁'。'旁'之言'溥也、遍也'。《說文》曰：'旁，溥也。''旁'與'溥'古字通。"（頁69）

方，幫紐陽韻；旁，並紐陽韻。幫紐並紐都是重唇音，方、旁，旁紐疊韻，例得相通。

⑧平在朔易。（虞夏書・堯典）

戴震《尚書義考》："《爾雅》：在，察也。案：在，察，聲義通。凡六書之假借，依聲托事也。"①

察，初紐月韻；在，從紐之韻。初從鄰紐，月之旁對轉，二字聲相近。平在朔易，與上文"平秩東作"、"平秩南訛"、"平秩西成"句式相同，"平在"與"平秩"皆為並列動詞結構，"平秩"是"辨別測定"，"平在"是"辨別觀察"。

⑨厥民隩，鳥獸氄毛。（虞夏書・堯典）

戴震《尚書義考》："惠氏棟曰：《說文》引云'鳥獸毴髦'，云'毛盛也'，'髦'古'毛'字。（戴震）案：《史記》作'其民燠'，氄、茸、耎三字聲義通。"（頁386）

氄，即"毴"《說文・毛部》："毴，毛盛也。从毛，隼聲。《虞書》曰：鳥獸毴髦。"惠棟運用許慎說解"毴"字所引的《尚書》引文作為參考，解釋經義。傳本《尚書》之《虞夏書・堯典》"毴髦"作"氄毛"，或作"茸"、"耎"。毴、氄、茸，日紐東韻；耎，日紐元韻。毴、氄、茸、耎，四字雙聲，東元旁轉。戴震則採用聲訓法達經意旨。

⑩天毒降災荒殷國。（商書・微子）

俞樾《古書疑義舉例》："《尚書・微子篇》：'天毒降災荒殷國。'《史記・宋微子世家》作'天篤下災亡殷國'。篤者，厚也，言天厚降災咎以亡殷國也，'篤'與'毒'，'亡'與'荒'，皆疊韻，此以疊韻字代本字之例也。"②

毒，《說文・屮部》："厚也。害人之艸，往往而生。从屮，从毐。""屮"為"艸木初生"之義，可知"毒"從"屮"，"毒"之本義當為"草厚"，後引申為抽象的"厚"。《史記・宋微子世家》引《微子》，已把"篤"字改代

① （清）戴　震：《尚書義考》，頁385。《續修四庫全書・經部・書類》，第45冊。上海古籍出版社，2002年版。

② （清）俞　樾等：《古書疑義舉例五種》，頁55。中華書局，1956年版。

“毒”字。 篤,《說文・馬部》:“馬行頓遲。 从馬,竹聲。”“篤”之本義為“馬行低首遲緩”。 司馬遷寫《史記》時,“篤”之常用義已為“厚”了,“毒”之常用義已不是“草厚”或抽象的“厚”了,“篤”之“厚”義已代替了“毒”之“厚”義。《爾雅・釋詁》釋“篤”為“固也”、“厚也”。《爾雅・釋言》釋“罹”為“毒也”,“毒”無詞條。 篤,端紐覺韻;毒,定紐覺韻;亡,明紐陽韻;荒,曉紐陽韻。“篤”與“毒”,端定旁紐疊韻;“亡”與“荒”,曉明疊韻,音義可通。

⑪天惟五年須暇之子孫。　　(周書・多方)

曾運乾《尚書正讀》:“須,待也。 暇,寬暇也。 之,猶其也。”①曾先生此說可通。 俞樾《古書疑義舉例》:“‘夏’與‘暇’疊韻。《商(周)書・多方》:‘天惟五年須暇之子孫’。 暇即夏字,言天既降喪於殷(疑為“夏”),以夏后氏有大功德於民,故以五年須待夏后氏之子孫,冀其克念作聖而作民主也。《詩・皇矣篇》鄭注引此經正作‘須夏之子孫’,《尚書》以‘暇’代‘夏’,乃以疊韻字代本字。”(頁56)楊筠如《尚書覈詁》:“須,《釋詁》‘待也’。 夏,今本作‘暇’。 按:《詩・皇矣》《正義》釋《鄭箋》引《多方》‘天惟五年須夏之子孫’,注云:‘夏’之言‘暇’,天覬紂能改,故待假其終至五年,欲使其傳子孫。 五年者,文王八年至十三年也。《周頌・武篇》《正義》引《書》亦同。 則鄭注本作‘夏’可知。 作‘暇’者,蓋因訓‘夏’為‘假’而訛耳。 此承上文言天喪殷,故欲複求夏之子孫以代之。 夏之子孫,既不可念聽,故下文又求於多方也。”②俞、楊之說似更妥帖一點。

夏,匣紐魚韻;暇,匣紐魚韻。 夏、暇二字雙聲疊韻,同音假借。

⑫封,我西土棐徂,邦君御事小子尚克用文王教,不腆于酒,故我至于今,克受殷之命。　　(周書・酒誥)

孫詒讓《尚書駢枝》:“‘棐’亦當讀為‘匪’,‘徂’當讀為‘且’,並同聲假借字。《詩・周頌・載芟》云:‘匪且有且,匪今斯今。’《毛傳》云:‘且,此也’,此‘棐徂’即‘非且’,其義亦為非此言我周西土非自此始,君臣皆尚能用文王教命,不敢厚用酒,猶云自昔已然,故下文即繼之曰‘故我至於今,克受殷之命’。 曰‘棐徂’,又曰‘至於今’,猶《詩》‘匪且’‘匪今’,兩語正相承貫。《偽孔》釋‘棐徂’為‘輔訓往日’屬下‘邦君禦事’為句,《蔡傳》亦從之,不成文義矣。”(頁36)

① 曾運乾:《尚書正讀》,頁241。 中華書局,1964年版。

② 楊筠如:《尚書覈詁》,頁259。 陝西人民出版社,1959年版。

孫詒讓《籀廎述林》："蓋'棐'字之見於《書》者凡十有一（據今文二十八篇言之，偽古文不論），皆當為'匪'字之借字，其義為'非'、為'不'、為'不可'、為'不及'。""若如偽《孔傳》訓為'輔訓'，則文義不相屬矣。""凡《尚書》'匪'、'非'字今文疑皆作'棐'，其義易明者。漢時'棐'、'棑'字校改為'匪'、'非'，故今《書》'匪'、'非'、'棐'錯出。""《尚書》自經秦火，文字輾轉訛互，殆不可讀，非以前後複重之文互相推校，無由得其確詁。'棐'、'匪'通假，本經左驗甚多，而漢以來王莽擬《大誥》，及馬、鄭、偽孔諸家傳注徒知《爾雅》'棐，輔'之訓，執一而不能通其異，自宋朱子、蔡仲默及近代段氏若膺、孫氏淵如、莊氏葆琛，始於《大誥》、《康誥》、《呂刑》略正舊讀，而未能盡究其義。至於《酒誥》、《洛誥》、《君奭》諸篇，指意略涉隱奥，則猶多沿襲傳義，無所匡正。今為綜校全經，宣究其說，俾知《書》義《雅》訓不能強合，用袪經儒墨守舊故之蔽焉。"①

《說文》："棐，輔也。从木，非聲。""匪，器，似竹筐。从匚，非聲。""匪"在上古常用作否定副詞。孫詒讓以"棐"通"匪"，棐、匪，上古皆為幫紐微韻字，二字雙聲疊韻，例得同音通假。孫詒讓則進一步用內證法證明"棐""匪"通假是《尚書》經文通例，說明《書》義《雅》訓不能強合，糾正漢儒舊說，同時，批評了朱熹、蔡沈以及段若膺、孫淵如、莊葆琛諸位大儒，對於《大誥》、《康誥》、《呂刑》皆能是正舊讀，但是對於《酒誥》、《洛誥》、《君奭》諸篇略涉隱奥，就多沿襲漢儒傳義，發人深省。姑且不論孫詒讓結論是否正確，他的研究理念是值得稱道的。這就是不囿於舊說，能勇求新解；不人云亦云生搬詞典義，能綜校全經深究語境義。

⑬汝則有無餘刑，非殺。（周書・費誓）

孫詒讓《尚書駢枝》："竊謂此'餘'當為'舍'之借字。《說文》'餘'從食，余聲。'舍'亦從'余'省聲。古'餘'字亦或省作'余'，見《周禮・委人》，故余、舍二字得通借。魏三體石經《尚書》'余'字作'舍'，即借'舍'為'余'也……舍，釋之也。"（頁 43-44）

余，喻紐魚韻；舍，書紐魚韻；余、舍鄰紐疊韻，義得通借。《說文・八部》："余，語之舒也。从八，舍省聲。""舍，市居曰舍。从亼、屮，象屋也；囗，象築也。"故知孫詒讓"舍亦從余省聲"當為"余亦從舍省聲"之

① （清）孫詒讓：《籀廎述林・卷三》，頁 183-185。《續修四庫全書・子部・雜家類》，第 1164 冊。上海古籍出版社，2002 年版。

誤。然孫詒讓運用《說文》證明同音假借，似為確詁。無，否定副詞，在陳述句中表示否定陳述。"汝則有無餘刑，非殺"意思是說"你們就會有不被釋放的懲罰，只是不被殺頭"。文從意順。

⑭祖己曰：惟先格王，正厥事。（商書·高宗肜日）

王鳴盛《尚書後案》："據《說文》及《史記》、《漢書》等所引推之，則此'格'皆當作'假'。……然古字音相類者，輒得通用。……《釋詁》又以'假'、'格'同訓為'升'，則亦可同訓為'至'，《方言》云：'假，狢，至也，邠、唐、冀、兖之間曰假，或曰狢。'郭璞注云：'狢，古格字。'是也。"①

⑮格人元龜，罔敢知吉。（商書·西伯戡黎）

王鳴盛《尚書後案》："'格人'，《史記》作'假人'，疑古'格'、'假'可通用。"（頁122）

格，見紐鐸韻；假，見紐魚韻。格、假同屬見紐，魚、鐸，陰入對轉，聲義得通。周秉鈞先生指出《史記·殷本紀》引此文作"祖己曰：王勿憂，先修政事"。孫星衍曰："史公云王勿憂者，疑釋假王為寬假王心。"周先生認爲"孫説是也"。②

⑯徂厥亡，出執。（周書·召誥）

孫詒讓《尚書駢枝》："'徂'疑'詛'之假借字，言詛祝暴君之亡國或出奔或見執也，'徂'、'詛'聲類同字通。"（頁38）

徂，從紐魚韻；詛，莊紐魚韻，從、莊鄰紐，徂、詛二字疊韻，例得相通。徂厥亡，詛咒紂王滅亡。厥，代詞，指紂王。出執，執，通"墊"。曾運乾曰："讀為'墊'，《說文》：'墊，下也。'《書·益稷》：'下民昏墊。'鄭玄注：'陷也。'"（頁193）這裡指困境。"出執"即"（人們企圖）脫離困境"。

⑰厥或告之曰：小人怨女詈女，則皇自敬德。（周書·無逸）

王引之《經傳釋詞》："況，滋也；益也。""《書·無逸》曰：'厥或告之曰：小人怨女詈女，則皇自敬德。'《漢石經》'皇'作'兄'，王肅本作'況'，注曰：'況，滋，益用敬德也。'王說是也。古文作'皇'者，借字耳。鄭《注》訓'皇'為'暇'，某氏《傳》訓'皇'為'大'，皆於義未

① （清）王鳴盛：《尚書後案》，頁120。《續修四庫全書·經部·書類》，45冊，上海古籍出版社，2002年版。

② 周秉鈞：《尚書易解》，頁111。岳麓書社，1984年版。

安。上文‘無皇曰’，《石經》亦作‘兄’。《秦誓》‘我皇多有之’，文十二年《公羊傳》作‘而況乎我多有之’。《尚書大傳》曰：‘君子之於人也，有其語也，無不聽者，皇於聽獄乎？’鄭彼《注》曰：皇，猶‘況’也。是‘況’、‘皇’古多通用。”（頁83–84）況，曉紐陽韻；皇，匣紐陽韻，“況”、“皇”二字曉匣旁紐疊韻，聲近義通。

⑱有斯明享。（周書·酒誥）

孫詒讓《尚書駢枝》：“‘享’當讀為‘嚮（向）’，‘向’、‘享’聲近字通，凡此經云向者，並有賞勸之意，《洪範》云‘向用五福威用六極’，《孔傳》釋‘向’為‘勸向’，蓋‘向’為嘉惠、賞勸，‘威’為咎罰畏懲，二義正相對。威福著名，則曰：‘明向明威’。《皋陶謨》云：‘天明畏，自我民明威。’《大誥》云‘天明畏’，‘明畏’即‘明威’，與此‘明向’文亦相對。《洛誥》云‘伻向即有僚’，謂‘使勸就官’也。《多士》云‘則惟帝降格，向於是夏’，謂‘嘉勸於是夏國’也，此‘享’與彼‘向’義並同。《多方》云‘惟有夏之恭多士，大不克明保享於民，亦謂夏之多士，不能昭明保勸於民。’彼‘明保享’猶此云‘明享’，‘享’亦‘向’之假借字也。《偽孔》‘不懍凡享’並釋為享國，則此‘明享’必增為‘明訓享國’而後可通，失之遠矣，此蒙上殷諸臣眾工湎於酒者，勿殺而姑惟教之，較之上罰群飲之不教而殺者，獨為寬恕，故云‘有斯明享’。明，此乃姑勸勉之，不欲遽加以罪，言有此明顯德惠，乃猶有不用我教辭者，則惟有同於殺矣。”（頁37）

孫詒讓仔細考察了《尚書》“向”的常用義，引用《尚書》其他篇目與“明享（向）”類似的文句“明畏”來證明“享”的假借。享、向，上古同為曉紐陽韻，雙聲疊韻，音同義通。斯，近指代詞，這樣。有斯明享，即“有這樣明顯的勸戒”，與下文“乃不用我教辭，惟我一人弗恤弗蠲，乃事時同於殺”密合。

清儒以小學解經，能突破字形障礙，溝通音義的聯繫。由於漢字特有的特點，探求文字的本義往往從字形入手，但語言的運用情況很複雜，經常出現引申觸類，不限形體的現象，這就要求人們能突破字形障礙，運用確鑿材料，辯證音義流變。漢語的豐富性，充分表現在詞形詞義的變化方面。清儒根據形音義三者的區別和聯繫，“因聲求義”，在辨析正形詞、通假詞、聯綿詞、同義詞、近義詞等方面都做出了超越前人的成績。

(二)“據形索義”的理論和實踐

“據形索義”是訓詁學最早產生的一種訓詁方法，也是漢語特有的一種探索詞義的方式。“據形索義”就是用分析文字形體結構的方法來解釋字詞義。“據形索義”訓詁方法簡稱為“形訓”。“形訓”的方法應該在春秋時代就產生了。《左傳・宣公十二年》：“夫文，止戈為武。”《左傳・宣公十五年》：“故文，反正為乏。”《左傳・昭公元年》：“於文，皿蟲為蠱。”這些都是通過分析字形結構的方法來說解字義的，包含了可貴的“形訓”思想。到了東漢，許慎所著的《說文解字》在我國學術史上第一次系統全面地分析字形，探求字義，考究字源。自東漢以降，借助分析字形來研究詞義的方法日益完善，並逐步形成了“據形索義”的訓詁傳統。清代學者創造了傳統小學研究的巔峰時代，他們善於通過對文字形體結構的詳稽博辨來考求文獻詞義。

上古漢語以單音詞為主，《尚書》作為最早的傳世文獻之一，單音詞更多，單音詞字詞同形，分析字形的構形義可以探求詞的本義及其引申義，幫助確定詞在一定的上下文中的語境義。清代學者在《尚書》訓詁實踐中，也有許多通過“據形索義”的方法求得確詁的語例。研究清人《尚書》訓詁“據形索義”的理論和實踐，對於深入開展《尚書》詞彙研究大有裨益。

1.“據形索義”的理論根據

文字是記錄語言的符號系統，不同性質的文字體系表現語言的方式是不同的。索緒爾《普通語言學教程》認為：“表意體系，一個詞只用一個符號表示，而這個符號卻與詞賴以構成的聲音無關。這個符號和整個詞發生關係，因此也就間接地和它所表達的觀念發生關係。這種體系的典範例子就是漢字。”①漢字是一種表意文字，幾乎所有的漢字都會在字形上或多或少地顯示出意義的指向，漢字的形義關係是最為密切的。

---

① （瑞士）費爾迪南・德・索緒爾著，高名凱譯：《普通語言學教程》，頁 50–51。商務印書館，2010 年版。

1.1 分析字形演變可以據形而知義

漢字是表意體系的文字，分析字形就可以分析字義。造字之初，華夏先民多運用具象思維，用畫字法構形，力圖從字形上形象直觀地反映客觀事物。先民們“仰則觀象於天，俯則觀法於地，視鳥獸之文與地之誼，近取諸身，遠取諸物。”（《說文解字·敘》）漢字產生之初是一種具象符號，最原始的象形字是用最簡單的圖形、記號來代替語言中的一個詞。雖然，漢字形體經過不斷的抽象化、符號化，圖畫色彩不斷褪去，但形體演變的軌跡清晰可辨。分析字形演變可以據形而知義。

1.2 漢字“見形知義”的特性是“據形索義”訓詁方法和詞義辨析方法的前提條件

漢字造字法的“六書”是以“象形”法為基本構形法的。象形字就是許慎所謂“畫成其物，隨體詰詘”的字，“象形”法就是實物的簡單圖形，如⊙（日）、（月）、（火）等。指事字、會意字、形聲字則是在象形字的基礎上產生的。指事字主要由象形結構加指示性符號組成，如“刃”、“旦”；或者由象形結構減少指示性符號構成，如“夕”、“片”；或者由象形結構變化符號構成，如“交”、“匕”；或者由象徵性符號表示，如“冂”、“丩”；或者由純粹的指示性符號表示，如“一”、“上”。因為絕大多數指事字構形的基礎是象形字，所以指事字多能“視而可識，察而見意”。會意字是象形結構的組合，“比類合誼，以見指撝”，可以通過象形構件探求字義。商周以後，以記錄語音為主的形聲字逐步佔了統治地位，《說文》所收字中，形聲字佔了80%。雖然如此，但漢字直至今天仍未發展成為表音文字，字的形體結構與字義仍有不同程度的聯繫；而且，形聲字的字元指出了字義的歸屬，它的聲符也往往是字義的承擔者。漢字愈是基本的字根，其圖像性愈明顯。雖然漢字在後來的發展中，符號性、線條性加強了，圖畫色彩逐步減弱，但以形示意的性質沒有變。一般認為漢字造字法的“六書”僅“象形”、“指事”、“會意”、“形聲”是造字法，而“轉注”、“假借”是用字法，因而幾乎所有的漢字在字形上都能直接或間接地映射意義。漢字“見形知義”的特性是“據形索義”訓詁方法和詞義辨析方法的前提條件。

1.3　漢字是形音義的綜合體

漢語一個詞往往用一個音節表示，在上古漢語中單音節詞佔了絕大多數。雖然從周秦時期開始，複音詞產生並逐步增多，但是，構成複音詞的詞素多是單音節的。漢語複音詞中疊音詞、附音詞、聯綿詞絕對量較少，絕大多數是複合詞。複合詞又以偏正結構為主，只要得知偏正複合詞中心語素的意義，就可以推知整個偏正複合詞的大概意義。一個漢字，一個方塊，一個音節，字形與字音成為咬合得非常緊密的一對枘鑿，漢字的單音節性與漢語詞的單音節性取得了高度的統一，一個漢字就是一個形音義的綜合體。

1.4　“形訓”是探求字義或詞義的常用的訓詁方法

漢語詞義的引申系統以本義為基礎，字詞的本義又與字詞的構形義有關。字詞常常會以本義為基點，通過各種引申方式衍生出種種引申義，為了正確理解並探求引申義的產生機制，必須知道字詞的本義是什麼。“形訓”恰恰具有這樣的作用。因此，“形訓”成為探求字或詞意義的常用的訓詁方法之一。

2.“據形索義”在《尚書》訓詁中的實踐

文字學在清代是相當發達的，尤其是對《說文解字》的研究，臻於極致。著述如林，名家輩出。清儒因為諳熟文字構造及形體流變，貫通詞語本義、引申義、假借義，所以他們在疏解典籍文獻中的字詞時，據形索義，其見解往往能超越前人。《尚書》歷來號稱難讀，韓愈曾有“詰屈聱牙”之說。造成這種難題的一個重要原因即是《尚書》文辭古奧，字體繁難。一方面，《尚書》成書時代古遠，古文字難以辨識；另一個更重要的方面是記載文獻的文字自身發生了多次演變。殷商甲骨文，兩周鐘鼎文，秦時篆隸，兩漢隸書，其形體多有變異。魏晉以後，楷書通行，字形逐漸整齊穩定。但是時有變更，並且楷化以後依然保留著古文字在形體上的某些分歧。漢字在長期演變和使用的過程中，又出現了所謂古今字、異體字、俗寫字、繁簡字等複雜的歧異現象。這些歧異現象都逐層積淀在古代文獻之中。《尚書》各篇的異文別字少則幾個，多則幾十個，致使《尚書》的文字歧異現象較之其他古代典籍顯得十分突出，因此，據形索義的工作尤為必要，清儒在這方面作出了很大貢獻。段玉裁是採用傳統文字學方法訓解詞義的典型代表。他的《說文解字注》在剖析字形、解釋字義時，經常選取《尚書》文本進行對照分析，根據漢字的創造與運用的許多規律推求字義。另外，清代學者在研究材料和研究方法上也有了新的突破。吳大澂、孫詒讓等學者能運用金文資料，解決了不少《尚書》中的文字疑難，拓展了"據形索義"訓詁材料的範圍，其結論較之前人更為可靠。19 世紀末，王懿榮發現甲骨文以後，古漢字學的研究進入一個嶄新的歷史時期。"據形索義"成為近現代學者更為常用的訓詁方法和詞義分析方法。

2.1　根據古文字材料分析詞形特徵，索求詞義

我們這裡所指的文字材料主要是指《說文》中的小篆、古文和籀文以及後世出土的金文、甲文。《說文》所記 9353 個正篆，保存了篆文的寫法系統。此外《說文解字·敘》稱："今敘篆文，合以古籀。"《說文》書中標明籀文的有 220 餘字，標明古文的有約 500 字，這些寶貴的文字資料，可以作為研究商周古文字的參考，是聯繫今文字和古文字的橋樑。它在考求《尚書》詞義的重要作用是不明而喻的，清人多將《說文》文字分析資料作為考求古詞義的津梁。

①嶓冢導漾。　　　　(虞夏書·禹貢)

《史記·夏本紀》作："嶓冢道瀁"。"漾"、"瀁"兩字之間是如何的關係？孫星衍在《尚書今古文注疏》解說到："史公'漾'作'瀁'者,《地理志》作'養',《說文》'漾'古文作'瀁'，'養'蓋省文。"(頁 193) 今《說文》："漾，漾水。从水，羕聲。""瀁，古文，从養。"孫星衍借助《說文》所記古文資料，正確辨識字形，考求"漾"之本義。

②植璧秉珪。　　　　(周書·金滕)

《史記·魯周公世家》引作"戴璧秉圭"。今"圭"行而"珪"廢。"珪"何以作"圭"?《說文·土部》："圭，瑞玉也。珪，古文'圭'，从玉。"《說文·土部》凡 131 字，重文 26 字。除"圭"以外，義均與"玉"無涉。"重土"義何為"瑞玉"？段玉裁《說文解字注》："古文從玉，謂頒玉以命諸侯，守此土田培敦也。小篆重土而省玉，蓋李斯之失歟？今經典中圭、珪錯見。"①段玉裁通過考求，"珪"為古文，篆文省作"圭"，正確注解了"珪"的詞義。

① (清)段玉裁：《說文解字注》，頁 694。上海古籍出版社，1981 年版。

“據形索義”除了翻檢《說文》尋找依據外，還可從六國古文、金文、甲骨文尋找線索。 金文研究在清代中晚期由於古代青銅器的大量出土和著錄得到了迅速發展。 阮元就非常重視商周鐘鼎銘文的作用，他說“形上謂道，形下謂器。 商、周二代之道存於今者，有九經焉。 若器則罕有存者，所存者，銅器鐘鼎之屬耳。”①清代學者倡治金石學，目的相當明確，即以古代銅器銘文“證經辨史”、“證經說字”，基於這樣的認識，學術界逐漸走上經史與金文互證、傳世文獻與出土文獻並重的研究道路。 茲舉例說明。

③何敬，非刑？何度，非及？　　（周書・呂刑）

“何敬，非刑？ 何度，非及？”意為：“要謹慎的對待什麼？ 不正是刑罰嗎？ 要考慮什麼？ 不就是判斷公正適宜嗎？”“何度，非及？”今文本《尚書》作“何度，非服”。 俞樾《古書疑義舉例》：“服”，古文作“𠬝”。《尚書・呂刑》篇：“何敬非刑，何度非服。”刑、服對言，古語如此。《堯典》曰：“五刑有服，五服三就。”此篇曰：“上刑適輕下服，下刑適重上服。”並其證也。《史記》作“何居非其宜”。《爾雅》曰“服、宜，事也。”是服、宜同義，故經文作“服”，《史記》作“宜”也。（頁131）

俞樾考“服”之古文為“𠬝”，“及”即“𠬝”之誤字，經文當作“服”。引《爾雅》“服”、“宜”同義，“服”有“適宜”義，義安文順。

④日民獻有十夫予翼，以于敉寧、武圖功。　　（周書・大誥）

⑤予曷其不于前寧人圖功攸終？　　（周書・大誥）

⑥肆予曷敢不越卬敉寧王大命？　　（周書・大誥）

漢代孔安國和唐代孔穎達都認為“寧武”就是“撫安武事”。“寧”為“撫安”，實在是牽強附會，不好理解。“前寧人”和“寧王”歷代學者多認為指的是“文王”，但是解釋起來拐彎抹角，頗費周折。 或者因為文王是能夠使天下安定的先王，所以稱“前寧人”。 或者認為文王是寧靜的君主，所以稱“寧王”。 臆測之詞，將信將疑，始終是個疙瘩。

到了晚清，古文字學家吳大澂才揭開這個疙瘩。 他在《字說》這部重要著作中說：金文的“文”字，有的寫成“忞”，字形中間一個心字。 甲骨文的“寧”字寫成“𡧊”。“寧”和“文”，金、甲文字形相近。 春秋時期，“文”的字形中間都沒有“心”字了，後人不認識古文“文”字，便誤認為是個“寧”字。 吳大澂的研究糾正了前人誤解。《大誥》中的“寧”字原來是

① （清）阮　元：《揅經室三集・商周銅器說上》，第632頁。 中華書局，1993年版。

“文”字的誤寫，各種問題就迎刃而解了。“寧武”是指“（周）文王”和“（周）武王”。“寧王”本來應該是“文王”。“前寧人”就是“前文人”，也是指“文王”。“前文人”是周代的慣用語，意指死去的先人。周人稱先王為“文考”，稱先祖為“文祖”，死去的先人泛稱為“前文人”。《大誥》是周成王時，周公東征平定三監和淮夷叛亂發佈的誥令。周公在誥令中所稱“前文人”，當然也可以指“文王”。看來，只有熟悉古文字形體才能正確辨識文字字形，這是訓釋古詞語的必要前提。否則只能是望文生義，甚或是毫無依據的主觀臆斷。

2.2　根據文字歷時共時的演變規律，索求詞義

漢字在歷史發展的過程中發生了紛繁複雜的變化，除了字體的演進外，古今字、正俗字、繁簡字、通假字本字等用字歧異現象層出不窮。面對文獻中的歧文異字若不能分清彼此關係，必然不能使詞語得以正確地訓解。清人《尚書》訓詁在此方面用力甚多。

2.2.1　根據古今字的歷時演變規律索求詞義

古今字的產生與詞義的發展有一定關聯。字詞產生之初當是一字一義，一詞一義。後來字義詞義發展豐富了，就出現了一字多義和一詞多義的情況。字形和詞形就出現“兼職”現象。字形和詞形“兼職”過多，必然影響語言的交際。人們於是想出一個辦法，用加旁字加旁詞來分擔字詞的“兼職”。原來一個字詞表示幾個意義，就變成一個原有的字詞和幾個後起的加旁字詞分別表示不同的意義。這樣原有的字詞稱為古字古詞，後來分化出來的加旁字詞就稱為今字今詞。今字的出現是為了文字更精確地記錄語言，更好地表達書面語，但同時也對不同時代的古籍文本的解讀造成了障礙。古今字這個術語最早由東漢經學家鄭玄提出，《禮記·曲禮》鄭玄注：“余、予，古今字。”①到了清代，許多學者十分重視古今字，戴震、段玉裁不時述及古今字問題，在《尚書》研究著作中有著豐富的關於古今字的論述材料。

①九川滌源，九澤既陂。　　　　（虞夏書·禹貢）

《說文解字注》：“後人以‘原’代‘高平曰邍’之‘邍’，而別制‘源’字

① （漢）鄭　玄注，（唐）孔穎達疏：《禮記正義》，頁 1260。《十三經注疏》本，1980 年版。

為‘本原’之‘原’，積非成是久矣。”（頁 569）

《說文·灥部》：“原，水泉本也。”“原”的本義是水之源頭，引申為“本原”義。例如《荀子·君道》：“君者，民之原也。”《說文·辵部》：“邍，高平之野，人所登。”後因“原”字被假借標識“平邍”義，並約定俗成，且完全替代“邍”字，《爾雅》就釋“原”為“廣平曰原”。而“原”的本義則以古字為聲旁，加一個形旁“水”，另造了一個形聲字“源”來表示。例如《禮記·學記》：“或源也，或本也。”《玉篇》：“原，魚袁切，泉水也，今作源。”①由此可知“原”、“源”是古今字。《尚書今古文注疏》：“滌源者，謂疏達其水原也。”（頁 201）段玉裁溯本求源，區分“原”和“源”是古今字。

②無有遠邇，用罪伐厥死，用德彰厥善。（商書·盤庚上）

《說文·辛部》“辠”字下段玉裁注：“此志改字之始也。古有假借而無改字。‘罪’本訓為‘捕魚竹網’，從網非聲，始皇易形聲為會意。而漢後經典多從之，非古也。”（頁 741）《說文·网部》：“罪，从网、非。秦以‘罪’為‘辠’。”《說文解字注》亦曰：“罪，本形聲之字，始皇改為會意字也。”（頁 355）

“辠”與“罪”為古今字。《說文·辛部》：“辠，犯法也。从辛，从自，言辠人蹙眉苦辛之憂。秦以‘辠’似‘皇’字，改為‘罪’。”而“罪”本義是“捕魚的竹網”，典籍中未見用例。許慎認為“罪”從“网”、“非”，會意。秦以“罪”易“辠”後，一直沿用至今。敦煌本伯 2643、岩崎本、內野本、足利本保留了“辠”古字寫法，唐石經和八行本作“罪”。

2.2.2 根據正俗字的共時形體變異規律索求詞義

所謂“俗字”，又稱俗體字，是相對於正字而言的一種流行於民間的通俗字體。因為俗字是與正字相對而言的，所以俗字的概念又是伴隨著正字的產生才產生的。甲骨文、金文時代只有常用字和非常用字之分，而無正俗之分。最早提出“俗字”這一概念的是東漢許慎的《說文解字》，他在《說文解字》中多次提到俗字的情況，所收的 9353 個字中，大徐本共列出 15 個俗字，小徐本則列出 25 個俗字。後世俗字的流傳有增無減，給訓解詞義造成困難。

①織皮崐崘、析支、渠搜，西戎即敘。（虞夏書·禹貢）

---

① （南朝）顧野王：《宋本玉篇》，頁 362。據張氏澤存堂本影印。中國書店，1983 年版。

《史記·夏本紀》作:"織皮昆侖、析支、渠搜,西戎即序"。孫星衍《尚書今古文注疏》:"崐崘,俗字,當為'昆侖'。"(頁181)《漢書·地理志》作"昆崘"。《尚書正義》引鄭玄注曰:"衣皮之民居此崑崙、析支、渠搜三山之野者,皆西戎也。"[①]崐崘、昆崘、崑崙皆為"昆侖"的變體。

②不協于極,不罹于咎,皇則受之。 (周書·洪範)

《史記·宋微子世家》作:"不協於極,不離於咎,皇則受之。"孫星衍《尚書今古文注疏》:"史公'罹'為'離'者,罹,俗字,當為'離'。《詩·兔爰》云:'雉罹於羅。'《釋文》云:'罹,本又作離。'《文選·思玄賦》:'循法度而離殃。'注:'離,罹也'。"(頁304)"罹"是《說文·网部》新附字。許慎釋為"心憂也。从网,未詳。古多通用'離'。"《說文·隹部》:"離,黃倉庚也。鳴則蠶生。""不罹於咎"句"罹"作"遭受"解。古多用"離"表"遭受、遭遇"。

③王曰:嗚呼!小子封,恫瘝乃身。 (周書·康誥)

阮元《尚書注疏校勘記》:《後漢書·和帝紀》:"永元八年,詔曰'朕寤寐恫矜'注:'《尚書》曰'恫矜乃身',孔安國注曰:'恫,痛也,矜,病也,言如痛病在身欲除之也'。矜音古頑反,蓋章懷所見孔氏《尚書》作'矜',可證'瘝'為'矜'之俗字矣。"[②]

這裡運用《後漢書》引用的漢代孔氏《尚書》的記載作為論據,證明"瘝"與"矜"之間是正俗字的關係。

④冀州,既載壺口,治梁及岐,既修大原。 (虞夏書·禹貢)

段玉裁《古文尚書撰異》:"大唐石經'已'下作'太',非古本也。漢人書碑廟號如太宗,官名如太尉、太常、太中,地名如太原、太陽之類,皆作'大',泰山亦作大。經典凡太子、太學皆作大,此經如大原、大行、大華、大甲、大戊等,衛包皆依俗讀改為'太',而開寶中又刪《釋文》'大,音泰'之云矣,惟偽《武成》'大王'、偽《畢命》'大師'未改。"[③]

清江沅《說文釋例》:"古祗作'大',不作'太'。亦不作'泰',《易》之'大極',《春秋》之'大子'、'大上',《尚書》之'大誓','大王王季',

---

① (漢)孔安國傳,(唐)孔穎達疏,《尚書正義,》頁151。《十三經注疏》本,中華書局,1980年版。

② (清)阮　元:《尚書注疏校勘記》,頁209。《十三經注疏》本,中華書局,1980年版。

③ (清)段玉裁:《古文尚書撰異》,頁90。《續修四庫全書·經部·書類》,第46冊。上海古籍出版社,2002年版。

《史》、《漢》之‘大上皇’、‘大后’，後人皆讀為太，或徑改本書，作‘太’及‘泰’。”① “太”字《說文》未見，始記於《廣雅·釋詁一》：“太，大也。”段玉裁本例通過上溯用字歷史，詳細考察“太”本作“大”，後人用俗字“太”改經典中“大”。

2.2.3　根據繁簡字的歷時演變規律索求詞義

繁簡字是繁體字和簡體字的合稱。漢字中有些字筆劃較多、書寫繁難，從甲骨文時代起，便不斷另創或另找一些筆劃簡單的字以相替代，形成了繁體和簡體的字形差異。

寅賓出日，平秩東作。　　　　　　　　　　　　　（虞夏書·堯典）

王鳴盛《尚書後案》：“《說文》卷五上《豊部》云：豑，爵之次第也，从豊，从弟。《虞書》曰：‘平豑東作’，次弟則序也。卷七上《禾部》：‘秩，積也’，無序義，隸變以‘秩’代‘豑’，豑字遂廢。”（頁6）“豑”字筆劃過繁，而文字發展會遵循經濟原則，往往會避繁就簡，使用常用字來代替。

2.2.4　根據異體字的形體變易索求詞義

惟截截善諞言。　　　　　　　　　　　　　　　　（周書·秦誓）

《說文·言部》“諞”字引《周書》曰：“戩戩善諞言。”段玉裁注：古文《尚書·秦誓》文。（頁98）《說文·戈部》“戔”字引《周書》曰：“戔戔巧言。”段玉裁注：《周書·秦誓》文也，今《書》：“戩戩善諞言。”（頁632）

孫星衍《尚書今古文注疏》：“《說文》用孔氏古文，亦兼取今文，故兩引之也。”（頁553）

《說文·言部》“諞”引《秦誓》“截截”作“戩戩”。《說文·戈部》“戔”引《秦誓》“截截”作“戔戔”。段玉裁認為“戩”引自古文《尚書》，“戔”引自今文《尚書》。《說文·戈部》：“戔，賊也。从二戈。《周書》曰：戔戔巧言。昨千切。”“昨千”的切音，今讀為“殘”。戈為兵器，兵多則殘。《說文解字注》：“此與‘殘’音義皆同，故‘殘’用以會意。今則‘殘’行而‘戔’廢矣。”“截”與“戩”為異體。《說文解字注》以為：“此稱‘戔戔’‘戩戩’之異文。”（頁632）“截截”、“戩戩”、“戔戔”皆異文，經文或當作“諓”。劉向《九歎》、《漢書·李尋傳》、《楚辭》王逸注引《秦誓》皆作“諓諓”。《說文·言部》：“諓，善言也。从言，戔聲。”《說文解字注》：善

① （清）江　沅：《說文釋例》，頁17。清代咸豐元年（1851）刻本版。

言，“謂善言辭者。”（頁 94）段玉裁認為：“‘諓’即‘戔’。許作‘戔’為本字，他家作‘諓’加之‘言’也。”（頁 632）“戔”、“諓”義近，“截”、“戩”音近可通。

2.2.5 根據形近字的辨異索求詞義

①平章百姓。（虞夏書·堯典）

《史記·五帝本紀》作：“便章百姓。”王鳴盛《尚書後案》：“《說文》‘釆，辨別也，像獸指爪分別也，讀若辨，蒲莧切，古文作□、□，从亏从八，語平舒也，又正也，符兵切，古文作□，二字不同而形聲易混，《說文》又於‘□’字下注云：‘釆’，古文‘辨’字。此經鄭訓，辨別，則鄭本必作‘釆’。”（頁5）

王引之《經義述聞》：“下文‘平秩’字，伏生作‘便’，鄭元作‘辯’，《說文》曰：‘釆，辨別也，讀若辨，古文作□、□，與平相似，《亏部》曰：‘古文平作□’。孔氏襲古文，誤以□為‘平’，訓為平和，失之。‘辨’與‘便’同音，故《史記》又作‘便’，《汗簡》曰：‘古文《尚書》‘平章’字作‘□’，《玉篇》同。”（頁66）

“平章百姓”意為“辨明百官”。司馬貞《史記索隱》：“古文《尚書》作‘平’。此文蓋讀‘平’為蒲耕反。‘平’既訓‘便’，因作‘便章’。”①“平”怎麼會有“辨”意？經過清儒考證“平”實為“釆”之訛。平，秦小篆寫成“□”。惠棟《九經古義》：“《說文》‘釆’，辨別也。像獸指爪分別也，讀若‘辨’。古文作□，與‘平’相似。”平、釆形似而訛。平、便並紐雙聲，音近而訛。後又改作“辨”。《後漢書·劉愷傳》作“辨章百姓”。

②在今爾安百姓，何擇，非人？何敬，非刑？何度，非及？

（周書·呂刑）

“何擇，非人？”《墨子·尚賢下》引《周書·呂刑》作“女何擇言人”。《墨子間詁》：“畢云：孔《書》無‘女’字，作‘何擇，非人’。王引之云：‘言’當為‘否’。篆書‘否’作‘□’，‘言’字作‘□’，二形相似。隸書‘否’字或作‘□’，‘言’字或作‘音’，亦相似。故‘否’誤為‘言’。‘否’與‘不’古字通。故下二句云‘何敬不刑，何度不及’也，今《書》作‘何擇非人，何敬非刑，何度非及’。非、否、不並同義。”②

---

① （漢）司馬遷：《史記》，頁16。中華書局，1975 年版。

② （清）孫詒讓：《墨子間詁》，頁43。上海商務印書館，1935 年版。

孫詒讓以小篆“言”與“否”字形相似，證“言”當為“否”，再以“否”與“不”古字通，明孔《書》何作“何擇，不人”之因。因“非、否、不並同義”，知今傳本《尚書》作‘何擇，非人”之緣由。從而，形近而詞誤義誤，義近而形易，訛變之跡，清晰了然。

3.“據形索義”訓詁方法的局限與啟示

清人綜合運用形體分析、歷史比較的考釋方法，探求《尚書》詞彙意義，無論是參照古文字構形材料，還是細演漢字進化規律，都取得了重大突破，解決了許多困擾前輩學者的問題。同時，也應看到受歷史條件的制約，清人的“據形索義”也有一些局限。這是我們在繼承清人研究成果中需要注意的。

3.1　從方法論角度考察清代學者“據形索義”的訓詁方法

清人根據形聲字形符偏旁系統探求形聲字的構形義，或者根據金甲文析義釋詞，存在著忽略音義、不顧字形演變以及字詞的使用存在通假等現象而單純根據字形強為之訓的偏誤。

漢字字形的演變主要以下三種情況：（1）隸變、楷化對漢字結構的嚴重影響。（2）字形的訛變和混用。（3）古今字、異體字、繁簡字的變化。

“據形索義”需要結合“因聲求義”等其它訓詁方法的綜合運用。“古代文獻用字時並不完全按造字初期那樣只寫本字，而往往依照它的聲音選擇一個後出字甚至假借字來寫。對訓詁學來說，重要的不在它寫哪個字，而在它用的是哪個詞，這個詞的詞義是什麼。為了探求它的詞義，訓詁學就必須沿著聲音的線索將本字找到，才可進一步利用那個與詞義直接聯繫的字形來考察它的字義。”①形訓的作用是探求字詞的本義，並不能說明語源。從字形的角度分析漢字，可以探知這個字當初為什麼這樣構形，從而推知構形義。構形義和文獻最早用例的綜合分析，可以推知語詞的本義。但要知道詞的語源，則必須結合語音來加以分析。所以“據形索義”的作用是有一定限度的。

① 陸宗達、王　寧：《訓詁與訓詁學》，頁21。山西教育出版社，1994年版。

3.2　從材料學角度考察清代學者"據形索義"的訓詁方法

清代《尚書》學熔冶漢學和宋學的精華，高舉"樸學"的旗幟，為後代《尚書》研究奠定了雄厚的基礎。自近代起，西學東漸，學者們發揚清學的優良傳統，注重採用新材料和相關學科的新的研究成果，在新的理論指導下研究《尚書》。王國維首倡"二重證據法"，他的《觀堂集林》卷一卷二、楊樹達的《積微居讀書記》的《尚書說》和于省吾的《雙劍誃尚書新證》都運用金文、甲文、地下考古資料和文獻材料互證，考訂《尚書》文字和史實，論斷多精審。

在歷史比較的實際運用過程中，《說文》材料的運用遠遠多於金文和甲骨文材料的使用，而金文材料的使用又多於甲骨文。因為甲骨文的考釋運用還是清末以後的事情，也就出現了"前修未密，後出轉精"的可能性。舉例說明如下：

①王省惟歲。　　　　　　　　　　　　　　　　（周書・洪範）

②曰王眚惟歲。　　　　　　　　　　　　　　（史記・宋微子世家）

《說文・目部》"眚"字下段玉裁注：引申為災眚。

《尚書易解》："省，察也。王省惟歲，王者所省察如歲之兼四時。"（頁144）《說文・目部》："眚，目病生翳也。"《說文解字注》："引申為災眚。"（頁134）《宋微子世家》引《書》"省"作"眚"。省、眚雙聲疊韻，"眚"為通假字。先秦"省"、"眚"常通用。《公羊傳・莊公二十二年》"肆大省"，《左傳》、《谷梁傳》皆作"眚"。《周書・康誥》"人有小罪非眚"，《潛夫論》引作"省"，《史記》引作"眚"。"眚"與"省"之所以通用，與它們的甲文、金文書寫形體近似有關。"眚"的甲文寫作、，金文寫作、，[1]金文變作、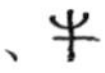，從目生省聲。《說文》以爲從，非是。"省"的甲文寫作、、等形，金文寫作、。[2] 字形相同，故能夠互用。

由於漢字的形體先後經過甲、金、篆、隸、楷等幾次大變化，由筆意改為筆勢，再變成單純的線條符號，形義關係不斷弱化。即使是許慎所用的小篆，有的字形結構也失去了造字之初的意義，因而也有不可靠的地方。甲骨文、金文材料的發現使用為後人糾正前人的遺憾甚至超越前人的成就提供了可

① 黃德寬主編：《古文字譜系疏證》三，頁2204。商務印書館，2007年版。

② 陳初生：《金文常用字典》，頁411。陝西人民出版社，1987年版。

能性。我們必須依據《說文解字》，又不囿於《說文解字》，而是廣稽甲金文字，在嚴格的考辯中探尋漢字形體所隱含的意義。

3.3　從語言觀角度考察清代學者"據形索義"的訓詁方法

王力認為:"清儒在文字學的成就是空前的。他們確有研究同源字的能力。段玉裁、王念孫等主張以聲音明訓詁，這正是研究同源字的方法。……那麼，為什麼他們不寫出一部同源字典或語源字典來呢？這是由於他們是從文字的角度上研究問題，不是從語言的角度上研究問題。"①王力先生的這段話不僅僅適用於清儒在同源字研究方面的狀況，同樣適用於清儒在訓詁方面詞義方面的研究情況。雖然我們不能說清人完全沒有依照語言學的規律展開學術研究，因為他們的學術思想所包含的內容非常豐富，還沒有完全被研究透。但是，若用現代語言學理論來觀照清儒的成果，由於歷史因素的制約，清人還不能夠自為的從語言學角度展開詞彙研究。"語言文字學"這一概念的提出還要到 1906 年，章太炎撰《論語言文字之學》，才大力提倡"語言文字之學"的獨立發展。這一概論提出的意義在於"在推動語言文字學走向獨立發展之路的同時，也就給予了訓詁學發展以巨大的影響"。② 章太炎先生出身於漢學世家，早年師從經學大師俞樾，崇尚傳統古文經學，深研段王治學方法，有很深的造詣，可以說，清人豐厚的訓詁成就是章太炎先生提出"文字語言學"概念的基石。另一方面，太炎先生也認為:"自從甲午以後，略看東西各國的書籍，才有學理收拾進來。"表明正是西學作為一種外因，為章太炎先生語言文字學概論和理論的提出提供了參照物。

訓詁工作是疏通文獻語言疑難的工作。任何一種訓詁方法並非單純研究字，而是研究詞義。尤其是"據形索義"的方法，應該突破僅僅研究漢字形體結構的藩籬，轉而闡釋漢字作為詞彙載體的功能，透過漢字形體的表層，逐步發掘漢語詞義的深層，以求漢語詞義系統，進而揭示漢語詞彙的歷史變化。

---

① 王　力:《同源字典》，頁 1。商務印書館，1982 年版。

② 周光慶:《二十世紀訓詁學研究的得失》，《華中師範大學學報》，1999 年，第 2 期。

(三)"正形尋義"的理論和實踐

詞是語言中最小的單位，是一種語言實體。詞義是這個實體的內容，用以記載表達詞義的是詞的形式。詞的形式可分為詞的語音形式和語法形式。"廣義的詞形還應加上詞的書面形式，即漢字，這對漢語來說較為必要。"① "正形尋義"即通過勘正詞形在流傳過程中的異變，從而能根據正確的詞形來尋求詞義的方法。《尚書》詞義訓詁之所以在清代取得較多正確的成果，與清人注重校勘詞形的基礎工作密不可分。

1."正形尋義"的理論根據

人們要理解一個詞語的意義，必然要借助對詞形的分析。但是，在印刷術發明以前，學術傳播的主要方式是師生之間口耳相傳，老師傳經時由於方音等方面的原因形成音訛，學生記錄時由於倉促忘其字以別字代之等原因形成形訛，皆為在所難免，兼之古文獻在漫長的時間和遼闊的空間中傳播，經過不同文化層次的人連續不斷無數次的傳抄、傳寫、傳刻，形成了訛脫闕衍等多方面的異變現象，像《尚書》這樣的古老經典尤為明顯。詞的形式因異變而失真，這為正確訓解詞義造成很大的阻礙。若不經校勘而強為訓釋，難免是望文生義，扞格難通。這就需要首先校訂詞形，還詞形以本真。

《尚書》在流傳過程中經歷的劫難在傳世典籍中是比較突出的，段玉裁在《古文尚書撰異・序》中曾有敘述。段氏概述《尚書》從先秦至北宋流傳狀況："經惟《尚書》最尊，《尚書》之離厄最甚。秦之火，一也；漢博士之抑古文，二也；馬、鄭不注古文逸篇，三也；魏晉之有偽古文，四也；唐《正義》不用馬、鄭用偽孔，五也；天寶之改字，六也；宋開寶之改《釋文》，七也。"(頁1)《尚書》歷經"七厄"，或遭毀，或失傳，或改寫，或改字，面貌的變化程度是難以具體預料的。至宋代以後版刻開始流行，起初是經與注、疏單行刊印，從南宋之後《尚書》注疏始有合刻本。其中岳珂《九經三傳沿

---

① 蘇新春:《漢語詞義學》，頁138。廣東教育出版社，1992年版。

革例》所載建本附釋音注疏本，世稱“宋十行本”，為經文注疏合刻較早、後世流傳最廣之版本。其版由元入明，遞有修補。明嘉靖中據十行本重刻，稱閩本；萬曆中又據閩本重刻，稱明監本；崇禎中毛晉汲古閣又據明監本重刻，稱毛本。《尚書》經過如此輾轉翻刻，早已是訛謬百出。

清人要正確地訓解《尚書》，其起步工作必須從校勘詞形開始，需要考訂眾版源流，詳察各本異同，勘正諸文脫衍，辨析眾字訛舛。只有在復原文本的基礎之上，進行訓詁解釋，才能得出較為可信的結論。否則難免會出郢書燕說、鄭璞周鼠的誤解。

2.“正形尋義”在《尚書》訓詁中的實踐

“蓋古籍流傳既久，或漫漶殘缺，或傳抄錯誤，或經人妄改，致一句不明，意或難通，一字訛脫，義或兩歧，非經校勘，不能識其原文而明其本意。清儒於此，最為特擅，名家如林。”①《尚書》為群經之首，清代校勘學家於此用力甚勤，創獲頗豐。他們詳細搜集兩漢今、古文《尚書》的異文別說，辨析考證，說明字形變異的原因，有許多精闢的見解。段玉裁的《古文尚書撰異》考校“意在正晉唐之妄改，存周漢之駁文，並詳古今文字之異同”。（頁252）王念孫、王引之《經義述聞》採用“用小學校經”的方法，更正詞形。阮元的《十三經校勘記》集唐宋石經以及宋元明時期的各種版本，詳加校勘，為《尚書》經注正義作了一次較為全面系統的正本清源工作。其他如盧文弨《群經補識》、王鳴盛《尚書後案》、孫詒讓《十三經注疏校記》等等，在詞形訂正方面也是考辨精審，多有的論，主要表現在以下幾方面。

2.1　訂正形近致誤以求確詁

①比介于我有周御事。　　　　　　　　　　　　　（周書・召誥）

段玉裁《古文尚書撰異》：“日本山井鼎云：足利古本‘介’作‘迩’。玉裁按：孔《傳》凡‘介’皆訓‘大’，不應此獨訓‘近’，疑本作‘迩’，而譌‘介’字之誤也。‘迩’古文‘邇’，見《義雲章汗簡》。”（頁225）

段玉裁首先根據山井鼎說的版本對校，發現異文。其後從詞義入手，依

① 古國順：《清代尚書學》，頁234。臺灣文史哲出版社，1988年版。

據孔《傳》凡訓“介”都有“大”義，認為此處應為“迩”字。“迩”、“介”字形相近易誤。阮元《尚書注疏校勘記》：“古本‘介’作‘邇’。”“今字《尚書》當作‘邇’；後誤為‘介’，則因‘邇’字而譌也。”（頁218）

②萬年猒于乃德。（周書·洛誥）

阮元《尚書注疏校勘記》：“猒，《唐石經》、古本、岳本、《纂傳》‘猒’下有‘于’字。毛本‘猒’作‘厭’。按：有‘于’字是也。‘厭飫’之‘厭’，《說文》本作‘猒’，今通作‘厭’，別作‘饜’，‘猒’字不誤。”（頁218）

《唐石經》刻成於唐文宗開成二年，用衛包所改之今文。古本為日本足利學所藏書寫本。岳本是宋岳珂用廖氏世綵堂本重加校勘，所謂相臺本也。《纂傳》為元代王天與所撰的《尚書纂傳》。《說文·甘部》：“猒，飽也。从甘，从肰。”肰，犬肉。金文字形像犬口含肉。小篆“口”變為“甘”。《說文·厂部》：“厭，笮也。从厂，猒聲。”徐灝《說文解字注箋》：“猒者，‘猒飫’本字，引申為‘猒足’‘猒惡’之義，俗以‘厭’為‘厭惡’，別制‘饜飫’‘饜足’，又從‘厭’加‘土’為‘覆壓’字。”①阮元將多種版本並行比對，發現“猒”、“厭”、“饜”三種異文，借助《說文》分析字形，探究字源，推求詞義，知經文本應作“猒”，是為的論。此外阮元通過比勘發現十行本脫一“于”字。

③汝克紹乃顯祖。（周書·文侯之命）

阮元《尚書注疏校勘記》：唐石經、古本、岳本、宋版蔡傳“‘紹’作‘昭’，‘紹’字非也。毛本亦誤。《石經考文提要》云：孔安國傳：‘汝能明汝顯祖唐叔之道’，明訓昭也。按：《疏》云‘昭乃顯祖，不知所斥’，是宜作‘昭’明矣。此殆因下‘紹乃辟’而誤。”（頁257）

阮元《尚書注疏校勘記》首先通過眾本對校，此處應為“昭”。又根據孔安國傳將“昭”這個詞語訓釋為“明”，又根據《疏》文“昭乃顯祖，不知所斥”，確定宜作“昭”，並分析是“昭”與“紹”形相近，因下文有“紹乃辟”而誤。

2.2 訂正音近致誤以求確詁

我其發出狂。（商書·微子）

---

① （清）徐 灝：《說文解字注箋》，頁256。《續修四庫全書·經部·小學類》，第225冊，上海古籍出版社，2002年版。

《史記·宋微子世家》作："我其發出往。"王鳴盛《尚書後案》："鄭玄曰：發，起也，紂禍敗如此，我其起作出往也。《傳》曰：我念殷亡發疾生狂。（王鳴盛）案曰：鄭玄云者，鄭以'狂'作'往'，故為此訓也。此篇原為微子欲去殷訪於箕子、比干而作，上文言殷之亂，已詳，此處當結出出亡本意，以為下文發問正文。晚晉本改為'出狂'，《孔傳》以為微子自發狂疾，非也。'狂'《史記》作'往'，裴駰集解引鄭注亦作'往'。"（頁125）孫詒讓《尚書駢枝》："此'狂'當從鄭讀為'往'，'發'（發）疑當為'廢'（廢），言我其廢棄而出亡也，'廢出往'猶《召誥》云'徂厥亡出軌'，文例略同。"（頁33）

《尚書易解》："孫讀是。""狂，《史記·宋世家》作'往'，當從之。鄭玄曰：'發，起也。紂禍敗如此，我其起作出往也。'"（頁120）"廢"以"發"為聲符，二字上古雙聲疊韻，皆為幫紐月韻，例得通借。"往"古音為匣紐陽韻，"狂"古音為群紐陽韻，兩字疊韻聲近，故亦得相通借。通假字與本字相對，是指本有其字的同音替代字，通假字和本字之間古音相同或相近，在詞義上沒有相同之處。《尚書》中存在著大量通假字，必須破字為訓。

2.3　訂正詞義誤解以求確詁

①達于河。　　　　（虞夏書·禹貢）

阮元《尚書注疏校勘記》："諸本作'河'，非也。按：《說文》'菏'字下、《水經·濟水篇》引並作'達於菏'，《古文尚書疏證》云：'菏者，澤名，為濟水所經。又東至于菏者，是在豫之東北，即徐之西北。舟則自淮而泗，自泗而菏，然後由菏入濟，以達於河，此徐之貢道也。"（頁154）

此處根據《說文》與《水經注》的相關引文，並參用閻若璩《古文尚書疏證》解釋，發現"達於河"應作"達於菏"，校正了傳本中理解為"到達黃河"的錯誤。

②傲虐是作。　　　　（虞夏書·皋陶謨）

阮元《尚書注疏校勘記》："'傲'，岳本作'敖'。按：傲，倨也，五報反；敖，遊也，五羔反。《傳》釋'傲虐'云'傲戲而為虐'，《釋文》：'音五羔反'，則當作'敖'明矣。《釋文》又云'徐五報反'，則與上文'傲'字無別，唐石經及近刻皆沿其誤。薛氏《古文訓》兩句俱作'奡'，亦非也，惟岳本得之。"（頁145）

阮元此處通過《孔傳》對"敖"的注釋來確定"傲"的詞形有誤，同時與陸德明《釋文》音義互證，說明岳本可信，推論唐石經及後代刻本的連續失誤。《說文・夰部》："奡，嫚也。讀若傲。"段玉裁注："傲者，倨也。'奡'與'傲'音義皆同。"（頁369）宋薛季宣《書古文訓》內將"傲"寫作"奡"也是錯誤的。

③皇帝哀矜庶戮之不辜。（周書・呂刑）

阮元《尚書注疏校勘記》："陸氏曰：'皇'宜作'君'字。按：陸氏因《傳》有'君帝'之語遂謂經之'皇'字宜作'君'，不知經自作'皇'，《傳》自作'君'，《傳》以'君帝'釋經'皇帝'，以別於秦之所謂'皇帝'也，'皇'之為'君'，自是常訓，故《傳》不特釋之。下經'官伯'，《傳》作'官長'，亦將謂經之'伯'字當訓作'長'乎？考單本《釋文》乃大書'君帝'二字，注云：'君'宜作'皇'字，尤為舛誤，注疏本所載不誤也。"（頁252）

校勘者識出《傳》以'君帝'釋經'皇帝'，以別於秦之所謂"皇帝"，"皇"改為"君"，自是常訓。《尚書注疏校勘記》指出了陸德明因《傳》文改經文詞語的失誤。

2.4 訂正避諱字以求確詁

①敬授人時。（虞夏書・堯典）

阮元《尚書注疏校勘記》："古本'人'作'民'，注同。按：唐以前引此句未有不作民者。《疏》云：'敬授下人以天時之早晚，下人猶下民也。'知《孔疏》所據之本猶作'民'字，後人因疏作'人'，並經傳改之，自開成石經以後，沿譌至今。《舜典》'食哉惟時'傳曰'惟當敬授民時'，此未經改竄者。"（頁124）

古人避諱由來已久，臣子當避君王之諱，晚輩要避長輩之諱以示尊敬，唐代因避李世民之諱，而經文及注疏改"民"為"人"，但也有殘存在唐以前的傳注中作"民"的，《尚書注疏校勘記》引《舜典》中的傳注"惟當敬授民時"來證明。

②帝曰："棄，黎民阻饑"。（虞夏書・堯典）

段玉裁《古文尚書撰異》："凡經典'棄'字，唐石經皆作'弃'，此因其字中有'世'字，故避諱從古文作'弃'，不必從也，又凡'葉'字作'枼'，亦是避'世'字，棄字之中非'世'字。"（頁49）

段玉裁根據避諱的歷史知識，說明唐石經"棄"因避李世民名諱，作"弃"或"枼"字。名諱給正確訓解詞義造成了障礙，需要更正。

古文《尚書》中亦有一些因避帝王名諱而改的字，清代學者改正了這些避諱字以求確詁，例如：《商書・伊訓》："與人不求備撿身若不及。"阮元《尚書注疏校勘記》："'撿'，唐石經、岳本、十行本、閩本、監本俱從木作'檢'字。按：作'撿'字避所諱，汲古閣全書皆然。"（頁397）自明監本之前諸本均作"檢"，只有明代毛晉汲古閣本獨作"撿"，通過比勘可以發現問題。毛本刻於崇禎中，避明思宗朱由檢之名諱，故改作"撿"字。只有校勘正確的詞形，探尋詞義才更科學。

2.5　訂正字體變易致誤以求確詁

①寅餞納日。（虞夏書・堯典）

阮元《尚書注疏校勘記》："'餞納'，《群經音辨》作'淺內'。詳見《釋文》校勘記。"（頁124）又阮元《尚書釋文校勘記》："餞，段玉裁云：'餞'本是'淺'字，開寶依唐石經改為'餞'，'餞'安得訓'滅'也？按：《群經音義・水部》云："淺，送也，滅也，音'餞'，《書》'寅淺內日'。"（頁124）

阮元引宋賈昌朝《群經音辨》中所引《尚書》文句及考釋，斷定應為"淺"，不應作"餞"，並說明此誤始於北宋開寶年間依據唐石經改字。

②流共工于幽洲。（虞夏書・堯典）

阮元《尚書注疏校勘記》："《說文》無'洲'字，水中之地本只作'州'，後人加水，相沿已久，惟此句不可作'洲'。觀《孔疏》直以十二州之幽州釋之，則孔氏所據之經作'州'，與《孟子》同。若作'洲'，則似別有一地名為幽洲矣。"（頁133）

阮元依據《說文》，州本為水中之地，後引申泛指地域。於是，人們又在"州"旁加"水"成"洲"字表示水中地，"州"專指一定地域。"州"為"洲"古今字。此處指十二州之一的幽州，故應作"州"。

③一人冕，執銳。（周書・顧命）

阮元《尚書注疏校勘記》引岳珂《九經三傳沿革例》曰："銳，實'鈗'字也。《說文》以為兵器，今注中釋為矛屬，而陸德明又音'以稅反'，且諸本皆作'銳'，獨越中注疏於正文作'鈗'爾，疏中亦皆作'銳'。"按：《玉篇》無'銳'字，《廣韻・十七準》亦無'銳'字，則《說文》古本'銳'字有無，未可定也。"（頁243）

阮元根據宋岳珂《九經三傳沿革例》中的圈點校勘之語和字書、韻書的收錄情況，提出"銳"實為"鈗"。《說文・金部》："鈗，侍臣所執兵也。从金，允聲。《周書》曰：'一人冕，執鈗。'讀若'允'。""銳，芒也。從金，兌聲。”阮元說確。

2.6 訂正改字致誤以求確詁

①無偏無陂,遵王之義。（周書·洪範）

《孔傳》曰:“偏，不平，陂，不正。言當循先王之正義以治民。”（頁190）王鳴盛《尚書後案》:“蔡邕《石經》及《尚書》舊本皆作‘無頗’。唐明皇帝據《周易》改‘陂’，然《楚辭》‘修繩墨而不頗’，王逸注:‘頗，傾也。《易》曰:無平不頗。’是古《易》本作‘頗’，乃反據改壞之《易》以改無誤之書。”（頁150）

此例校勘者除使用本校法外，考證《周易》本作“無平不頗”，參用王逸《楚辭章句》“頗”有“不平”義，指出唐代改字的錯誤。

②費誓。（周書·費誓）

段玉裁《說文解字注》:“《尚書·粊誓》即今所用衛包妄改本之《費誓》也。《周禮》、《禮記·曾子問》鄭注皆云《粊誓》，裴駰、司馬貞注《史記》皆云《尚書》作‘粊’，司馬貞當開元時，衛包本猶未行，至包乃改作‘費’。”（頁331）

《說文·米部》:“棐，惡米也。《周書》有‘棐誓’。”《說文解字注》易“棐”為“粊”。段玉裁根據裴駰、司馬貞《史記注》作“粊誓”，考訂唐衛包改字的錯誤。

2.7 訂正增衍詞語以求確詁

①舍我穡事而割正夏。（商書·湯誓）

王引之《經義述聞》:“‘我后不恤我眾，舍我穡事而割正夏’，《傳》曰:‘我后，桀也;正，政也;言奪民農功而為割剝之政。’據《傳》所釋經文，‘正’下似無‘夏’字。下文‘率割夏邑’，《傳》曰:‘相率割剝夏之邑居。’下文言‘夏’，此不言‘夏’，尤屬顯然。《史記·殷本紀》:‘舍我嗇事而割政’，是其證矣。《正義》曰:‘舍廢我稼穡之事，奪我農功之業，而為割剝之政於夏邑。’則唐初本已有‘夏’字，此即涉下文‘率割夏邑’而誤衍耳。”（頁80）

這裡王引之根據《傳》的注釋，征《史記》引文為旁證，認為“正”下應無“夏”這個詞語。並找出錯誤的原因是涉下文“率割夏邑”而誤衍，結論較為可信。

②我有周惟其大介賚爾。　　　　　　　　　　　　　　（周書・多方）

俞樾《古書疑義舉例》："枚氏因'大介'連文，而以'大大賜汝'釋之，不詞甚矣。《說文・大部》：'夰，大也。从大，介聲，讀若蓋。'凡經傳訓大之介，皆其假字也。此經疑用本字，其文曰：'我有周惟其夰賚爾。'夰賚，即大賚也。後人罕見'夰'字，遂誤分為'大介'二字。"（頁 102）

古代文本通常是以右起豎排的方式，"夰"本一個詞，卻誤分為二個詞。《尚書正讀》"大介"正作"夰"可為證。否則誤分為兩個詞，文義難通。"正形尋義"的重要作用由此可見一斑。

2.8　考訂異字同詞以求確詁

光被四表。　　　　　　　　　　　　　　　　　　　（虞夏書・堯典）

戴震《尚書義考》："《漢書・王莽傳》：'昔唐堯橫被四表。'《後漢書・馮異傳》：'橫被四表，昭格上下。'又班固《西都賦》：'橫被六合。'王子淵《聖主得賢臣頌》：'化溢四表，橫被無窮。'《爾雅・釋言》曰：'桄，穎充也。'《釋文》：'桄'孫作'光'，古黃反。許氏《說文解字》'桄'字下云'充也'，蓋古字'桄'與'橫'通用，遂訛而為'光'。"①

段玉裁《古文尚書撰異》："《集韻・四十二宕》：古曠一切有桄、橫、櫎、撗、擴五字，實是一字，可以證古音古義。"（頁 6）

王引之《經義述聞》考證：戴東原以此句古本必作"橫被四表"，橫被，廣被也。"橫"轉寫為"桄"，脫為"光"也。王引之謂"光"、"桄"、"廣"古同聲而通用，非轉寫譌脫而為"光"也，三字皆有充廣之義。《漢書・宣帝紀》、《蕭望之傳》、《周易集解・比卦》載荀爽注、《北堂書鈔・樂部一》引《樂緯》"堯樂曰大章"注、《後漢書・蔡邕傳》等，並有"光被四表"之文。又《周頌譜》曰："天子之德，光被四表。"《詩・噫嘻》"既昭假爾。"箋曰："謂光被四表，格於上下也。"鄭氏傳《古文尚書》亦作"光"，則"光"非譌字可知。《爾雅》："桄，充也。"孫炎本"桄"作"光"。《皋陶謨》："帝光天之下。"《孔傳》："光，充也。"是"光"正訓'充'，與"橫"初無異義也。"光"與"廣"亦同聲。《藝文類聚・樂部》引《五經通義》作"廣被四表"，則"光被"之"光"作"橫"，又作"廣"，字異而聲同，無煩是此而非彼也。

① （清）戴　震：《尚書義考》，頁 372。《續修四庫全書・經部・書類》，第 45 冊，上海古籍出版社，2002 年版。

（頁65–66）

橫，匣紐陽韻，光、桄，見紐陽韻，為鄰紐疊韻，聲音相近。戴震指出“光”為“桄”之譌；段玉裁運用古音知識，指出“橫”、“桄”是一個字，因而意思相同；王引之在此基礎上運用古音知識，並通過大量的文獻例證，得出“橫”、“光”、“桄”通用，通過分清詞形關係，正確訓解了詞義。

梁啟超在《中國近三百年學術史》中說：“校勘之學，為清儒所特擅，其得力處真能發蒙振落。他們注釋工夫所以能加精密者，大半因為先求基礎於校勘。”①清代校勘學者學識淵博，睿智通達，他們對史識、禮制、曆法、地理等方面都有較深入的認識，尤其是他們能自覺地將乾嘉語言學研究成果運用於校勘實踐，廣搜各種相關的文獻典籍，在充分佔有校勘資料的基礎上，採用多種方法，進行綜合分析，撥開詞形異變重重迷霧，為正確解釋詞義鋪平了道路。

（四）“依文繹義”的理論和實踐

上古漢語以單音詞為主，上古漢語的單音詞又往往是多義詞。多義詞有幾個義項，有的甚至有多達幾十個義項，但是在具體語境裡只有一個義項。訓詁學的主要任務就是要正確的解釋文獻語言具體語境裡的具體詞義。詞在詞典裡的詞義是詞的儲存義，詞在文獻裡的上下文義是詞的語境義。歷代訓詁學家在隨文釋義的訓詁實踐中已經注意到詞的語境義，清代學者在《尚書》的訓詁實踐中非常注意依據上下文尋繹詞的確切義，我們稱這一種訓詁方法為“依文繹義”。

1.“依文繹義”的理論根據

古人學習強調閱讀，通過反復的閱讀，理解篇章義；通過理解篇章義，理解句義；通過理解句義，理解詞義；通過理解詞義，理解字義。這也就是所謂的“讀書百遍，其義自見（現）”。傳統的講授法也強調：“字不離詞，詞

① 梁啟超：《中國近三百年學術史》，頁251。東方出版社，2004年版。

不離句，句不離章。”古人無論是理解文獻還是講解文獻都十分注重字詞的上下文，也就是字詞所處的言語環境。古人或許只是沒有創造出“語境”這個詞。

語境就是使用語言的環境，也有學者稱作“詞場”。1923 年，著名的人類學家馬林諾夫斯基首次提出語境（context），後來發展成為一個極為寬泛的概念，是語言學、語用學、社會學、哲學等學科共同關心的話題。美國結構主義的奠基人布龍菲爾德在給語言形式的意義下定義時，指出“說話人發出語言形式時所處的情境和這個形式在聽話人那兒所引起的反應”。① 用較易理解的話說，就是解釋詞義，必須根據說話人所處的情境和對聽話人產生的影響，即語言的環境。劉勰《文心雕龍》：“夫人之立言，因字而生句，積句而爲章，積章而成篇。”②字、詞、句相輔相成，構成了語境制約的效果。我國傳統語文學也涉及到了語境對語言表達的影響和制約作用。杜預《春秋左傳集解・序》：“春秋雖以一字為褒貶，然皆須數句以成言。”③孔穎達《正義》解釋說：“褒貶雖在一字，不可單書一字以見褒貶，……經之字也，一字異不得成為一義，故經必須數句以成言。”（頁 1707）其中的“數句”是指語言環境。宏觀上說，語境指語言交際的社會背景、歷史背景、文化背景等，既包括顯性的時間地點、交際場合，也包括隱性的風俗習慣、禮儀制度等，還可以包括說話時說話人的表情、姿態等。語境學的研究物件是語境，與語義學、語用學、修辭學不同，語境學的主要研究內容是：語境的內涵、語境的分類、語境的性質、語境對言語表達的制約、言語表達者適應語境的手段和語境的各種功能等。④

訓詁學的研究物件是古代文獻。因此，我們所說的語境，是指古代書面言語中的文句自身所形成的“文本語境”。⑤ 我們講的“依文繹義”，似可以簡稱為“文訓”。白兆麟先生在《新著訓詁學引論》裡說到：“只有把握語境，‘隨文釋之’才能真正訓釋文獻裡字詞的意義。這既是傳統訓詁的經驗，也是今天訓詁的原則，可以說，傳統訓詁的真諦就在於：以文獻的實際使用形

---

① （美）布龍菲爾德著，袁家驊等譯：《語言論》，頁 166。商務印書館，1980 年版。

② （南朝）劉　勰：《文心雕龍》，頁 392。上海古籍出版社，2008 年版。

③ （晉）杜　預注，（唐）孔穎達等正義：《春秋左傳正義》，頁 1707。《十三經注疏》本。1980 年版。

④ 馮廣藝主編：《漢語語境學概論》，頁 6。寧夏人民出版社，1998 年版。

⑤ 白兆麟：《新著訓詁學引論》，頁 317。上海辭書出版社，2005 年版。

態為釋義的最高原則，作為備用形態的字詞意義，充其量僅起引導釋義的‘線索’作用。法國語言學家房德里耶斯說得好：‘確定詞的價值的，是上下文。儘管詞可能在意義上有各種變態，但是上下文給於該詞獨一無二的價值。’”（頁319–320）王力先生在《訓詁學上的一些問題》一文中也曾談到：“我們只應該讓上下文來臨時確定一個多義詞的詞義，不應該讓上下文來臨時‘決定’詞義。前者叫‘因文定義’，後者則是望文生義。”①因文定義，也就是本文所謂的“依文繹義”，如果說“詞義運動的基本形式是引申”②那麼，具體的上下文就是詞義引申的運動場，所以“依文繹義”是符合詞義引申理論和訓詁原則的。

2.“依文繹義”在《尚書》訓詁中的實踐

“依文繹義”就是據境索義，就是根據詞語所處的語言環境，以尋繹推求詞語的準確解釋。

研究清人《尚書》的訓詁實踐，“依文繹義”主要採取三種方法：互文見義、細味文情、文例類證。

2.1　互文見義推求詞義

互文見義，又稱“互文”，或者“互見”，是古人行文的常用修辭方法。“互文”一般是指採用兩個結構相同的句子，兩句文意互相補充，也稱“對文”。採用結構相同或相似的句子，在相對應的位置上使用同義、反義或相關聯的詞語。這一種行文方式，也叫“互文”。特別是為了避免行文重複，在相對應的位置上互用同義詞是古人經常運用的互文形式。根據這種行文方式，我們可通過其中大家所熟悉的一個、兩個或三個詞之詞義去推斷那些較生僻的或是不易辨別的詞之詞義，從而由已知推出未知，由確定推知不確定。那麼語境在這裡主要起比較作用或制約作用。古代學者早就認識“互文”，漢代孔安國在《尚書》的傳注中就運用“互文”的方法分析詞義。《虞夏書·堯典》：“流共工于幽州，放驩兜于崇山，竄三苗于三危，殛鯀于羽山。”孔安

① 王　力：《龍蟲並雕齋文集》，頁335。中華書局，1980年版。

② 陸宗達、王　寧：《訓詁與訓詁學》，頁108。山西教育出版社，1994年版。

國早就以為"殛"、"竄"、"放"、"流"，是"異其文述作之體"（頁 128）。趙振鐸先生《訓詁學綱要》認為最早提出"對文"概念的是唐代的孔穎達。"他在《尚書正義・序》裡面說：'若其言必托數，經悉對文，斯乃鼓怒浪於平流，震驚飆於靜樹，使教者煩而多惑，學者勞而少功，過猶不及，良為此也。'這裡說'對文'就是說《尚書》後的經文使用對文，兩兩相對。"[①]在《尚書》訓詁實踐中，清代學者很注意運用互文推求詞義，釋疑解難。

①流共工于幽州，放歡兜于崇山，竄三苗于三危，殛鯀于羽山。四罪而天下咸服。　　　　**（虞夏書・堯典）**

許慎認為"殛"即"誅殺"。《說文・歺部》："殛，殊也。从歺，亟聲。《虞書》曰：殛鯀于羽山。"《說文・歺部》："殊，死也。从歺，朱聲。"

段玉裁認為"殛"從"歺"得義，為"誅殺"之義，但《堯典》之"殛"為"極"之假借，為"流放"之義。《說文解字注》："《堯典》'殛鯀'則為'極'之假借，非殊殺也。"（頁 162）《說文・木部》："極，棟也。"《說文解字注》："引申之義，凡至高至遠皆謂之極。"（頁 253）由"至遠"又引申為"流放至遠之地"。孫星衍《尚書今古文注疏》："舜之殛鯀，方將之使其變和東夷，必非置之死地。箕子云'殛死'亦謂'殛之遠方而至死不反'，故《楚辭・天問》云：'永遏在羽山，夫何三年不施？'言久遏絕之，不施捨也。"（頁 57）

"殛、竄、放、流"四字在詞典中的釋義各不相同。《說文》："殛，殊也。""竄，墜也。""放，逐也。""流，水廣也。"四字平列，在同一語境下表達相同的意思。這是古人行文的條例，如果不懂得這一條例，正如俞樾所說"若各為之說，轉失其義矣"（頁 15）。

段玉裁和孫星衍對"殛"的解釋是正確的。漢代的孔安國早就以為"殛"、"竄"、"放"、"流"異文同義，正是"互文"之例。俞樾在《古書疑義舉例》也指出："《枚傳》曰：'殛、竄、放、流，皆誅也；異其文，述作之體。'至詩人之詞，此類尤多。"（頁 17）誅"從"言"得義，本義為以言聲討，引申為責罰。"殛"、"竄"、"放"、"流"則是責罰的形式。《孟子・萬章上》："舜流共工于幽州，放驩兜于崇山，殺三苗于三危，殛鯀于羽山，四罪而天下咸服，誅不仁也。""誅不仁"即"責罰不仁者"。

歷史史實舜"殛鯀"非'殺鯀'，而是"流放鯀"，罪四凶，就是流放四凶，以安四邊。《史記・五帝本紀》："流共工於幽陵，以變北狄；放歡兜於崇

① 趙振鐸：《訓詁學綱要》（修訂本），頁 279。巴蜀書社，2003 年版。

山，以變南蠻；遷三苗於三危，以變西戎；殛鯀於羽山，以變東夷。”（頁28）

“竄三苗于三危”，竄，《萬章上》作“殺”，《史記》作“遷”，是“殺”即“竄”、“遷”。“殺”即“殛”，皆“流放”義也。

②萬邦作乂。（虞夏書·皋陶謨）

王引之《經義述聞》：“家大人曰：《魯頌·駉篇》毛《傳》曰：‘作，始也。’‘作’之言‘乍’也。乍，亦始也。《皋陶謨》：‘烝民乃粒，萬邦作乂。’‘作’與‘乃’相對成文，言烝民乃粒，萬邦始乂也。《禹貢》：‘萊夷作牧。言萊夷水退，始放牧也。’‘沱、灊既道，雲夢土作乂’（今本作‘雲土夢’，乃宋太宗所改，說見段氏若膺《古文尚書撰異》），‘作’與‘既’相對成文，言雲夢土作乂也。《史記·夏本紀》皆以‘為’字代之，於文義少疏矣。”（頁77）

《史記·夏本紀》“萬邦作乂”作“萬國為治”。“作”、“為”同義，然“作”與上文“乃”對文，義似不協。作，《說文·人部》：“起也。”“起”可以引申為“始”。王念孫認為“作”之“始”義從“乍”得義。乍者，始也。王引之以《虞夏書·禹貢》相同的文例和對文文例證其父之說。“萊夷作牧。”“言萊夷水退，始放牧也。”“作”亦“開始”之義。這是用相同的文例作證。“沱、灊既道，雲夢土作乂。”這是用對文文例作證。“既”甲骨文的字形象人食畢回首欲去之形，引申為表示過去時態的時間副詞“已”。“沱、灊既道”意為“沱水和灊水已經疏通”，“雲夢土作乂”意為“雲夢澤一帶土地開始耕作了”。“既”與“作”時間上有先後關係，事理上也有因果關係。“既”與“作”是在相同的句法結構相對應的位置上使用相關聯的詞語。王引之或得經文之義，可從。

其實，“烝民乃粒，萬邦作乂。”意為“百姓已經安定下來了，各個諸侯國開始得到治理了”。“乃”與“作”亦為在相同的句法結構相對應的位置上使用了相關聯的詞語，本身就是“互文見義”了。“乃”作副詞，亦可表示過去時態，同“已”。《廣釋詞》：“乃，猶‘已’。”①乃、已古代字形相近，讀音也相近。乃，泥紐之韻；已，喻紐之韻。乃、已疊韻。“乃”同“已”或為形近而用或為音近而用。

③汝無侮老成人，無弱孤有幼。（商書·盤庚上）

王鳴盛《尚書後案》：鄭（玄）曰：老弱皆輕忽之意也。《孔傳》曰：不用

① 徐仁甫：《廣釋詞》，頁250。四川人民出版社，1981年版。

老成人之言，是侮老之；不徙則孤幼受害是弱，易之。（王鳴盛）案：鄭以老弱為輕忽者，考《唐石經》“老”在“侮”上。蔡邕《石經》殘字云：“女毋翕侮成人毋流。”載洪適《隸釋》，觀黃伯思《東觀餘論》“流”字下闕，固不可解。“翕侮”義亦未詳，然“侮”與“成”連文，則知“老”與“弱”對，“侮”與“孤”對，“成人”與“有幼”對，經意謂無侮老其成人者，無弱孤其有幼者。不可以《大雅・蕩》篇“老成人”說此經，鄭經確甚，偽孔非也。（頁114）

王引之《經義述聞》：“王說是也。某氏傳以‘孤有幼’連讀，殊為不詞。當以‘弱孤’連讀，言以為孤弱而輕忽之也。‘孤’之言‘寡’也。《成十三年左傳》：‘寡我襄公。’杜注曰：‘寡，弱也。’《昭二十七年傳》：‘弱寡王室。’‘弱寡’猶‘弱孤’也。《史記・南越傳》：‘王、王太后弱孤不能制。’亦以‘弱孤’連文。自某氏誤以‘孤有幼’連讀，後人遂改‘老侮成人’為‘侮老成人’，而以‘老成人’連讀矣。”（頁81）

王鳴盛考辨《漢石經》和《唐石經》異文，運用“互文”常例，認為“老”與“弱”對，“侮”與“孤”對，“成人”與“有幼”對。王引之贊成王鳴盛的《書》說，援《左傳・成公十三年》的語例和杜預的注解證“孤”“弱”義同，再以《左傳・昭公二十七年》和《史記・南越傳》的語例，證“弱寡”即“弱孤”，推論出“當以‘弱孤’連讀，言以為‘孤弱’而輕忽之也”。

“汝無侮老成人，無弱孤有幼。”《白話尚書》譯為：“你們不要輕視成年人，也不要看不起年幼的人。”（頁64）兩個分句合一個主語“汝”，“無”否定副詞，“侮老”、“弱孤”皆為連語，作動詞，互文見義，皆為“輕忽”之義。“成人”、“有幼”皆為動詞賓語。“有幼”之“有”為名詞詞頭，“有幼”是一個附音式複音詞，“有幼”就是“年幼的人”。在今文《尚書》中，“有”主要和名詞構成附音式複音詞，有54個語例，也有和形容詞構成的附音式複音詞，有3個語例。

④古我前后，罔不惟民之承保。后胥戚鮮，以不浮于天時間。

（商書・盤庚中）

孫星衍《尚書今古文注疏》：“承者，《文選注》二十五引薛章句曰：‘受也。’保者，《說文》云：‘任保也。’蓋言任使。下文‘承汝俾汝’，俾，使也。《洛誥》云‘承保乃文祖受命民。’是‘承保’讀當絕句。‘承保’猶《易》言‘容保民’也。后胥戚者，《說文》云：“慽，憂也。”謂后亦與民共憂患。鮮者，《釋詁》云：‘罕也。’浮，當讀為‘孚’，言君民親附，罕有不孚於天時者。《孟子》云：‘天時地利不如人和。’《熹平石經》‘戚’作‘高’。

江氏聲云：‘胥高，謂相度高山。鮮者，《詩》云：度其鮮原。下篇所謂‘適於山’也。鮮字屬上讀。’”（頁233）

《孔傳》讀“承”字斷句，“戚”字斷句。《孔疏》、《蔡傳》皆承之。清代孫星衍提出了不同意見，孫星衍認為應在“保”字後斷句，“后胥戚鮮”作一句，這些見解是正確的。但是認為“戚鮮”是為“高山”的說法，並不準確。楊筠如試圖解決這一個問題。《尚書覈詁》以“后”為“厚”之假借字，訓“戚”為“親”，“鮮”為“善”。“后胥戚鮮”為“厚相親善”，比較順暢，但“后”作“厚”解，古無例證。

先師周秉鈞先生撰《〈盤庚〉“后胥戚鮮”解》，先師指明：“后胥戚鮮”應該是動賓式組合的並列結構。“后”和“戚”都是主語，“戚”應訓為“大臣”。①《盤庚上》有“率籲眾戚出”句。《尚書今古文注疏》曰：“《史記·殷本紀》云：‘盤庚乃告諭諸侯大臣曰。’鄭注《周禮》云：‘盤庚將遷於殷，誥其世臣卿大夫，道其先祖之善功。’是知‘眾戚’為貴戚近臣也。”（頁223）“胥”和“鮮”都是謂語。“胥”應釋為“英明、明智”義。段玉裁、章太炎皆有成說。段玉裁《說文解字注》中“諝”字注言：“《周禮》、《詩》皆假‘胥’為之。《天官》‘胥十有二人’注：‘胥’讀為‘諝’，謂其有才知為什長。《秋官》‘象胥’注，胥，其有才知者也。《小雅》‘君子樂胥。’《箋》云：胥，有才知之名也。”（頁93）章太炎先生《文始·五》：“凡古言‘諝’者，今言清楚，或言清爽。”故“后”與“戚”相對，皆為主語，“胥”與“鮮”相對，都是謂語。“后胥戚鮮”意為：“君主英明，大臣良善。”②動賓句式是今古文《尚書》的常見句式。先師運用“互文見義”的訓詁方法，採用有力的訓詁依據，既證明了孫星衍斷句說法的正確，同時又糾正了孫星衍釋詞的誤解。細味文意，合如符契。

⑤水曰潤下，火曰炎上，木曰曲直，金曰從革，土爰稼穡。

（周書·洪範）

“土爰稼穡”《史記·五帝本紀》作“土曰稼穡”。孫星衍《尚書今古文注疏》：“史公‘爰’為‘曰’者，《釋詁》云：‘爰，曰也。’”（頁297）

王引之《經傳釋詞》：“《緜》之詩曰：‘爰始爰謀，爰契我龜，曰止曰時。’‘曰’亦‘爰’也，互文耳。”（頁27）

爰，句中語氣助詞，無義。爰，《史記》作“曰”，“爰”即“曰”。爰，

①② 周秉鈞：《〈盤庚〉“后胥戚鮮”解》，《湖南師範學院學報》，1980年，第1期。

匣紐元韻；曰，匣紐月韻；“爰”、“曰”雙聲，“元”、“月”對轉相通。“爰”、“曰”都是語氣助詞，或為句中語氣助詞，或為句首語氣助詞，文獻典籍中常互文，王引之《經傳釋詞》就例舉了《詩經·大雅·緜》“爰”、“曰”句首語氣助詞互文例。

2.2　細味文情推求詞義

索緒爾認為概念和音響形象的結合叫做語言符號。《普通語言學教程》指出：“語言符號連接的不是事物和名稱，而是概念和音響形象。”（頁101）索緒爾建議用符號這個詞表示整體，用所指代替概念，用能指代替音響形象。索緒爾認為：“能指和所指的聯繫是任意的。”（頁102）漢語的符號系統既然獨立於拼音文字系統之外，漢語自有漢語的特點。索緒爾雖然沒有研究過漢語，但是語言符號任意性原則，對漢文獻語言的詞彙研究還是很有啟發的。文獻語言中詞的音響形式也就是能指不變，但在特定的語言環境中所指發生變化。這些變動不是能指所指的重新組合，而是在能指所指雙方關係確定能指保持穩定的前提下，所指單方面在自身基礎上發生的偏移性變動。引發變動的主要原因是能指生存的特定環境。因而，仔細玩味詞語特定語境的語義文情，可以推究詞語確切的詞義。《尚書》中更多的情況是有些詞的顯性音響形式不變，但在特定的語言環境中存在一個隱形的能指和所指的新的組合，要認識這個隱形的能指和所指的新的組合，也必須認真分析顯性音響形式的特定環境。

①厥篚玄纁璣組。　　　　　　　　　　（虞夏書·禹貢）

王引之《經義述聞》：“璣，珠類，生於水。”“引之謹案：元（玄）也，纁也，組也，皆女紅所為也。璣則珍寶之屬，廁於元（玄）纁組之間，殊為不倫。篇內凡言厥篚織文，厥篚檿絲，厥篚元（玄）纖縞，厥篚織貝，厥篚織纊，皆無及珍寶者。徐州厥貢蠙珠之下，乃言‘厥篚元（玄）纖縞’，則珠璣非入篚之物，不得云厥篚元（玄）纁璣組也。竊疑‘璣’當讀為‘暨’。暨者，與也，及也。厥篚元（玄）纁暨組者，厥篚所貢則有元（玄）纁及組也。徐州厥貢‘淮夷蠙珠暨魚’，文義與此正合。”（頁78）

《說文·竹部》：“篚，車笭也。”“車笭”是竹編的車欄。“篚”的本義由“竹編的車欄”後引申為“竹籃、竹筐”。《禹貢》文例，九州進貢的貢物，凡是用筐裝的都是絲織品，“篚”不裝珍珠之類的珍寶。王引之根據文例，仔細推敲上下文的文義，推求“璣”當為“暨”。璣，見紐微韻；暨，群紐物韻，見群旁紐物微對轉，可以相通。玄，赤黑色；纁，黃赤色。玄纁，指彩色的絲綢。《說文》"組，綬屬。其小者以為冕纓。"厥篚玄纁璽組，意即"裝在筐子裡的彩色絲綢和可以做冠纓的絲帶"，文例與"厥貢淮夷蠙珠暨魚"亦合。

②祖伊反曰:"嗚呼！乃罪多，參在上，乃能責命于天?"

（商書・西伯戡黎）

"反"何解?《孔傳》:"反報紂也。"（頁 177）注家皆以為謬。《說文》"祖伊"作"祖甲"。《說文・辵部》:"返，還也。《商書》曰：祖甲返。"許慎讀"反"為"返"，解為"還"。後代多是許說，已成定論。

先師周秉鈞先生撰《〈西伯戡黎〉舊注質疑》提出兩個疑點。一是上文"祖伊恐，奔告于王"，極寫祖伊憂國情切。祖伊見了紂王，亦敢列舉殷紂的過失，當面質問紂:"今我民罔不欲喪。曰：天何不降威，大命不摯，今王其如台?"犯顏強諫，何等剛強！但殷紂僅僅反問了"我生不有命在天"一句，即垂頭喪氣，悻悻而歸，說幾句責備紂王的話了事，既不合情理，也不符合祖伊的性格。二是下文"乃罪多"、"指乃功"、"戮于爾邦"等句，"乃"、"爾"均為對稱代詞，歷代注家也是如此解釋的。假如這些話誠如《蔡傳》所謂"祖伊退而言曰"，為什麼要使用對稱代詞?《蔡傳》"退而言"顯與文情不洽。"乃、爾"明明當面稱代紂王的，絕不應是祖伊回去責罵紂王的稱代。周先生認為:"這個'反'字，應當解為'反對'的意思。《周書・大誥》篇'罔不反曰'，鄭玄解釋為'無不反我之意'，就是反對的意思。解為'反對'，態度鮮明，符合祖伊的性格，跟下面'乃'和'爾'的稱謂也更加切合。"① 這是一個細味文情推求詞義的著名例證。此論一出，即為學界公認，此後各種《尚書》注本譯本多取是說。許威漢先生《訓詁學導論・前言》亦引為確詁例證。

③恭作肅，從作乂，明作晰，聰作謀，睿作聖。（周書・洪範）

董仲舒、馬融、班固、鄭玄把"謀"字都當作"謀事"講。王引之對照上下文認為不妥。《經義述聞》:"恭與肅，從與乂，明與晰，睿與聖，義並相近，若以'謀'為'謀事'，則與'聰'字義不相近，斯為不類矣。今案'謀'與'敏'同，'敏'古讀若'每'，'謀'古讀若'媒'，謀、敏聲相近，故字相通。《中庸》:'人道敏政，地道敏樹。'鄭注曰:'敏或為謀'，是其證也。……而董、劉、馬、鄭諸儒以'謀'為'謀事'，胥失之也。"（頁 84－85）

"恭作肅，從作乂，明作晰，聰作謀，睿作聖。"五個單句句式都相同，各

① 古漢語研究編輯部編:《周秉鈞先生紀念文集》，1994 年，頁 83。

句主語賓語文義相近，“聽作謀”之“聽”與“謀”也應當文義相近，王引之以為“謀”應與“敏”義同。曾運乾、楊筠如等諸位先生皆贊同王引之的見解，以為確詁。

④猷大誥爾多邦越爾御事。　　(周書·大誥)

⑤肆予告我友邦君越尹氏、庶士、御事。　　(周書·大誥)

⑥爾庶邦君越庶士、御事。　　(周書·大誥)

⑦義爾邦君越爾多士、尹氏、御事。　　(周書·大誥)

⑧肆哉爾庶邦君越爾御事。　　(周書·大誥)

王引之《經傳釋詞》：“《廣雅》曰：越，與也。《書·大誥》曰：‘大誥猷爾多邦，越爾御事。’又曰：‘肆予告我友邦君，越尹氏庶士御事。’又曰：‘爾庶邦君，越庶士御事。’又曰：‘義爾邦君越爾多士尹氏御事。’又曰：‘肆哉爾庶邦君，越爾御事。’是也。(《周書》‘越’字‘與’字同義者甚多，《大誥》一篇而外，不能遍引)”(頁28)

這裡引用《廣雅》說明了古代辭書已經記錄了“越”作“與”講的虛詞意義，然後引用了五個《周書·大誥》的句子作例證，另外又注明《尚書》中《周書》裡面這類用法還很多。

⑨不率大戛，矧惟外庶子訓人，惟厥正人，越小臣諸節，乃別播敷，造民大譽，弗念弗庸，瘝厥君。時乃引惡，惟朕憝。　　(周書·康誥)

《尚書易解》：“率，循也。戛，常也，謂常法。矧，猶亦也。”“言不循大法者，也有侯國之庶子、訓人等官吏。”他們“別播佈告民之教命，大稱譽不念不用國家大法之人，以病其君，是乃增長其惡，為我其怨之。”(頁176)周秉鈞先生釋“矧”為“猶亦也”，譯為“也”。《康誥》還有“元惡大憝矧惟不孝不友”句，《經傳釋詞》：“《爾雅》曰：矧，況也。常語。矧，猶‘亦’也。《書·康誥》曰言元惡大憝者，亦惟此不孝不友之人。”(頁212)。《周書·君奭》：“百姓王人，罔不秉德明恤，小臣屏侯甸，矧咸奔走。”矧咸奔走，《經傳釋詞》：“言亦咸奔走也。”(頁212。)“矧”亦“猶亦也”。

⑩今王惟曰：先王既勤用明德，懷為夾，庶邦享作，兄弟方來。

(周書·梓材)

“王”指誰？舊說多指成王。《尚書正讀》謂為周公。“今王，攝王自成王言。”(頁186)《尚書釋義》亦注曰：“自此以下，乃臣戒君之語。”[1]成王時為太子，尚不得稱王。倘為周公，《尚書》各篇周公自謂多稱朕，《梓材》獨

① 屈萬里：《尚書釋義》，頁132。臺灣中國文化大學出版部，1970年版。

稱王而不稱朕，亦不合文情。究竟如何解釋？是個難題。先師周秉鈞先生《〈尚書·梓材〉篇析疑》認為："這個王字是指王家，不是周公自謂。不說王家而說王，這是以小名代大名之例，詳見俞氏《古書疑義舉例》。今王惟曰，即'現在我們王家考慮說'的意思。"①極是。《白話尚書》"王"即釋為"王家"。（頁 146）

此外，我們還可從語境制約言語風格方面來闡釋，布龍菲爾德在《語言論》中已充分認識到這一點。同一言語社團的人由於受該社團工作、生活環境的制約和影響，因而帶有一定的語體風格。布龍菲爾德指出："最重要的附帶意義產生於使用這種形式的說話人的社會地位。"（頁 182）任何語言行為，都有一定的施事者，而這種語言行為都要受講話者所處的職位、生活環境和社會背景的制約和影響，同時在多方面客觀環境因素的牽制下個人主觀心理因素也起著重要作用，也就是我們通常所言的用語是否得體問題。從《尚書》全篇考察，如前文所言，周公自謂多稱朕，而唯《梓材》篇獨稱王。根據《尚書》所記載的有關周公事蹟及其話語，周公使用的都是帶有地域集團色彩的政論言語，從周公個人的身份及其所處環境，用語應是謹慎並恰到好處的，用"王"而不用"朕"，"王"指稱王家，而不指周公本人，即合文情又合周公話語語體風格。所以周秉鈞先生的析疑更彰顯了周公忠心謀國一心為君的高貴思想品質。

宋人多懷疑《梓材》是兩篇的誤合。蔡沈說："此篇文多不類。自'今王惟曰'以下，若人臣進戒之辭。""一篇之中，前則尊諭卑之辭，後則臣告君之語，蓋有不可得而強合者矣。"②宋人懷疑的根據是把"今王惟曰"之"王"謂為"周公"。周秉鈞先生正"周公"為"王家"，則"今王惟曰"以下仍為周公告誡康叔之辭，文意明顯。全文兩大段。第一段至"監罔攸辟"句，周公告誡康叔治理殷民的四項政策。第二段申述制定這些政策的理由。首尾聯貫，條理井然，文情語氣，渾然一體。宋人文義不類、脫簡誤篇的懷疑終於得以澄清。

> ⑪其在高宗，時舊勞于外，爰暨小人。作其即位，乃或亮陰，三年不言。其惟不言，言乃雍。 （周書·無逸）

亮陰，一作"亮闇"，"涼闇"，"涼陰"，"梁闇"。《尚書大傳》曰：高宗

① 古漢語研究編輯部編：《周秉鈞先生紀念文集》，頁 84。1994 年版。

② （宋）蔡　沈注，錢宗武、錢忠弼整理：《尚書大傳》，頁 16。鳳凰出版社，2010 年版。

居倚廬，三年不言，百官總已以聽於冢宰，而莫之違。 此之謂梁闇。”①伏生把“亮陰”解為“居喪之廬”。《尚書今古文注疏》引鄭玄說：“諒闇”轉作“梁闇”，“楣謂之梁，闇謂廬也。”（頁 437）小乙崩，武丁立，憂喪三年之禮，居依廬柱楣，不言政事。 另一說訓“亮陰”為“信默”。《史記・魯周公世家》：“其在高宗，久勞於外，為與小人，作其即位，乃有亮闇，三年不言。”《史記集解》引《孔傳》：“武丁起其即王位。 則小乙死，乃有信嘿，三年不言，言孝行著也。”（頁 1521）

“亮”又作“諒”。《方言》：“諒，知也。”先師周秉鈞先生撰《〈無逸〉“亮陰”解》認為：“‘亮’和‘諒’都有明曉、瞭解的意思。‘陰’字，《說文》訓為‘闇’，《廣雅・釋詁》同。‘陰’可以引伸為‘幽隱’的意思。《大戴禮・文王官人》考其陰陽注：‘陰陽，猶隱顯也。’可證。 合起來看，‘亮陰’當是瞭解幽隱。 什麼幽隱呢？ 聯繫上文當指瞭解小人的隱情，‘小人’二字是承上文‘爰曁小子’省略了。 這篇開頭說：‘先知稼穡之難乃逸，則知小人之依。’王引之解釋說：‘依，隱也，謂小人之隱也。’”②先師又引《經傳釋詞》訓“或”，“猶又也。”串講這幾句大意為：等到高宗即位，就又瞭解民隱，多年不言，以考慮治民的方法，正因為他不輕易說話，一旦說出來，就得到萬民的歡心。 高宗三年無言，原為瞭解民隱，考慮治道。 這樣的訓釋與周公列舉殷、周先王保民治民的上下文意前後呼應，密合無間。

辯正地分析詞義是清代學者的重要訓詁思想，他們主張根據具體的語言環境來分析詞義。 古籍傳注，一般具有隨文釋義的特點，訓詁的研究物件，是在特定語言環境中運動的詞義。 一個詞，往往具有許多義項，然而在具體的文句中，詞義卻是單一的。 要準確地訓釋這個單一的詞義，就非透徹地理解上下文意不可。 除了瞭解詞義的外部環境，還必須從詞的內部來考察。 詞義的引申總是受它的本義所制約。 只有把詞的“內因”和“外因”結合起來，才能準確解釋詞義，避免主觀臆斷。

2.3　文例類證推求詞義

《尚書》行文有些常見文例，諸如：兩詞連文似異實同例，兩詞連文同義複用例，同書異文同義例，承前蒙後省詞例。 類比同一類型文例中的詞語，可以確切地推求微殊的詞義或特殊語境中被省略的詞和詞義。

① （漢）伏　勝：《尚書大傳》，頁 28。 上海商務印書館，1937 年版。

② 古漢語研究編輯部編：《周秉鈞先生紀念文集》，頁 85。 1994 年版。

2.3.1 兩詞連文似異實同求確解

清人俞樾在《古書疑義舉例》中指出:“古人之文，有兩句並列而實一意者，若各為之說，轉失其義矣。”(頁15)齊佩瑢在《訓詁學概論》認為“義近詞的訓譯，只是指明於某種語境下雙方所表之義有些相近相似耳，不一定指其完全相同;因為每個詞語都有它本身特具的意義，根本就不能說它相當相等於另外的一個詞，故譯訓也僅是言其大體而已。”①這段的意思是一組同義詞(近義詞)中，每個詞都有獨自的意義，但是在具體的語言環境中，它們又往往可以用其所同，言其大體。當人們需要所同時，就不再強調它們的不同了。因此，古人之文，有數句並列而且用字似異而實同例，我們稱之為“變文”，有兩個單音詞連文似異實同例。

予小臣敢以王之讎民百君子越友民,保受王威命明德。(周書・召誥)

保受王威命明德，這是由連續兩個動詞和一個動賓短語構成的連動句。動詞表示的動作行為前後相承相連。俞樾認為“保受”異文同義，使動用法。《古書疑義舉例》:“使之相保，使之相受，文異而義同，皆謂使之互相任保，不為罪過也。”(頁15)

《尚書・召誥》例中“受”與“保”同義，都為“互相任保”的意思。而在《說文解字》中兩字義不相同。“保，養也。”“受，相付也。”在文獻或古諺語裡“受”與“保”兩字常連文。或“受保”連文。《士冠禮》“永受保之”是例證。或以“保受”連文，則以《召誥》為例證。兩句實同。“受保”和“保受”語序顛倒，但語義相同，“受”與“保”詞義也相同。

2.3.2 兩詞連文同義複用求確解

尚猷詢茲黃髮。(周書・秦誓)

俞樾《古書疑義舉例》:“古人用助語詞，有兩字同義而複用者。”“《尚書・秦誓》篇:‘尚猶詢茲黃髮。’言‘尚’又言‘猶’。”(頁68)

俞樾《古書疑義舉例》引文“猶”即“猷”。猷，通“猶”。《詞詮》:“尚，猶也。按於一狀態繼續未變或殘餘未盡時用之。今語言‘還’。”(頁238)“猶，尚也。與今語‘還’同，凡已過之境有稽留，或餘勢未能即消時用之。”(頁380)《秦誓》的“尚”與“猷”連用，疊詞同義。文獻中還常見

① 齊佩瑢:《訓詁學概論》，頁140。中華書局，1984年版。

“尚猶”、“猶尚”連文，《古代漢語虛詞通釋》：“尚猷、尚猶、猶尚連用意同。”①“尚猷、尚猶、猶尚”由於經常連用，後來漸漸成為一個複音關聯副詞。

漢語複音化的一個重要因素是兩個相對相反或相同相似的詞經常連用，兩個詞的詞義外延擴大融合，形成複音詞。先秦時期，許多並列複合結構尚未真正凝固成固定的並列式複合詞，所以其語素出現的先後順序也並不固定，而是與上下語境有關。例如，古人早就認識“內”、“外”這兩個空間概念，論事說理經常對舉使用，出現的順序也不固定。《禮記・表記》：“內柔而外剛。”（頁1644）“內”前“外”後。《禮記・表記》中亦有：“外事用剛日，內事用柔日。”（頁1644）“外”、前“內”後。《禮記・大學》：“外本內末。”（頁1675）也是“外”前“內”後。同一部《禮記》既有“內”前“外”後，也有“外”前“內”後。而當“內”與“外”作為一個固定的詞語出現的時候，幾乎均以“外內”出現。《十三經》中“外”與“內”連文共出現十三次，都用作“外內”詞序，且都是作為複合詞來使用。例如《谷梁傳・莊公十六年》：“外內寮一。”《傳》：“魯與齊外內同一。”②這一句中“外內”是指“國內外”，已作為一個固定的複合詞使用。再者，從上下文意義看，《國語・晉語六》：“亂在內為宄，在外為奸。”《尚書・堯典》的《傳》文亦曰：“在外曰奸，在內曰宄。”（頁130）可見“奸”與“外”相對，“宄”與“內”相對，所以這句話中與“奸宄”相對應用“外內”。先秦雙音節並列式複合詞的結構，制約其詞序的主要因素是語調，即兩語素異調的詞，其語素按平上去入的順序排列，“外”是去聲，“內”為入聲，其排列順序以“外內”較為順口。所以敦煌寫本《商書・微子》“殷罔不小大好草竊奸宄”的傳文“奸宄於內外”句（頁177），用“外內”（伯2643），今傳本《尚書》卻用“內外”。敦煌寫本《尚書》的傳文用“外內”更合乎當時的構詞次序規則，當然也合乎經文語境。《商書・微子》傳文“奸宄于內外”的上一句，今傳本《尚書》是“草野竊盜”（頁177），敦煌寫本《尚書》是“草野盜竊”（伯2643）。在文獻典籍中“盜竊”較之於“竊盜”更為常見。諸如：《禮記・禮運》：“盜竊亂賊而不作。”（頁1414）《左傳・定公八年》：“盜竊寶玉大弓。”（頁2141）《尚書》、《論語》、《孟子》、《左傳》、《荀子》五部原典正文中“盜竊”凡兩見，但都沒有出現“竊盜”這樣的語序。“盜”為去聲，“竊”為入聲，敦煌寫本《尚書》

① 何樂士等：《古代漢語虛詞通釋》，頁477。北京出版社，1985年版。

② （晉）范　甯注，（唐）楊士勛疏：《春秋穀梁傳注疏》，頁2384。《十三經注疏》本。中華書局，1980年版。

用“盜竊”或許更符合構詞詞序規則。《商書・盤庚中》“汝不謀長以思乃災”的傳文，今傳本《尚書》是“汝不謀長久之計，思汝不徙之災”，敦煌寫本《尚書》是“汝不謀久長之計，思汝不徙之災”（伯3670）。今傳本《尚書》的“長久”在敦煌寫本《尚書》中均作“久長”。在先秦典籍中“長久”較“久長”更為常見，例如在《尚書》、《論語》、《孟子》、《左傳》、《荀子》五部原典正文中，“長久”凡5見，而並未出現“久長”的語序。且“長”為平聲，“久”為上聲，按先秦詞序的一般排列規則，用“長久”比較合理。敦煌寫本《尚書》用“久長”或為抄寫者當時的一種習慣用法，而今傳本《尚書》用“長久”或存古寫。

王希傑先生在《修辭學新論》（1993）中把語境分為三類：（一）小語境（context），包括話題、前提、上下文；（二）中語境（situation），包括說寫者和聽讀者之間的關係、時間、空間、事件；（三）大語境（background），包括社會文化背景和民族傳統。① 上文所列舉的這種語言現象，除了用複音詞的形成原因和小語境及語調因素解釋外，用大語境因素去解釋這些詞的形成似有一定的可論證性。為什麼“內”與“外”作為一個固定的詞語出現之前，幾乎均以“外內”出現。《十三經》共出現的十三次都以“外內”詞序呈現。《尚書》、《論語》、《孟子》、《左傳》、《荀子》五部原典正文中“盜竊”較之“竊盜”常見，“長久”較之“久長”常見。我們可推測以上這些詞的形成及使用頻率在先秦典籍中的運用與古人樸素的哲學觀、文化觀、漢民族的思維方式、心理活動不無一定的關聯。先民根據其已掌握的經驗與心靈體悟在不斷地觀察分析事物的過程中形成由遠及近、由外而內、由主到次、由大到小的邏輯思維方式。“外內”、“長久”便是如此。“外”較之“內”在先民觀念中即大又遠，並最先感知到。“長”與“久”都有長遠之義，從《說文解字》與《說文解字注》對二者的釋義看，“長”之“長遠”義應是直接引申，“久”之“長久”義應是間接引申。又如人們常言“天長地久”，而較少言“地久天長”，這是符合漢民族傳統觀念與思維邏輯的。“盜竊”與“竊盜”從思維及心理活動方面看，“盜”在古代最先指偷東西的人，“竊”指偷的行為。因為先有人產生偷的想法，即行為施事者，然後才實行偷這一行為。所以，從思維的邏輯順序而言“盜竊”比之“竊盜”使用起來更為合理。但是對於以另外一種詞序出現的較少用的複音詞，我們可用布龍菲爾德《語言論》所言“人們說話不一樣，有一部分是生理構造問題，有一部分純粹是個人習慣

① 王希傑：《修辭學新論》，頁64–65。北京語言學院出版社，1993年版。

問題”。（頁 49）他們或許是某些用語者或抄寫者的個人習慣問題。而這種個人習慣用詞現象將會隨著人類社會的演變不斷地產生，不斷地發生變化，有的改變原來的使用方式換作新的使用方式並被約定俗成，有的卻游離於語言之外，或逐漸退出語言交際。這一切都符合語言發展演變的規律。

2.3.3　同書語義類證求確解

①蔡、蒙旅平。　　（虞夏書·禹貢）

②荊、岐既旅。　　（虞夏書·禹貢）

③九山刊旅。　　（虞夏書·禹貢）

王引之《經義述聞》:“蔡、蒙旅平。《傳》曰:‘祭山曰旅。平，言治功畢。’荊、岐既旅。《傳》曰:‘已旅祭，言治功畢。’九山刊旅。《傳》曰:‘九州名山，已槎木通道而旅祭矣。’家大人曰:《傳》以‘旅’為祭名，則‘旅平’二字，‘刊旅’二字，皆義不相屬。《禹貢》不紀祭山川之事，五岳四瀆皆不言旅，何獨於蔡蒙、荊岐而言旅乎？且九川不言旅而九山獨言旅，則《禹貢》所謂旅者，本非祭名可知。餘謂旅者，道也。《爾雅》:‘路、旅，途也。”郭璞曰:‘途即道也。’《郊特牲》:‘臺門而旅樹。’鄭注曰:‘旅，道也。’蔡蒙旅平者，言二山之道已平治也。荊岐既旅者，亦言二山已成道也。九山刊旅者，刊，除也。言九州名山，皆已刊除成道也。‘九山刊道’與‘九川滌原’對文，猶之‘九州攸同’與‘四奧既宅’對文也。曰蒙羽其藝，曰岷嶓既藝。曰蔡蒙旅平，曰荊岐既旅，曰九山刊旅，或紀其種藝之始，或紀其道路之通，皆以表治功之成，與祀事無涉。”（頁 79）

王引之從整個文章的語境出發，對《孔傳》“旅”的訓釋提出質疑，如果“旅”解釋為祭名，則於上下文意不相屬，表現為“則‘旅平’二字，‘刊旅’二字，皆義不相屬”。而且正如王念孫所說“《禹貢》不記祭山川之事，五岳四瀆皆不言旅，何獨於蔡蒙、荊岐而研旅乎？且九州不言旅而九山獨言旅者，本非祭名可知”。（頁 79）即從整個句子的意思和上下文的背景看，“旅”都不應該訓釋為祭名，而應解釋為“道”。

2.3.4　補充省略求確解。

“省略”本來屬於語法的討論範圍，然而，“省略”與詞彙也有關係。古人行文多簡潔，通常有所省略，詮釋經典時必須把省略的詞和詞義補充出來。如何補充，必須熟悉古人“省略”的常見文例，必須仔細分析上下文義。

①荊、岐既旅，終南、惇物，至于鳥鼠。　　（虞夏書·禹貢）

②導岍及岐，至于荊山。逾于河；壺口、雷首至于太岳；厎柱、析城至于

王屋;太行、恒山至于碣石,入于海。

西傾、朱圉、鳥鼠至于太華;熊耳、外方、桐柏至于陪尾。

導嶓冢,至于荊山;內方,至于大別。

岷山之陽,至于衡山,過九江,至于敷淺原。　　（虞夏書・禹貢）

俞樾《古書疑義舉例》:“古人之文,有蒙上而省者。《尚書・禹貢》篇:‘終南、惇物,至於鳥鼠。’《正義》曰:三山空舉山名,不言治意,蒙上‘既旅’之文也。是其例也。又,‘導岍及岐,至於荊山。’《正義》曰:從此‘導岍’至‘敷淺原’,舊說以為三條:導岍北條,西傾中條,嶓冢南條。鄭玄以為四列:導岍為陰列,西傾為次陰列,嶓冢為次陽列,岷山為正陽列。今以經文求之,鄭說為是。‘導岍’言‘導’,‘西傾’不言‘導’;‘導嶓冢’言‘導’,‘岷山’不言‘導’。蓋兩陽列,兩陰列,各一言‘導’;次陰列,蒙陰列而省;正陽列,蒙次陽列而省也。”（頁37—38）

終南,即終南山,又名秦山、南山,既今秦嶺山脈。惇物,太白山。鳥鼠,又名青雀山,在今甘肅渭源縣西。這一句三個山名,省略了動詞,動詞承接上一句“既旅”而省。

導,通“道”,開通道路。壺口、雷首、太岳、厎柱、析城、王屋、太行、恒山、碣石,皆為山名。西傾、朱圉、鳥鼠、太華、熊耳、外方、桐柏、陪尾,亦皆為山名。“壺口、雷首至于太岳”句,“厎柱、析城至于王屋”句,“太行、恒山至于碣石”句,“西傾、朱圉、鳥鼠至于太華”句,“熊耳、外方、桐柏至于陪尾”句,皆承接“導岍及岐”省略動詞“導”。

荊山、內方、大別、岷山、衡山,皆為山名。敷淺原,古平原名。“內方至于大別”句,“岷山之陽,至于衡山,過九江,至于敷淺原。”也都承接“導嶓冢”省略動詞“導”。

③舜生三十征庸,三十在位,五十載。　　（虞夏書・堯典）

俞樾《古書疑義舉例》:“夫兩文相承,蒙上而省,此行文之恒也。乃有逆探下文而預省上字,此則為例更變,而古書亦往往有之。《堯典》:‘舜生三十征庸,三十在位,五十載。’因下句有‘載’字,而上二句皆不言‘載’。”（頁38）

此例為“蒙後省略”。《堯典》的這幾句經文,《尚書易解》句讀為“舜生三十征,庸三十,在位五十載”。《白話尚書》譯為“舜三十歲時被徵召,施政二十年,在帝位五十年”。（頁7）

④乃祖乃父丕乃告我高后曰:“作丕刑于朕孫!”　　（商書・盤庚中）

俞樾《古書疑義舉例》:“《尚書・盤庚》篇:乃祖乃父,丕乃告我高后曰:‘作丕刑於朕孫。’《釋文》曰:‘我高后。’本又作‘乃祖乃父。’按:‘我高后’既作‘乃祖乃父’，則‘乃祖乃父’必作‘我高后’，《釋文》傳寫奪去耳。尋繹文義，以別本為長。上言‘乃祖乃父，乃斷棄女，不救乃死，’就臣而言也。此言‘我高后丕乃告乃祖乃父曰：作丕刑於朕孫，’就君言也。上文‘高后丕乃崇降罪疾曰：曷虐朕民’。又曰：‘先后丕降與女罪疾曰：曷不暨朕幼孫有此。’亦是一就君言，一就臣言，可證。”（頁 120）

這裡運用上下文的文理文義考證，指出《釋文》傳寫的脫漏。

⑤惟天不畀允罔固亂，弼我，我其敢求位？惟帝不畀，惟我下民秉為，惟天明畏。（周書・多士）

“惟帝不畀”，《孔傳》釋為“惟天不與紂”。（頁 219）《尚書正讀》析為“天不畀我”。（頁 214）“畀”為及物動詞，其功能意義應有賓語。《孔傳》以“紂”為賓語，皆不見上下文，“紂”從何來？《正讀》以“我”為賓語，又不合文意。《尚書易解》：“‘不畀’之下，承上文省‘允罔固亂’四字。”（頁 226）《尚書》無“者”，“允罔固亂”處於賓語位置當為“允罔固亂者”。“惟帝不畀”承上文省賓語“允罔固亂”，合於文言承前省略之通例。從“畀”的功能意義出發，後面要帶賓語，從而推測出“不畀”後面省掉了賓語，而從語境資訊來看，被省掉的賓語就是前面已經出現的“允罔固亂”，這種承上文省賓語合於文言承前省略之通例。

《尚書》語言簡古，省略尤多，能夠正確認識到與省略相關的詞語的語法意義很重要；根據古人省略文例，仔細分析上下文義，對於準確補充省略成分顯得更重要。

傳統詞義研究雖然沒有使用語境研究的術語，但古代學者在解詞釋義、分析句子結構、說明修辭手段、闡發章句意旨的同時，對文獻的上下文語境和情景語境作了充分的揭示。

（五）“語法定義”的理論和方法

語法和詞彙的關係是很密切的，語法形式是由詞彙構成的。詞彙在一定的語法形式中不僅僅表現的是詞彙意義，還表現語法意義。對語言諸要素進行分析，理應把各種要素看作一個有機的整體，不能孤立地分析某一個要素。

楊樹達先生曾經說過："凡讀書者有二事焉：一曰明訓詁，二曰通文法。"①這既強調了"明訓詁""通文法"是閱讀古書最為重要的兩個方面，也說明了詞彙研究和語法研究兩者之間的重要依存關係。訓釋語義，要明確詞語在句結構中的位置；不僅要訓釋詞語的詞彙意義，還要訓釋詞語的語法意義。所以，詞彙研究除了與文字、音韻密不可分之外，還離不開語法。

漢語是一種非形態的語言，表達語言的手段主要有兩條：一是虛詞，一是語序。

古代學者早已認識到語序，古書中也早就有對語序的分析說明。《公羊傳·僖公十六年》："春，王正月戊申朔，隕石於宋五。是月，六鷁退飛，過宋都。曷為先言隕而後言石？隕石記聞，聞其磌然，視之則石，察之則五。……曷為先言六而後言鷁？六鷁退飛，記見也。視之則六，察之則鷁，徐而察之則退飛。"②但這種說明是零散的，不自覺的。古代的語言研究是建立在詮釋經典的基礎上的，研究的重心是語義，詞語在句結構中的位置、順序以及詞語之間的組合關係，古代學者鮮為著力，語法研究在語言諸要素的研究中相對滯後。史存直先生曾說過："漢語沒有詞的形態變化，而詞在句中的順序又比較有規律，容易掌握，所以一直不感到有建立語法的需要。"③

虛詞作為顯性的語法手段，則相對容易發現，所謂"構文之道，不外虛實兩字"，④中國學說史上第一部詞典《爾雅》就已經開始詮釋虛詞。王引之於《經傳釋詞·自序》中云："語詞之釋，肇於《爾雅》。'粵'、'于'為'曰'，'茲'、'斯'為'此'，'每有'為'雖'，'誰昔'為'昔'：若斯之類，皆約舉一隅，以待三隅之反。蓋古今異語，別國方言，類多助語之文。"然而"經傳中實字易訓，虛字難釋"。（頁1），虛詞一般沒有實在意義，一般不能充當句子成分，不能單獨回答問題。只能配合實詞造句，表示句子中各成分之間的種種語法關係。另外，虛詞產生相當早，甲骨文中就已經有虛詞，兼之，文獻中的大量虛詞都是實詞虛化的結果，虛化的時間長，虛化的過程有相當複雜。虛化後的實詞詞形並沒有發生變化，只是在實詞義項的基礎上又增加了虛詞義項，同形異義，人們的思維慣性極易產生思維定勢，在沒有系統詞彙理論和語法理論的古代，學者們以實釋虛，就是習以為常的事了。

---

① 楊樹達：《詞詮》，頁5。中華書局，1954年版。

② （漢）何　休注，（唐）徐彥疏：《春秋公羊傳注疏》，頁2254。《十三經注疏》本。1980年版。

③ 史存直：《句子結構和結構主義的句子分析》，《中國語文》，1981年，第2期。

④ 馬建忠：《馬氏文通》，頁15。商務印書館，1983年版。

虛詞不能判定其為虛詞，實詞不能判定其虛詞義項，就不能正確的詮釋經典，達到通經的目的。王引之於《經傳釋詞》中曾說過："自漢以來，說經者宗尚雅訓，凡實義所在，既明著之矣，而語詞之例，則略而不究；或即以實義釋之，遂使其文扞格，而義亦不明。"（頁 1）為了正確地詮釋經典，有目的地糾正前人對經典虛詞和實詞虛義的誤釋，清代和近現代的學者在詮釋今文《尚書》的過程中，注意運用語法學的方法，釋疑解難，匡謬正誤。這也就是詞義研究和訓詁研究中的"語法定義"法。

1."語法定義"的理論根據

根據"語法定義"的方法解詞釋義，主要是解決那些用語音學方法、文字學方法、校勘學方法和語境學方法都不能解決的經義疑難。這些疑難主要反映的是語詞的語法意義沒有被人們認識。語法定義，簡單地說就是通過分析語詞在語言形式中的組合方式、結構關係、表述功能來尋繹詞語的語法意義和詞彙意義。

1.1　語法意義的概念和類型

何為語法意義？語法意義是與"詞彙意義"相對的一個語言學概念。語法意義是由一定的語法成分和結構形式所表示的意義。語法意義一般包括詞法意義和句法意義兩種內容。形態語言的詞法意義通常指詞形變化所表示的意義，諸如"單數"、"複數"、"陰性"、"陽性"等等。漢語是一種非形態語言，漢語的詞法意義通常是指詞類的組合功能意義。

要而言之，漢語的語法意義是由語法形式表示的反映詞語的組合方式、組合功能、表述功能等的高度抽象的意義。諸如：主謂關係、動賓關係、偏正關係等是反映組合方式的，名詞、動詞、形容詞等是反映詞語的組合功能的，判斷、陳述、疑問等是反映詞語的表述功能的。語法意義是從各種具體詞語的意義和用法中進一步抽象出來的高度抽象的意義。具體詞語的語彙意義雖然也是抽象的，但是，語彙意義是從詞語所指事物現象中抽象出來的，而語法意義則是從各個詞語的意義和用法中進一步抽象出來的。例如"鳥"和"獸"的語彙意義是從各種飛禽和各種走獸中演繹出來的抽象意義，"鳥"和"獸"的語彙意義是不相同的，但是，"鳥"和"獸"的語法意義是相同的，"鳥"和"獸"都是名詞，都表示是動物。這種更為抽象的意義就是語法意義。

語法意義的類型大致可以分為結構意義、功能意義和表述意義三類。

結構意義反映詞語之間的結構關係，如主謂關係、動賓關係、偏正關係等等。名詞的格變化也是反映詞語的結構關係的。結構意義可以有不同的層次，如偏正結構還可分為定心結構和狀心結構兩個小類，那麼，定心關係、狀心關係就是偏正關係的下層結構意義。

功能意義是反映詞語的組合功能的。如名詞、動詞、形容詞，名詞性短語、動詞性短語等等，都是反映詞語的組合功能的。組合功能包括充當某種結構成分的功能，如充當主語、謂語，能帶賓語等，也包括與某類詞語組合的功能，如能受副詞修飾和不能受副詞修飾等等。功能意義也有不同層次，因為一些較大功能類型還可分出較小功能類型，如動詞還可分為能願動詞、趨向動詞、及物動詞和不及物動詞。那麼能願動詞、趨向動詞、及物動詞、不及物動詞的功能意義，就是動詞功能意義的下層功能意義。

表述意義反映語法形式與所指事物現象以及語言使用者的關係，又可分稱述意義和情態意義兩種。稱述意義反映語法形式與所指事物現象的關係，是從詞語的語彙意義中進一步抽象出來的意義。諸如名詞表示人或事物的名稱，動詞表示動作或變化，形容詞表示人或事物的性質或情狀等等。一些語法範疇如數、性、人稱、時體等的意義，也是一種稱述意義。情態意義反映語法形式與說話人的感情態度及表述意圖的關係。句子的各種語氣及語式、語態範疇，都屬於這種情態意義。諸如陳述、疑問、感歎、祈使等語氣與說話人的感情態度相關，主動語態、被動語態與說話人要強調什麼的表述意圖相關。

結構意義、功能意義和表述意義三種意義具有共生關係，三種或其中的兩種常常共存在一個語言體中。例如名詞短語這一語法類別，既含結構意義（偏正結構或聯合結構），也含功能意義（具有名詞性短語的組合功能），還有表述意義（表示人或事物）。又如動詞的時體形式，既有稱述意義（表示事件的時間關係或時間過程），也有功能意義（不同的時體形式具有不同的組合功能）。分析具體語法形式中詞語的語法意義，必須注意結構意義、功能意義和表述意義三種意義的共生關係。

1.2 “語法定義”的主要理論探索

中國古代沒有嚴格意義的系統語法理論，古代學者也沒有運用系統的現代語法學概念和術語，但是，並不等於“中國古代學者完全沒有語法的概念”，[①]就完全沒有認識到詞語的語法意義以及語法意義的下一層級結構意義、功能意義和表述意義。早在姬周末年，齊人公羊高對《春秋》的詮釋就有許多說明語詞語法意義的說解。例如，《春秋》：“僖公元年，夏，六月，邢遷於陳儀。”《公羊傳》：“遷者何？其意也。遷之者何？非其意也。”楊樹達先生認為：“此明示同一動字有內動外動二用法之不同也。”[②]林玉山先生仔細分析道：“這句話意思是說：遷，是邢自己願意的，是自動的，是自遷者出於自己意願的，所以說‘其意也’；如果人被我遷，就不是出自被遷者的意願，所以說‘非其義也’。”[③]公羊高分析“遷”的表述意圖，實際上就是在解說“遷”的情態意義，情態意義屬於語法意義中的表述意義。公羊高只是沒有運用“情態意義”、“表述意義”、“語法意義”這些現代詞彙學術語。

劉漢以降，在隨文釋義的訓詁學著作和專釋語義的訓詁學專著中，常常可以看見說明虛詞的“辭”、說明形容詞的“貌”“之貌”之類專門的術語，實際上這些術語反映了古代語言學家對虛詞的功能意義形容詞稱述意義等語法意義的認識。到了元代著名學者盧以緯，已經開始對文獻語言的虛詞進行系統研究，研究結果撰成劃時代的虛詞研究專著《助語辭》。自盧以緯導乎先路，清代袁仁林、劉淇也對文獻語言的虛詞進行系統研究，並且各自撰成虛詞研究專著《助字辨略》和《虛字說》。

清代乾嘉時期的高郵王氏父子是整個中國古代學者進行詞彙研究和語法研究最為傑出的代表之一。王引之是清代著名的語言學家，非常重視對經傳虛詞的研究，憑藉自己深厚的語言學功力，實事求是的治學精神，勇於創新，不避繁難，“前人所未及者補之，誤解者正之”[④]，發明了很多前人認識不到的虛詞的用法和意義，並對前人積誤已久的說法多有匡正，“述所聞於父”，作《經義述聞》，其卷32《通說》中有“語詞誤解以實義”，說明了“誤解以實義”的五十多個虛詞，並在此基礎上，又採取嚴密的編排法撰成《經傳釋詞》一書，把文言虛詞的研究推向前所未有的新高度。全書不錄東漢以後的虛詞，亦不釋“常語”，訓釋經傳中的虛詞凡160個，有義者釋其意義，無義者明其用法，皆能“揆之本文而協，驗之他卷而通”。王氏父子不僅在訓詁學上獨樹

---

① 王　力：《漢語史稿》，頁12。中華書局，1986年版。

② 楊樹達：《中國文法學小史》，頁340。湖南教育出版社，《古漢語論集》（第一輯），1985年版。

③ 林玉山：《漢語語法史》，頁24。湖南教育出版社，1983年版。

④ （清）王引之：《經傳釋詞》，頁4。岳麓書社，1984年版。

一幟，運用“因聲求義”、“比例而知”、“依文作解”等科學方法詮釋“難釋”的經傳虛詞，還在《經傳釋詞》中明確提出了虛實兩大詞類的分野，指出了虛詞的作用是“足句”，初步具備了虛詞內部分類的思想，並已做到由比勘句式來考辨虛詞的語法功能，由研究虛詞的作用連及句法結構和句式的分析。事實上王氏父子對虛詞的研究已趨於系統化，語法思想也已達到一定高度。當然王氏父子還沒有提出系統的語法理論，《經傳釋詞》的語法研究也是在訓詁學的範圍內進行的。但是，王引之在詮釋經傳虛詞特別是詮釋《尚書》虛詞過程中所反映的語法思想和科學方法，應該研究和總結。

任何語言形式的運用都不可能突然閃現便稍縱即逝。在同一語言的生存狀態中，存在若干同一用法和同一意義的用例，這是由語言的社會性原則所決定的。虛詞的使用情況當然也是如此，因此在文獻語言虛詞的研究過程中，結合古人“行文之法”和“立言之則”，比合一定數量結構相同相近的句式，從中歸納概括出文獻語言虛詞的語法功能和語法意義，無疑是一種符合語言社會性規律的科學的研究方法。除袁仁林、劉淇、王氏父子外，許多清代學者都進行過虛詞研究的廣泛實踐，理論上亦頗有建樹，清人的探索無疑是相當出色和成功的。

清代學者多有“虛實相對”的語法觀，不少學者進行過”實字虛用”的理論探索和實踐。

文獻語言中有大量虛詞是經過引申虛化產生而來的，引申虛化的過程一般都相當複雜。阮元認為經傳中有“實字”“虛字”相對，“實字易訓，虛字難釋”。王引之認識到虛詞沒有具體的詞彙意義，而只有語法意義，“善學者不以語詞為實義，則依文作解，較然易明”，所謂“依文作解”就是根據具體的語言環境來訓釋某一虛詞的語法意義和語法作用。他明確指出不識虛詞（語詞）則不明訓詁的道理，以“有義”、“無義”為標準，把漢語的詞分成“實義所在”之詞與“語詞”兩大類，“實義所在”之詞就是所謂的實詞，“語詞”即虛詞。王引之認為虛實對立是普遍的語言現象，他於《經傳釋詞》的《自序》中認為：“蓋古今異語，別國方言，類多助語之文。”（頁 1）清代學者多能認識到要正確演繹虛詞的語法意義，首先必須具備對文獻語言中虛實相對理論及其語言事實的認識，然後再歸納若干同一用法和同一意義的用例，演繹類型。今以揚州學派的著名學者朱彬研究《尚書》“實字虛用”為例。

寶應朱彬的訓詁成就主要集中於 8 卷《經傳考證》，其中考釋《尚書》的訓詁疑難凡 104 條，剖肌析理，勝義繽紛。王念孫在《經傳考證・序》中稱述該書的最大特點是“揆之文義而安，求之古訓而合，採漢唐宋諸儒之所長而化其鑿空之病與拘牽之習。蓋非置前人之說而不之用，乃師前人之說而善用之者。至其援據之確，搜討之精，非用力之深且久者，不能有是”。朱彬十分重視“實字虛用”的研究。在研讀《尚書》的過程中，朱彬發現了一個帶有規律性的現象，那就是《尚書》中許多“大”字，不是表示“大小”之“大”的實詞，而是語義更為抽象的似乎“可有可無”的“辭”。“大，辭也。”《盤庚》1 例“永敬大恤”；《大誥》1 例“大誥爾多邦”；《康誥》9 例“四方民大和會”，“天乃大命文王”，“民情大可見”，“時乃大民服”，“大傷厥考心”，“大不友于弟”，“天惟與我民彝大泯亂”，“造民大譽”，“大放王命”；《酒誥》3 例“我民用大亂喪德”，“爾大克羞耇惟君”，“我其可大不監撫于時”；《洛誥》2 例“予乃允保大相東土”，“其大惇典殷獻民”；《多士》4 例“天大降喪于殷”，“大淫泆有辭”，“予大降爾四國民命”，“今朕作大邑于兹洛”；《君奭》3 例“大弗克恭上下”，“我受命于疆惟休，亦大惟艱”，“監于殷喪大否”；《多方》13 例“我惟大降爾命”，“乃大淫昏”，“乃大降罰”，“乃大降顯休命于成湯”，“大不克明保享于民”，“大不克開”，“大淫圖天之命”，“大動以威”，“我惟大降爾四國民命”，“爾乃不大宅天命”，“我乃其大罰殛之”，“我有周惟其大介賚爾”，“大遠王命”；《費誓》1 例“汝則有大刑”。凡 37 例。這些所稱“辭也”的“大”，大都用在動詞、形容詞前面，也有用於名詞、副詞前面。“大”有比“大小”之“大”更為抽象的意義，前人已有這種認識。《周書・康誥》的“四方民大和會”，鄭玄注曰：“四方民聞之，同心來會，樂即功作，效其力焉。是時周公居攝四年，隆平已至。”（頁356）顯然，鄭玄已經意識到“大”不是“大小”之“大”，但還不具備使之類型化的語法思想。《周書・多方》的“我有周惟其大介賚爾”，孔安國傳曰：“汝能修善，天惟與汝憐汝，我有周惟其大大賜汝。”（頁 229）顯然，孔安國也已經意識到“大”不是“大小”之“大”，而解釋為更為抽象化的“大大”，但也未使這類“大”類型化。朱彬“大，辭也”的詮釋已經使這類“大”的語法意義類型化了。朱彬已經清楚認識到虛實相對的語言事實，正確認識前人說《書》失解誤解的原因，“解經者不知為詞助，泥於一字之義，輒如治絲而棼；知其為辭，則經之可通十六七矣。”

我們用現代語法學理論考察今文《尚書》的“大”，可知朱彬的研究具有可驗證性。今文《尚書》“大”凡 120 見，可作形容詞和副詞。程度副詞凡 39 見。《助字辨略》：“大，盛也，甚也。”（頁 206）今文《尚書》的程度副詞“大”多表示程度深廣，多用於動詞前修飾動詞，有時也修飾別的副詞，“大”與“不”經常連用，“不”偶或也修飾“大”。可譯為“大大地”、“非常”、“很”，也可以根據上下文意斟酌恰當詞義，也可以不譯。程度副詞“大”的用法可以進一步分為如下類型：

“大”修飾形容詞或副詞

①汝不憂朕心之攸困,乃咸大不宣乃心,欽念以忱動予一人。（商書·盤庚中）

②兄亦不念鞠子哀,大不友于弟。（周書·康誥）

③天惟畀矜爾,我有周惟其大介賚爾。（周書·多方）

④乃有室大競。（周書·立政）

“大”修飾動詞。有4種形式:

“大”+動詞

①秋,大熟,未獲,天大雷電以風,禾盡偃,大木斯拔,邦人大恐。（周書·金縢）

②歲則大熟。（周書·金縢）

③大誥。（周書·大誥）

④四方民大和會。（周書·康誥）

⑤有敘時,乃大明服,惟民其敕懋和。（周書·康誥）

⑥弗克庸帝,大淫泆有辭。（周書·多士）

⑦有夏誕厥逸,不肯慼言于民,乃大淫昏。（周書·多方）

⑧乃惟爾辟以爾多方大淫,圖天之命屑有辭。（周書·多方）

⑨疾大漸,惟幾,病日臻。（周書·顧命）

“大”+動詞+賓語

①予其大賚汝!（商書·湯誓）

②大誥爾多邦越爾御事。（周書·大誥）

③肆予大化誘我友邦君。（周書·大誥）

④子弗祇服厥父事,大傷厥考心。（周書·康誥）

⑤惟威惟虐,大放王命。（周書·康誥）

⑥王如弗敢及天基定命,予乃胤保大相東土。（周書·康誥）

⑦多士,昔朕來自奄,予大降爾四國民命。（周書·多士）

⑧我惟大降爾命,爾罔不知。（周書·多方）

⑨厥圖帝之命,不克開于民之麗,乃大降罰,崇亂有夏。（周書·多方）

⑩爾乃不大宅天命。（周書·多方）

⑪我乃其大罰殛之!（周書·多方）

⑫爾乃惟逸惟頗,大遠王命。（周書·多方）

“大”+動詞+(賓語)+補語

①大戰于甘,乃召六卿。（虞夏書·甘誓）

②茲予大享于先王,爾祖其從與享之。（商書·盤庚上）

③予造天役，遺大投艱于朕事。　　（周書・大誥）

④今惟殷墜厥命，我其可不大監撫于時！　　（周書・酒誥）

⑤弗吊旻天，大降喪于殷。　　（周書・多士）

⑥天惟時求民主，乃大降顯休命于成湯，刑殄有夏。　　（周書・多方）

⑦天惟求爾多方，大動以威，開厥顧天。　　（周書・多方）

"大"修飾能願動詞

①民情大可見，小人難保。　　（周書・康誥）

《尚書釋義》："大可見，謂甚易見。"（頁 117）

②爾大克羞耇惟君，爾乃飲食醉飽。　　（周書・酒誥）

"大不（弗）克"合用。

③在我後嗣子孫，大弗克恭上下，遏佚前人光在家。　　（周書・君奭）

④惟夏之恭多士大不克明保享于民。　　（周書・多方）

⑤乃胥惟虐于民，至于百為，大不克開。　　（周書・多方）

朱彬所說屬於"辭"的"大"，包括我們現在所說的形容詞和副詞，我們詳舉 37 見程度副詞，可知朱彬的研究多可驗證。

清代學者還提出虛詞"足句""足詞"的理論。王引之在《經義述聞・語詞誤解以實義》中指出："經典之文，字各有義，而字之為語詞者，則無義之可言，但以足句耳。"（頁 761）在對《尚書》附音詞"有＋中心詞素"的研究中，他又認為"有"沒有詞彙意義，只有語法意義，僅僅起到"足音節""足詞"的作用。

亮采有邦。　　（虞夏書・皋陶謨）

王引之《經傳釋詞》："有，語助也。一字不成詞，則加'有'字以配之。若虞、夏、殷、周皆國名，而曰有虞、有夏、有殷、有周是也。推之他類，亦多有此。故邦曰有邦，家曰有家，室曰有室，廟曰有廟，居曰有居，方曰有方，夏曰有夏，濟曰有濟，北曰有北，昊曰有昊，帝曰有帝，王曰有王，司曰有司，正曰有正，僚曰有僚，民曰有民，衆曰有衆，幼曰有幼，政曰有政，事曰有事，功曰有功，比曰有比，極曰有極，梅曰有梅，的曰有的，三宅曰三有宅，三俊曰三有俊，三事曰三有事，說經者未喻屬詞之例，往往訓為有無之'有'，失之矣。"（頁 63－64）馬建忠《馬氏文通》也認為："名有一字不成詞，間加'有'字以配之者，《詩》、《書》慣用之。"（頁 39）王引之、馬建忠認為"有"非有無之"有"，是正確的。

今文《尚書》沒有後附音節的附音詞，前附音節也僅僅一個"有"字。今文《尚書》附音詞的主要形態就是"有"和名詞、動詞或形容詞性詞素的合構。"有"是今文《尚書》附音詞的主要構詞單位。"有＋中心詞素"式附音詞凡59見。主要有四種結合方式：

有＋專有名詞

①何遷乎有苗。（虞夏書·皋陶謨）
②夙夜浚明有家。（虞夏書·皋陶謨）
③亮采有邦。（虞夏書·皋陶謨）
④有邦兢兢業業，一日二日萬幾。（虞夏書·皋陶謨）
⑤有夏多罪，天命殛之。（商書·湯誓）
⑥文王誥教小子有正有事。（周書·酒誥）
⑦庶士有正越庶伯君子。（周書·酒誥）
⑧相古先民有夏。（周書·召誥）
⑨今相有夏。（周書·召誥）
⑩有王雖小，元子哉！（周書·召誥）
⑪比介于我有周御事。（周書·召誥）
⑫我不可不監于有夏。（周書·召誥）
⑬亦不可不監于有殷。（周書·召誥）
⑭有夏服天命。（周書·召誥）
⑮有夏受天命。（周書·召誥）
⑯丕若有夏歷年。（周書·召誥）
⑰式勿替有殷歷年。（周書·召誥）
⑱我有周佑命。（周書·多士）
⑲有夏不適逸。（周書·多士）
⑳亦惟天丕建保乂有殷。（周書·多士）
㉑我有周既受。（周書·君奭）
㉒保乂有殷。（周書·君奭）
㉓有殷嗣，天滅威。（周書·君奭）
㉔惟文王尚克修和我有夏。（周書·君奭）
㉕惟時受有夏命哉。（周書·君奭）
㉖有夏誕厥逸。（周書·多方）
㉗崇亂有夏。（周書·多方）
㉘亦惟有夏之民叨懫日欽。（周書·多方）
㉙刑殄有夏。（周書·多方）
㉚非天庸釋有夏。（周書·多方）
㉛非天庸釋有殷。（周書·多方）
㉜乃惟有夏圖厥政。（周書·多方）

㉝有邦間之。（周書·多方）
㉞非我有周秉德不康寧。（周書·多方）
㉟我有周惟其大介賚爾。（周書·多方）
㊱古之人迪惟有夏。（周書·立政）
㊲乃有室大競。（周書·立政）
㊳乃伻我有夏。（周書·立政）
㊴惟有司之牧夫。（周書·立政）
㊵有邦有土。（周書·立政）

有＋普通名詞

①天敘有典。（虞夏書·皋陶謨）
②天秩有禮。（虞夏書·皋陶謨）
③今爾有眾。（商書·湯誓）
④有眾率怠弗協。（商書·湯誓）
⑤民不適有居。（商書·盤庚上）
⑥無弱孤有幼。（商書·盤庚上）
⑦其有眾咸造,勿褻在王庭。（商書·盤庚中）
⑧綏爰有眾。（商書·盤庚下）
⑨相即有僚。（周書·洛誥）
⑩明作有功。（周書·洛誥）
⑪告爾有方多士暨殷多士。（周書·多方）
⑫簡孚有眾。（周書·呂刑）

有＋動詞

①曷不暨朕幼孫有比？（商書·盤庚中）
②爾所弗勖,其于爾躬有戮。（周書·牧誓）
③封,有敘時,乃大明服,惟民其敕懋和。（周書·康誥）
④乃裕民曰:"我惟有及。"（周書·康誥）

有＋形容詞

①無弱孤有幼。（商書·盤庚上）
②敢弗于從率寧人有指疆土。（周書·大誥）
③厥棐有恭。（周書·酒誥）

"有"沒有詞彙意義。一般認為"有"有"大"意。"有夏"即"大夏","有周"即"大周"。但今文《尚書》中"有"還與"苗、家、邦、土、正、事"等構成複音專有名詞。在《虞夏書·皋陶謨》的"何遷乎有苗"這樣的語境裡,"有"似乎還有"小"意,至少不會有"大"意。"有"倘有詞彙意義不會是隨意的，在同一語言系統中應該是有規律的，史存直先生曾認為："加'有'的那些名稱往往又可以不加'有'。"①史先生的話符合今文《尚書》的語言實際。今文《尚書》中的國名主要有"夏、商、殷、周"。國名"夏"凡56字，"有夏"19例。國名"商"凡42字，"有商"3例。國名"殷"凡100字，"殷商"之"殷"97字，"有殷"10例。國名"周"凡62字，"有周"7例。"夏"和"有夏"，"商"和"有商"，"殷"和"有殷"，"周"和"有周"，"有"之有無，意義相同。"有"僅僅是個音節，倘刪除"有"並不影響詞義，對於句意的理解亦無妨礙。"有＋中心詞素"式複音詞是一種附音式複音詞。附音式複音詞與疊音式複音詞類似。《虞夏書·五子之歌》："懍乎若朽索之馭六馬。"《孔傳》："懍，危貌。"（頁156）《周書·秦誓》："百姓懍懍。"《孔疏》："懍懍是怖懼之意。""懍乎"和"懍懍"義近。《詩經》有主語相同而在相同的謂語位置上，或用疊音式複音詞或用附音式複音詞的。如《邶風·北風》有"雨雪其霏"句，《小雅·采薇》有"雨雪霏霏"句，"其霏"和"霏霏"相同。疊音式複音詞重疊兩個音節等於一個詞素，附音式複音詞在詞根前後附著一個音節也只有一個詞素，具有相同詞素義的疊音式複音詞和附音式複音詞可以互換。

王引之、馬建忠認為《詩》《書》中的"有"非有無之"有"，沒有詞彙意義，只有結構意義和功能意義，是正確的，是可以驗證的。

2."語法定義"在《尚書》訓詁中的實踐

歷代學者對虛詞進行研究總是與經學的研究聯繫在一起。《尚書》號稱"群經之首"，為歷代解經家所重視。《尚書》中虛詞系統已基本形成。這不僅表現在介詞、副詞、連詞、助詞、嘆詞這些虛詞的大類齊全，還表現在這些虛詞包含的小類也趨於完備。《尚書》既有只見於甲金文而不見於先秦兩漢文獻的語法現象和語法形式，也有甲金文和先秦兩漢文獻都沒有的語法現象和語法形式。《尚書》複雜的語言現象和獨特的經學地位使之成為歷代學者進行訓詁研究首要的語言材料。

清代和近現代學者把語法研究和詞彙研究結合起來，深入研究《尚書》的虛詞和實詞的虛詞義項，在訓詁實踐中採取的主要方法有三類：分析語詞之間

① 史存直：《漢語語法史綱要》，頁153。華東師範大學出版社，1986年版。

的組合關係，尋繹結構意義；確定語法特徵，尋繹語詞的功能意義；體味稱述情態，尋繹語詞的表述意義。

2.1　分析的組合關係，尋繹語詞的結構意義

語詞在語法形式中與別的語詞構成各種各樣的結構關係，仔細分析語詞及與之前後臨近詞語之間的結構關係，可以尋繹這個詞語隱含的抽象的結構意義。

①乃言曰：載采采。（虞夏書・皋陶謨）

《孔傳》："采，事也。"（頁138）采采，意即"某事某事"，《尚書正讀》："采采，非一事也。"（頁32）《尚書譯注》："采采，指許多事。"①諸說皆把"采采"誤為疊音詞。《尚書易解》："載，語首助詞。采，事也。采采，事其事也，動賓結構。"（頁30）先師以"采采"為詞之重疊，最切文意。《尚書》今文重言56例，古文重言16例，舊注多以疊音詞訓之，扞格難通。先師周秉鈞先生運用現代詞法理論，細析義理，分為疊字疊詞兩類。先師從詞的結構意義和功能意義角度分析，把此例中的"采采"當作是詞的重疊，前一個"采"為動詞，後一個"采"為名詞，作前一個"采"的賓語，故"采采"組成一個動賓關係的短語。今文《尚書》有13例重言以疊詞訓之，怡然理順，煥然冰釋。諸如：《堯典》的"明明揚側陋"。《尚書易解》："上明字，動詞。下明字，賢明，指貴戚。"（頁11）《微子》的"乃罔畏畏"。《尚書易解》："畏畏，讀為畏威，'畏'與'威'古通用。"（頁121）《康誥》的"庸庸，祗祗，威威，顯民"。《尚書易解》："庸庸，用可用也。祗祗，敬可敬也。威威，畏可畏也。"（頁168）先師對《尚書》重言現象的語法分析，解決了《尚書》訓詁的一大難題。

②厥貢惟金三品，瑤、琨、篠、簜、齒、革、羽、毛惟木。（虞夏書・禹貢）

③越在內服，百僚庶尹惟亞惟服宗工越百姓里居，罔敢湎于酒。

（周書・酒誥）

④告爾四國多方惟爾殷侯尹民。（周書・多方）

瑤，美玉。琨，美石。篠，小竹。簜，大竹。齒，象牙。革，犀皮。羽，鳥羽。毛，犛牛尾。木，木材。瑤、琨、篠、簜、齒、革、羽、毛、木都是表示事物名稱的名詞，"惟"字位於"毛"和"木"之間，構成表示並列

① 李　民、王　健：《尚書譯注》，頁39。上海古籍出版社，2000年版。

關係的名詞性並列短語。“惟”既不是構形義動詞，也不是《尚書》中常見的語助詞。“惟”是表示並列關係的並列連詞。王引之《經傳釋詞》：“惟，猶‘與’也；‘及’也。”黃侃箋識：惟，“‘與’之借。”（頁 56）

百僚，百官。庶尹，眾長。亞，次，正官的副職。服，任事官員。宗工，宗室官員。百姓里居，退休官員。王國維、郭沫若認為“里居”為“里君”，也是個名詞。兩“惟”字一位於“百僚”、“庶尹”與“亞”之間，一位於“亞”與“服”、“宗工”之間，“百僚”、“庶尹”“亞”、“服”、“宗工”都是表示官職的專有名詞，兩“惟”字與前後名詞顯然構成連接關係，其隱性的結構意義是並列連詞“與”、“和”。

四國多方，指管、蔡、商、奄四國。殷，眾。見《詩經・鄭風・溱洧》毛傳。殷侯，眾位官員。尹民，治民的官員。“惟”位於“四國多方”與“爾殷侯尹民”之間，構成一個並列短語結構，“惟”起連接作用。

⑤厥貢璆、鐵、銀、鏤、砮、磬、熊、羆、狐、狸，織皮、西傾因桓是來，浮于潛，逾于沔，入于渭，亂于河。（虞夏書・禹貢）

“織皮、西傾因桓是來。”織皮，西戎之國。西傾，山名。桓，桓水，即今甘肅、四川境內的白龍江。王引之《經傳釋詞》：“因，由也，聲之轉也。《書・禹貢》曰：‘西傾因恒是來。’常語也。”黃侃箋識：“《說文》：‘因，就也。’引申有因由之誼。”（頁 16）　因，甲文金文形如草席，為名詞無疑。《尚書》中詞義虛化，用作介詞。《詞詮》：“因，介詞，表原因，與‘以’同義。”（頁 397）此處，“因”作介詞，介引動作行為經由的處所，“因＋賓語”在謂語前作狀語。“因”作介詞不見於甲骨文金文，始見於今文《尚書》。

⑥若昔朕其逝，朕言艱日思。（周書・大誥）

《尚書正讀》析為“言艱日思，語倒，猶云日思之艱也。”（頁 153）《尚書釋義》和《尚書譯注》皆取其說。先師周秉鈞先生《白話尚書》卻認為“艱日思”，即“艱日之思”。（頁 119）全句譯為“象往日討伐紂王一樣，我將要前往，我想說些艱難日子裡的想法”。（頁 115）先師認為“艱日”和“思”之間是偏正關係才切合文意，而“思”在“艱日”之“思”這個定中結構中，作中心語。在這裡，主要依據“思”的結構意義來確定它的詞義應該是名詞性的“想法”，而不是動詞性的“思考”。

2.2 確定語法特徵，尋繹語詞的功能意義

功能意義是反映詞語的組合功能的。如名詞、動詞、形容詞，名詞性短語、動詞性短語等等，都是反映詞語的組合功能的。組合功能包括充當某種

結構成分的功能，如充當主語、謂語，能帶賓語等，也包括與某類詞語組合的功能，如能加介詞、能加副詞等。例如：

①侯以明之，撻以記之，書用識哉。（虞夏書・皋陶謨）

侯，箭靶。這裡用作動詞，指用箭射靶，舉行射侯之禮。明，勉。古代不賢的人不能參加射侯，所以射侯之禮可以勉勵人。"以"是目的連詞，"侯以明之"是一個連動句。"撻以記之"、"書用識哉"語法形式與"侯以明之"相同，都是連動句。"以""用"互文，"用"也是一個目的連詞。王引之《經傳釋詞》："用，詞之'以'也。《一切經音義》七引《倉頡篇》曰：'用，以也。''以''用'一聲之轉。凡《春秋・公羊傳》之釋《經》，皆言'何以'；《谷梁》則或言'何用'。其實一也。《書・皋陶謨》：'侯以明之，撻以記之，書用識哉。'用，亦'以'也，互文耳。"黃侃先生箋識："'用'，'以'聲通。"（頁17）

"侯"與"明"，"撻"與"記"，"書"與"識"，每一組動詞皆有嚴密的邏輯關係，其語序為限定語序，不能互換，前一動作為手段，後一動作為目的。"以"、"用"表示的是極為重要的功能意義。

②高后丕乃崇降罪疾。（商書・盤庚中）

孫星衍《尚書今古文注疏》："崇者，《釋詁》云'重也。'""我高后在天之靈將重降罪疾於我。"（頁235）

《說文・山部》："崇，山大而高也。"《說文解字注》："崇之引申為凡高之稱。"（頁440）此處，"崇"作程度副詞，修飾動詞"降"。孫星衍在為《尚書》注疏時已清醒地認識到"崇"的詞性變化。

③盤庚既遷，奠厥攸居，乃正厥位，綏爰有眾。（商書・盤庚下）

王引之《經傳釋詞》："《爾雅》曰：'爰，于也。'又曰：'爰，于也。''于'與'於'同義。《書・盤庚》曰：'綏爰有眾。'是也；《詩・擊鼓》曰：'爰居爰處，爰喪其馬，於以求之。'於，亦'爰'也，互文耳。"（頁26）

《詩經》"爰"、"於"多為語助詞，王引之將《尚書》的引例與《詩經》引例同列為一條訓釋，可推知"綏爰有眾"之"爰"為語助詞。分析句子語法結構，"有"是附音詞的前附音節，"有眾"是附音詞，作"綏"的賓語，"爰"的功能意義僅為調節語氣。今文《尚書》中，"爰"有兩個語例一向被認為是介詞，王引之的解說證明它們實際上是句中語助詞。王引之之所以能得出正確的訓釋，主要就是根據"爰"之前的動詞"綏"和"爰"後面的名詞"有眾"之間是謂語和賓語的關係，而"爰"處於這樣一種關係之中，只能是語助詞。這裡對"爰"作出正確詮釋的關鍵就是要弄明白"綏"和"有眾"之間的結構關係，從而演繹"爰"的功能意義。

④今予其敷心腹腎腸,歷告爾百姓于朕志。（商書・盤庚下）

《尚書正讀》:“此文語倒，猶云歷告朕志于爾百姓也。”（頁108）《尚書易解》卻認為“于，猶以也，言予其開誠心，以我志告汝百官也。”（頁107）《詞詮》:“于，介詞，用同‘以’。”（頁433）“于（以）朕志”是介賓結構修飾動詞謂語，這是個常見句式。諸如:《堯典》:“舜讓于德，弗嗣。”《盤庚上》:“予告汝于難，若射之有志。”“今我既羞告爾于朕志。”《康誥》:“惟予茲不于我政人得罪。”先師踵繼楊遇夫先生，揭示“于”字介詞結構可修飾動詞謂語這一文例。這裡主要是依據“于”在整個句子中的功能來確定“于”的意義:作介詞，相當於“以”。

⑤怨不在大,亦不在小。（周書・康誥）

⑥亦行有九德。（虞夏書・皋陶謨）

⑦予亦拙謀作乃逸。（商書・盤庚上）

《經傳釋詞》:“亦，承上之詞也，若《書・康誥》曰:‘怨不在大，亦不在小。’是也。”（頁72）王引之還分析了“亦”在今文《尚書》中的各種語助詞用法。有不承上文而但為語助者:《虞夏書・皋陶謨》曰:“亦行有九德。”其在句中助語者:《商書・盤庚上》曰:“予亦拙謀作乃逸。”（頁72）“亦”在不同的語法形式中有不同的功能意義，王引之能夠不為《傳》、《箋》所囿，正確解讀不同的功能意義，啟迪來者。

⑧惟二月既望,越六日乙未,王朝步自周,則至于豐。（周書・召誥）

王引之《經傳釋詞》:“《爾雅》曰:‘粵，于也。’又曰:‘粵，於也。’字亦作‘越’。”（頁28）“越，猶‘及’也。《書・召誥》曰:‘惟二月既望，越六日乙未。’言自既望及乙未六日也。下文曰:‘惟丙午朏，越三日戊申。’亦謂自丙午及戊申三日也。後皆放此。”（頁29）

王氏認為“越”作為介詞，既可以介引行為有關的物件，相當於“于”、“於”。也可以介引動作行為發生的時間。《說文・走部》:“越，度也。”《說文解字注》:“《周頌》:‘對越在天’《箋》云:‘越，於也。’此假借‘越’為‘粵’也。《尚書》有‘越’無‘粵’,《大誥》、《文侯之命》‘越’字魏三體《石經》作‘粵’。《說文》引‘粵三日丁亥’，今《召誥》作‘越三日丁巳。”（頁64）“越”作介詞不見於甲骨文和西周金文，後世典籍中亦不多見。先秦文獻作介詞或僅見於今文《尚書》。

⑨王賓殺禋咸格,王入太室,祼。（周書・洛誥）

《孔傳》斷句為“王賓、殺禋、咸格。”《傳》曰:“王賓絕句，殺禋絕句，一讀連‘咸格’絕句。”《孔疏》:“其時王尊異周公以為賓，殺牲享祭文王武王，皆親至其廟，王入廟之太室行祼鬯之禮。”（頁217）《孔疏》以“王賓”

為周公，曾運乾先生已有辯正。《尚書正讀》曰：“此祭本行復辟大典，欲由諸侯助祭之多寡，以明天下歸與否，故言百辟咸格。”（頁 212）《尚書釋義》斷為“王賓，殺、禋，咸格。”“賓，祭名；王賓，謂文王賓祭文武也。”“咸格，謂神皆已降臨也。”（頁 147）然上文成王以歲祭文王武王：“王在新邑烝，祭歲，文王騂牛一，武王騂牛一。”不當再重。《尚書譯注》沿用《尚書正讀》全句譯為：“王與助祭諸侯同至太廟，殺牲燎祭先王。”（頁 203）譯文與經文不合。《尚書易解》主要根據“殺禋”在句中的表述意是“王賓”“咸格”的時間，在句中置於動詞之前，從功能意義角度以“殺禋”為時間狀語，前面省略介詞“於”，故先師以“王賓殺禋咸格”為句，意為“王賓於殺禋之時皆至於廟也。”（頁 222）文從字順，語意大明。

⑩今天降疾，殆弗興弗寤。　（周書・顧命）

王引之《經傳釋詞》：“殆者，近也；《周語》、《鄭語》注，及《呂氏春秋・高義》、《士容》二篇注並同。幾也；《禮記・檀弓注》。將然之詞也。《書・顧命》曰：‘殆弗興弗寤。’”（頁 134）

《說文・歺部》：“殆，危也。”《說文解字注》：“危者，在高而懼也。引申之凡將然之詞皆曰‘殆’，曰‘危’。”（頁 163）殆，作副詞表示差不多達到某一程度，可譯為“幾乎”、“差不多”。王氏對“殆”的詞義變化過程了然於心。

2.3　體味稱述情態，尋繹語詞的表述意義

反映語法形式與所指事物現象以及語言使用者的關係，又可分稱述意義和情態意義兩種。稱述意義反映語法形式與所指事物現象的關係，是從詞語的語彙意義中進一步抽象出來的意義。如說名詞是表示事物的，動詞是表示行為動作的等等，就是這種稱述意義。一些語法範疇如數、性、人稱、時體等的意義，也是一種稱述意義。情態意義反映語法形式與說話人的感情態度及表述意圖的關係。句子的各種語氣及語式、語態範疇，都屬於這種情態意義。根據表述意義的概念，我們可以用它來詮釋一些用普通的訓詁方法無法解釋的詞語，尤其是一些意義空靈的虛詞。

①汝克黜乃心，施實德于民，至于婚友，丕乃敢大言汝有積德。

（商書・盤庚上）

②丕則敏德，用康乃心，顧乃德，遠乃猷，裕乃以。　（周書・康誥）

③乃逸，乃諺，既誕，否則侮厥父母。　（周書・無逸）

《經傳釋詞》：“丕乃，猶言於是也。《傳》解為‘大乃敢言’，則文不成

義。”“丕則，猶言於是也。既斷行是誠信之道，於是勉行德教也。《傳》解為‘大法敏德’，失之。”“《無逸》曰：‘乃逸，乃諺，既誕，否則侮厥父母。’《漢石經》：‘否’作‘不’，不則，猶‘於是’也。言既已忘誕，於是輕侮其父母也。《傳》謂‘已欺誕父母，不欺，則輕侮其父母。文義難通。”（頁226）“丕乃，猶言‘於是’也。字或作‘否’。”“否則，猶言‘丕乃’也。解者但知‘不’之訓‘弗’，‘否’之訓‘不’，‘丕’之訓‘大’，而不知其又為語詞，則失之矣。”（頁264）

王引之用一個“於是”來訓釋“丕乃”、“丕則”、“否則”三詞，認為“丕乃”、“丕則”、“否則”詞形雖不同，但功能意義和稱述意義是相同的，反映了王引之已具備虛詞分類的語法思想。

④寧王唯卜用，克綏受茲命。（周書・大誥）

《尚書譯注》斷句為“寧王惟卜用，克綏受茲命。”注曰：“惟，語助詞。”“克，能夠。綏，楊筠如說讀為綏（ruí 蕤），綏的借字。《爾雅・釋詁》：綏，繼也。”（頁247）譯文為“文王遵循著占卜的旨意行事，所以能夠繼承天命”。（頁248）《尚書易解》則以“用”上屬，斷“寧王惟卜用”為賓語前置句。注曰：“文王惟卜是用，能安受此命。”（頁161）（周書・大誥）還有“今天相其民，矧亦惟卜用”句，可作內證。“惟＋名詞賓語＋動詞”是《尚書》賓語前置的主要句式，今文《尚書》有8例，而且上承有自。根據楊樹達、管燮初等先生的研究，甲骨刻辭亦常見這種句式。可知，先師周秉鈞先生根據先秦賓語前置式通例以“寧王惟卜用”為句是確當的。“惟＋名詞賓語＋動詞”中的“惟”既有功能意義，也有結構意義和表述意義，但表述意義是最重要的，言語者運用這一賓語前置形式，主要是實現自己的表述意圖，強調前置賓語的唯一性。“惟”雖沒有詞彙意義，但“惟”的語法意義卻是實現話語者言語意圖的重要語用手段。

⑤元惡大憝，矧惟不孝不友。（周書・康誥）

矧，今文《尚書》凡21見，可作連詞、語氣助詞和副詞。副詞語例僅僅3見，皆作關聯副詞。《經傳釋詞》：“《爾雅》曰：‘矧，況也。’常語。矧，猶‘亦’也。《書・康誥》曰：‘元惡大憝，矧惟不孝不友。’言元惡大憝者，亦惟此不孝不友之人。又曰：‘不率大戛，矧惟外庶子訓人，惟厥正人，越小臣諸節，乃別播敷，造民大譽，弗念弗庸，瘝厥君。’言不率大戛者，亦惟此‘瘝厥君’之人。下云‘亦惟君惟長’，文義正相近也。《君奭》曰：‘百姓王人，罔不秉德明恤，小臣屏侯甸，矧咸奔走。’言亦咸奔走也。”（頁212）《詞詮》：“矧，副詞，亦也。”（頁235）

王引之考察今文《尚書》“矧”的用例，已發現有3例“矧”用法不同於

《爾雅》所述“矧”的常義。通過對相似句式的分析，楊遇夫先生已概括出“矧”的稱述義，“矧”和“亦”一樣，用作關聯副詞表示人物與人物事理與事理之間的類同關係，相當於後世文獻典籍中的“也”。“矧”的該用法，《經傳釋詞》、《古書虛字集釋》、《詞詮》等專書引例皆限於今文《尚書》。“矧”本讀若“引”。“矧”從引聲。《爾雅》：“引，長也。”《方言》：“矧，長也。”（頁400）可證“矧”與“引”通。與“亦”為雙聲。故“矧”、“亦”通用。

《近代漢語中類同副詞“亦”的衰落和“也”的興起》認為：現代漢語“表示類同意義的副詞‘也’是六朝時期產生的。在此之前，漢語中表示類同意義的副詞有‘亦’，在此之後的很長一段時期內，‘亦’仍很常見，大約到元明時期，‘亦’才逐漸被‘也’所淘汰。”①

⑥爽惟民迪吉康。（周書・康誥）

⑦爽惟天其罰殛我。（周書・康誥）

“爽惟”在今文《尚書》中凡2見。《詞詮》：“爽，語首助詞，無義。”（頁84）王引之考察比勘類似的句式，發現“爽”與“洪惟”、“爽惟”、“丕惟”、“誕惟”、“迪惟”、“率惟”在句中出現的位置相同，稱述意義相同，均為句首發語詞。

《經傳釋詞》：“爽，發聲也。《書・康誥》曰：‘爽惟民，迪吉康。’又曰：‘爽惟天其罰殛我。’皆是也。某氏《傳》訓‘爽’為‘明’，則義不可通。凡書言‘洪惟’、‘爽惟’、‘丕惟’、‘誕惟’、‘迪惟’、‘率惟’，皆詞也。解者皆失之。”（頁213）

再以“迪惟”為例，古代學者常誤釋“迪”為實詞。今文《尚書》“迪惟”2見。《周書・君奭》：“嗣前人，恭明德，在今予小子旦非克有正，迪惟前人光施于我衝子。”《周書・立政》：“古之人迪惟有夏。”《經傳釋詞》：“兩‘迪’字亦是語詞。王肅《注》及某氏《傳》，或訓為‘道’，或訓為‘蹈’，亦與文意未協。”（頁136）“迪，又發語詞也。《周書・立政》曰：‘古之人迪惟有夏。’言古之人惟有夏也。”（頁254）王引之解釋“迪惟”是從概括其稱述意義入手，糾正前人誤說的。

⑧王曰：‘籲！來，有邦有土，告爾祥刑。在今爾安百姓，何擇非人？何敬非刑？何度非及？（周書・呂刑）

有邦，指諸侯。有土，指王畿內有采地的大臣。“在今爾安百姓”，是一

① 楊榮祥：《近代漢語中類同副詞“亦”的衰落和“也”的興起》，《中國語文》，2000年，第1期。

個“在＋賓語”構成的介賓短語作時間狀語。及，《史記》引作“宜”。《說文·日部》：“曡，楊雄說，以為古理官決獄，三日得其宜乃行之。从晶，从宜。”古代度刑貴宜。

《尚書正讀》：“三語皆倒，猶言非人何擇，非刑何敬，非服何度也？三者皆宜審慎。”（頁284）《尚書易解》不取“倒語”之說，僅在各句間用逗號隔開，即：“在今爾安百姓，何擇，非人？何敬，非刑？何度，非及？”注曰：“言汝安百姓，當何所擇，非吉人乎？當何所敬，非刑罰乎？當何所謀，非得宜乎？”（頁295）疑問語氣詞“乎”可表“不知而問”，亦可表“明知故問”，先師周秉鈞先生仔細揣度句子的表達語氣，立足“乎”表述的情態意義，點加三個逗號，構成設問句式，答句用否定句的形式反詰的語氣表達了肯定的內容，不僅文句明白如話，而且修辭效果十分強烈。

在中國經學史和語言學史的晴朗星空中，有清一代無疑是最為燦爛的星系。清儒們一般都具有悠久的家學淵源和優越的師承傳統，他們不僅勤苦堅毅，廣聞博識，又擁有前代學者無可比擬的學術條件，古音學、古文字學、訓詁學、校勘學都已形成豐富的理論和大量的研究成果，語法學的詞法學研究也已展開深入的理論探索和廣泛的研究實踐。清儒們考證詮釋今文《尚書》經義，能夠得心應手地運用各學科成熟的理論成果，自由出入經史子集，比勘驗證，演繹條例。十九世紀末《馬氏文通》的出版和甲骨文的發現，二十世紀新學科新理論的不斷湧現，使近現代的學者們研究今文《尚書》又站在更高的學術起點上，各種系統的語言理論和嶄新真實的上古語料，激發近現代學者不斷做出超邁前人的學術貢獻，古老的經義在中華民族的偉大復興中放射出更加奪目的光彩。

主要參考書目

尚書大傳　（漢）伏　勝　影印涵芬樓藏左海文集本，上海商務印書館，1937 年版。

尚書孔氏傳　（漢）孔安國　影印吳興劉氏嘉業堂宋刊本，上海商務印書館，1929 年版。

尚書正義　（漢）孔安國注，（唐）孔穎達疏　《十三經注疏》本，中華書局，1980 年版。

書集傳　（宋）蔡　沈，錢宗武、錢忠弼整理　鳳凰出版社，2010 年版。

尚書表注　（宋）金履祥　《通志堂經解》本，清代同治十二年（1873 年）版。

書集傳纂疏　（元）陳　櫟　清同治十二年（1873 年）刊本。

尚書考異　（明）梅　鷟　清嘉慶十九年（1814 年）刊本。

書經稗疏　（清）王夫之　《船山遺書》本，清同治四年（1865 年）刊本。

尚書古文疏證　（清）閻若璩　上海古籍出版社，1987 年版。

禹貢錐指　（清）胡　渭　上海書店，影印廣東學海堂《皇清經解》本，1988 年版。

尚書古義　（清）惠　棟　影印廣東學海堂《皇清經解》本，上海書店，1988 年版。

尚書義考　（清）戴　震　上海古籍出版社，《續修四庫全書・經部・書類》，2002 年版。

尚書今古文集解　（清）劉逢祿　上海古籍出版社，《續修四庫全書・經部・書類》，2002 年。

尚書集注音疏　（清）江　聲　上海古籍出版社，《續修四庫全書・經部・書類》，2002 年版。

尚書後案　（清）王鳴盛　上海古籍出版社，《續修四庫全書・經部・書類》，2002 年版。
古文尚書撰異　（清）段玉裁　上海古籍出版社，《續修四庫全書・經部・書類》，2002 年版。
尚書今古文注疏　（清）孫星衍著，陳抗、盛冬鈴點校　中華書局，1986 年版。
尚書異義　（清）朱　彬　清代光緒丙戌年（1886 年）仲夏手抄本。
尚書啟幪　（清）黃式三　上海古籍出版社，《續修四庫全書・經部・書類》，2002 年版。
尚書平議　（清）俞　樾　《春在堂全書》本，清代光緒二十五年（1899 年）版。
尚書箋　（清）王闓運　清代光緒二十九年（1903 年）刊本。
尚書故　（清）吳汝綸　《桐城吳先生全書》本，清代光緒三十年（1904 年）刊本。
尚書孔傳參正　（清）王先謙　虛受堂刊本，清代光緒三十年（1904 年）刊本。
尚書駢枝　（清）孫詒讓　《續修四庫全書》本，上海古籍出版社，2002 年版。
今文尚書考證　（清）皮錫瑞撰，盛冬鈴、陳抗點校　中華書局，1989 年版。
尚書注疏校勘記　（清）阮　元　《十三經注疏》本，中華書局，1980 年版。
尚書的文法及其年代　何定生　《國立中山大學語言歷史研究所週刊》，1928 年版。
雙劍誃尚書新證　于省吾　北平虎坊橋大業印刷局，1934 年版。
古文尚書拾遺　章太炎　成都崇禮堂《章氏叢書續編》本，1943 年版。
尚書覈詁　楊筠如　陝西人民出版社，1959 年版。
尚書正讀　曾運乾　中華書局，1964 年版。
尚書今注今譯　屈萬里　臺灣商務印書館，1969 年版。
尚書釋義　屈萬里　臺北中國文化大學出版部，1970 年版。
清代尚書學　古國順　臺灣文史哲出版社，1988 年版。
尚書通檢　顧頡剛　北京書目文獻出版社，1982 年版。
尚書譯注　王世舜　四川人民出版社，1982 年版。
尚書異文滙錄　屈萬里　臺北聯經出版事業公司，1983 年版。
尚書易解　周秉鈞　岳麓書社，1984 年版。

尚書釋義　屈萬里　臺灣中國文化大學出版部，1970 年版。
三經新義輯考匯評（1）—尚書　程元敏　臺灣國立編譯館，1986 年版。
尚書綜述　蔣善國　上海古籍出版社，1988 年版。
尚書學史　劉起釪　中華書局，1989 年版。
高本漢書經注釋　（瑞典）Bernhard kalgren，陳舜政譯　臺灣國立編譯館，《中華叢書》本，1989 年版。
今古文尚書全譯　江　灝、錢宗武　貴州人民出版社，1990 年版。
白話尚書　周秉鈞　岳麓書社，1990 年版。
敦煌殘卷古文尚書校注　吳福熙　甘肅人民出版社，1992 年版。
今文尚書語言研究　錢宗武　岳麓書社，1996 年版。
尚書文字合編　顧頡剛、顧廷龍　上海古籍出版社，1996 年版。
《書經》高本漢注釋斠正　陳遠止　臺灣文史哲出版社，1996 年版。
《尚書·虞夏書》新解　金景芳、呂紹綱　遼寧古籍出版社，1996 年版。
尚書源流及傳本考　劉起釪　遼寧大學出版社，1997 年版。
尚書文字校詁　臧克和　上海教育出版社，1999 年版。
尚書譯注　李　民、王　健　上海古籍出版社，2000 年版。
尚書新箋與上古文明　錢宗武、杜純梓　北京大學出版社，2004 年版。
今文尚書語法研究　錢宗武　商務印書館，2004 年版。
今文《尚書》句法研究　錢宗武　河南大學出版社，2011 年版。

毛詩正義　（漢）毛　亨傳，鄭　玄箋，（唐）孔穎達等正義　《十三經注疏》本，中華書局，1980 年版。
禮記正義　（漢）鄭　玄注，（唐）孔穎達等正義　《十三經注疏》本，中華書局，1980 年版。
周禮注疏　（漢）鄭　玄注，（唐）賈公彥疏　《十三經注疏》本，中華書局，1980 年版。
儀禮注疏　（漢）鄭玄注，（唐）賈公彥疏　《十三經注疏》本，中華書局，1980 年版。
孟子注疏　（漢）趙岐注，（宋）孫奭疏　《十三經注疏》本，中華書局，1980 年版。
周易正義　（魏）王　弼注，（晉）韓康伯注，（唐）孔穎達等正義　《十三經注疏》本，中華書局，1980 年版。
論語注疏　（魏）何晏注，（宋）邢昺疏　《十三經注疏》本，中華書局，1980 年版。
春秋左傳正義　（晉）杜　預注，（唐）孔穎達等正義　《十三經注疏》本，中華書局，1980 年版。
爾雅注疏　（晉）郭　璞注，（宋）邢　昺疏　《十三經注疏》本，中華書局，1980 年版。
春秋穀傳注疏　（晉）範寧注，（唐）楊士勛疏　《十三經注疏》本，中華書局，1980 年版。
經典釋文　（唐）陸德明　中華書局，1983 年版。
周易集解　（唐）李鼎祚　《四庫全書》本，上海古籍出版社，1989 年版。
四書章句集注　（宋）朱　熹　中華書局，1983 年版。
論語正義　（清）劉寶楠　《諸子集成》本，中華書局，1954 年版。
爾雅義疏　（清）郝懿行　上海古籍出版社，1983 年版。
詩毛氏傳疏　（清）陳　奐　北京市中國書店，1984 年版。
經義述聞　（清）王引之　江蘇古籍出版社，1985 年版。
經傳考證　（清）朱彬　《皇清經解》本，上海書店，1988 年版。
論語譯注　楊伯峻　中華書局，1980 年版。
春秋左傳注　楊伯峻　中華書局，1981 年版。
爾雅今注　徐朝曄　南開大學出版社，1987 年版。
論語孟子研究　譚承耕　湖南教育出版社，1990 年版。

國語　（春秋）左丘明　上海古籍出版社，1978 年版。
戰國策　（西漢）劉　向　上海古籍出版社，1985 年版。
史記　（漢）司馬遷　中華書局，1959 年版。
漢書　（漢）班　固，（唐）顔師古注　中華書局，1962 年版。
後漢書　（南朝・宋）范　曄　中華書局，1965 年版。
三國志　（晉）陳　壽　中華書局，1959 年版。
晉書　（唐）房玄齡等　中華書局，1974 年版。
宋書　（梁）沈　約　中華書局，1999 年版。
南齊書　（梁）蕭子顯　中華書局，1999 年版。
梁書　（唐）姚思廉　中華書局，1999 年版。
隋書　（唐）魏　徵　中華書局，1999 年版。
南史　（唐）李延壽　中華書局，1999 年版。
北史　（唐）李延壽　中華書局，1999 年版。

舊唐書　（後晉）沈　昫等　中華書局，1999 年版。
舊五代史　（宋）薛居正等　中華書局，1999 年版。
新五代史　（宋）歐陽修　中華書局，1999 年版。
宋史　（元）脫　脫等　中華書局，1999 年版。
元史　（明）宋　濂等　中華書局，1976 年版。
明史　（清）張廷玉等　中華書局，1999 年版。
清史稿　趙爾巽等　中華書局，1977 年版。
史通箋注　（唐）劉知己著，張振佩箋注　貴州人民出版社，1985 年版。
貞觀政要　（唐）吳　兢　上海古籍出版社，1999 年版。
資治通鑒　（宋）司馬光編著，（元）胡三省音注　中華書局，1956 年版。
唐會要　（宋）王　溥　中華書局，1998 年版。
文史通義　（清）章學誠著，劉公純標點　中華書局，1956 年版。
續資治通鑒　（清）畢　沅　中華書局，1957 年版。
宋論　（清）王夫之　中華書局，2003 年版。
五德始終說下的政治和歷史　顧頡剛　上海古籍出版社，《古史辨》第五冊，1982 年版。
中國近三百年學術史　梁啟超　東方出版社，2004 年版。

吳子　（戰國）吳　起　中華書局，1985 年版。
呂氏春秋　（戰國）呂不韋等撰，（漢）高　誘注　上海書店出版社，1986 年版。
新序　（西漢）劉　向　中華書店，1985 年版。
新書校注　（西漢）賈　誼著，閻振益、仲夏校注　中華書局，2000 年版。
太平經合校　（東漢）于　吉撰，王　明校　中華書局，1960 年版。
世說新語　（南朝・宋）劉義慶　上海古籍出版社，1982 年版。
一切經音義　（唐）玄　應撰　《叢書集成初編》本，中華書局，1985 年版。
一切經音義　（唐）慧　琳撰　上海古籍出版社，《續修四庫全書》本，2002 年版。
朱子語類　（宋）朱　熹著，黎靖德等編　岳麓書社，1997 年版。
朱子全書　（宋）朱　熹著，朱傑人等編　上海古籍出版社、安徽教育出版社，2002 年版。
本草綱目　（明）李時珍著　商務印書館，1930 年版。
墨子問詁　（清）孫詒讓　上海商務印書館，1935 年版。
白虎通疏證　（清）陳　立　中華書局，1994 年版。
太平經注釋　羅　熾　雲南師範大學出版社，1996 年版。
淮南子集釋　何　寧　中華書局，1998 年版。
劉子校釋　傅亞庶　中華書局，1998 年版。
吕氏春秋注疏　王利器　巴蜀書社，2002 年版。
世說新語新校　李天華　岳麓書社，2004 年版。
莊子校詮　王叔岷　中華書局，2007 年版。

諸葛亮集　（三國・蜀）諸葛亮　中華書局，1974 年版。
陶淵明集　（晉）陶淵明著，逯欽立校注　中華書局，1979 年版。
文選　（梁）蕭　統編，（清）李　善注　中華書局，1977 年版。
八公山賦　（梁）吳　均　上海古籍出版社，《續修四庫全書》本，2002 年版。
韓昌黎全集　（唐）韓　愈著　世界書局，1935 年版。
藝文類聚　（唐）歐陽詢編，汪紹楹校　上海古籍出版社，1965 年版。
白居易集　（唐）白居易著，顧學頡編　中華書局，1979 年版。
張燕公集　（唐）張　說　中華書局，1985 年版。
冬至大禮大赦制　（唐）陸　贄　臺灣商務印書館，《文淵閣四庫全書》本，1986 年版。
王子安集注　（唐）王　勃著，（清）蔣清翊注　上海古籍出版社，1995 年版。
韓愈選集　（唐）韓　愈　上海古籍出版社，1996 年版。
柳宗元全集　（唐）柳宗元　上海古籍出版社，1997 年版。
韓愈集　（唐）韓　愈　岳麓書社，2000 年版。
初學記　（唐）徐　堅等　中華書局，2004 年版。
酉陽雜俎　（唐）段成式　中華書局，1981 年版。
馮燕歌　（晚唐）司空圖　《司空圖表聖詩卷第三》，光緒乙巳吳興劉氏嘉業堂刊。
景德傳燈錄　（宋）釋道元　普慧大藏經刊行會校印，1944 年刊本。
詩集傳　（宋）朱　熹　上海古籍出版社，1958 年版。
太平廣記　（宋）李　昉等　中華書局，1961 年版。

陳亮集　（宋）陳　亮　中華書局，1974 年版。
陸九淵集　（宋）陸九淵著，鐘　哲點校　中華書局，1980 年版。
范成大佚著輯存　（宋）范成大著，孔凡禮輯　中華書局，1983 年版。
曾鞏全集　（宋）曾　鞏著，陳杏珍、晁繼周點校　中華書局，1984 年版。
歐陽修全集　（宋）歐陽永叔　中國書店，1986 年版。
龜山集　（宋）楊時　臺灣商務印書館，《文淵閣四庫全書》本，1986 年版。
丹陽集　（宋）葛勝仲　臺灣商務印書館，《文淵閣四庫全書》本，1986 年版。
內簡尺牘　（宋）孫　覿　臺灣商務印書館，《文淵閣四庫全書》本，1986 年版。
攻媿集　（宋）樓　鑰　臺灣商務印書館，《文淵閣四庫全書》本，1986 年版。
渭南文集　（宋）陸　遊　臺灣商務印書館，《文淵閣四庫全書》本，1986 年版。
平齋文集　（宋）洪諮夔　臺灣商務印書館，《文淵閣四庫全書》本，1986 年版。
眉山文集　（宋）唐　庚　上海古籍出版社，《四庫全書》本，1989 年版。
高齋漫錄　（宋）曾　慥　上海古籍出版社，《四庫全書》本，1989 年版。
蘇舜欽集編年校注　（宋）蘇舜欽著，傅平驤、胡問陶校注　巴蜀書社，1991 年版。
嶺外代答　（宋）周去非　上海遠東出版社，1996 年版。
柳永集　（宋）柳永著，孫光貴、徐靜校注　岳麓書社，2003 年版。
北夢瑣言　（宋）孫光憲著，林青、賀軍平校注　三秦出版社，2003 年版。
南村輟耕錄　（元）陶宗儀　中華書局，《元代史料筆記叢刊》，1959 年版。
唐才子傳　（元）辛文房著，舒寶章校注　中州古籍出版社，1987 年版。
三國演義　（明）羅貫中　人民文學出版社，1953 年版。
元曲選　（明）臧晉叔　文學古籍刊行社出版，1955 年版。

醒世恒言　（明）馮夢龍編著，顧學頡校點　人民文學出版社，1956 年版。

鳴鳳記　（明）王世貞　中華書局，1959 年版。

歸莊集　（明）歸　莊　中華書局，1962 年版。

海瑞集　（明）海　瑞著，陳義鐘編校　中華書局，1962 年版。

古今小說　（明）馮夢龍編，許政楊校注　人民文學出版社，1979 年版。

瞿式耜集　（明）瞿式耜　上海古籍出版社，1981 年版。

震川先生集　（明）歸有光，周本淳校點　上海古籍出版社，1981 年版。

西湖二集　（明）周　楫著，劉耀林、徐元校注　浙江人民出版社，1981 年版。

剪燈新話　（明）瞿　佑著，周楞伽校注　上海古籍出版社，1981 年版。

典故紀聞　（明）余繼登　中華書局，《元明史料筆記叢刊》，1981 年版。

曲律　（明）王驥德著，陳多、葉長海注　湖南人民出版社，1983 年版。

筠溪文集　（明）鍾　芳　臺灣商務印書館，《文淵閣四庫全書》本，1986 年版。

水滸全傳　（明）施耐庵、羅貫中　岳麓書社，1988 年版。

王陽明全集　（明）王守仁著，吳光等校　上海古籍出版社，1992 年版。

新評警世通言　（明）馮夢龍纂輯，錢伯城評點　上海古籍出版社，1992 年版。

玉堂叢語　（明）焦　竑　中華書局，1997 年版。

李贄文集　（明）李　贄　社會科學文獻出版社，2000 年版。

封神演義　（明）許仲琳　上海古籍出版社，2000 年版。

石匱書後集　（明）張　岱　上海古籍出版社，《續修四庫全書》本，2002 年版。

逸老堂詩話　（明）俞　弁　上海古籍出版社，《續修四庫全書》本，2002 年版。

官場現形記　（清）李寶嘉　人民文學出版社，1957 年版。

二十年目睹之怪現狀　（清）吳趼人著，張友鶴校注　人民文學出版社，1957 年版。

紅樓夢　（清）曹雪芹、高　鶚　人民文學出版社，1957 年版。
顧亭林詩文集　（清）顧炎武　中華書局，《中國古典文學基本叢書》，1959 年版。
論文偶記　（清）劉大櫆　人民文學出版社，《中國古典文學理論批評專著選輯》，1959 年版。
林文忠公政書　（清）林則徐撰，沈雲龍主編　文海出版社，《近代中國史料叢刊》第六輯，1967 年版。
魏源集　（清）魏　源　中華書局，1976 年版。
醒世姻緣傳　（清）西周生輯　齊魯書社，1980 年版。
歧路燈　（清）李綠園，欒星校注　中州書畫社出版，1980 年版。
藝風堂友朋書劄　（清）繆荃孫等，顧廷龍校閲　上海古籍出版社，1981 年版。
兩般秋雨庵隨筆　（清）梁紹壬　上海古籍出版社，1982 年版。
全唐文　（清）董誥等編　中華書局，1983 年版。
方苞集　（清）方　苞著，劉季高校點　上海古籍出版社，1983 年版。
南亭筆記　（清）李伯元　上海古籍書店，1983 年版。
讀書雜志　（清）王念孫　江蘇古籍出版社，1985 年版。
戴名世集　（清）戴名世著，王樹民編校　中華書局，1986 年版。
敬業堂詩集　（清）查慎行著，周邵標點　上海古籍出版社，1986 年版。
娛目醒心編　（清）草亭老人編，汪原放標點　上海古籍出版社，1988 年版。
潛研堂集　（清）錢大昕，姚延福編校　上海古籍出版社，1989 年版。
兒女英雄傳　（清）文　康　岳麓書社，1992 年版。
揅經室集　（清）阮　元　中華書局，1993 年版。
揅經室三集・商周銅器說　（清）阮　元　中華書局，1993 年版。
老殘遊記　（清）劉　鶚　岳麓書社，1993 年版。
明詩紀事　（清）陳田輯　上海古籍出版社，1993 年版。
九尾龜　（清）張春帆著，唐世民校點　上海古籍出版社，1994 年版。
明史演義　（清）蔡東藩　北京古籍出版社，1996 年版。
隨園詩話補遺　（清）袁　枚　吉林人民出版社，1996 年版。
譚嗣同全集　（清）譚嗣同著，蔡尚思、方行編　上海古籍出版社，1998 年版。
古文觀止　（清）吳楚材、吳調侯（選編）　浙江古籍出版社，1998 年版。
全隋文・先唐文　（清）嚴可均輯　商務印書館，1999 年版。
池北偶談　（清）王士禛　學苑出版社，1999 年版。
儒林外史　（清）吳敬梓　上海古籍出版社，2000 年版。
孽海花　（清）曾　樸　解放軍文藝出版社，2000 年版。
仁學　（清）譚嗣同著，羅炳良主編　華夏出版社，2002 年版。
海國圖志　（清）魏　源　上海古籍出版社，《續修四庫全書》本，2002 年版。
白耷山人文集　（清）閻爾梅　上海古籍出版社，《續修四庫全書》本，2002 年版。
黃宗羲全集　（清）黃宗羲著，沈善洪主編　浙江古籍出版社，2005 年版。
籀廎述林　（清）孫詒讓　上海古籍出版社，《續修四庫全書》本，2002 年版。
太炎文錄續編　章太炎　章氏國學講習會編，1928 年刊印。
敦煌變文集　王重民等編　人民文學出版社，1957 年版。
觀堂集林　王國維　中華書局，1959 年版。
中國古典戲曲論著集成　中國戲曲研究院編著　中國戲曲出版社，1959 年版。
元曲選外編　隋樹森　中華書局，1959 年版。
中國古典文學理論批語專輯　郭紹虞、羅根澤主編　人民文學出版社，1959 年版。
章太炎政論選集　湯志鈞編　中華書局，1977 年版。
全唐詩　彭定求等編　中華書局，1979 年版。
龍蟲並雕齋文集　王　力　中華書局，1980 年版。
民國通俗演義　蔡東藩、許廑父　中華書局，1980 年版。
魯迅全集　魯　迅　人民文學出版社，1973 年版。
洪秀全演義　黃小配　江蘇人民出版社，1981 年版。
柳亞子詩詞選　柳亞子著，柳無非、柳無垢選輯　人民文學出版社，1981 年版。
王力文集　王　力　山東教育出版社，1987 年版。
四庫全書　上海古籍出版社，1989 年版。
曾國藩・黑雨　唐浩明　湖南文藝出版社，1991 年版。
郭沫若全集　郭沫若　人民文學出版社，1992 年版。

中華雜經集成　吴龍輝主編　中國社會科學出版社，1994 年版。
元曲選校注　王學奇主編　河北教育出版社，1994 年版。
周秉鈞先生紀念論文集　《古漢語研究》編輯部編，1994 年版。
唐宋八大家散文總集　郭預衡主編　河北人民出版社，1996 年版。
全元曲　徐　征、張　舯、張聖潔、奚　海主編　河北教育出版社，1996 年版。
唐宋八大家全集　余冠英、周振甫、啓　功、傅璇琮主編　國際文化出版公司，1997 年版。
尺牘精華　鄧紹基、李　玟主編　巴蜀出版社，1998 年版。
元曲三百首譯解　張國榮　中國文聯出版社，2000 年版。
元稹詩文選　楊　軍、文　笙、吕燕芳選注　人民文學出版社，2002 年版。
續修四庫全書　《續修四庫全書》編委會　上海古籍出版社，2002 年版。
楊州學派概論　趙航　廣州書社，2003 年版。
左盦集　劉師培　中國書店，2008 年版。

釋名　（漢）劉　熙　中華書局，《叢書集成初編》本，1985 年版。
爾雅　（晉）郭璞注　中華書局，《叢書集成初編》本，1985 年版。
宋本玉篇　（南朝）顧野王　中國書店，澤存堂影印本，1983 年版。
宋本廣韻　（宋）陳彭年等　中國書店，澤存堂影印本，1982 年版。
廣韻校本　周祖謨　中華書局，1960 年版。
集韻　（宋）丁　度等　上海古籍出版社，1985 年版。
助字辨略　（清）劉　淇　中華書局，1954 年版。
古書疑義舉例五種　（清）俞　樾等　中華書局，1956 年版。
廣雅疏證　（清）王念孫　上海古籍出版社，1983 年版。
釋名疏證補　（清）王先謙　上海古籍出版社，1984 年版。
方言箋疏　（清）錢　繹　上海古籍出版社，1984 年版。
經傳釋詞　（清）王引之　岳麓書社，黄侃、楊樹達批本，1984 年版。
字詁義府合按　（清）黄　生著，黄承吉合按　中華書局，1984 年版。
小爾雅今注　楊　琳　世紀出版集團、漢語大詞典出版社，2002 年版。
中國字例　高鴻縉　臺北三民書局，1960 年版。
積微居小學述林　楊樹達　中國科學院，1954 年版。
詞詮　楊樹達　中華書局，1954 年版。
訓詁簡論　陸宗達　北京出版社，1980 年版。

廣釋詞　　徐仁甫　　四川人民出版社，1981 年版。
文字音韻訓詁筆記　　黄　侃述，黄焯編次　　上海古籍出版社，1983 年版。
訓詁方法論　　陸宗達、王　寧　　中國社會科學出版社，1983 年版。
訓詁學概論　　齊佩瑢　　中華書局，1984 年版。
訓詁與訓詁學　　陸宗達、王　寧　　山西教育出版社，1994 年版。
中國訓詁學　　馮浩菲　　山東大學出版社，1995 年版。
訓詁學初稿（修訂本）　　周大璞　　武漢大學出版社，2002 年版。
訓詁學綱要（修訂本）　　趙振鐸　　巴蜀書社，2003 年版。
訓詁學（修訂本）　　郭在貽　　中華書局，2005 年版。
新著訓詁學引論　　白兆麟　　上海辭書出版社，2005 年版。

說文解字　　（漢）許　慎　　中華書局，1963 年版。
說文解字繫傳　　（南唐）徐　鍇　　中華書局，1987 年版。
六書故　　（宋）戴　侗　　上海社會科學出版社，2006 年版。
字彙・字彙補　　（明）梅膺祚，（清）吴任臣　　上海辭書出版社，1991 年版。
正字通　　（明）張自烈編，（清）廖文英補　　國際文化出版公司，1996 年版。
說文解字注　　（清）段玉裁　　上海古籍出版社，1981 年版。
說文通訓定聲　　（清）朱駿聲　　武漢市古籍書店，1983 年版。
說文句讀　　（清）王　筠　　中國書店，1983 年版。
說文解字義證　　（清）桂　馥　　上海古籍出版社，1987 年版。
說文釋例　　（清）王　筠　　中華書局，1987 年版。
說文解字注箋　　（清）徐　灝　　上海古籍出版社，《續修四庫全書》本，2002 年版。
說文釋例　　（清）江　沅　　（清）咸豐元年（1851 年）刻本。
說文解字約注　　張舜徽　　中州書畫社，1983 年版。
說文解字今釋　　湯可敬　　岳麓書社，1997 年版。
說文解字詁林　　丁福保編纂　　中華書局，1998 年版。
文源　　林義光　　民國九年（1920）依寫本石印，綫裝三册。

古漢語語法學資料彙編　　鄭　奠、麥梅翹編　　中華書局，1972 年版。
漢語語法分析問題　　吕叔湘　　商務印書館，1979 年版。

古漢語詞彙講話　何九盈、蔣紹愚　北京出版社，1980年版。
古代漢語　朱　星　天津人民出版社，1980年版。
西周金文語法研究　管燮初　商務印書館，1981年版。
現代漢語單雙音節問題初探　呂叔湘　《現代漢語參考資料》中冊，上海教育出版社，1981年版。
古漢語綱要　周秉鈞　湖南教育出版社，1981年版。
現代漢語　胡裕樹　上海教育出版社，1981年版。
詞彙學簡論　張永言　華中工學院出版社，1982年版。
中國文法要略　呂叔湘　商務印書館，1982年版。
固定語及其類別　劉叔新　《語言研究論叢》第2輯，天津人民出版社，1982年版。
馬氏文通　馬建忠　商務印書館，1983年版。
漢語語法學史　林玉山　湖南教育出版社，1983年版。
高等國文法　楊樹達　商務印書館，1984年版。
中國語法理論　王　力　商務印書館，1985年版。
古代漢語虛詞通釋　何樂士等　北京出版社，1985年版。
新編現代漢語　張　靜　上海教育出版社，1986年版。
漢語史稿　王　力　中華書局，1986年版。
漢語語法史綱要　史存直　華東師範大學出版社，1986年版。
談實詞的虛化　解惠全　《語言研究論叢》第4輯，南開大學出版社，1987年版。
詩經語言研究　向　熹　四川人民出版社，1987年版。
呂氏春秋詞彙研究　張雙棣　山東教育出版社，1989年版。
古漢語詞彙綱要　蔣紹愚　北京大學出版社，1989年版。
關於詞類的劃分　王　力　山東教育出版社，《王力文集》第十六卷，1990年版。
漢語詞義學　蘇新春　廣東教育出版社，1992年版。
現代漢語　陸儉明等編　商務印書館，1993年版。
簡明漢語史　向　熹　高等教育出版社，1993年版。
古漢語同義虛詞類釋　佘德泉　湖南教育出版社，1993年版。
修辭學新論　王希傑　北京語言學院出版社，1993年版。
古代漢語詞義通論　高守綱　語文出版社，1994年版。
古代漢語通論　王　寧等　北京師範大學出版社，1996年版。
漢語語境學概論　馮廣藝主編　寧夏人民出版社，1998年版。

左傳詞彙研究　　毛遠明　　西南師範大學出版社，1999 年版。
語源學概論　　殷寄明　　上海教育出版社，2000 年版。
先秦漢語複音詞研究　　伍宗文　　巴蜀書社，2001 年版。
古漢語語法及其發展　　楊伯峻、何樂士　　語文出版社，2001 年版。
認知語言學概論　　趙艷芳　　上海外語教育出版社，2001 年版。
漢語論業　　錢宗武　　二十一世紀中國國際網絡出版有限公司，2002 年版。
殷墟甲骨刻辭詞類研究　　楊逢彬　　花城出版社，2003 年版。
漢語和漢語研究十五講　　陸儉明、沈　陽　　北京大學出版社，2003 年版。
漢語詞義發展的基本類型　　董為光　　華中科技大學出版社，2004 年版。
細說漢字　　左民安　　九州出版社，2005 年版。
修辭學發凡　　陳望道　　上海世紀出版集團，2006 年版。
認知語言學概論　　王　寅　　上海外語教育出版社，2006 年版。
滄海一粟・漢語史窺管集　　楊逢彬　　復旦大學出版社，2007 年版。

俄語修辭學概論　　（蘇聯）格沃茲節夫　　商務印書館，1959 年版。
語言論　　（美）布龍菲爾德著，袁家驊等譯　　商務印書館，1980 年版。
普通語言學教程　　（瑞士）索緒爾著，高名凱譯　　商務印書館，2010 年版。
語義學　　（英）N・利奇著，李瑞華、王彤福等譯　　上海外語教育出版社，1987 年版。
論人類語言結構的差異及其對人類精神發展的影響　　（德）馮・洪堡特著，姚小平譯　　商務印書館，1997 年版。

聯綿字典　　符定一　　中華書局，1954 年版。
同源字典　　王　力　　商務印書館，1982 年版。
漢語成語考釋詞典　　劉潔修　　商務印書館，1985 年版。
金文常用字典　　陳初生編纂，曾憲通審校　　陝西人民出版社出版，1987 年版。
甲骨文簡明詞典　　趙　誠　　中華書局，1988 年版。
中國語言學大辭典　　《中國語言學大辭典》編委會　　江西教育出版社，1991 年版。
尚書詞典　　錢宗武　　貴州人民出版社，1991 年版。
新編甲骨文詞典　　劉興隆　　國際文化出版公司，1993 年版。

甲骨文字詁林　于省吾主編　中華書局，1996 年版。

詩經中跟疊音相當的有字式、其字式、斯字式、思字式　王　顯　《語言研究》，1959 年第 4 期。
《盤庚》"后胥戚鮮"解　周秉鈞　《湖南師院學報》，1980 年第 1 期。
漢語同源詞的孳乳　張世禄　《揚州師範學院學報》，1980 年第 3 期。
先秦複音詞初探　馬　真　《北京大學學報・哲學社會科學版》，1980 年第 5 期。
先秦複音詞初探　馬　真　《北京大學學報・哲學社會科學版》，1981 年第 1 期。
句子結構和結構主義的句子分析　史存直　《中國語文》，1981 年第 2 期。
詩經中的形容詞研究　趙金銘　山東教育出版社，《先秦漢語研究》，1982 年版。
先秦雙音詞研究　程湘清　山東教育出版社，《先秦漢語研究》，1982 年版。
淺論傳統字源學　陸宗達、王　寧　《中國語文》，1984 年第 5 期。
中國文法學小史　楊樹達　湖南教育出版社，《古漢語研究論集》（第一輯），1985 年版。
淺談反義詞詞典編寫的幾個問題　應雨田　《常德師專學報》，1986 年第 3 ~4 期。
論同步引申　許嘉璐　《中國語文》，1987 年第 1 期。
詩經疊字　曹先擢　商務印書館，《詞彙學論文彙編》，1989 年版。
論漢語並列複合詞形成的條件與原因　呂雲生　《古漢語研究》，1990 年第 4 期。
"語法化"研究綜觀　沈家煊　《外語教學與研究》，1994 年第 4 期。
論誘發漢語詞彙語法化的若干因素　劉　堅、曹廣順、吳福祥　《中國語文》，1995 年第 3 期。
先秦並列式連用詞序的制約機制　張　博　《語言研究》，1996 年第 2 期。
詞的比喻義與"城"字現象　張煉強　《首都師範大學學報》，1996 年第 6 期。
成語的劃界、定型和釋義問題　徐耀民　《中國語文》，1997 年第 1 期。
論說聯綿詞　曾曉渝　南開大學出版社，《紀念馬漢麟先生論文集》，1998 年版。

漢語偏正式構詞探微　沈懷興　《中國語文》，1998 年第 3 期。
成語規範問題談略　周　薦　《漢語學習》，1998 年第 3 期。
二十世紀訓詁學研究的得失　周光慶　《華中師範大學學報》，1999 年第 2 期。
近代漢語中類同副詞“亦”的衰落和“也”的興起　楊榮祥　《中國語文》2000 年第 1 期。
論與漢語副詞相關的虛化機制　張誼生　《中國語文》2000 第 1 期。
古漢語構形重疊詞研究　王昌茂、勾俊濤　《華中師範大學學報》2000 年第 3 期。
關於殷墟甲骨刻辭的形容詞　楊逢彬　《古漢語研究》2001 年第 1 期。
成語規範問題　李行鍵　《辭書研究》，2001 年第 2 期。
關於漢語詞類的一些原則性問題　呂叔湘　商務印書館，《漢語語法論文集》，2002 年版。
漢語同族複合詞的構成規律及特點　劉又辛、張　博　《語言研究》2002 年第 1 期。
詞源意義與詞彙意義論析　王　寧、黃易青　《北京師範大學學報》2002 年第 4 期。
論隱喻的圖文信息理據及話語節省原則　劉源甫　《山東外語教學》2003 年第 5 期。
詞義比喻引申的語言心理基礎分析　鄒立志、張雲秋　《首都師範大學學報》2003 年第 6 期。
人體隱喻化的認知特點　盧衛中　上海外語教育出版社，2004 年版。
轉喻的認知解釋　董成如　《解放軍外國語學院學報》，2004 年第 2 期。
隱喻研究的基本現狀、焦點及趨勢　林書武　上海外語教育出版社，2004 年版。
古漢語詞義引申的逆向思維　利　華　《長沙鐵道學院學報》，2004 年第 4 期。
論同源詞的語義特徵　任　曄　《新疆師範大學學報》，2004 年第 4 期。
反向引申探析　徐　今　《華中科技大學學報》，2004 年第 6 期。
王氏父子《尚書》研究的語音學方法　錢宗武　中央研究院中國文哲研究所《經學研究叢刊 7》，2005 年版。
關於同源詞的判定問題　鄭振峰、李冬鴿　《語文研究》，2005 年第 1 期。

上古專書詞彙研究的新創獲

（代跋）

揚州大學錢宗武教授主持完成的國家社會科學基金專案《今文尚書詞彙研究》（項目批準號為 02BYY027），最終成果為同名專著（待出版）。

千百年來，《尚書》研究雖然成果豐碩，但至今還沒有系統的詞彙研究專著。《今文尚書詞彙研究》不僅填補了上古經典專書詞彙研究的空白，還為《尚書》學史和漢語史的研究提供了可靠語料和重要理論參考。重要創新簡述如下：

一、詳細分析了今文《尚書》形容詞的形義特徵，揭示了漢語形容詞的演變規律。

目前，國內語言學界對上古專書形容詞的理論研究十分欠缺。本項成果首次揭示今文《尚書》以單音形容詞為主，而單音形容詞又以多義詞為主，並以“同義”、“反義”等構成多種聚合類型。形容詞主要有兩種構成方法：一是通過語音學方法構成聯綿形容詞和疊音形容詞；二是通過語法學方法構成複合形容詞。形容詞自身意義演變的主要方向是實義虛化，並可以進一步虛化為情態副詞和時間副詞；同時，形容詞通過自身的組織功能淘汰舊質，並限制某些具有虛化趨勢的詞進一步虛化。借此，我們可以從詞彙發展的歷時和共時層面，對漢語形容詞中大量存在的一詞多義、兼類以及類別不明的現象進行解釋。

二、深刻揭示了同源詞的音義關係，有力論證了漢語的理據性。

一些外國學者認為漢語最缺乏理據性，而這是不符合漢語實際的。今文《尚書》存在大量同源詞就反映了漢語是一種具有理據性的語言。一般說來，“音近義通”是識別漢語同源詞的標準，但這並不能準確地概括同源詞的內涵和外延。語音相同或相近是同源詞的外在構詞理據；詞源意義相同是同源詞的內在構詞理據。此外，聯想在同源詞產生的過程中發揮了重要作用。因此，本成果通過解析今文《尚書》的同源詞，證明漢語是一種典型的以理據性原則對文化現實進行語言編碼的語言。

三、論證了“四字格”形式是漢語成語的主要標準。

成語與諺語、俗語、格言等熟語在語言形式上很難區別。成語多有來源，而源自典籍的成語最早可追溯到《尚書》。本項成果統計《漢語成語詞典》，發現源自今文《尚書》的成語竟有近百個，可分為兩種類型：一是“原型結構”，即原始語言形式沒有任何改動；二是“非原型結構”，即主要從今文《尚書》中摘用相關詞語組成或者對原始語言形式增刪概括而成。越是古老的文獻，成語的“非原型結構”越多。在今文《尚書》中，“非原型結構”成語的原始形式在不斷地發展變化，呈現出增加、刪減、改換、緊縮、移位、分取、組合、概括引申等演變特點，最終全部演變為“四字格”。這是由漢語簡潔的特點和成語語用特點雙重選擇的結果。

四、揭示今文《尚書》“通假”特徵，提出並論證了造成文獻語言“通假”現象的“用詞不規範”說。

目前，學術界對文獻語言產生通假的原因向無定論。本項成果詳細描寫了今文《尚書》語言“通假”的六個顯著特點，並指出這是“通假”現象的早期形態特徵；同時，辨析和糾正了歷代《書》家“通假”異說，並指出文獻語言“通假”的發生、發展以致衰減消亡，與漢字使用的不規範、漸趨規範以致必須規範幾乎是同步的。因此，“通假”演變規律本身就解釋了其成因的“用詞不規範”說，而今文《尚書》的虛詞“通假”研究則恰恰為之提供了最有力的佐證。

五、首次提出並詳細論證了研究上古專書詞彙的“正形尋義法”、“依文解義法”和“語法定義法”。

傳統的學術文化在漫長的時間和遼闊的空間中傳承發展，總會受到傳播方式、教育條件等因素的影響，使傳世典籍出現“訛、脫、闕、衍”等現象，造成閱讀障礙。本項成果通過“正形尋義”，訂正了《尚書》中各種各樣的“誤字”，再“據形索義”；通過“依文解義”，根據語境，推求《尚書》詞語的動態意義；通過“語法定義”，分析語詞在語言形式中的組合方式、結構關係以及表述功能，尋求《尚書》詞語的語法意義。這些新方法對於文獻詞彙研究具有重要理論和實踐意義。

專家點評：

這是國內第一部系統研究今文《尚書》詞彙的著作，具有重要的學術價值。作者全面總結前人的相關研究成果，對歷代今文《尚書》研究的著作幾乎搜羅殆盡，並對所有研究專題的材料都進行了窮盡性統計和分析，使成果的材料基礎非常扎實，提出了不少獨到的見解。

原載《光明日報》2010 年 10 月 14 日第 12 版“國家社科基金專案成果選介”專版頭條

後　記

今文《尚書》詞彙研究是同名國家社科基金項目成果的著作形式，全國哲學社會科學規劃辦公室公佈的項目鑒定結果為優秀等級，由衷感謝所有不知名的鑒定專家的熱情鼓勵。

滬上著名的漢語史史學家許威漢先生年且鮐背，人稱封筆有年，仍扶病為敘。堅持數月審讀全書，數次電話論析異議。敘文亦非百數十字，洋洋六千餘言，獎掖後進，殷殷切切，德為世範，行為士則。前修時賢一絲不苟的治學精神永遠是后來者的前進路標。

今文《尚書》詞彙研究原由一個國家級著名出版社出版，河南大學出版社總編輯張雲鵬先生和資深編輯王興業先生盛情面邀於河南大學出版社付梓，同時相約以拙文“副詞的類型、來源及實詞虛化的兩個平面”為基礎，寫一部《今文尚書詞法研究》（暫擬）的書。真心動人，高義薄雲。河南大學出版社執著的學術情懷，氣象恢弘，百川朝宗。

這是我寫的第十八部書，也是我《尚書》研究系列的第九部書。《尚書》的文獻研究方面，我正在寫《〈書集傳〉校證》。《尚書》的語法研究方面，我正在寫《今文尚書詞法研究》（暫擬）。《今文尚書詞法研究》（暫擬）的基礎是“副詞的類型、來源及實詞虛化的兩個平面”。這篇文章本來是《尚書語法論稿》的重心，後來王興業先生建議《尚書語法論稿》着重討論句法，先割愛刪去研究副詞的章節，增加討論句法的專題，改易書名為《今文尚書句法研究》。《今文尚書句法研究》作為河南大學出版社“漢語史專書語法研究叢書”之一種已於庚寅臘月出版。“副詞的類型、來源及實詞虛化的兩個平面”雖然寫成已有十年時間了，我一直沒有想到分解成幾篇單篇論文先行發表。王興業先生一直惦記着這篇文章，因而也就有了《今文尚書詞法研究》的寫作計劃。學者是社會的良心。學者之間應該互相尊重，信守然諾。今天必然是明天的歷史。我們應該敬畏學術，我們應該敬畏歷史。

我寫這個《後記》的時候，正侍奉老父親於醫院病榻之側。父恩似山。我親愛的父親錢存遠先生和普天下千千萬萬的父親一樣，不僅僅予兒女以生命，還以一個睿智、正直和善良的傳統知識份子身體力行，引導我們時時事事處處老老實實做人做事做學問。老父親不僅僅給了我們成長的昨天，還給予我們收穫的今天和美好的明天。我的老父親一天天衰老了，年且九十；我也一天天變老了，年逾花甲。我衷心地感謝我的老父親，請允許我把這部書獻給我的老父親。

去歲，我的書房遭到白蟻可怕的侵蝕，不少珍貴的書籍和字畫落入蟻腹，特別是一些手稿和無以計數的卡片資料毀於蟲口，悲痛莫名！俯首曲背，多少個青燈寒夜，那些都是一個個生命的單元，嗚呼哀哉，無可奈何！今年親歷父親疾病的痛苦折磨，多少個晨曦暮靄，月落日升，分分秒秒，健康和生命是多麼的脆弱和寶貴！學問之路真的不易！揚州市人民醫院心血管區窗外，水洗綠蔭，梅子青黃，斜雨芭蕉，點點滴滴，聲聲入耳！

錢宗武

辛卯榴月於廣陵古運河西岸